1 MONTH OF
FREE
READING

at

www.ForgottenBooks.com

By purchasing this book you are eligible for one month membership to ForgottenBooks.com, giving you unlimited access to our entire collection of over 1,000,000 titles via our web site and mobile apps.

To claim your free month visit:

www.forgottenbooks.com/free471281

ISBN 978-0-666-34071-9
PIBN 10471281

This book is a reproduction of an important historical work. Forgotten Books uses
state-of-the-art technology to digitally reconstruct the work, preserving the original format
whilst repairing imperfections present in the aged copy. In rare cases, an imperfection in
the original, such as a blemish or missing page, may be replicated in our edition. We do,
however, repair the vast majority of imperfections successfully; any imperfections that
remain are intentionally left to preserve the state of such historical works.

onrad Ferdinand Meyers

Nebst seinen Rezensionen und Aufsätzen

herausgegeben von Adolf Frey

Mit vier Bildern und acht Handschriftproben

Zweiter Band

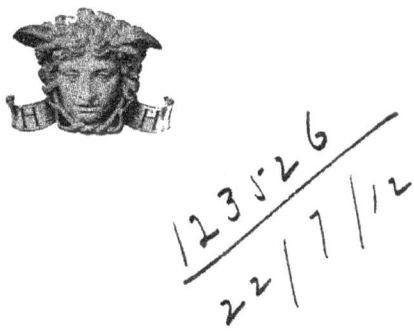

H. Haessel Verlag in Leipzig · 1908

Inhalt des zweiten Bandes.

An

Hermann Haessel.

Hermann Haessel

Verlagsbuchhändler, geb. 26. März 1819 in Leipzig,
gest. 9. Februar 1901 ebenda.

17 Sept. 1865.

Zürich 187 Oberstraß

Mein Herr u. Freund,

Gestern erhielten wir durch Schmid[1]) die Freiexem=
plare[2]), deren Anzahl aber die durch Vertrag festgestellte
so stark überschritt (20 statt 10) daß ich fast glauben muß,
die für Hn. Naville bestimmten seien mitinbegriffen u. mich
danach erkundigen werde. Die gebundenen Exemplare machen
der Leipziger Buchbinderei alle Ehre: sie sind von untadeligem
Geschmack.

Das jetzige schöne Wetter wird dem Ende Ihres Aus=
fluges hoffentlich noch zu gut gekommen sein. Es wundert
mich ob Ihr Weg Sie zu Naville führte, was ich bald er=
fahren werde, da wir nächstens für eine Woche oder zwei
nach Genf reisen.

Ich kann Ihnen, verehrter Herr, nur wiederholen, wie
es mich gefreut hat, Ihre persönliche Bekanntschaft zu machen,
u. weche freundliche Erinnerung Ihr kurzer Besuch mir
zurückließ.

Hochachtungsvoll ergeben

C F Meyer.

---

[1]) Buchhändler C. Schmidt in Zürich.
[2]) Ernest Naville, „Der himmlische Vater". (Von Betsy Meyer
unter Beihilfe C. F. Meyers übersetzt.)

1*

26 März 1866.

Verehrter Freund,

Es war mir keineswegs unerwartet, bei Ihnen gegen das projektirte Unternehmen die Bedenken aufſteigen zu ſehen, die ich im voraus theilen mußte.

Das Willkürliche einer nicht zu einem beſtimmten Zweck, z. B. zum Schulgebrauch oder aus literarhiſtoriſchen Standpunkten, ſondern gleichſam als ein Handbuch aller Stimmungen angelegten Sammlung bringt, wenn ſie nicht zum Liederlexikon hinabſinken ſoll, den individuellen Geſchmack u. die literariſchen Überzeugungen des Sammlers zu übergroßer Geltung, zu einer Geltung, die ſich kaum mit der Unbeſtimmtheit des allgemeinen Geſchmacks vertragen möchte. Ich rede nicht davon wie gering der Kritik der Arbeitsantheil des Sammlers, wenn derſelbe bloß in der Gruppirung beſtünde, erſcheinen müßte, um ſo mehr als ja täglich Klage geführt wird, wie gerade ſolche Sammlungen, als paraſitiſche Pflanzen, den Ausgaben der einzelnen Dichter Boden u. Nahrung entziehen.

Damit will ich nun gar nicht ſagen daß eine derartige Publication eine Unmöglichkeit wäre, ſie könnte, aus dem von Ihnen bezeichneten allgemeinen Standpunkt von einer geſchickten Hand auf eine gefällige Weiſe zu Stande gebracht, vielleicht für den Buchhändler ſehr einträglich werden u. ſich den Dank u. den Beifall der Leſewelt erwerben; nur muß ich zweifeln ob ich geeignet wäre, derſelben vorzuſtehen. Deßhalb, mein l. Freund, entbinden Sie mich einer Aufgabe deren Anerbietung mir, als ein neuer Beweis Ihrer freundſchaftlichen Geſinnung, immer in werther Erinnerung bleiben wird.

Wenn ich meine eigene Sammlung, in hoffentlich nicht zu langer Friſt, werde geſchloſſen haben, oder eine ſonſtige Arbeit zur Reife gedeiht, werde ich nicht ermangeln, ſie Ihrem Urtheil zu unterbreiten. Unterdeſſen behalten Sie mich in gutem Andenken!

Den deutschen Krieg[1]) habe ich mit Antheil gelesen,
u. ich hoffe, der Erfolg dieses glänzenden Produktes werde
Sie für die geringere Produktivität anderer Ihrer Verlags=
artikel entschädigen. Böhmers F. Ortiz[2]), den ich mit Muße
gelesen, ist ein merkwürdiges Buch, für dessen Veröffentlichung
Ihnen die Wissenschaft Dank schuldig ist.

   Gottbefohlen   Ihr

         C. F. Meyer.

         Silvaplana 5 August 1866

Mein Herr u. Freund,

Ihren freundlichen Brief empfing ich wenige Tage vor
meiner Abreise u. versprach mir denselben in der Stille meines
Landaufenthaltes zu beantworten. In den letzten in Zürich
verlebten Tagen hatte ich einen lieben deutschen Gast in meinem
Hause, eine Süddeutsche, Frau Gustav Pfizer, die mir aber
durch ihre leidenschaftliche, preußenfreundliche Gesinnung
einen wunderlichen Eindruck machte. Niemals sind die Ge=
müther so aufgeregt u. der Rechtssinn so getrübt gewesen, wie
in diesen verhängnißvollen Tagen. Ich mag Ihnen meine
Auffassung der Dinge nicht mittheilen, auch wenn sie mit
der Ihrigen nahe zusammentreffen sollte, da ich um nichts
einen Punkt berühren möchte, der Sie schmerzte; was bei
der gegenwärtigen Zerklüftung der Meinungen zu vermeiden
schwer ist. Nur zweierlei erlaube ich mir zu bemerken.

 Ihre persönliche Lage scheint mir durch die Ihrem
engeren Vaterland wahrscheinlich zugewiesene Stellung nicht
verschlimmert. Sie bewahren eine gewisse Unabhängigkeit u.
nehmen zugleich an einem größeren Staatsverbande Theil,
was Ihnen bei mancher Einbuße materiellen u. ideellen Vor=
theil bringen wird. Ich muß Ihnen sagen, daß ich mir vor=
stelle, einmal die schwere Gegenwart überwunden, werde

---

[1]) Von Heinrich Laube.
[2]) Ed. Böhmer, Franzisca Hernandez und Frai Franzisco Ortiz;
Anfänge reformat. Bewegungen in Spanien unter Karl V., Leipzig 1865.

Sachsen u. Leipzig vielleicht einen Aufschwung nehmen, der
Sie mit den Gewaltthaten der Politik u. des Krieges wo
nicht versöhnen, doch Sie dieselben weniger unleidlich finden
laſſen wird.*) Gegenwärtig ſind wir es, an denen die Reihe
iſt, Sorge zu haben. Das noch ſchwankende Loos der deutſchen
Südſtaaten iſt für uns von höchſter Bedeutung. Wir hoffen,
wenigſtens noch einen Ländergürtel zwiſchen uns u. der neuen
nordiſchen Großmacht zu haben: es wäre für uns höchſt bedrohlich, wenn die süddeutſche gebildete Klaſſe (denn das Volk
iſt wohl anders geſinnt) den Anſchluß an Preußen durchſetzen
würde, und die Weigerung Bismarks nicht ernſtlich gemeint
wäre. Sie ſehen, das iſt ſehr egoiſtiſch: aber iſt es nicht alle
Politik?

Noch ein Wort in Beantwortung Ihrer Zeilen über ein
perſönliches Unglück. Man muß mit H. Mitleid haben u.
ſich jedes richtenden Urtheils enthalten. Aber vorauszuſehen
(wie man in Zürich den Mann kannte) war eine ſolche oder
eine ähnliche Cataſtrophe. Er hatte den langſamen Weg des
Gelingens längſt verlaſſen u. ſich auf die halsbrechenden Pfade
der Speculation gewagt. Sonst ein herzguter Mann.

Doch zu Froherem. Sie denken ſich nicht, wie ſchön u.
ſtill es hier (im Oberengadin) iſt. Obgleich ich mühevolle
Expeditionen nicht ſcheue u. nicht meide, freut mich doch (nach
meiner Art) ein einfaches Bild, der Sommerlärm einer Alpen-
wieſe oder ein Gletſcher über Arvenwildnis mehr als eine
Rundſchau mit hundert Bergnamen. Am ſchönſten aber dünken
mir die Abhänge gegen Italien, wo ein Thal von wenig
Stunden alle Übergänge von Nord u. Süd vereinigt. Auch
das Hiſtoriſche u. das Coſtüm, Bauart u. Sitte laſſe ich mir
nicht entgehen; u. wenn ich nicht aus Erfahrung wüßte, wie
leicht mein Eifer erkaltet u. wie ich mich wohl hüten muß
vor voreiligen Verſprechen, würde ich Ihnen [erzählen?][1]
daß ſo etwas wie eine hiſtoriſche Novelle aus der wunder-
ſamen Graubündn. Geſchichte des 17. Jahrh., als dieſelbe
mit der ganzen europ. Geſchichte in Berührung ſtund, mich

---

[1]) Ausgeriſſen.

hier auf Weg u. Steg begleitet. Doch darauf komme ich wol zurück. Auch über diese unschuldige Andeutung bewahren Sie mir völliges Stillschweigen. Es war ein großes Glück, daß wir den Gedanken mit der Gedichtsammlung aufgegeben haben, der zu meiner Individualität gar nicht paßte. Wenn ich etwas vollende (wozu mich die herrliche Inspiration der Hochlandschaft u. der Alpenluft vielleicht gelangen läßt), so geben Sie mir Ihren guten Rath; nicht wahr?

Meine Schwester empfiehlt sich Ihnen aufs freundlichste, ich bin eilig, Verzeihung für Feder u. Schrift.

Ihr   C. Ferd. Meyer.

*) Sie mißverstehen mich nicht: ich theile Ihre im letzten Brief ausgesprochenen Gefühle, aber ich glaube, daß, besonders im Staatsleben, oft Heil aus Unheil hervorgehen kann.

(Auf den Rand geschrieben):   Inliegend ein Alpenblümchen für Ihr schönes englisches Gedicht[1]), das im Thal geblieben ist, das ich Ihnen aber gelegentlich übersetzen will. Ein Schelm, wer mehr gibt als er hat.

> If Fortune with a smiling face
> Strew roses on our way,
> When shall we stoop and pick them up?
> To-day, my love, to-day!
> But should she frown with face of care
> And talk of coming sorrow,
> When shall we grieve, if grieve we must?
> To-morrow, love, to-morrow!
>
> If those who've wronged us own their faults,
> And kindly pity pray,
> When shall we listen and forgive?
> To-day, my love, to-day.
> But if stern justice urge rebuke,
> And warmth from mem'ry borrow,
> When shall we chide, if chide we must?
> To-morrow, love, to-morrow!

---

[1]) Siehe das hier folgende Gedicht.

(Übersetzung von unbekannter Hand.)

Wenn das Glück dir mit lächelnder Miene
Den Pfad mit Rosen bestreut,
Wann sollst du dich ihrer erfreuen?
Noch heut, mein Lieb, noch heut!
Doch siehst du das Unglück sich nahen,
Umwölkt dein Himmel sich trüb —
Wann sollst du dich grämen und sorgen?
Ach morgen, erst morgen, mein Lieb!

Kommt der Freund, der dich bitter gekränket
Und sagt, wie tief er bereut,
Wann sollst du vergeben, vergessen?
Noch heut, mein Lieb, noch heut!
Doch wenn Bosheit und Arglist der Schlechten
Zu edlem Zorne dich trieb,
Wann sollst du zürnen und strafen?
Ach morgen, erst morgen, mein Lieb!

Wenn uns das Glück in leichtem Lauf[1)]
Und lächelnd Blüten streut,
Wann heben wir die Rosen auf?
Schon heute, Lieb, schon heut!
Doch blickt das Leben kummervoll
Und redet es von Sorgen,
So denn getrauert werden soll —
Erst morgen, Lieb, erst morgen!

Wenn Einer, der uns Unrecht thut,
Die Hand versöhnend beut,
Wann werden wir ihm wieder gut?
Schon heute, Lieb, schon heut!
Muß Einem streng vergolten sein,
Heut sei er noch geborgen,
Und muß einmal gescholten sein —
Erst morgen, Lieb, erst morgen!

Zürich 20 Dez. 1866   C. F. M.

[1)] Zuerst gedruckt in „Romanzen und Bilder" S. 43 mit der Überschrift: Schon heut! erst morgen! und der Bemerkung: (Aus dem Englischen). Die drittletzte Zeile lautet: Sei heut er noch geborgen.

Silvaplana 5 Sept. 1866.

Mein verehrter Freund,

Ihre freundschaftlichen Zeilen finden mich noch in den Alpen, an der Gränze deutscher u. italien. Zunge, nach allen Seiten streifend. Engadin u. Bergell habe ich zu wiederholten Malen durchreist u. gründlich kennen lernen,*) das alterthümliche Zutz, Zernetz, mit seinen bewaldeten Schluchten u. Bärenwäldern, u. das Stück Thyrol mitten in der Schweiz: Schloß u. Dorf Tarasp (österreichisch nach Sprache u. Menschenschlag, u. erst spät schweizerisch geworden); jenseits der Alpen Vicosoprano u. schon mit ganz südlichen Lüften u. Farben das Bergdorf Soglio mit dem verfallenden „Palaz" der Salis.**) Noch bleibt mir viel zu sehen, u. a. Das Veltlin, der Luganersee, Misox etz., bis der Kreis durchlaufen ist den ich mir vorgezeichnet habe. Bis heute bin ich gottlob gesund u. frisch geblieben u. darf hoffen, mit meiner reichen Beute Anfang Octobers nach Zürich zurückzukehren. Die ganze Scala der Temperatur, von Schnee u. Hagel bis zum glühendsten Sonnenbrand, aber mit höchst ungeregelten Übergängen, habe ich dabei zu kosten bekommen.

Dies Graubünden ist ein unendlich interessantes Land u. das Stück Geschichte, personifizirt in den wunderlichen Schicksalen des Helden, den ich gern in den Mittelpunkt eines Romans (ich vermied das Wort nur aus Nebenrücksichten u. Ihre Andeutungen haben meine Intentionen wörtlich errathen) stellen u. durch eine Reihe von Nebenfiguren hervorheben würde, das Stück graubündischer Geschichte (Anfang des 17. Jahrh.) ist mit der***) damaligen europ. Politik

---

*) Kastanienbäume, mit Kraft aus der üppigen Erde emporgedreht und hundertfach gegabelt und verschlungen auf ¹⁄₄ Stunde Distanz von dunkeln nordischen Arvenwäldern!

**) Ich habe die baulich originellsten Häuser scharf ins Aug gefaßt.

***) Der liebenswürdige Herzog Rohan ist auch eine anziehende Figur, die nicht fehlen darf. Er kommandirte die Franzosen in Bünden.

so eng verflochten, daß die Composition, wenigstens durch ihren Hintergrund, aus den Schranken eines Genrebildes weit heraustreten würde. Es handelt sich um den berühmten (ich hätte fast gesagt berüchtigten) Oberst Jenatsch. Sohn eines evang. Geistlichen, selbst Geistlicher, Soldat geworden, rettete er mit französ. Hülfe sein Vaterland von den Oster= reichern u. mit österreichischer von den Franzosen. Ein Mensch vom reichsten Temperament, wild u. schlau. Weltmann u. Naturmensch, um die Mittel nie verlegen, aber von großartiger Vaterlandsliebe, der „anerkannte" Retter Graubündtens, aber so verfehmt durch den Privat=Haß, den er erregt, daß seine Ermordung an einem Gastmal in Chur gänzlich unbestraft blieb. Zürich, damals schon weit civilisirter, aber schon mit einem leichten Anflug von Zopf, ist in diese Geschichte stark verflochten u. würde die ungesuchten Gegensätze der polit. u. militär. Ehre zu dem Abentheurer u. der Philisterei zu der genialen Kraft bieten. Das der Poesie so überaus günstige Verlaufen einer großartigen, rohen Zeit in eine gebildetere u. flachere, die Verwandlung der religiösen Bewegung im 16. Jahrh. in die polit. des 17, kurz die Anfänge des moder= nen Menschen wären interessant zu behandeln. Der eigent= liche Roman*), von denselben Lichtern beleuchtet, wäre mit der Hauptfigur verbunden u. würde stets auf sie zurückführen, aber sie doch in gewissem Sinn frei in der Mitte lassen**). Die einschlagende Geschichte ist so reich an romantischen Incidents daß man sich eher gegen die Fülle zu vertheidigen als über Armut des Stofflichen zu klagen hat.

Ich hoffe bis Neujahr das „erste Buch" (das Ganze zerfiele in 5, 6 Bücher) zu Einsicht u. gütiger Beurtheilung, wenn uns Gott Leben u. Gesundheit schenkt, übersenden zu

---

*) Dieser läßt sich natürlich nicht mit wenig Worten skizziren, da er individuell u. sein Reiz in der Darstel= lung ist.

**) Jenatsch fiel durch Sohn und Tochter eines Planta, den er im Bürgerkrieg ermordet hatte. Diese Tochter ist nicht zu vergessen.

können. Lesen Sie einmal in einer beliebigen Schweizer=
geschichte, z. B. in Zschokkes Geschichten des Schweizervolkes,
die überall zu finden sind, den Abschnitt über Jenatsch (es
ist die Sache einer Viertelstunde) u. hauptsächlich halten Sie
völlig reinen Mund über das Projekt. Ich sehe Sie
lächeln, aber wiederhole meine Bitte.

Und nun, verehrter Herr, habe ich Sie drei Seiten lang
von meinen Plänen unterhalten, u. springe auf die vierte,
um Ihnen zu sagen wie traurig mich Ihr letztes Schreiben
gemacht hat. So elend also sind die Leipziger Zustände! Frei=
lich, warum soll ein Sachse seine heimatliche Unabhängigkeit
nicht so sehr lieben, wie wir Schweizer die unsrige? — Daß
es gerade die gemeinsten Naturen sind, die sich am geschwin=
desten in den neuen Verhältnissen akklimatisiren, liegt in der
Natur der Sache.

Wahr ist es ferner, die jetzige europ. Politik trägt einen
Zug der Rücksichtslosigkeit, des rohesten Positivismus, der
einen schneidenden Gegensatz bildet zu den schönen Theorien
von 30 u. 48. Es ist hier eine Art Rückschlag nicht zu ver=
kennen, der aber nicht dauernd sein wird.

Mehr noch als das politische Mißwesen, thut mir für
Sie leid, was Sie von der damit zusammenhängenden gesell=
schaftlichen Verstimmung schreiben, die eigentlich dazu ge=
macht scheint, einem das tägliche Brod zu verbittern. Doch,
verehrter Herr, ich weiß, Sie werden sich nicht entmuthigen
lassen: Ihre neuen Unternehmungen u. Erfolge legen davon
Zeugniß ab.

Von den zwei Titeln stimme ich für:

Vorträge über Gott u. Unsterblichkeit. .

Gehalten von E. U.

Mit den besten Wünschen

C. F. M.

Jetzt ist die Gemsenjagd eröffnet u. die Jäger überall
auf den Wegen.

San Bernardino 26 Sept. 1866.

Mein verehrter Freund,

Soeben habe ich nach langer Zeit wieder zum erſten Mal ein deutſches Journal in die Hand bekommen, u. ſehe zu meinem Bedauern daß die ſanitariſchen Zuſtände von Leipzig ſich nur langſam beſſern: Sie würden mich recht verbinden wenn Sie mich bei meiner Ankunft in Zürich, die, höhere Macht vorbehalten, auf den 3 Okt. fallen wird, einige beruhigende Zeilen finden ließen; Ihr letztes Schreiben war ſo düſter, u. ich mußte Ihnen im Grund ſo wenig Tröſtliches zu antworten, da ſich die traurigen Dinge, über die Sie Klage führen, eben nicht wegläugnen laſſen, daß ich das Beſſere nur von der Zeit hoffe u. mit Ungeduld die Nachricht erwarte: daß Sie geſund u. ungebrochen geblieben ſind. Zeit gewonnen, alles gewonnen. Es mag wol ein Quentlein Egoismus darin ſein daß ich Sie gern aufrecht u. mir zugethan u. wohlwollend weiß, aber es iſt unbedeutend neben der achtungsvollen Theilname, welche mir Ihre Bedrängniſſe in der letzten Zeit eingeflößt haben. Meine Reiſe iſt, mit einer geſunden Miſchung von Vergnügen u. Unluſt, Sonne u. Regen, bis heute ganz programmgemäß vor ſich gegangen u. mein „Roman‟ hat mich überall begleitet. Von Silvaplana aus bereiste ich erſt das ganze Engadin bis Tarasp, dann ging ich über Pontreſina u. die herrliche Bernina ins Puſchlav, wo ich in le Preſe haltmachte. Von dort nach Tiráno, das Veltlin hinauf nach Bormio u. bis über die Höhe des intereſſanten Stilſſerjoches mit dem Blicke auf Monte Criſtallino u. die feingeſchärfte Spitze des Orteles (sic), hierauf das ganze Veltlin hinab über Sondrio u. Morbegno nach Colico, von Colico nach Bellaggio zwiſchen den beiden Armen des Comerſees, von Bellaggio nach Lugano, wo ich den Monte Salvatore beſtieg, von Lugano über Bellinzona durch das prächtige Miſoccothal nach Bernardin (dem Dorf) wo ich, noch auf der Südſeite der Alpen, am lodernden Kamin eine Briſſago (inländiſches Gewächs) rauche, während ſich der Himmel aufhellt u. mir die noch ſüdlichen Formen der Bergſpitzen zeigt. Ohne Mühe iſt es nicht abgelaufen, u. der beständige Wechsel der Temperatur vom süblichen Sonnenbrand zur Schneenähe möchte nicht zu Erholungsreisen zu empfehlen sein, doch habe ich meinen Zweck erreicht u. eine Last schönster Landschaften u. lebens= voller Genrebilder geerndtet, die meiner neuen Composition hoffentlich Puls u. Leben geben werden. Es ist überdieß merkwürdig daß jene Zeit (Anfang des 17 Jahrh.) zur Be= sprechung derselben Fragen Anlaß gibt, ja nötigt, die jetzt die Welt bewegen: ich meine den Conflikt von Recht u. Macht, Politik u. Sittlichkeit. Auch die Frage der Religion u. Con= fession muß (dem Stoff zu Folge) von allen Seiten beleuchtet werden. Das erste Buch spielt im Veltlin, wo Jenatsch Pfarrer war u. der von dem heiligen Carlo Borromäo wo nicht an= gestifteten, doch begünstigten heiligen Schlächterei (il sacro macello), der dortigen Bartholomäusnacht, mit Not entgieng. Viel Humor wird der Gegensatz deutschen u. italienischen Lebens zürcherischer Steifheit u. süblicher Leidenschaftlich= keit in das sonst ernste Buch bringen. Denn ein junger Zürcher (der spätere General Werdmüller) wird gleich im Anfang auftreten u. in die Abentheuer der Bündnerischen Geschichte verflochten werden (was sehr historisch ist). Das Gute an der Sache ist daß mir in Zürich alle möglichen Hülfsquellen zu Gebote stehen werden; nur möchte ich, aus tausend Grün= den, mein Süjet, so lang als möglich, geheim halten.

Doch genug geplaudert. Lassen Sie mich, verehrter Herr, ein Wort von Ihnen in Zürich (Haus Schabelitz, Oberstraß) vorfinden und sein Sie herzlich gegrüßt von

Ihrem hochachtungsvoll=ergebenen
C. F. Meyer.

Zürich 10 Okt. 1866.

Mein verehrter Freund,

Soeben erhalte ich Ihren zweitletzten Brief, der mir poste restante nach Lugano geschickt wurde wo ich schon weg war und den ich habe zurückkommen lassen. Ihr letzter empfing mich bei meiner Heimkehr (3 Oct.) Ich beantworte sie nun beide.

Meine Reise, die drei Monate dauerte, ist nun glücklich beendigt. Thusis, mein letzter Standort, hielt mich vier Tage. Ich bestieg den Heinzenberg, den der Herzog von Rohan (der eine gar noble Figur ist) „den schönsten Berg der Welt" nannte, und besuchte Schloß Riedberg, wo der junge Jenatsch den Pompejus Planta ermordete. Der aus dem Schlaf Geschreckte war in ein Kamin geklettert u. wurde durch sein Hündchen verrathen, das ihm gefolgt war und in die Höhe schnoberte. Ein Kreuz ist in die Mauer geritzt. Das Mörderbeil, von der Tochter des Erschlagenen aufbewahrt, diente, 20 Jahre später, zur Ermordung des Georg Jenatsch. Mahnt das nicht an die Atriden?

Ich habe die Quellen zu lesen begonnen, u. es schickt sich chronologisch alles recht ordentlich, d. h. ich kann den Geschöpfen meiner Phantasie so ziemlich das Alter u. die Erlebnisse geben, die sie in der Geschichte hatten. Nur ist dieser Teufelskerl von Jenatsch ein noch viel wilderer und verschlagenerer Bursche als ich nicht dachte, und der Züricher Werdmüller (der spätere Feldmarschall) nicht viel besser. Nur der Duc de Rohan der über seine Bündner Feldzüge mémoires geschrieben hat die höchst interessant sind, ist ein nobler Mensch. Ich werde die Zeichnung noch kräftiger u. die Färbung dunkler halten müssen, als ich mir vorstellte. Alle Typen der damaligen Zeiten müssen vertreten sein, schon der historischen Gerechtigkeit wegen. So z. B. der protestantische Fanatiker neben dem katholischen. Die Hauptsache wird nun sein gleich zu beginnen u. durch Dick u. Dünn das Ganze zu entwerfen. Die Feile komme hernach!

Doch, verehrter Herr, ich spreche Ihnen von meinem Jenatsch, u. hätte damit anfangen sollen, Ihnen für Ihre I. Briefe u. die relativ guten Nachrichten zu danken, die Sie mir von Ihrem Befinden u. Ihren sächsischen Zuständen geben. Es soll mich wundern was Sie zu der jetzigen Lage sagen. Warum schließt Ihr König nicht Frieden? Macht es ihm Bismark unmöglich u. wird es am Ende doch auf eine Annexion

hinauslaufen? Mein Vetter, der junge Wyß, der von Berlin
zurückkommt wo er ftudirte, ift ganz bismarkisch geworden,
u. ich würde mich darüber ärgern, wenn nicht noch eine
Atmosphäre von Bergluft, die mir an den Kleidern hangen
blieb, mich gelassen machte. Merkwürdig höchst merkwürdig
ist, was Sie vielleicht auch bei Jhnen sehen, daß die religiös
streng Gesinnten die Gewaltthat, wo nicht rechtfertigen, doch
so gemütlich in den Kauf nehmen.

Die Rezension oder richtiger das Referat über den H.
V.[1]) in dem theologischen Jahresbericht ist doch recht trocken
u. spitzig gehalten. Ein Wörtchen Lob wäre am Platz ge=
wesen u. hätte den Herrn nichts gekostet. Jch bin auch nicht
klug geworden, weder aus der Rec. über Nav. noch aus den
andern, welcher Richtung das Blatt, das mir zu überschicken
Sie die Güte hatten, eigentlich angehört.

Doch ich will nur abbrechen. Jch habe aus den Bergen
eine Derbheit mitgebracht, die ich Niemandem als meinem
Jenatsch will zu gut kommen lassen.

Mein l. u. verehrter Herr. So will ich nun in Gottes
Namen Troja jeden Morgen zerstören, u. sobald das erste
Buch das den Veltlinermord erzählen u. dabei alle Haupt=
figuren versammeln wird, entworfen ist, es Jhnen zur Be=
urtheilung überschicken. Jhre Räthe, als die eines erfahre=
nen Buchhändlers u. für das Schöne u. Gute empfänglichen
Gemüthes werden mir willkommen sein.

Hochachtungsvoll ergeben
C. F. Meyer.

Doch ist es immer schön und brav von Jhnen, daß Sie
mir die Rezensionen so gewissenhaft überschicken.

―――――――

Zürich 30 Jan. 1867.

Mein verehrter Freund,

Es ist mir bitter Jhnen zu sagen daß meine Arbeit nicht
von statten geht u. daß ich mich am Ende doch werde ent=

―――――――
[1]) „Der Himmlische Vater" von E. Naville.

schließen müssen, einfach eine historisch biographische Skizze zu schreiben, wie es wohl mein erster Gedanke war. Die historische Wahrheit hat den Vorsprung gewonnen u. ich getraue mich nicht, ihr eine vollere Gestalt zu geben als mir die Quellen bieten. Das ist ein bemüthigendes Geständniß, u. ich versichere Sie daß ich alle meine Kräfte anstrengen muß um mich nicht niederschlagen zu lassen.

Ihr Gedanke eine Sammlung von historischen Bildern in der Art der Bücher von Freitag anzulegen, scheint mir vortrefflich; nur muß ich gegenwärtig, wenn ich nicht den Muth verlieren soll, mich ganz concentriren, um wenigstens das zu Stande zu bringen, was meine nächste Aufgabe ist.

Sie würden mir einen Gefallen thun wenn Sie mir zwei Exemplare von Naville (Ewiges Leben[1]) — der himmlische Vater) durch den Buchhandel (Schabelitz) zukommen ließen.

Hochachtungsvoll ergeben

C. F. Meyer.

Zürich 4 Febr. 1867.

Mein verehrter Freund,

Es ist mir zu wiederholten Malen, besonders von Genf aus, geklagt worden daß die „20 Balladen von einem Schweizer"[2] vergebens im Buchhandel verlangt wurden. Ein Wort das ich darüber gegen den jungen Buchhändler Schultheß in Zürich fallen ließ, hat mir die Mittheilung beiliegenden Briefes zugezogen. So streng ich jetzt die „Balladen" beurtheile, so dürftig sie mir erscheinen mögen, möchte ich doch die noch vorhandenen Exemplare nicht umkommen lassen u. es will mir scheinen daß dieselben bei Metzler wie begraben liegen. Wäre es Ihnen nicht unangenehm, die noch unverkauften Exemplare in Ihre Hand zu nehmen, so trete ich Ihnen dieselben mit dem größten Vergnügen ab: sie sind mein

---

[1] Ernst Naville. „Das ewige Leben, Sieben Reden". Leipzig 1863.

[2] „Zwanzig Balladen von einem Schweizer". Stuttgart, J. B. Metzler'sche Buchhandlung. Haessel übernahm den Rest und gab ihr einen neuen Titel: „Balladen von Conrad Ferdinand Meyer", Leipzig, H. Haessel.

Eigenthum. Die gegenüberstehenden Zeilen berechtigen Sie vollgültig. Würde der geschmacklose Titel beseitigt u. dafür der andere: „Balladen von C. F. Meyer" gesetzt, möchte sich das Büchlein wol verkaufen, da ihm fortwährend nachgefragt wird, besonders seit Manches mit meinem Namen erschienen ist. Sie wissen, verehrter Freund, wie gering ich von diesen Produkten denke. Es versteht sich daß die Kleinigkeit die die Balladen etwa abwerfen, von Rechtswegen Ihnen gehören würde: ich schäme mich fast dieß zu bemerken; bin ich doch sonst noch mannigfach in Ihrer Schuld.

Hochachtungsvoll ergeben
C. F. Meyer.

Der Unterzeichnete tritt hiermit sein Eigenthumsrecht auf die 1864 im Verlag der J. B. Metzlerischen Buchhandlung in Stuttgart erschienenen „20 Balladen von einem Schweizer" an Herrn Buchhändler H. Hässel in Leipzig ab u. bevollmächtigt denselben, die noch vorräthigen Exemplare sofort von den Herren Metzler in Empfang zu nehmen.

Zürich 4 Febr. 1867. C. F. Meyer.

Die Tit. Buchhandlung J. B. Metzler in Stuttgart ist gebeten, auf Vorweisung obiger Zeilen dem Herrn Buchhändler H. Hässel die dem Unterzeichneten gehörigen noch bei ihr vorräthigen Exemplare der „20 Balladen von einem Schweizer" aushinzugeben.

Zürich 4 Febr. 1867. C. F. Meyer.

Zürich 14 Febr. 1867.

Mein verehrter Freund,

Es thut mir herzlich leid, Sie bekümmert zu wissen: möge die Vorsehung Sie beschützen u. Ihre Prüfung abgekürzt werden. Ich hoffe das Beste.

Ihr Gedanke mit den Gedichten ist mir ganz angenehm; nur werden Sie zuerst sehen müssen ob es praktikabel ist, dem Bändchen Neues u. wie viel etwa beizufügen. Druckbereit sind etwa 20 neue Balladen oder Balladenartiges, dazu einiges Kleinere lyrischer Gattung. Ich setze Ihnen einige Stücke zur Probe bei von neuerem u. neuestem Ursprung, ohne hist. Noten, die für Sie nicht nothwendig sind. Möge es Ihnen zur Zerstreuung dienen, vielleicht ist Ihnen gerade jetzt eine solche nicht unwillkommen.

Ihr treuergebener
C. F. Meyer.

Ich eröffne meinen Brief noch einmal, um Ihnen für die Übersendung der Navilles herzlich zu danken, die soeben angelangt sind.

Frühlingslied.

Durch die Tannen, durch die Föhren
Nieder streicht der laue Föhn,
In der Ferne kann ich hören
Der Lawinen dumpf Getön;
Und von ungestümen Bächen
Wird es unter'm Eise laut,
Heute muß die Mauer brechen
Die der Frost um mich gebaut.
Von November bis zu Märzen
Lag das Herz in strenger Haft,
Aber zehren an dem Herzen
Fühl' ich eine junge Kraft,
Mit Erbleichen, mit Erröthen
Spür' ich eines Lenzes Weh'n,
Sage, Lenz, willst Du mich tödten?
Lässest Du mich aufersteh'n?

Der Dichter:

Epheu, mein alter Hausgesell,
Du bist von neuen Blättern hell

In diesen kräft'gen Tagen:
Dein Wintergrün so still u. streng
Wie kann es mit dem Lustgedräng   (d. h. der
Der Kinder sich vertragen?   jungen Blätter.)

Das Epheu:

Mein Freund, ein jedes Leben hat
Zum alten auch ein junges. Blatt,
Die grünen dicht beisammen,
Eins dunkel, eines hell von Lust,
Die beide doch aus einer Brust,
Aus Einer Wurzel stammen.

Die friedliche Ruine.

In Trümmern liegt das feste Haus,
Es schwankt das helle Grün hinaus
Durch das verfall'ne Fenster;
Tief unter das besonnte Moos
Versunken in der Erde Schoß
Sind dieser Burg Gespenster.

Dort wo durch das gewölbte Thor
Die zorn'ge Fehde schritt hervor
Und ließ die Hörner schmettern,
Da hat sich duftig eingeengt,
Ein Zicklein ins Gesträuch gedrängt
Und nascht an jungen Blättern.

Wo hoch die Minne träumend stund,
Zerronnen ist im blauen Grund
Der luft'ge Bau des Erkers;
Wo tief der dunkle Haß gegrollt,
Ist in das weiche Gras gerollt
Der letzte Stein des Kerkers.

2*

Und wo die Burg vom Hügelhang
Herab des Seeleins Fläche zwang
Ihr trotzig Bild zu ſpiegeln,
Zieh'n Schwäne nun ihr friedlich Gleis
Und walten auf dem Waſſerkreis
Mit ſilberhellen Flügeln.

Die gegeißelte Pſyche.

Die Statue iſt auf dem Capitol

Von der Griechenkunſt Geſchenken
Steht mir Eines im Gedenken:
Blaß u. lieblich ſeh' ich eine
Pſyche athmen in dem Steine.

Unſichtbarem Geißelhiebe
Beugt ſie ſich in Schmerz u. Liebe,
Auf den zarten Knieen liegend,
Enge ſich zuſammenſchmiegend.

Amor geißelte Pſy=
che, die ihr Wort
gebrochen, dann
aber, nach vielfacher
Prüfung, in den
Olymp aufgenom=
men wurde.

Flehend halb u. halb geduldig
Trägt ſie Schmach u. weiß ſich ſchuldig,
Jammernd ſcheint ihr Blick zu fragen:
Liebſt Du mich? u. kannſt mich ſchlagen?

Soll der Himmel dich begrüßen,
Arme Pſyche, mußt du büßen!
Der dich ſucht u. der dich peinigt,
Will Dich ſelig u. gereinigt.

Pabſt Julius erſteht vom Scheintod.

Die beſtürzten Diener hangen
An den Zügen ſtreng u. groß,
Die des Todes Schein befangen,
Alle lauſchen athemlos:

Ist es nicht ein leises Schüttern
Das die starren Glieder hebt?
Und sie seh'n mit Luft u. Zittern,
Daß er athmet, daß er lebt.

Von dem Eis der Todtesnächte
Noch die Stirne blaß bedeckt,
Hebt er sich empor, die Rechte
Nach dem greisen Bart gestreckt,
Unter den bebuschten Brauen
Sind die Flammen wieder reg,
Und er schilt den Tod mit rauhen
Worten von dem Lager weg:

„Fort mir aus dem Angesichte,
Larven, die mir bleich gedroht!
Aus dem warmen Sonnenlichte
Charon, fort mit Deinem Boot!
Keine Macht ist Dir gegeben,
Bis ich selbst Dich rufen mag,
Heute hab ich noch zu leben
Einen vollgedrängten Tag!

„Arzt, statt Deiner schwachen Tropfen
Gieb mir des Falerners Glut!
Lasse meine Pulse klopfen,
Wirf mir Feuer in das Blut!
Auf die Thüren! Weg die Kissen!
Meine Feldherr'n, tretet ein!
Meine Meister, laßt sie wissen
Daß sie doppelt eifrig sei'n.

„Sprich, Bramante, Deine schnellen,
Klugen Hände feiern nicht?
Wirst Du bald die Kuppel stellen
In den Himmel, in das Licht?

Angelo, sei mir willkommen!
Warum blickst Du wieder scheel?
Und dort seh' ich meinen frommen,
Meinen süßen Raphael!

„Als den Hirten nicht des Lammes,
Schildert mich als Mosen ab,
Der den Läst'rer seines Stammes,
Niederwarf mit raschem Stab;
Der der feigen Volksgemeine
Gottbefohlne Wege wies,
Der aus dem zerbroch'nen Steine
Lebensfluten sprudeln ließ.

„Ist's ein göttliches Versprechen
Daß ich löse jedes Band,
Will ich auch das Joch zerbrechen
Über meinem Vaterland.
Gott erbaute sich die Höhe,
Sich und seinem heil'gen Heer:
Doch die Erde, doch die Nähe
Gab der Erde Söhnen er.

„Einmal noch den Harnisch tragen
Muß ich, einmal noch zu Roß
Meiner Schaar vorüberjagen,
Stürmen muß ich Stadt u. Schloß!
Kämmrer, eilet mich zu letzen,
Führt mir in den Hof mein Thier,
Laßt es springen, laßt es setzen
Vor den alten Augen mir!

„Krieg! kein Markten u. kein Hadern,
Wo die List die List bekriegt!
Mit dem letzten Schlag der Adern
Krieg u. Schlacht bis einer siegt!

Mein Italien will ich retten!
Ruft zum Kampf, Drommeten, ruft!
In der Hand zerriss'ne Ketten,
Steig' ich herrschend in die Gruft!"

Der Garten. (Das todte Kind)

Im Garten lag noch Schnee genug
Als man das Kind von hinnen trug,
Er lag in starren Schlaf gebannt
Als man das schwarze Tuch gespannt.

Nun weh'n die Lüfte wieder lau,
Nun quillt der Himmel wieder blau,
Der Springbrunn plätschert hin u. her,
„Wo bleibst Du, Liebchen?" murmelt er.

Die blanc Winde klettert schwank
U. neigt sich in das Fenster schlank,
Blickt ins verlass'ne Kämmerlein:
„Wo kannst du noch verborgen sein?"

Im Garten summt es weit u. breit:
„Was hast du für ein Sommerkleid?
O komm u. laß uns nicht allein!
O sieh den süßen Sonnenschein!"

Atalanta. (noch der Revision bedürftig)

In eines Erndtemondes Tagen
Hat sich in wechselndem Gefecht
Nach langem Bruderzwist erschlagen
Perugias herrschendes Geschlecht.

Vor seinen eigenen Palästen
Ermordet sich Bagliones Stamm
U. mitten an den Hochzeitfesten
Erblassen Braut u. Bräutigam.

Es ist ein unvertilglich Haffen
In alter Frevel Zauberkreis,
Sie kämpfen rafend in den Gaffen
Und ringen um der Herrschaft Preis.

Zu Roß, den wunderlichen Ritter,
Den Falken auf dem Helme, feht!
Aftorre heißt der rege Schnitter,
Nun finkt er felber hingemäht!

Es ift die Zeit der reifen Ähren,
Wem wird der Erntekranz zum Lohn?
Ein Jüngling, glühend im Begehren,
Faßt des Gefallnen Szepter schon.

Grifone. Thörichtes Verlangen!
Schon bist du Räuber felbst beraubt!
Ein Speer ift Dir ins Herz gegangen.
Du taumelft mit dem Lockenhaupt!

Die Mörder treten aus der Mitte,
Es flieht das Volk in scheuem Lauf —
Wer naht? Ein Weib mit eil'gem Schritte
Und fängt den Sohn im Sinken auf.

Sie löst des Panzers Eisenspangen,
Sie kniet, den wunden Leib im Schooß.
Das Auge Glut u. fahl die Wangen
Verfteint, verfteinend, regungslos.

Es zagen, die von fern es schauen,
Sie ftarrt die Wunde zornig an,
Es fühlen alle voller Grauen
Der Mutter Fluch im Sturme nah'n.

Sie hebt den Arm: der Klage Tönen
Spürt schon die bangerregte Luft,
Es wird wie die Posaune dröhnen,
Die schaurig zum Gerichte ruft.

Wie starrt sie auf die Seitenwunde,
Den Leib den todtesblassen schon!
Da plötzlich stirbt auf ihrem Munde
Der Fluch — u. sinkt des Armes Droh'n.

Es mahnt der Seitenstich des Bleichen,
Den sie in ihren Armen hält,
Sie an den Sohn der Schmerzenreichen,
Der sich geopfert für die Welt.

Sie ruft: „Der Hand die Dich erstochen,
Vergieb ihr, sieh mich auf den Knie'n!"
Schon ist sein Auge halb gebrochen;
Sie fleht: „Noch hast Du nicht verzieh'n?"

Da leuchtet auf das letzte Leben,
Dem Mutterwort gehorsam bloß,
Die Lippe haucht: „Ihm ist vergeben!"
Dann stirbt er in der Mutter Schooß.

Ein Glied genommen aus der Kette
Des Zorn's u. Segensgeister weih'n
U. reinigen des Fluches Stätte —
Nun darf es endlich Friede sein!

Zürich 23 Febr. 1867.

Mein verehrter Freund,

Soeben erhalte ich die Traueranzeige von dem Abschei=
den Ihrer Schwester u. will keinen Augenblick zögern, Ihnen
mein herzliches Beileid zu bezeugen. Ich weiß zu gut, ein
wie enges wohlthätiges Band die Schwesterliebe ist, um nicht,

auch ohne Ihre Schwester gekannt zu haben, die Größe Ihres Verlustes zu begreifen u. an demselben herzlichen Antheil zu nehmen. Die letzten Zeiten haben Ihnen doch viel Schweres gebracht; die öffentlichen Ereignisse, der häusliche Verlust — möge es nun endlich genug sein! Meine Schwester die schon an der Krankheit der nun Seligen großen Antheil nahm, bittet mich, Sie ihrer herzlichen Theilnahme an Ihrer Trauer zu versichern.

Die letzten Wochen haben mir viel Anregendes gebracht. Mehrere Besuche, mein liebster Jugendfreund[1]), ein österr. Hauptmann, auf Urlaub in Zürich, seiner Heimat, ein anderer Freund, Dr. Brocher,[2]) ein hochbegabter junger Nationalökonom, einige Tage hier weilend, u. anderes. Sie werden den Brief mit den Proben der neuen Sachen erhalten haben u. ich bin gewärtig, ob u. wie Sie dieselben der alten Sammlung anzuhängen gedenken. Meine Stimmung ist gegenwärtig so gut, daß ich bereit bin, wenn Sie es wünschen, in ganz kurzer Frist die neuen Sachen (etwa 20 Balladen u. wohl ebensoviel kleinere Gedichte) zu Ihrer Disposition zu halten. Eins habe ich gelernt, die Stimmung zu nutzen, wohlwissend daß sie intermittirend ist.

Die Bibliothèque universelle (übrigens in letzter Zeit gesunken) hat mich auffordern lassen, was ich schreibe, gleichzeitig in ihren Spalten französisch erscheinen zu lassen u. will die Übersetzung besorgen: ein Vorschlag, der mir einen fast lächerlichen Eindruck gemacht hat, u. sich daraus erklärt, daß ich eben lang in Genf u. Lausanne gelebt habe u. sich die guten Leute dort vorstellen, es sei mehr mit mir, als ich selbst annehmen darf. Es hängt ferner mit den Träumen von einer spezifisch schweizerischen Literatur zusammen, die ein baarer Unsinn sind.

Treu=ergeben
C. F. Meyer.

---

[1]) Conrad Nüscheler.

[2]) Henri Brocher de la Flégère.

Zürich 8 März 1867.

Mein verehrter Freund,

Ich habe einige Tage für eine gemeinnützige Arbeit opfern müssen, der ich mich nicht wohl entziehen konnte. Nun bin ich in bester Stimmung den Jenatsch u. die zweite Sammlg gleichzeitig zu fördern. Es freut mich daß Ihnen die neuen lyrischen Sachen nicht mißfallen haben: ich will diese Seite (wenn die Stunde günstig ist) nicht vernachlässigen.

Mit dem vorliegenden Titel der „Balladen" bin ich ein= verstanden. Preis u. Jahrzahl nach Belieben. Nur streichen Sie das: in Zürich, ich bitte sehr. Es hat einen lokalen Geschmack, der sicher mehr schaden als nützen würde. Ich rede aus Erfahrung.

Treu=ergeben

C. F. Meyer.

––––––––

Seehof, Küsnach bei Zürich 28 Oct. 1869.

Geehrter Herr u. Freund,

Ihre letzten Zeilen geben mir die Gewißheit daß Sie sich meiner in Freundschaft erinnern u. ich Ihnen durch mein langes Schweigen nicht fremd geworden bin. Meinerseits vernahm ich mit Teilnahme daß Ihr Halsleiden gebessert ist, u. wünsche völlige Heilg, mit dem Hintergedanken, eine Nachcur führe Sie nächstes Jahr wieder in die Schweiz u. diesmal über Zürich. Die Photographie Ihrer neuen Ein= richtung würde mich interessiren u. ich erlaube mir Sie daran zu erinnern.

Über Navilles problème du mal habe ich mich in einem früheren Schreiben[1]) offen geäußert. Naville wird nun freilich gerade in den Kreis gedrängt werden, den er zu vermeiden wünschte, wenn sich überhaupt für ihn in Deutschl. ein größerer Leserkreis findet.

Die unter uns vor Jahren besprochenen hist. Novellen sind nicht aufgegeben; ich werde mich aber hüten Ihnen da= von zu reden, bis etwas Vollendetes vorliegt.

––––––––

[1]) Scheint zu fehlen.

„Romanzen u. Bilder" lege ich hier in Ihre Hände;
zu einem auffallenderen Titel kann ich mich unmöglich ent=
schließen. Format Laubes Deutscher Krieg oder das kleine
von Navilles Pflicht,[1]) die Auflage klein (300?), alles nach
Ihrem als des Sachverständigen Ermessen. Erwünscht wäre mir
die Sendg für Zürich vor Weihnachten zu haben;
in Deutschland erschiene das Büchlein zur Ostermesse; ist das
aber möglich, da ich die Correctur natürlich selbst besorgen
will? Wenn es Ihnen Ihre Zeit erlaubt, die Sachen zu
durchlesen, machen Sie mich ja wohl aufmerksam, wo Sie
sich an einem undeutschen Ausdruck ob. an einer undeut=
lichen Wendg stoßen sollten? Auf eine kurze Empfangsanzeige
u. ein Wort über die Kosten lassen Sie mich nicht allzulange
warten?

Es empfiehlt sich Ihrem freundschaftlichen Wohlwollen
Treu ergeben

C. Fd. Meyer.

Nicht zu vergessen: auf gelblichem Papier.

————

Küsnach Seehof 27 Dez. 1869.

Ihre Senhung[2]) ist am Vorabend von Weihnachten glück=
lich hier angelangt u. hat mir, ich gestehe es, eine ganz kindliche
Freude gemacht. Einige Makel, an denen ich selbstverständlich
allein Schuld trage u. die ich auch niemand entdecke, der sie
nicht selbst findet, verschwinden vor der Correctheit des Ganzen.
Wie nun auch der Erfolg sei, es ist etwas geleistet, das für
mich wenigstens Werth hat, eine Stufe ist eingehauen, in
die sich der Fuß setzen läßt. Nun wird die Poesie für einmal
ruhen, u. eine prosaische Arbeit an die Reihe kommen, die
ich Ihnen, so bald sie beendigt ist, vorlegen werde.

————

[1]) Ernest Naville. „Die Pflicht. Zwei Reden an die Frauen."
Autorisierte Übersetzung. Leipzig, H. Haessel 1869. (Die Übersetzung rührt
von Betsy Meyer her.)

[2]) „Romanzen und Bilder."

Ich war einen Augenblick ungewiß, ob von der Sendg
ein Theil für Schultheß u. C. Schmidt (Schabeliz) bestimmt
sei; da ich Ihnen aber ausdrücklich alles überlassen habe
u. die definitive Vereinigung der öconomisch-buchhändlerischen
Seite Ihnen durchaus anheimgestellt ist, enthielt ich mich
jeder Einmischg. Schultheß hat die Erscheinung angezeigt
u. Schmid wird sich tüchtig erweisen wie immer. Auf die
Gefahr hin von Ihnen ausgelacht zu werden, gestehe ich, daß
mir die literarische Seite näher liegt u. der Gedanke, einen
bescheidenen Platz in der Literatur zu erobern, mich le quart
d'heure de Rabelais d. h. die Stunde der Abrechnung für
einmal vergessen läßt.

Die geschmackvollen Einbände u. besonders die Sorgfalt
der Einwickelung haben meiner Schwester einen Ausruf der
Bewunderung entlockt.

Ein junger Dramatiker, Dr. Calmberg, der diesen u.
den verflossenen Winter einige hübsche Lustspiele in Zürich
aufführen ließ, hat mir eine Recension für das hiesige Haupt-
blatt, die N. Zürichzeitg versprochen. Wann u. in welchem
Geiste er Wort hält, steht dahin, da ich ihn nicht bedrängen
mag. Vielen Antheil an dem Büchlein hat Dr. Wille, der
ein Landhaus in dem nahen Meilen bewohnt. Der merkwürdige, höchst bedeutende Mann (er figurirt in Heines „Wintermärchen") hat mich ausgezeichnet berathen. Ein schönstes
Exemplar habe ich der Frau Mathilde Wesendonk, der Dich-
terin des Drama: Gudrun überreicht. Sie ist eine Art Königin
des hiesigen lit. Kreises u. man muß den Majestäten alle
Ehrfurcht beweisen.

Meine besten Wünsche für 1870.

Leben Sie wohl, mein schweigsamer Herr u. Freund.

C. Fd. M.

Sprechen Sie niemandem von meiner Ende pag. 2 ausgesprochenen Ambition. Die Außerung ist confidentiell u.
bleibt ganz unter uns!

Küſnach Seehof 29 Dez. 1869.

Lieber Freund,

Ihre Zeilen 26. haben mir, als ſeit langem die erſte
ſchriftliche Berührg Freude gemacht u. ich beantworte ſie Zeile
um Zeile.

Ihr Eifer meine Wünſche in dieſer für den Buchhändler
ſo ſtürmiſchen Zeit zu erfüllen verdienen meinen freundlich=
ſten Dank. Möge die Zeit für Sie kommen, wo Sie, ohne
Beſchränkung Ihrer Geſchäfte, ſich doch eine verdiente Raſt
gönnen dürfen.

Die verausgabte Summe ſteht zu Ihrer Diſpoſition: nur
bitte ich um deren billige Umſetzung in das Decimalſyſtem
(fr. u. cent.) u. auf (sic) deren Beziehung auf einem Wege,
der den Urſprung der Ausgabe nicht verräth.

Es freut mich daß Ihnen die bezeichneten Stücke, die
auch meine Lieblinge ſind, gefallen haben. Meine Über=
ſetzertalente werden ja wohl noch einmal ihre Anwendung
finden. Vorerſt bin ich mit einer Novelle (Bartholomäus=
nacht)[1] beſchäftigt, die zu Oſtern fertig ſein dürfte.

Die Züricher Handlungen haben geſtern annoncirt.
C. Schmid 1,35, Orell Füßli 2 Fr., Schultheß ohne Preis=
angabe. Faſt täglich in der Stadt, bleibe ich gerade jetzt auf
meinem ſtillen Sitz u. in meinem alterthümlichen Zimmer.

Beiliegend Zuſchriften die Sie mir, lieber Freund, mit
Ihrer bekannten Gefälligkeit, jede von einem Exemplare
begleitet (Sie legen die Zuſchrift in das Büchlein) gütigſt
beſorgen wollen.

Gottſchall ⎫ Leipzig
Laube ⎭

Geibel wo? (Sie werden das ſchon wiſſen.)

Viſcher ⎫ Stuttgardt
Menzel ⎭

Weiter für einmal nur wenn u. an wen Sie es für gut
finden.

---

[1] „Das Amulet".

Sie haben überhaupt selbstverständlich carte blanche: sobald Sie ermessen daß eines oder mehrere Exemplare gut angewendet seien, verfügen Sie darüber.

In der Schweiz dürfen Genf u. Lausanne (in Genf Müller-Darier oder Georg), St. Gallen und namentlich Basel nicht vergessen werden.

Wir bleiben ja wohl in Verbindg u. ist etwas vergessen, hole ich es das nächste Mal nach.

Meine aufrichtigen Wünsche für 1870.

Treu ergeben

C. Fd. Meyer.

———

Seehof Küsnacht 15 Febr. 1870.

ich wünsche Ihnen Glück daß der geschäftreiche Januar zurückgelegt ist u. Sie, mein verehrter Freund, nun wieder aufathmen können. Wir waren hier fast insgemein von der Grippe geplagt u. sehen dem Frühling mit Verlangen entgegen.

Alle Ihre Arrangements unterschreibe ich, Sie wissen es, im voraus. Schenken Sie ja die Romanzen, wo empfänglicher Boden ist. Es möchte gut sein, in der Schweiz in jeder Hauptstadt (Basel, Bern, St. Gallen, Lausanne, Genf) einige Exemplare der ersten Buchhandlg, in den franz. Städten der deutschen Buchhandlg en dépôt zu geben. Solche Sachen haben gewöhnlich stille Anhänger, die oft ihre Bekannten, erst Jahre nach der Veröffentlichg, zum Kauf verleiten: Dann ist das Büchlein nirgends vorhanden. Doch, wie gesagt, Sie verstehen das besser. Auch eine kleine Annonce ist rathsam. Ich schlage folgende vor, die, ich bitte Sie, es zu glauben, nicht von mir herrührt.

„Tiefe der Empfindung, künstlerische Gestaltungsgabe, Reinheit der Form sichern diesem kleinen Band gewählter Gedichte einen sympathischen Leserkreis."

Was Sie mir über „Gottschall" sagen, hat mich betrübt. Soeben erhalte ich einen Brief von Kinkel, der mich wirklich in Erstaunen setzt durch die Sicherheit u. Gerechtigkeit seines Urtheils. Dieser Kinkel ist doch ein guter Junge, er schreibt mir daß er „vor mehr als 100 Personen" zwei meiner Gedichte vorgelesen.[1])

Glauben Sie nicht daß ich eitel sei. Ich kenne meine Schwächen vollkommen u. weiß wie wenig Chancen ich habe, durchzudringen. Doch beschäftige ich mich gegenwärtig mit heiterem Gemüth mit meiner Novelle u. denke: Morgen ist auch noch ein Tag. Wenn Sie im Juni in die Schweiz kommen, ist vielleicht Gelegenheit sich zu sehen u. ich könnte Ihnen meine Arbeit vorlesen.

Tragen Sie Ihrer Gesundheit Sorge, ich bin immer besorgt, Sie vergessen diesen Punkt zu sehr.

Ihr ergebener
C. Fd Meyer.

Dr. Calmberg, mit dem ich gestern auf dem Spätschiff (11 Uhr) von Zürich nach Küsnach reiste, scheint seine Recension vergessen zu haben, ich mochte ihn nicht mahnen. Wir werden ja unsern Weg sonst finden.

Küsnach 3 Juli 1870.

Ihre Zeilen vom 2. Juli, lieber Freund, beantworte ich mit fliegender Feder umgehend. Es thut mir leid, daß Ihre Gesundheit der Erholung so sehr bedürftig ist, hoffe aber daß Sie dieselbe im Engadin wiederfinden werden.

---

[1]) Angeklebter gedruckter Zettel, darauf von C. F. Meyers Hand: Noch nie habe ich mich in besserer Gesellschaft gefunden.

Vorlesestücke
von Gottfried Kinkel.

Die Hirschjagd.	Aus Immermann's Tristan.
Weinsegen.	} Aus „Romanzen und Bilder" von
Das Heimchen.	C. Ferdinand Meyer.
Der Spaziergang.	} Aus Göthe's Faust.
Die Beschwörung.	

Die bezügliche Summe steht zu Ihrer Disposition, geben Sie mir gefälligst Ihre genaue Adresse, so schicke ich Ihnen sofort ein Postmandat. Die Bücher über das Engadin, namentl. Tarasp, vielleicht auch etwas Geschichtliches über Graubünden will ich nach bestem Wissen besorgen.

Es thut mir Leid daß die „Pflicht" nicht geht, obwol ich es voraussah u., wie Sie mir zugeben werden, daran unschuldig bin. Es war eben eine Gefälligkeit für Naville. Die Übersetzg ist makellos.

Sie müssen zugeben, l. Freund, daß ich Sie noch nie in Verlust gebracht habe. Ja ich würde mir sogar getrauen, jetzt sehr spannend zu schreiben u. die Lebensadern zu treffen.

Über die „Romanzen" ist eine hübsche Notiz in „Über Land u. Meer" erschienen, ferner eine ziemlich weitläufige Kritik in der Bibliothèque universelle; Mehreres steht in Aussicht. Dennoch denke ich nicht daß das Bändchen, das etwas verschiedenartig zusammengewürfelt ist, durchdringen werde. Ich habe Besseres in Vorbereitg.

Schreiben Sie mir l. Freund, rechtzeitig ob Sie uns besuchen, in welchem Fall ich Ihnen leicht ein ruhiges Zimmer geben kann, oder ob Sie einen anderen Weg wählen. In letzterem Falle bin ich, wenn Sie es sich nicht verbitten, im Stand, Ihnen in Tarasp einen kurzen Besuch zu machen. Ich möchte Manches mit Ihnen besprechen.

Treu ergeben

Ferd. Meyer.

---

8 Juli 1870 Seehof, Küsnacht.

Vor allem, verehrter Freund, empfangen Sie hier die schuldige Summe von 278.50: ich ziehe es vor, Ihnen dieselbe verpackt zu schicken u. bitte um gefällige Quittirung.

Es geht unsere kline Graubündner Reisebibliothek mit, die das Wesentliche enthält. Wenn Sie Meyer v. Knonaus

„Schweiz"[1]) wünschen, das Beste was ich über die heimischen Dinge weiß, wenigstens Tome II mit Graubünden, haben Sie nur zu reden.

Gern, l. Freund, würde ich zu Ihnen eilen. Aber mich halten Verpflichtungen, gesellige u. andere. Sollten wir uns sehen, so sind drei Möglichkeiten.

Entweder Sie kommen über Zürich zurück. Rapperswyl: Dampfschiff statt Eisenbahn. Nachtquartier in Küsnacht See= hof. Das Einfachste.

Oder, Sie geben mir, heimkehrend, ein Rendez=vous in Bregenz oder sonst am Bodensee.

Oder, wenn Sie, was ich wünsche, länger bei Tarasp verweilen, gehe ich, der Kühle zu genießen, nach Davos auf einige Tage, wo dann der scheidende Berg bald über= schritten ist.

Die gestrigen Depeschen von Paris haben hier sehr auf= geregt. Soeben erhalte ich die neueste Zeitung: ich denke, die Sache wird sich beilegen, wäre aber auch über ein kriegeri= sches Resultat nicht erstaunt.

Schreiben Sie mir, l. Freund, wie Sie sich befinden u. wie lange Sie muthmaßlich in Schuls bleiben: dann wird sich das Weitere entscheiden lassen.

Treu ergeben
C. Ferdinand Meyer.

Davoskulm 24 Juli 1871.

Verehrter Freund,

ich bin im Fall, Sie um einen Dienst zu bitten, an dessen Erfüllung mir viel gelegen ist. Pfr. Ettmüller[2]) hat mit meinem „Hutten" kein Glück gehabt, u., da die Zeit drängt,

---

[1]) Ger. Ludw. Meyer v. Knonau, Erdkunde der Schw. Eid= genossenschaft. 2 Bände, 2. Auflage. Zürich 1838—39.

[2]) Der Germanist E. M. L. Ettmüller (1802—1877) hatte das Ms. des Hutten, das Haessel schon zugesagt war, an Brockhaus gesandt, der es aber ablehnte.

ersuche ich Sie, bei meinem Gedicht Pathenstelle vertreten, d. h. es auf meine Kosten drucken u. in Ihrem Verlage erscheinen lassen zu wollen. Ich verhehle Ihnen nicht, daß mir das Schicksal meiner Arbeit, die ich für reifer halte als die früheren, am Herzen liegt: erscheint sie nicht jetzt, so kommt sie zu spät. Format, Druck, Auflage wünsche ich, wie bei den Romanzen, nur das Papier von weißer Farbe. Das Manuskript liegt bei Brockhaus, wo ich Sie bitte, dasselbe so schnell als möglich zurückziehn zu lassen. Beruhigen Sie mich, l. Freund, ich bitte Sie bringend mit ein paar Worten darüber, woran mir alles liegt, daß mein Gedicht auf die Herbstmesse bei Ihnen erscheinen kann. Die letzte Correktur würde ich hier Davos (Culm) Graubünden Schweiz besorgen, wo ich mich bis Mitte Sept. aufzuhalten gedenke.

Nicht wahr, l. Freund, ich darf auf Sie zählen? ich werde es Ihnen hoch anrechnen.

Meine Schwester grüßt bestens u. dankt für den noch in Küsnacht erhaltenen Brief.

Treuergeben
C. Fd. Meyer.

Das bei Brockhaus liegende Manuscript ist betitelt:

Huttens letzte Tage
eine Dichtung von C. Fd. Meyer.

Davos (Culm) 1 Aug. 1871.

Herrn Buchhändler H. Haessel,

in der prompten Erfüllg meines Wunsches erkenne ich Ihre freundschaftlichen Gesinnungen, für weche ich Ihnen herzlich dankbar bin. Wir wollen es bei einer Auflage von 750 Ex. bewenden lassen. Vergessen Sie nicht, mir Ihr Urtheil über meinen „Hutten" zu sagen, das zu vernehmen ich begierig bin. Auf Seite 2 sind zwei nothwendige

3*

Aenderungen verzeichnet, die ich Sie dem Drucker rechtzeitig mitzutheilen bitte. Hernach wird sozusagen nichts mehr zu ändern sein.

Ihr Ed. Fd. Meyer.

Davoskulm 29 Aug. 1871.

Lieber Freund,

heute, zum ersten Mal, ist der erwartete Correcturbogen länger als eine Woche ausgeblieben, u. wenn ich den Hutten nicht in so guten Händen wüßte, würden mir Besorgnisse aufsteigen, ob er auch gewiß auf die Messe fertig wird. Halten Sie mir das zu gute, das Gedicht liegt mir eben am Herzen. Zwei nothwendige Correcturen, die allerletzten, die Sie vielleicht noch im Manuscript vornehmen können, verzeichne ich auf dem zweiten Blatte.

Sagen Sie mir nicht bald ein Wort, welchen Eindruck der Hutten auf Sie macht?

Treu ergeben
C. Fd. Meyer.

36.

Statt: Seefahrt muß die Ueberschrift lauten:
Der kleine Gefährte.

48.

Das Gewitter.

Vers 11 muß lauten statt

> Herr, hauch mich an aus der Gewitterluft
> Und sprich zu mir an meiner frühen Gruft!

> Ich kniee hier auf meiner frühen Gruft,
> Sprich, Herr, zu mir aus der Gewitterluft!

Davos-Kulm 13 Sept. 1871.

Eben erhalte ich, l. Freund, einen Brief von Dr. Wille, der mir den ungefähren Inhalt der an Sie gesandten Anzeige des „Hutten" für die öffentl. Blätter mittheilt. Lassen Sie, ich verlange es, den Namen „Gottschall" weg u. schreiben Sie einfach „die Urtheile competenter Kritik". So viel mir erinnerlich, war jene Beurtheilung der Romanzen u. Bilder in den Blättern für lit. Unterhaltg die Sie mir s. Z. zuschickten, von Gottschall nicht unterzeichnet.

Dr. Wille, mit dem ich, seit ich hier bin, d. h. seit 10 Wochen, nicht verkehrte, erfuhr durch meine Bitte um ein Wort der Empfehlg bloß, daß Hutten in Ihrem Verlage erscheint, unter welchen Bedinggen weiß er noch nicht u. scheint darüber im Irrthum. Er räth, die Dichtg namentl. in der A. Augsbgr Z. reichlich anzuzeigen u. meint, das dürfte auch für die Schweiz genügen. Mein Wunsch ist: 4 malige Anzeige mit Intervallen in der A. A. Zeitg, 2 malige (mit einer Woche Distanz) in der Neuen Zürcher Zeitg. Allfällige Annoncen in andere deutsche Blätter nach Ihrem Gutdünken! im Tagblatt den Züricher Buchhändlern zu überlassen.

Was sagen Sie, werther Freund, zum Hutten?

In herzl. Ergebenheit

C. Fd. Meyer.

Davoskulm 19 Sept. 1871.

Es hat mich herzlich gefreut, liebster Freund, daß Sie der „Hutten" stellenweise gepackt hat, ich hoffe, die vollständige Lektüre wird Sie auch mit Geist u. Form des Ganzen zufrieden stellen. Sie haben sich in dieser Angelegenheit als ein treuer Freund erwiesen, was ich Ihnen nicht vergessen werde.

Was die Annonce betrifft, so bin ich in einiger Verlegenheit. Von Haus aus ein Feind jeder Reklame, wäre es mir das Liebste, meinem Wesen Angemessenste, auf alle öffentliche Empfehlung des Hutten zu verzichten. Aber was soll ich an Wille schreiben, der überzeugt ist, mir durch seine Anzeige einen wesentlichen Dienst geleistet zu haben? Kürzen

läßt sich dieselbe nicht wohl u. es widersteht mir, selbst eine
zu schreiben. Gar nichts ist aber zu wenig in dieser bösen
Welt. Oder glauben Sie wirklich, mein l. Freund, wenn ein
Gedicht nur von Sachen gekauft wird, die sich persönlich
für den Dichter oder unaufgefordert für eine Erscheinung im
Gebiete der Poesie interessiren, glauben Sie, es verlohne
sich dann überhaupt, Verse drucken zu lassen? Glauben Sie
das wirklich, so ist es mir ein Trost! Ich betrachte es schon
längst als eine schöne Täuschg. Mißverstehen Sie mich nicht!
Persönlich halte ich es für das Beste nicht nur, sondern auch
weit für das Angenehmste, weniger zu scheinen als zu sein,
im öffentlichen Leben aber denke ich anders. Der Hutten ist
mir wichtig als Stufe, als Anmeldg anderer z. Th. schon
halb vollendeter Arbeiten. Ermuthigung von außen aber,
Interesse von Andern an meinen Schöpfungen ist für das
Gelingen derselben ein Moment, das ich keineswegs unter=
schätze. Wüßten Sie, wie ich, verehrter Freund, welchen
hemmenden Einfluß ein gewisses theilnahmloses Wohlwollen,
achselzuckendes Gewährenlassen jahrelang auf mich ausübte,
so verstünden Sie, wie sehr ich Wille verpflichtet bin für das
warme Interesse u. die dauernde Anregung, die ich in seinem
Kreise finde. Dr. Wille ist ein höchst geistvoller Mann, eine
rastlose Feuernatur, kein Enthusiast, sondern ein Pessimist,
der allerdings von seiner früheren journalistischen u. polit.
Laufbahn her gewöhnt sein mag, die Menschen zu sehr zu
bearbeiten u. vorwärts zu stoßen u. sich damit Feinde macht.
Ich bin ihm trotz mancher Schärfen u. größter Verschieden=
heit unserer Charaktere herzlich zugethan u. kann ihn un=
möglich zum Dank für den erwiesenen Freundesdienst belei=
digen. Ich werde ihm einfach sagen, die Annonce scheine
Ihnen zu lang.

Ich schlage Ihnen zur Auswahl zwei andere von nahe=
befreundeter Hand vor.

Die letzten Kämpfe des sterbenden Hutten; wenige aber
bedeutsame Figuren erscheinen, meistens Vertreter der Mächte,
deren Befehdung seines Lebens Inhalt u. Ehre war. Das
Werk eines wahren Dichters.

ober noch beſſer:

Der kranke Hutten auf der Inſel Ufenau; das Nachtönen u. Ausklingen ſeines vielbewegten Lebens. Eine männliche Lyrik mit einem Anflug von Humor, der erſt dem Ernſt der Todesſtunde weicht.

Ich bin ſelbſt erſtaunt, l. Freund über die Länge meines Briefes, den ich nicht mehr überleſen kann. Ich höre ſchon die Schellen der Poſtpferde.

Die Sendg an Wille beſorgen Sie? Doch wem ſage ich das? Sie ſind ja die Pünktlichkeit in Perſon.

Treuergeben
C. Fd. Meyer.

Davoskulm 28 Sept. 1871.

Verehrter Freund,

Der Tag meiner Abreiſe nähert ſich, am 4 Oct. kehre ich nach Küsnacht zurück aber nur, um dort Vorbereitungen zu einer Reiſe nach Italien zu treffen. Die brochirten Exemplare, die ich mir hierher erbat, ſind mir willkommen, wenu ſie bis zum 2 Oct. anlangen, könnten mir übrigens leicht von hier nach Küsnacht nachgeſchickt werden. Dort, in Küsnacht, wo ich etwa 10 Tage verweilen werde, wünſche ich 30 Exemplare zu erhalten.

Sie, mein lieber Freund, bitte ich die Recenſions= exemplare nach Gutbefinden beſorgen zu wollen, eines natür= lich an die Brockhauſiſchen Blätter für lit. Unterhaltung.

Ferner ein Exemplar an Geibel, eines an Prof. Dr. Theo= bor Viſcher, den Äſthetiker in Stuttgart, zwei an Prof. D. Guſtav Pfizer, Kronenſtraße in Stuttgart, eines an Pfarrer Dr. Friedrich Haupt[1]), Gronau über Bensheim, heſſiſche Bergſtraße.

Mich wundert, ob Sie eine Annonce u. welche Sie wählen. Ich bin gewiß, daß Sie mir den Erguß in meinem letzten Brief nicht übelgenommen haben.

Treuergeben
Cd. Fd. Meyer.

---

[1]) War C. F. Meyers Lehrer am Zürcher Gymnaſium.

Davoskulm 2 Oft. 1871.

Ihre Sendung (6 Ex.) ist glücklich hier angelangt u.
die zwei so geschmackvoll gebundenen Exemplare waren, voraus
bei meiner I. Schwester herzlich willkommen. Die Annonce
ganz in Ordng. Laubes Artikel ist ein kleines Meisterstück,
danken Sie ihm dafür in meinem Namen ausdrücklich. Wenn
nur ein ähnlicher in der Augsb. Allg. erschiene! Es wäre
mir ein Leichtes, bei Kinkel oder Lang,[1]) mit denen ich gut
stehe, einen Artikel zu sollizitieren, aber es ist gegen meine
Natur.

Herzlich hat es mich gefreut, daß Sie den Eindruck, den
Sie von meinem Hutten empfiengen, einen wohlthuenden
nennen, ich werde weiterhin meine Kräfte so gut u. gewissen=
haft als möglich anwenden u. Ihren Wink in keiner Weise
vernachlässigen.

Die Schenkexemplare habe ich in meinen letzten Zeilen
verzeichnet. Rezensionsexemplare versenden Sie ganz nach
Belieben, eher zu reichlich als zu spärlich! Ich nenne:

Blätter für lit. Unterhaltg.
Schwäbische (sic) Merkur.
Über Land u. Meer.
Preuß. Nationalzeitg
Norddeutsche Allgemeine
Allgem. Augsburger
Im neuen Reich

Übermorgen kehre ich nach Küsnach zurück, von wo ich
Ihnen jedenfalls zwei Worte schreibe.

Nun einmal meinen Dank für alles Gute!

Ihr
C. F. Meyer.

---

[1]) Der Reformtheologe Heinrich Lang (4. XI. 1826 bis 13. I. 1876).

Seehof Küsnacht 5 Oct. 1871.

Seit gestern abend bin ich wieder hier u. fand, mein lieber Freund, die gewünschten 30 Exemplare, 20 davon sind meiner l. Schwester zu billiger Belohnung ihrer treuen Sekretärdienste bestimmt, diese werden nur sehr allmälig in fremde Hände kommen; die übrigen 10 sind unerläßliche lit. Gegengeschenke oder gehen nach Genf. Also, l. Freund, hoffe ich Ihnen den hiesigen Markt nicht zu verderben.

Meine Nachbarin die Gräfin Plater schreibt: Diesen Vormittag (gestern) traf ein Brief aus Berlin ein, worin zu lesen: Huttens letzte Tage gefallen sehr. —

Ob es wahr ist?

Die Winterreise ist durch den möglichen Verkauf unserer Wohnung u. die vorübergehende Dienstunfähigkeit eines unserer Dienstboten (einer Vertrauensperson) fast geboten. Ich brächte den Winter weit lieber in einer deutschen Stadt zu, wenn die geselligen Kreise in Deutschland so zugänglich wären, wie in Italien. Nach italienischen Demokraten (wie nach Demokraten überhaupt) gelüstet mich so wenig wie Sie, ja ich habe mit einem russischen (sogenannten Nihilisten), der mich mit seinen Phrasen langweilte, in Davos kurz abgebrochen.

Lassen wir den Hutten seinen Weg suchen u. dann soll im Frühjahr etwas „Prosaisches" nachfolgen. Luft u. Landschaft werden mich stimmen. Es hat mir denn doch ein großes Vergnügen gemacht, als ich gestern in Rapperswyl im Gasthof Ihre Annonce fand, wie wacker Sie mit Ihrem Namen zum Hutten stehen.

Wir schreiben uns doch von Zeit zu Zeit, verehrter Freund   Treu ergeben

C. Fd. Meyer.

13 Nov. 1871.

Hôtel Bellevue, München.

Haben Sie die Güte, verehrter Freund, ein Exemplar von „Huttens l. Tage" unter folgender Adresse zu besorgen:

Herrn von Doß, Blumenstraße 8 III München.　H. von Doß
hat mir näml. zugeredet, durch seine Vermittlg mein Büchlein
Strauß, den er persönlich kennt, zukommen zu lassen u. ich
mochte nicht nein sagen.　Auf das Innere der Decke bitte ich
zu schreiben: Dem Biographen Huttens.

Professor Benndorf las mir eben eine ausgezeichnete
Rezension Huttens vor, die er dem „neuen Reich" be=
stimmt.　Ich weiß aber nicht, ob sie wird aufgenommen werden,
da sie ziemlich lang ist.

Über meine Wünsche, diese Auflage betreffend, hat Ihnen
meine I. Schwester berichtet.

Kinkel scheint den Hutten nicht zu goûtiren u. ich kann
es ihm nicht verübeln.

ich sollte mich eilen, über die Berge zu kommen u. kann
mich von dem I. München nicht losmachen.

Sobald ich in Verona bin, theile ich Ihnen meine dortige
Adresse mit.　　　　　　　　　　　　　　Der Ihrige
　　　　　　　　　　　　　　　　　　　C. F. Meyer.

―――――――――

　　　　　　　　　　　　　　　Verona 27 Nov. 1871.

　　　Mein I. Freund,

Ihre Zeilen erwarteten uns heute beim Frühstück u.
haben uns Freude gemacht.　Herzlichen Dank für die Empfeh=
lung an Hn. Nußbaum.

Sie haben doch meinen Brief von München erhalten,
worin ich Sie bat; ein Exemplar des Hutten an Herrn v. Doß,
Blumenstraße, München zu schicken u. Ihnen von der Rezen=
sion erzählte, die Benndorf für das „neue Reich" bestimmt
hat? Ich bin hier von Deutschland so vollständig abge=
schnitten daß ich ganz auf die Correspondenz meiner Freunde
angewiesen bin.　Eine Rezension des Hutten von Vulliemin
in der Bibliothèque universelle (Lausanne) ist mir gleich=
falls angekündigt, aber ich weiß nicht, wie ich mir dieselbe
verschaffen soll.

Ihren Vorschlag, den Hutten betreffend, nehme ich an.
Die erste Auflage (möchte der Hutten eine zweite erleben!)
gehört Ihuen u. Sie haben die Güte, die von Ihnen bezeich=
nete Summe dem deutschen Invalidenfond zu übermitteln.

Alles Gute!

Ihr   C. F. Meyer.

Verehrter Freund,

Da mein l. Bruder noch ein halbes Blatt weiß läßt, so
möcht' ich Ihnen noch schnell unsern herzlichen Dank für
Ihr Empfehlungsschreiben an Herrn Nußbaum und für Ihre
Winke bezüglich des Gardasee's darauf setzen.*) Ihre Reise=
gedanken wurden von uns immer sehr gut u. praktisch er=
sunden und wir werden nicht versäumen, sie zu benützen. —
Der Gardasee mag allerdings im Sommer noch reizvoller sein,
als setzt. Da wir aber für Brescia mehr als einen Tag
brauchen, in Desenzano jedenfalls einige Stunden Aufent=
halt beabsichtigen und Conrads bestem Freunde, einem in
österr. Diensten stehenden Züricher, der 5 Jahre in Verona
zubrachte, versprechen mußten, eine kleine Wallfahrt nach
Pastrengo u. dem dortigen Telegraphenberg zu machen,
dessen Aussicht herrlich sein soll, so wird sich die Dampf=
schifffahrt in diesen Plan trefflich einfügen lassen. Heut' ist
nach ein paar grauen Tagen wieder ganz prächtiges Reise=
wetter. Die Sonne scheint so warm, daß mir ist, sogar in
Leipzig kann's heute nicht neblig sein, ich sitze hier in
einem natürlich ungeheizten Zimmer, und draußen singen die
Vögel aus voller Kehle, wie am Züchersee an einem sonni=
gen Apriltage. — Die Colomba besitzt noch heute die Vor=
züge, die Sie von ihr rühmen, sie ist relativ sauber und hat
geräumige Zimmer. Die unsrigen wählten wir auf der Mit=
tagseite und wie Sie, aber nicht der Kühle, sondern der Mög=
lichkeit des Heizens wegen, im obern Stockwerk. Es sind
zwei Eckzimmer, die letzten Nummern rechts u. links im

*) Ihre Empfehlung werden wir abzugeben nicht ver=
säumen. Sie thaten mir damit einen Freundesdienst. —

Corridor. — Verona gefällt uns täglich besser. Wie herrlich
sind seine Paläste, wie merkwürdig die alten Kirchen, wie
schön die Aussicht von den Höhen. Erinnern Sie sich wohl
der Kirche S. Zeno? des herrlichen Hochaltarbildes, (Tod
des h. Georg) in S. Giorgio? Im Palast Pompei an der
Etsch ist jetzt eine sehr sehenswerthe Gemäldesammlung, die
Schenkung des Grafen Bernascone, mit ein paar herrlichen
Bildern von Coreggio u. Francia. — Einen sehr seltsamen
Eindruck macht dem Reisenden, der Italien früher kannte,
die Aufhebung der Klöster. In San . . . dino[1]), wo wir Ihre
schöne Kapelle der Pellegrini besuchten, war Alles öde u. leer.
Wie frei gingen wir in der Sakristei mit ihrem schönen
Schnitzwerk und ihren Wandgemälden betrachtend herum, wie
frei durch die früher streng verschlossenen Thüren! Jüngst um
die Zeit des Ave Maria schlenderten wir längs einer langen
Klostermauer in der Nähe des Giardino Giusti. Eine ein=
same Lampe brannte vor einer grün bekränzten Nische der
Madonna u. über die Mauer ragte hoch im Abendlicht ein
imposanter Glockenthurm. „Das muß Santa Maria in Or=
gano sein,“ sagten wir, „könnten wir doch die Kirche noch
ansehn“! — Wir fanden in der Klostermauer eine offne Thür,
traten ein, fanden uns in langen, dunkeln Gängen, drangen
etwas schüchtern weiter, durch eine wieder bloß angelehnte
Thür u. befanden uns plötzlich im Chore der Klosterkirche. Ein
kleiner Junge war zufällig da u. zeigte uns im Chor wahrhaft
schöne von einem frate des 15ten Jahrhunderts in Holzmosaik
ausgeführte Chorstühle. — „Ist Santa Maria in Organo ein
Kloster?“ fragte ich. „Es war eins“, sagt der Kleine mit
italiänischem Aplomb. Unterdessen läutete die Abendglocke;
aber niemand kam, in der öden Kirche das Ave Maria zu
singen. — Es ist diese Aufhebung der Orden eine ungeheure
Revolution, die erst in Italien selbst recht ermessen werden
kann.

Dankbar ergeben

Ihre

Betsy Meyer.

---

[1]) Ausgerissen.

Venedig 27 Febr. 1872.

Lieber Freund.

Im Begriff die Inselstadt zu verlassen, melde ich Ihnen noch mit einigen Zeilen daß mein hiesiger Aufenthalt ein fruchtbringender gewesen ist.

Vorgestern habe ich mein neues Gedicht beendigt u. es gestern meinen eben angelangten Freunden Wille u. Gemalin (von letzterer gibt Brockhaus in diesen Tagen einen dreibändigen Roman[1]) heraus) vorgelesen. Nach ihrem Urtheil darf ich Ihnen sagen, daß es, so verschieden es in Motiv u. Form von „Hutten" ist, diesem an Werth nicht nachgiebt. Es führt den Titel: „Der Engelberg, eine Legende." und behandelt, in durchsichtiger Symbolik an den Namen Engelberg sich anschließend, ein typisches Frauenschicksal, eine Art mittelalterliche Psyche. So lustig Anfang u. Ende (und wer kennt das Woher u. Wohin des Menschen?) sind, so realistisch ist das wirkliche Erdenleben behandelt. Es ist die Bildg eines einfach-schönen weiblichen Charakters durch das Erdenleben. Etwas größer als Hutten (1800 Verszeilen), ist es im Metrum des Kinkel'schen Otto der Schütz geschrieben in wenigen Wochen, was dem Fluß der Verse zu gut gekommen ist. Ende März hoffe ich, mit Gottes Schutz, zurück zu sein u. dann mit frischem Auge die letzte Durchsicht vorzunehmen. Ende April steht das Gedicht zu Ihrer Verfügung. Der Jenatsch (in Romanform) ist im Geiste völlig schreibreif u. ich hoffe ihn (wenn nichts dazwischenfällt, bis Ende November zu vollenden.

Noch einmal meinen freundlichen Dank für Ihre Empfehlg an Herrn Nußbaum, u. alle Ihre Bemühungen für den Hutten, den ich, so scheint mir, als eine gute Stufe betrachten darf.

---

[1] „Johannes Olaf", 3 Bände. Leipzig.

Sie wissen daß wir in Zürich Wohng wechseln. Vom 26 März an lautet die Adresse: Seehof Meilen am Zürichsee.

Seehof bleibt sich also gleich,

nur statt Küsnacht Meilen.

Ihr treuer

C. F. Meyer.

Meine Schwester grüßt Sie aufs freundlichste u. läßt Ihen sagen, daß die C. Assassini bei Tage nicht so gefährlich aussieht, wie zu Nacht, u. die Insel auf Ihrem Bild S. Servilio ist (über S. Giorgio hinaus.)

31 März 1872.

Seehof Meilen am Zürichsee.

Verehrter Freund,

glücklich von meiner it. Reise zurückgekehrt u. nach Meilen umgezogen, verlangt mich nach einigen Worten von Ihuen die ich mir mit diesen Zeilen erbitte.

Zuerst möchte ich wissen wie Sie sich befinden u. Sie ersuchen, wenn Sie nach Verona schreiben, ein Wort des Dankes an Hn. Nußbaum für seine mir bewiesene Gastfreundschaft anzufügen.

Dann bin ich begierig, etwas über die Aufnahme des Hutten in Deutschl. zu vernehmen, soweit sie sich jetzt übersehen läßt. Eine durch mehrere Märznummern laufende Rezension steht in den Baslernachrichten.

Sind Sie willig, lieber Freund, den: „Engelberg" zu verlegen? Doch wünsche ich vor allem, daß Sie mir den Gefallen thun, das Gedicht dessen Lektüre ungefähr $1\frac{1}{2}$ Stunden verlangt, durchlesen u. beurtheilen zu wollen in einem reinlichen Manuscript, das ich Ihnen Ende April übersenden würde. Bis zu dieser Frist will ich es noch meiner eigenen Kritik u. derjenigen meiner Freunde unterziehen.

ich fühle mich Gottlob recht gesund u. muthig, u. bin im Begriff, den Jenatsch zu beginnen.

Meine Schwester empfiehlt sich Ihnen aufs freundlichste.

Ihr

Ed. Fd. Meyer.

Meilen Seehof 30 Mai 1872.

Lieber Freund,

die Reinschrift meines nenen Gedichtes wurde gestern vollendet u. wird binnen Wochenfrist abgehen. Es soll hier noch zweimal mit Freunden gelesen u. zur Verstärkg des Zusammenhanges den Bändern noch einige Aufmerksamkeit zugewendet werden. Auch die sonst sehr leichte Form bedarf noch hie u. da etwas Touche.

Ich bin nun neugierig, welchen Eindruck das Gedicht, das, Ihre Zustimmung vorbehalten, den Titel: Engelberg. Eine Idylle. führt auf Sie machen wird u. ersuche Sie, mir denselben, mit zwei Zeilen, ganz unbefangen zu melden.

Ließe sich vor dem Druck das Urtheil von Frau Jduna[1]) einholen u. wäre namentlich Heinrich Laube, dessen geistige Frische ich bewundere, zu einem Blick in das Manuscript zu bewegen, das wäre mir lieb. Engelberg hat zwölf Capitel von ungefähr gleicher Größe, u. wird die Seitenzahl des Hutten wenig oder nicht übersteigen.

Die eben angelangte Anzeige im Protestantenblatt ist erfreulich   Ihr   M.

[undatiert auf einzelnem Blatt.]

Engelberg. Eine Dichtg. von C. Ferdinand Meyer.

Meyer's neue Dichtung zeigt uns das firnbeglänzte Klosterthal im XIII Jahrhundert. Sie erzählt das seltsame Schicksal einer reizvollen Frau, um welche sich farbenfrische Gestalten des Mittelalters lebendig gruppiren.

Wird Engelberg rasch gedruckt, besorge ich die Correctur

---

[1]) Jduna Laube.

umgehend von hier aus. Es wäre nett, wenn das Büchlein noch vor Ende der Cursaison erschiene.

Suchen Sie, lieber Freund, einen Aufenthalt, mittlerer Höhe u. zahlreiche Gesellschaft, so ist Engelberg zu empfehlen. Engstlenalp ist einsamer u. luftiger aber 6000 Fuß über Meer.

Treu ergeben
M.

Lieber Freund,

Damit die Probebogen noch heute abgehen, nur zwei Worte.

Haben Sie freundlichst ein Auge auf die Correcturen, deren wichtigste ich Ihnen auf der zweiten Seite zur Ver= gleichg beisetze, damit die Bogen fehlerlos aus der Presse her= vorgehen.

Mit Ihren Propositionen bin ich einverstanden. — Die nötigen Berichtigungen für den Hutten, aber wirklich nur die durchaus nötigen, werde ich nächster Tage überschicken.

Der Gedanke, Engel musikalisches Talent zu geben, ist gar nicht übel; wir wollen uns das bis zur 2. Auflage über= legen.

Treu ergeben
Cd. Fd. Meyer.

Seehof Meilen am
Zürichsee 18 Juni 1872.
(Von Betsys Hand):

Seite 5.

Leis schwebt ihn an ein Rosenglimmer,

Seite 7.

Marthe statt Martha

Seite 8.

Gesegneter des Herrn, erzählt!

Seite 9.

Des Engelberges steilen Hang.

Ein Wölklein schwebt' am Firmament,
Als hätt' es, eine weiße Locke,
Vom Titlishaupt sich losgetrennt;
Doch immer schneller wuchs die Flocke,

Sie flog im Morgenwind heran
Und dehnte sich zum Wolkenkahn.
Beweglich schienen seine hellen
Durchsicht'gen Segel sich zu schwellen,
Es ließen ihn die dienstbereiten
Frühwinde rasch thalüber gleiten,
Und wenn ihm eine von den scharfen
Berglüften kühl vorüberstrich,
Erschauert' es wie Geisterharfen,
Wie süße Saiten regt' es sich.

Es war die Barke oder Wolke . . . . .

Seite 11.

Sanct Jürg . . . .

Seite 11.

Sie winkt'. Ein heller Chor erscholl,
Ein Kinderjubel himmlisch klar,
Der Heil'gen mächt'ge Stimme quoll
Aus Herzenstiefen wunderbar.

Seite 13.

spielt statt stielt

Seite 19.

Sah lustig man ein Englein gucken.

Seite 24.

Auch sie der Abbatissin harrend,
Versunken in den Regen starrend.
Da schreckt die Träumerin das Wort
Der Mutter: „Friede sei mit Dir!

Seite 36.

Sieh', Engel, schimmern thaubenetzt

Seite 46.

Von frischem Wuchs und jung wir Beide.
Erst thaten wir uns nichts zu Leide,
Dann fing das Herz uns an zu grollen,

Seehof Meilen am Zürichsee
23 Juni 1872.

Lieber Freund,

Gleichzeitig die Correkturbogen 4. 5. 6. Auf der Rück-
seite verzeichne ich die wichtigsten Verbesserungen zu gütiger
Vergleichung. Sorgen Sie ja, daß keine sinnentstellenden
Druckfehler zurückbleiben.

Die, wenig zahlreichen, Correkturen zum Hutten stehen
zu Ihrer Verfügung. Wann denken Sie mit dem Druck beginnen zu lassen?

Meine früheren Sachen werden doch auf dem Umschlag
oder dem letzten Blatt angezeigt?

Treu ergeben
Cd. Fd. Meyer.

und mit freundlicher Empfehlung

Betsy Meyer.

Seite 49. V. 4. v. o.[1])
Die Beiden jetzt des Thales Breiten.

Seite 51. V. 6. v. o.
Sieht er sich fragend um und spricht:

Seite 51. V. 4. v. unten
Wie eines Wogensturzes Kraft

Seite 52. V. 4. v. o.
Sie fort auf knirschender Eisesdecke,

Seite 52. V. 13 v. o.
Hell jauchzt er, daß die Oede schallt,
Daß Antwort kommt von allen Enden,
Lang dröhnend Antwort wiederhallt
Aus beider Thale Felsenwänden.

Seite 53. V. 9. v. o.
Ich wollt', auf meinen neuen Wegen

---

[1]) Die Korrekturen S. 50—52 von der Hand Betsy Meyers.

Seite 61.   V. 4. v. o.

Er weist auf ihn mit blankem Beil:

Seite 65.   V. 8. v. unten

Sie ist des Rhätiers Weib — so hieß
Es — den am Berg der Tod ereilt,

Seite 68.   V. 9. v. o.

Was Andre speichern und erraffen

Seite 70.   V. 2. v. unten.

— Nicht öffn' ich gern das düstre Buch,
Ein schwaches Herz würd' es beladen!
Die erste Zeile von S. 69 u. die erste Zeile von S. 70
sind sorgfältig zu streichen.

Seite 73.   V. 1 v. o.

Sie drückt der Menschheit dunkles Erbe,
Der Loose lastende Verkettung,

Seite 73.   V. 11 v. o.

Kühlein (kleine Kuh, nicht Küchlein)

Seite 74 und 75 zurecht zu setzen.

Seite 81.   V. 9 v. o.

Bleib' ich bewahrt vor allem Bösen!"

Seite 83.   V. 1 v. o.

Gieb Antwort, Blondkopf, wem gehört

Seite 86.   V. 12 v. o.

Berichtet, daß Ihr es empfangen!"

Seite 87.   V. 13 v. o.

Als seine Romfahrt er gemacht.

Seite 87.   V. 15 v. o.

Des Abtes Sinn, von Meisterhand

Seite 88.   V. 6. v. u.

Er hemmt den raschen Schritt und schweigt,

4*

Seite 89. B. 5. v. o.

Gebt mir's, Herr Abt, als Gastgeschenk.

Seite 91. Der 2te Absatz beginnt mit:

„Dort überströmt so voll das Leben

u. schließt: Umschlingen unsre Sarkophage

Seite 93. B. 13. v. o.

Du selber, Fremdling, sprachst es aus:

Seite 93. letzte Zeile v. unten

An seinem Schmerzensbilde fort.

Seehof Meilen am Zürichsee 29 Juni 1872.

Lieber Freund,

So hübsch der Druck des Engelberg sich ausnimmt, so besorgt bin ich der Druckfehler halben, die sich, wohl wegen der Undeutlichkeit meiner Handschrift, auch nach der zweiten Revision vorfanden, u. ich bitte recht angelegentlich, sich wenigstens mit einem Blick zu überzeugen, ob in Bogen VII folgendes in Richtigkeit ist;

ob p. 100 l. 6 v. u. Ampel gestrichen ist,

101 l. 8. v. u. hat, statt ha,t steht,

d. h. ob das Komma aus dem Worte heraus hinter dasselbe gesetzt ist.

ob p. 103 l. 7. in setzt das t gestrichen ist, statt setzt setz'.

ob p. 107 l. 3 v. u. statt des ungeheuerlichen zweiten Wortes richtig gedruckt ist: klösterlichen

(das Adjectivum von Kloster),

ob p. 108 l. 5 v. u. das dritte Wort dir u. das sechste ja gestrichen ist.

ob endlich p. 110 l. 7 Sie mit einem kleinen s geschrieben ist u. p. 110 l. 9. Es drängt

in die Linie gerückt ist.

Wenn nur in den drei ersten Bogen nichts Sinnstörendes geblieben ist. Treu ergeben

Ihr   M.

Seehof Meilen bei Zürich 26 April 1873.

Mein lieber Freund,

Nur zwei Zeilen. Heute morgen werden Sie das Amulet erhalten haben, über das Sie nach Belieben verfügen mögen. Es ist eine feine Arbeit. Sagen Sie mir Ihren ersten Eindruck, auf den ich begierig bin. Meine Schwester möchte es auf die Herbstmesse als drittes wie Engelberg u. Hutten gedruckt sehen. Doch nach Ihrem Belieben.

Jenatsch wird, wenn mein Schicksal so freundlich u. mein Muth so frisch bleibt wie jetzt, bis Spätherbst vollendet. Kommen Sie im Hochsommer für einige Tage nach Meilen, so giebt es etwas vorzulesen. Nach dem ersten Gedanken als großer sogenannter historischer Roman in der Ausdehnung des Ekkehart. Den Dezember hoffe ich in Wien zu verleben, um die deutsche Bühne zu studieren, ohne deren Kenntniß ein Drama zu schreiben unmöglich ist.

Von Engelb. u. Hutten habe ich je drei Exemplare bei C. Schmidt an mich genommen, die ich deutschen Freunden schenkte. Ich bitte Sie ferner, lieber Häffel, ein Exemplar von Hutten u. eines von Engelberg in meinem Namen dem Redaktor der Deutschen Dichterhalle Herrn Dr. Oskar Blumenthal Querstraße 33 II Leipzig zustellen lassen zu wollen. Den Herren Lehrer Heinike u. Schauspieler Schlieman bin ich für ihre gütigen Zuschriften herzlich verbunden. Ein Urtheil des Prager Archäologen Otto Bendorf in einem Schreiben an Wille über den „Huttenmeyer" hat mich über Manches getröstet. Gesund u. muthig bleiben, lieber Häffel, das andere giebt sich.

Meine Schwester grüßt freundlich.

Ihr

M.

Seehof Meilen 26 Mai 1873.

Lieber Freund,

Die Antwort des Daheim[1]) hat mich nicht sehr verwun=
dert. K. hat recht, das Amulet ließe sich nicht leicht zer=
schneiden u. brockenweise auftischen. Mit meiner tendenzlos
historischen Auffaſſg u. meinen ästhetischen Begriffen wird
es mir, fürchte ich, niemals gelingen, mich in illustrirten
Blättern hervorzuthun.

Am besten verzichte ich für einmal auf weitere Versuche
dieser Art. Hingegen hätte ich Lust, auf meinen ersten Ge=
danken zurückkommend, das Amulet für die schweizerischen
Kreise, in denen es erwartet wird, u., wenn ich mich nicht sehr
täusche, gerade in diesem Augenblick Beifall fände, in einer
kleinen Ausgabe, höchstens 500 Exemplare, wenn es sein
muß, auf meine Kosten drucken zu lassen. Format u. Ein=
band müßte zu Huttens zweiter Auflage u. Engelberg als
drittes Bändchen passen; doch dürfte der Titel einfacher sein
u. würde ich Papier von leicht gelblicher Farbe vorziehn. Ich
lege indessen die weiteren kleinen Novellen, bis ich weiß, wie
das Amulet gefällt, bei Seite u. nehme den Jenatsch wieder
vor. Es liegt mir vor allem daran, über den Erfolg meiner
ersten prosaischen Arbeit ins Klare zu kommen.

Waren Sie so freundlich, Hutten u. Engelberg an Blu=
menthal zu übergeben? Und wie steht es denn, ehrlich heraus=
gesagt, mit dem Verkauf derselben? Wenn ich rüstig weiter
arbeiten soll, muß ich vor allem wissen, wo ich stehe.

Zwei Zeilen Antwort, nicht wahr?   Ihr   M.

Seehof, Meilen am Zürichsee 21 Juni 1873.

Mein lieber Freund,

ich danke Ihnen für Ihr Schreiben vom 19 u. bitte den
Druck des Amulets zu beginnen. Mit Ihrer Einrichtung

---

[1]) Dem C. F. Meyer durch H. Haessel das „Amulet" hatte an=
bieten lassen. Redaktor König lehnte die Novelle ab.

bin ich einverstanden u. erinnere nur an ein Papier von kaum merklich gelbem Anflug, Titel in gothischen Lettern u. Anzeige auf dem letzten Blatt (nicht auf dem Umschlag) von Balladen, Romanzen u. Bilder, Hutten u. Engelberg. Einliegend ein Prospekt zu beliebiger Verwendg.

In Erwartung des ersten Correcturbogens

Ihr   M.

Meilen Seehof 7 Juli 1873.

Lieber Freund,

Meinen freundlichen Dank für die Ausstattg des Amulet; daß meine Handschrift vorn wegfällt, ist in meinem Sinne. Nicht wahr, lieber Haessel, Sie haben die Güte, bei den vielen Correcturen, an denen übrigens meistens meine Verbesserungssucht u. der Ehrgeiz, eine gute Prosa zu schreiben, Schuld sind, mir auch die übrigen Bogen von (inkl. mit) 5 an zu einer letzten Durchsicht zuzusenden. Ich könnte sonst in Wahrheit nicht ruhig schlafen. Die Adresse meines Sommeraufenthaltes erhalten Sie so bald als möglich. Uebrigens erreicht mich auch das nach Meilen Adressirte.

Vernachlässigen Sie ja Ihre Gesundheit nicht, zumal bei den ungünstigen Influenzen dieses Sommers. Ich hätte Lust, Ihre Nichte in einem besonderen Schreiben zu bitten, Ihnen Sorge zu tragen.   Ihr   M.

Meilen 16 Aug. 1873.

Lieber Haessel,

morgen (Sonntag) abend werden wir in Flims (Weghälfte von Ilanz-Cur) sein u. dort einige Tage verweilen. Es ist eine kühle Waldgegend u. im Dorf sind einige merkwürdige Gebäude.   Ihr treuer   M.

Meine Grüße an Prof. Hänel.[1]

---

[1] Albert Hänel, Rechtslehrer.

8 Sept. 1873. Post Sedrun Vorderrheinthal,
Graubünden.

Lieber Freund,

ich denke, diese Zeilen werden Sie wieder in Leipzig
finden, gesund u. glücklich von Wien zurückgekehrt. Meinen
herzlichen Dank für die 25 Exemplare, die in Meilen liegen,
von denen ich mir aber zwei hierher schicken ließ. Eines
wurde mir freilich gleich von meinem hier durchreisenden
Freunde Rahn entführt. Die Ausstattung macht Ihrem Ge=
schmack Ehre u. Ihre schöne Meduse[1]) kann als Bildniß der
Steinfrau im 8. Kapitel[2]) gelten. Es freut mich herzlich,
Sie in Meilen u. in Flims gesehen zu haben — Schade daß
es so kurz war — u. ich hoffe, diese Zusammenkünfte werden
zu jährlichen werden, wo wir uns jedesmal viel Gutes werden
zu berichten haben.

Die Bergluft hieroben erfrischt mich, trotz des wechseln=
den Wetters, gründlich u. ich hoffe diesen Winter Besseres
zu leisten als mir bis jetzt gelungen ist. Vom Amulet bin
ich bis heute ohne Nachricht u. wäre Ihnen dankbar, wenn
Sie mir ein erstes günstiges Urtheil mittheilen könnten. Ihre
Zeilen dürfen Sie ruhig hierher richten, wo ich jedenfalls
noch einige Zeit verweile.

Ich notire hier noch einmal die Schenkexemplare, von
denen die drei ersten besonders wichtig sind, weiteres werden
Sie nach Ermessen verfügen.

Professor Dr. Felix Dahn Königsberg.
Professor Dr. Otto Bendorf, Prag.
Dichterhalle Dr. O. Blumenthal.
Geibel, Gutzkow, Heise,
Allg. Augsb.
Nationalz. Berlin
Gegenwart
Im neuen Reich

---

[1]) Der Haesselschen Firma.
[2]) Des Amulet.

Brockh. Blätter für lit. Unterh.
Literatur v. Riotte u. Wislicenus

Von Hutten hat ein englisches Blatt Notiz genommen
ich glaube Saturday Review. Erkundigen Sie sich doch,
welches die ersten engl. belletristisch=kritischen Blätter seien
u. wagen Sie einige Exemplare.

Noch einmal meine herzlichen Grüße u. alles Gute u.
Beste. Meine Schwester grüßt freundlich u. läßt Ihnen sagen,
daß wir die Lucmanierstraße besucht u. schön gefunden haben.

Ihr M.

Chiamut 22 Sept. 1873.

Lieber Freund,

Ihre freundlichen Zeilen waren uns in unserer Berg=
einsamkeit um so willkommener als wir denn doch nicht ohne
Sorge um Sie waren, es könnte Ihnen in Wien etwas zu=
stoßen, u. wir sind recht beruhigt, Sie wieder an Ihrem
lieben Schreibtisch zu wissen. — Ich hoffe, Frau Iduna wird
das Amulet nun zu Ende gebracht u. Ihnen vielleicht noch
ein wohlwollendes Wort darüber geschrieben haben. Lassen
Sie mich nicht allzulange danach dürsten. Von Flims gingen
wir nach Disentis, das sich allerdings von der Lucmanier=
straße hübsch genug ausnimmt. Denken Sie sich „an", daß
wir dort auf leerer Straße einen Regenschirm (leider nicht
den Ihrigen) aufhoben, der uns hernach mit seinem auf=
gefundenen Eigenthümer in Berührung brachte, einem West=
phalen H. Baedeker von Iserlohn, mit dem wir dann einige
Tage im Gasthaus zu Sedrun verlebten, u. den ich im Ver=
dacht habe, obzwar wir unsere Berufsarten uns nicht mit=
theilten, ein Buchhändler zu sein. H. Schwarz, der dritte
Buchhändler, dem wir begegnet sind, hat mir einen recht
angenehmen Eindruck gemacht, u. schlagen Sie sich ja aus
dem Kopf, er hätte Böses von Ihnen geredet. Keine Spur
davon. Nur sagte er allerdings ziemlich wehmüthig, er hätte
Sie etwas lang nicht mehr gesehen; das war Alles. Aber,

I. Freund, wer wird so argwöhnisch sein! Wenn ich nun wissen wollte, was man Alles schon mit Ihnen über mich geredet hat — doch — seien Sie ruhig, ich will es nicht wissen.

Meinen Blumenthal aber lasse ich mir nicht schelten. Orient oder Occident — er hat meinen Spanischen Brüdern[1]) in der Halle einen guten Platz gegeben. Im Schweizerhaus (eine Art Almanach) bei Jent in Bern steht ebenfalls eine Ballade von mir.[2])

Jenatsch u. Comtur hoffe ich diesen Winter zu bewältigen — Sie werden sehen. Übermorgen packe ich — werde ich einige Zeilen von Ihnen zu Hause finden?

Meine l. Schwester grüßt aufs Beste.

Ihr M.

Meilen bei Zürich — Seehof 11 März 1874.

Liebster Freund,

Ich bin krank gewesen, eine Halsentzündung mit Rückfällen hat mich während des ganzen letzten Monats lahm gelegt. Jetzt aber bin ich so ziemlich hergestellt u. geistig frischer als vorher. Der Jenatsch wird fertig u. ehe ich in die Sommerferien verreise, sollen Sie ihn haben, wenn das Schicksal selbst nicht hindernd eintritt.

tournez la feuille !

Nun meine Bitte. Thun Sie mir den Gefallen, lieber Freund, u. schicken Sie unverzüglich auf meine Rechnung franco alle meine in Ihrem Verlag befindlichen Sachen: Balladen, Romanzen u. Bilder, Hutten, Engelberg u. Amulet an Herrn Franz Brümmer[3]) Lehrer an der höheren Bürgerschule in Nauen bei Berlin. Es liegt

---

[1]) „Die spanischen Brüder" (Gedichte I S. 309). Deutsche Dichterhalle Septemberheft 1873 S. 194.

[2]) „Das Schweizerhaus" für 1874 enthält S. 37 „Der Rappe des Comturs".

[3]) Der damals mit der Herausgabe des Deutschen Dichterlexikons beschäftigt war.

mir recht viel daran, daß die Sendg ohne Verzug abgehe.
Lassen Sie bald ein Wort von sich hören? Wir sind die alten
u. Ihnen recht herzlich zugethan. Gelegentlich meine besten
Empfehlungen an den Vicepraesidenten des Reichstages
Dr. Hänel.

Ihr
C. F. Meyer.

Noch einmal alles Gute u. Beste!

Schreiben Sie die Adresse ja recht deutlich: Franz
Brümmer in Nauen.

Meilen bei Zürich 12 Apr. 1874

Nur zwei Worte u. zwar geschäftliche, l. Freund, da ich
im strengen Dienst der Musen stehe. Freundlichen Dank für
Ihre Zeilen u. meine besten Wünsche voraus für das Stillleben in Grimma. Das Motiv der Lethe[1]) ist 20 Jahr alt,
das Kostüm denken Sie sich griechisch. Der Jenatsch wird ein
wundersames Ding. Ich habe ihn, auf langes Drängen, der
Literatur auf Juli zugesagt, natürlich Ihnen den Druck in
Buchform vorbehaltend. Der vorherige Abdruck in einer sich
hebenden Zeitschrift kann Ihnen nicht unangenehm sein?

Beiliegender Brief zeigt daß das Amulet von H. Credner
in Bremen für N. W. Deutschen Volksschriftenverlag gewünscht wird. Ich habe geantwortet daß die Entscheidg bei
Ihnen stehe u. Sie sich entsprechenden Falles mit Credner in
Beziehg setzen werden.

Ich wäre dafür. 1° wegen der großen Verbreitg 2° weil
ein IV Theil der Schweizerischen Dichter[2]) bei Vogel in
Glarus angekündigt ist u. dies Buch reichliche Auszüge aus dem
Amulet bringen könnte. Dieß ist Muthmaßg. Wenn Sie
mit Credner einen nicht unvortheilhaften Handel schließen

---

[1]) Geht zurück auf ein Bild Gleyres, das C. F. Meyer 1857 in
Paris sah. (S. A. Frey, „C. F. Meyer", S. 98.)

[2]) „Die poetische Nationalliteratur der deutschen Schweiz" . . . Von
Dr. J. J. Honegger. Vierter Band. Glarus. Verlagsbuchhandlung
von J. Vogel. 1876.

könnten, wäre es mir lieb. Vorbehalten müßte sein: das Recht, das Amulet mit Jenatsch u. Diana Muralt[1]) (eine längst vorbereitete neue Novelle) zusammen unter dem Titel: Novellen v. CFM. herauszugeben.

Alles weitere überlasse ich Ihnen; nur sollen Sie mich gefälligst von jedem Schritt vorher avisiren. Auf den „Zweifler" bin ich begierig.

Eine Zeile Antwort, l. Fr, damit ich sehe, wie Sie das zurechtlegen.

Ihr
C.F.M.

(Von Betsys Hand.)

Besten Dank für die schönen Wienerrecensionen. In jüngster Zeit wurde C. F. von 3 Seiten um autobiographische Notizen ersucht, zuletzt von Vogel in Glarus, der auch um C.'s sämmtliche Schriften bittet. Um Sie, verehrter Freund, damit nicht zu bemühen, wird C. die Sachen durch Caesar Schmidt schicken lassen. (Die Balladen nicht.)

Seehof Meilen bei Zürich 3 Sept. 1874.

Lieber Freund,

eben heimgekehrt, finde ich Ihre Zeilen u. beantworte die Anfrage. Das letzte Kapitel des Buches 3 von G. Jenatsch ist auf die letzte Nummer des Jahrganges der Lit. berechnet. An die Veröffentlichung in Buchform wäre also vor Ostern 1875 jedenfalls nicht zu denken, um so weniger als ich weit entfernt bin, das schnellgeschriebene Buch als makellos zu betrachten.

Eigentlich hatte ich bis jetzt eine Veröffentlichung im Herbst 1875 in Aussicht genommen. Ein Hauptgrund, den Roman erst in einer Zeitschrift erscheinen zu lassen, war ja für mich, ihn probeweise im Druck vor mir zu sehen, und

---

[1]) Die Figur gehört in den nie vollendeten „Comtur".

die Möglichkeit, für die Buchform von meinem eigenen Ein=
druck u. auch von der Kritik Nutzen zu ziehen. Daß die Aus=
gabe in Buchform für einen gewissenhaften Schriftsteller nicht
ein bloßer Abdruck der Veröffentlichung in der Zeitschrift sein
darf, versteht sich wohl von selbst. So liegen die Dinge. Wer
mit Jenatsch schon jetzt Bekanntschaft machen will, muß ihn
in Gottes Namen in der Literatur lesen. Das Weitere hat
gute Weile.

Mit herzlichen Grüßen u. der Versicherung meiner un=
veränderlichen Freundschaft
Ihr
C. Ferd. Meyer.

München 16 Nov. 1874.

Liebster Freund,

Es hilft nichts. Sie müssen mir für Dr. Hermann Lingg
(Nymphenburgerstraße 10 München) 1 Amulet, 1 Hutten u.
1 Engelberg spendiren. Der mir sonst nicht ungewöhnliche
Weg des Ankaufs meiner Werklein in den Züricher Buch=
handlungen ist mir dieses Mal in Wahrheit zu umständlich.
Stellen Sie sich aber auch vor, daß der gute Lingg mit Vor=
liebe die Romanzen u. Bilder liest, die er bei Cotta entdeckt
hat, ohne meine späteren Sachen zu kennen. Er hat sogar
in der Gegenwart vor Jahren sich darüber lobend ausge=
sprochen.[1] Also haben Sie die Güte, ihm die drei Büchlein
baldigst mit genauer Adresse, wie oben bezeichnet, zuzusenden.
Mein kurzer Aufenthalt in München hat mich erfreut u.
erfrischt, übermorgen abends denke ich wieder zu Hause zu
sein, wo ich dann Ihren „Zweifler", für den ich Ihnen
herzlich danke, mir in Ruhe zu Gemüthe führen will.

Ihr treu ergebener
C. Ferd. Meyer.

---

[1] Es läßt sich in der „Gegenwart" eine Rezension Linggs über
„Romanzen und Bilder" nicht finden.

Küsnacht, Wangensbach, bei Zürich.
7 Apr. 1876.

Geehrter Freund,

Wenn Sie Willens ſind, den Jenatſch zu den von Jhuen angedeuteten Bedingungen zu übernehmen, bitte ich mir mit einer Zeile den Termin zu bezeichnen, an welchem das Mſc. in Jhren Händen ſein müßte, um rechtzeitig ans Licht zu treten. Alle Urtheile ſtimmen überein, daß, wenu der Jenatſch zu ſeiner vollen Geltung kommen ſoll — ſo wenig oder nichts an den Hauptzügen u. Hauptſtellen zu ändern iſt — der Hintergrund, d. h. Land u. Lente, die für den deutſchen u. ſelbſt für den ſchweizeriſchen Leſer etwas Frembartiges haben, noch etwas ausführlicher behandelt, u. der zu eompaete Styl, wenigſtens in den Nebenpartien etwas gelockert werden muß.

Alſo Vorfrage: Bis wanu müßte das Mſc. bereit ſein?

Jhr   C. Ferd. Meyer.

Wangensbach=Küsnacht bei Zürich
10 Juli 1876.

Geehrter Freund,

Sagen Sie mir ob Sie bereit ſind, den Druck des Jenatſch zu beginnen. Das erſte Buch iſt umgearbeitet, Sie werden mit mir zufrieden ſein. Es wird heute fertig, meine Schweſter hat nur noch das Nötige abzuſchreiben. Format: des Deut= ſchen Krieges.[1]

Jhr   C. F. M.

Herrn Buchhändler H. Haeſſel in Leipzig

Judem ich, geehrter Freund, für die eben angelangten Mark 1000 als Honorar für G. Jenatſch dankend quittire,

---

[1] H. Laube, „Der deutſche Krieg", Leipzig, 3. Aufl. 1867—68.

spreche ich Ihnen meine Anerkennung für den correcten Druck u. die gute Ausstattg aus.

Für Rezensionen werde ich — bei meinen jetzt ziemlich erweiterten Beziehungen — manches thun können, thuen Sie auch das Ihrige. Mit dem Preis bin ich einverstanden.

Vorzüge u. Schwächen meines Buches, die ich zu kennen glaube, gegen einander abgewogen, kann ich sagen, daß der Stoff ein glücklicher u. die Ausführung eine kunstgerechte ist, daß das Buch durch seine Umarbeitg an epischer Behaglichkeit u. deutlichem Umriß gewonnen hat. Glück zu!

Wangensbach=Küsnacht   C. Ferd. Meyer.
13 Sept. 1876.

---

3 Oct. 1876.
Wangensbach=Küsnacht bei Zürich.

Geehrter Freund,

Wir sind in den letzten Tagen ohne Nachrichten von Ihnen u. Jenatsch. Ich hoffe, das Buch wird seinen Weg — wenu auch langsam — machen; hier wenigstens wird es viel gelesen.

Eine Rez. in der N. Zürcher Zeitg. von Calmberg u. von Honegger[1] im „Bund" werden nächstens erscheinen. Kinkel wird d. Jenatsch vor Neujahr in der Allg. besprechen. Dahn, der ebenfalls einen Artikel in die Allg. schicken wollte, habe ich gebeten, die Schlesische oder die Königsberger (Hartung) zu wählen. Meißner versprach einen Artikel in die N. F. Presse, ist aber für einmal durch eigene Arbeit in Anspruch genommen. Etwas schreibt er sicherlich, früher oder später. Auch Dr. Stiefel,[2] ist für einmal dienstunfähig, wird aber später gewiß sich bethätigen. Wille denkt an die National=zeitung. Lingg hat mir seinen Artikel für die Gegenwart zugesendet, den ich morgen zurückschicke. Er ist sehr hübsch.

---

[1] Prof. J. J. Honegger in Zürich.
[2] Prof. Dr. Julius Stiefel in Zürich.

Und Laube — ſchweigt? Senden Sie, wenn es nicht ge=
ſchehen iſt, ja Exemplare, u. das ſogleich — an Gegenwart,
Allg. Augsb. u. an den Hofrath Gottſchall perſönlich. Auch
das für die Gegenwart adreſſiren Sie perſönl. an Paul Lindau.

Ich fürchte immer, Sie haben mehr Ihr Haus im Kopf
als unſeren Jenatſch.

Ihr   M.

19./10. 76.
(Datum von Haeſſels Hand.)

Geehrter Freund,

hier noch zwei kl. Recenſionen, da ich weiß daß
Sie auch das Unbedeutende in Sachen Jenatſch intereſſirt.
Die Schlußpointe in der N. Fr. Preſſe (ſelbſt wenn Laube
ſie geſchrieben hätte) ſagt entweder gar nichts oder etwas
Unbilliges. Der hiſt. Rohſtoff bot mir verworrene Linien,
die Façon iſt alles. Es klingt durch: „O was hätte aus
dieſem Stoff gemacht werden können!“ Irrthum!

C. F. M.

12 Dez. 1876.

Lieber Freund,

ich mache Sie auf einen merkwürdigen Artikel in der
Allg. 10 Dez. Außerordentl. Beilage[1]) aufmerkſam. Von
wem? Rez. kommen nächſtens in Alpenpoſt, Bund u. Bibl.
universelle. Und Laube ſchweigt? Beiliegende Karte be=
ſorgen Sie gefälligſt (u. legen einen Jenatſch bei, trotz dem
ſchon an die Rundſchau ſpendirten) mit richtiger Adreſſe. In
den Zeitungsannoncen u. Weihnachtskatalogen habe ich durch

---

[1]) (Ein moderner ſchweizeriſcher Dichter.) „Georg Jenatſch.
Eine alte Bündnergeſchichte von Conrad Ferdinand Meyer.“ (Leipzig;
H. Haeſſel 1876.) (Außerordentliche Beilage zur Allg. Ztg. Sonntag,
10. Dez. 1876.)

meine Abwesenheit geglänzt. Meine Schwester ist, seit gestern, in Florenz.

In Freud u. Leid,

Ihr

C. F. M.

(Von Haessels Hand: 16. 12. 76 erhalten und beantwortet.)

Sie haben Recht, l. Freund, die Besprechg in der Allg. ist die einzige herzhafte bis jetzt. Offen gestanden, ich habe wirklich einen großen hist. Roman[1]) im Entwurf, aber als Sie so jammerten, als hätten Sie im Jenatsch einen Krebs erworben, glaubte ich, ich dürfe Ihnen nicht mit 2 bis 3 Bänden kommen u. begann den Stoff (einen herrlichen Stoff) wieder in die Enge zu ziehen.

Vielleicht ließe sich am Jenatsch — aber mit großer Vorsicht — noch manches thun u. ausbilden.

Ihr C. F. M.

Wissen Sie nichts von der Übers. ins Engl. des „Amulet".

Silvester 1876.

Geehrter Freund,

Sie kennen den Artikel von Gottfried Kinkel in der Allg. Beil. 28 Dec. Scherr[2]) hat einen Literaturbrief wo von Jenatsch die Rede ist, an die Neuen Monatshefte v. Blumenthal geschickt, Dahn einen Artikel in das Magazin für die Lit. des Auslandes. Ist die Nummer zu bekommen, bitte ich um Mittheilg. Der Art. im Bund v. Honegger kommt im Januar. Meißner will doch noch etwas schreiben, wahrsch. in die N. F. Presse. Bulliemin der 80jähr. im Febr. in der Bibl. Universelle.

Meine Wünsche!

Ihr C. F. M.

---

[1]) „Der Comtur".
[2]) Johannes Scherr.
C. F. Meyer, Briefe. II.

12 Jan. 1877.

· Lieber Freund,

Der Brief von Betty Paoli hat mir Freude gemacht.
Ich denke, wir können mit dem vorläufigen succès d'estime
ſchon zufrieden ſein. Das weitere wird ſich ja geben. Die
fragliche Zuſammenſtellg will ich gerne beſorgen, nur über=
ſenden Sie mir das etwa fehlende Material (ich habe die
Rez. zum Theil nach Florenz der Schweſter geſandt) u. ſchicke
ihr auch den Brief von B. Paoli, mit Ihrer Erlaubniß. Ob
dieſe ihren Artikel (nach den zwei vorangegangenen) noch in
die Allg. bringt, iſt ſehr fraglich.

Die Hauptſache wäre nun, ohne solutio continuitatis
fortzuſchreiten. Kräfte u. Ideen überſtrömen mich, aber —
tauſenderlei Abhaltungen z. B. die Sorge um ein definitives
Heim. Ich bin in Unterhandlung um ein Landhaus in aller=
ſchönſter Lage, leider mit allerhand Anhängſeln von Schwie=
rigkeiten, doch iſt mein Schwiegervater Oberſt Ziegler ganz
der Mann dazu, dieſe abzuwickeln. Andere als Zeitverluſte
ſind durchaus nicht zu beſorgen. Dazu geſellige Pflichten aller
Art. Hier hat der Jenatſch ſehr gewirkt u. faſt alle größeren
Zeitungen (N. Z. u. Bund etc.) erſuchen mich um Mitarbeit.
Es wäre doch Schade, l. Freund, bei ſo vortrefflichen Karten
nicht (u. zwar in Deutſchl.) fortzuſpielen.

Ich habe zwei Entwürfe. Der eine, eine Novelle: „der
Heilige", verſucht, in gefälliger Einkleidg, einen mittelalter=
lichen Heiligen, Thomas Beket, zu enträthſeln u., in weiterer
Auffaſſung den Unterſchied zwiſchen der Legende, der con=
ventionellen Auffaſſung eines Menſchenlebens mit ſeiner grau=
ſamen Wirklichkeit herauszuheben. Der zweite, ein Roman,
packt, in lebendigen Geſtalten, das Weſen des 15—16 Jahrh:
den Kampf u. Gegenſatz des humaniſtiſch=äſthetiſchen u. des
reform. ethiſchen Princips. Renaiſſance u. Reformation, die
Entſtehg des modernen Menſchen. Die Bühne iſt die hier
vor meinen Augen liegende Johanniterkomturei von Küsnach,
der Held ihr letzter Comtur, der Freund Zwinglis. Ich hoffe
das theol. Streitigkeiten anlangende für unſere Zeit Anti=

pathische völlig überwinden zu können u. überall nur das
Menschliche, zu allen Zeiten Gültige herauszukriegen. Natürl.
eine leidenschaftl. starke Handlg, wie bei Jenatsch. Aber dazu
brauche ich Raum u. Zeit. Auf nächsten Herbst (ich berechne
den Roman auf pag. 500 Jenatschformat) unmöglich, frühe=
stens auf Ostern 1878. Die Novelle die schon manuscript vor=
liegt, dagegen sehr mögl. auf Herbst 1877. Aber ich weiß nicht:
sie ist düster u. wunderl. wie gemalte Fensterscheiben — ein
„Kabinetstück", während der Comtur einen großartigen, ganz
modernen Zug bekommen wird. Wäre es nicht klüger den Hei=
ligen gelegentl. auszuarbeiten u. in eine Zeitschrift zu geben,
mit aller Kraft dagegen den der Gegenwart sympathischen Com=
tur zu fördern?

Von Scherr habe ich nichts anderes erwartet — es ist
eben Scherr. Geben Sie Acht auf das Mag. für die Lit.
des Ausl.   Ihr
                                                C. F. M.

———————

17 Febr. 1877. Küsnacht.

Geehrter Freund,

Die begehrten biog. Notizen werde ich an H. Edlinger
direct nach Wien senden. Das ist ja ein vortrefflicher junger
Mann. Der Lit. Brief von Johannes Scherr ist, wenn man
den Mann kennt, sehr günstig, fast sympathisch gerathen.
Dahn hat gut geschrieben. Am meisten freue ich mich auf die
Rec. von Betty Paoli die mir persönlich sympathisch ist.
Ich will ihr recht gern einmal einen Gegendienst leisten, da
ich es mit Freude thun kann. Ich habe hier mit der immer=
hin weitverbreiteten N. Zürcher Zeitg eine Art Kartell ge=
schlossen u. mir ist (bei mäßigem Gebrauch) Raum im Feuilleton
zugesagt. Hier ist Jenatsch entschieden populär, aber es scheint:
Zehn reiten auf einem Roß. Das geht mir nahe, da ich
auf meine Züricher ganz sicher rechnete.

Eine kl. Novelle habe ich einem Züricher=Almanach zu=
sagen müssen, da meine besten Freunde dabei betheiligt sind.

Den Thomas Becket werde ich, ebenfalls dieſes Jahr beendigen.
Den Comtur von Küsnach den ich 1878 im Frühjahr zu be=
endigen hoffe, betrachte ich als mein Beſtes. Er wird eine
Fülle von Leben enthalten u. ein richtiger „Roman" ſein. . . .

Der 80 jährige Vulliemin hat 1½ Bogen über Jenatſch
in die Bibl. universelle geſchrieben. Erſcheint wohl im März=
heft. Eine närriſche Recenſion des Jenatſch von Kurt Moot
ſteht in den „Kreuzerblättern".

Mein Gut in Kilchberg giebt mir viel zu thun. Das
Haus iſt geräumig aber alt. Die Ausſicht geradezu die ſchönſte
am Züricherſee. Ein großer Baumgarten, z. erſten Mal ein
eigener, unbetretbarer Boden, möge meiner Muſe günſtig
ſein. Von Gütern nichts als einige, die wunderbare Ausſicht
ſichernde Weinberge u. ein paar verpachtete Äcker. Dicht neben
dem Gut der Gräfin Plater (Karoline Bauer). —

Von Jenatſch ſollte ſpäter einmal eine „Volksausgabe"
gemacht werden. Doch jetzt, lieber Freund, arbeiten Sie nur
recht emſig am Abſatz der erſten, ich werde meinerſeits nicht
feiern, Jhnen immer Beſſeres zu liefern. Jm Grund iſt das
Buch (obgleich ich es für weit übertreffbar halte) in ſeiner
Art ein tüchtiges. Das iſt die Hauptſache.

Wie haben Sie ſich dieſen Winter befunden? Hier war
es ganz mild, ohne Kälte, ohne Schnee, faſt italieniſch. Meine
Schweſter malt fleißig in Öl.

Jhr   C. F. M.

1 Juni 1877.
Kilchberg bei Zürich.

Geehrter Freund,

Jhre Sendg (95. 80) quittire ich hiermit freundlich.

Meine letzten Monate waren ſehr ſtürmiſch u. ich bin
noch jetzt nicht zur Ruhe gekommen. Da ich meine geräumige
Wohnung in Wangensbach für den Sommer in Aftermiete
vergeben hatte, zog ich ſchon Oſtern hierher, wo ich gleichfalls
mit Baumeiſtern, allen Gewerken, meinen zwei übrigen treuen
Dienſtboten, u. meinen Pächtern (ganz minime Pachten wohl=

verstanden: eine Wiese, drei Morgen Acker, zwei Morgen
Weinberg, nur zur Sicherung der Aussicht u, wenn ich alt
werde, zu Streu u. Haber für ein Rößlein beibehalten) —
also: mit meinen Pächtern wettern muß. Der Unterschied
ist nur, daß Ihnen das Wettern wahrscheinlich wohlthut,
während ich mehr darunter leide, als der Sünder. Ich werde
hier von Verbesserung zu Verbesserung geschleppt, besonders
die Wasserversorgung giebt mir zu schaffen. Doch werde ich
so wenigstens zu Badezimmer u. Dusche kommen. Das Beste
ist hier Luft u. Aussicht. Ich schreibe Ihnen aus meinem
kleinen Zimmer, das ich mir im Giebel eingerichtet habe,
es schant weit um: Seebreite, ein Dutzend Kirchthürme, die
ganze Flucht der Alpen. Es ist geradezu die schönste Aus=
sicht am See. Kommen Sie nur einmal, wenn auch erst im
Spätsommer. Sie finden meine Schwester, die jetzt noch in
Florenz weilt u. den Frühsommer oder wenigstens einige
Wochen in Genf zubringen wird.

Es hat mich gefreut daß Engelberg relativ so gut geht.
Bei einer zweiten Auflage wäre mit wenigen Strichen viel
zu bessern. Von Jenatsch erscheint eine dürftige Nachahmung
im Feuilleton der N. Zürcher Z.[1] Ein Wust hist. That=
sachen ohne alle Bewältigung u. Composition. Dieselbe Zeit,
zum Theil dieselben Figuren, auch Jenatsch tritt auf, aber
mehr als Lump (was er freilich hist. auch war) als wie ein
Heros. Der Verfasser ist ein Herr von Sprecher. Breit=
kopf u. Härtel haben wegen meines „neuen" Romans ange=
fragt. Ich habe freundlich geantwortet, aber mein gutes
Verhältniß zu Ihnen betont, ohne dessen Vorwissen und
Vorhand ich überhaupt nicht verfüge. Damit ist es über=
haupt in weitem Felde, ich meine mit dem nenen Roman
(Comtur). Es liegt noch viel dazwischen. Eine kleine No=
velle werde ich wie Sie wissen zuerst für den Zürcher=Alma=
nach schreiben, dann, womöglich eine exquisite für die Rund=

---

[1] Joh. Andr. v. Sprecher. „Donna Ottavia. Historischer Roman
aus dem ersten Drittel des siebzehnten Jahrhunderts". Basel 1878. Er=
schien zuerst (mit der Bezeichnung „Vaterländischer Roman") im Feuilleton
der Neuen Zürcher Zeitung vom 2. April bis 25. Juni 1877.

ſchau. Rodenberg hat mich dazu ermutigt. Auch will B.
Auerbach den Jenatſch dort beſprechen. Doch ich bin am
Rand. Ein andermal mehr.

Ihr C. F. M.

Ich habe, mitten im Chaos, meine Plane vielfach durch=
dacht.

Meilen 16 Juni 1877.

Geehrter Freund,

ich nütze eine Stunde im Seehof in Meilen, wo die l.
Schweſter hoffentlich nächſte Woche wieder zurück iſt, um
Ihnen auf Ihre Zeilen aus der ſächſiſchen Schweiz zu ant=
worten, die mir bis hierher Waldgeruch zugeweht haben.

Der Gedanke mit der Folge von 1 markigen Novellen
iſt ſo übel nicht, obgleich mir das kleine Format faſt etwas
beſchämend erſcheint. Ich hätte für 4—5 Stoff. Die, welche
ich jetzt für den Züricheralmanach meiner Frennde entwerfe
u. flott durchführe, hat den alten Werdmüller in ſeinem
Landhaus, auf der Eichen=Halbinſel Au (mir gerade gegen=
über, wie ich dies ſchreibe), zum Gegenſtand, wie er ſein
Weſen à la Rübezahl treibt. Sie heißt: der Schuß von
der Kanzel. Ungemein vertiefen läßt ſich der Heilige Tho=
mas Beket. Ein dramatiſcher Stoff. Novellenſtoffe ſind noch
der für die Rundſchau in Ausſicht genommene: eine höchſt er=
greifende Knabengeſchichte (Zeit Ludwig XIV.) u. eine cor=
ſiſche Novelle,[1] völlig im Kopf ausgearbeitet.

Ihr C. F. M.

Ueber die Th. Beket zu gebende Form bin ich noch nicht
ſchlüſſig. — — A. Meißner ſchreibt mir heute, Frau Betty
Paoli habe einen langen Artikel über Jenatſch veröffent=
licht. Wo?[2] Ich glaube im N. Wienertagblatt.

---

[1] Urſprünglich ſollte die Richterin auf korſiſchem Boden ſpielen.
[2] „Ein ſchweizeriſcher Dichter“ (Beilage zur Wiener Abendpoſt
13. Juni 1877).

20 Juli 1877.

Brief u. Karte sind gleichzeitig angelangt. Die v. Sprecher'sche Arbeit ist ohne alle Composition, ohne jeden Kunstwerth, bringt aber allerdings manches unbekannte hist. Detail. Daß v. Sprecher meinen Jenatsch nicht vorher gelesen, ist nicht absolut unmöglich, aber im höchsten Grade unwahrscheinlich. Ich wünsche, lieber Freund, daß Sie das Buch nicht verlegen, mich aber in Ihrer Antwort an v. Sprecher gänzlich aus dem Spiele lassen, gänzlich, nicht wahr?

Ich bin fleißig u. fühle mich ungemein productiv. Werden Sie mich dies Jahr noch hier besuchen? Es gäbe viel zu reden.

Ihr

C. F. M.

Kilchberg 17 Sept. 1877.

Geehrter Freund,

es freut mich, daß Ihre Reise in jeder Weise gelungen ist. Wenige Tage nach Ihrem Besuche erhielt ich denjenigen von Rodenberg. Der Artikel in der Rundschau wird von B. Auerbach geschrieben werden, ich hoffe, in einem wohlwollenden Geiste. Es scheint daß auch Vischer, an dessen Urtheil mir viel liegt, etwas über den Jenatsch zu schreiben vorhatte. Ich weiß nun nicht ob er es anderweitig ausführt. Rodenberg sprach davou, den ganzen „Comtur" in der Rundschau zu geben. Fürs Erste muß dieser nun freilich geschrieben werden. Ein Großes ist, daß, wie ich davon überzeugt bin, der Plan durchaus stichhält. Aber je besser der Plan, desto mehr Kraft u. Feuer wird es bedürfen, denselben würdig auszuführen. Mögen mir gute Sterne leuchten! Sie wissen, wie ernst ich es nehme, sehr ernst, u. daß mir der Erfolg des Tages durchaus nicht in erster Linie steht. Am 1. Oct. werde ich beginnen.

„Der Schuß von der Kanzel" wird in dem Zürcher-Taſchenbuch bei Orell, Füßli & C. erſcheinen.

Ihr   C. F. M.

Kilchberg bei Zürich

Lieber Freund,

ich erhalte eben eine Anfrage von Prof. Liebreich v. Berlin aus Bex (Waadt) ob ich eine Ueberſetzg des Jenatſch ins Vlämiſche geſtatten würde (Bibl. für Volksbelehrung). Ich habe ihn an Sie gewieſen u. bitte Sie, ihm die Sache leicht zu machen. Er frägt auch an, ob Jenatſch ſchon ins Engliſche überſetzt ſei. Die Correctur von: „der Schuß von der Kanzel" habe ich beſorgt, die Novelle iſt ſoviel, als bei dem geringen Motiv möglich war.   Ihr

C. F. M.

(Von Haeſſels Hand: erhalten 26. 12. 77.)

Geehrter Freund,

ich laſſe das Jahr nicht enden, ohne Sie mit einer Zeile begrüßt zu haben. Der Winter, einer wie ich ihn liebe, macht mich ſehr aufgelegt u. thätig. Nur weiß ich noch nicht, was zuerſt fertig ſein wird, wohl eine Novelle für Rodenberg, der mich wiederum, mit großer Freundlichkeit angeſprochen hat, u. mir zugleich mittheilte, Auerbach habe, „ſo gut als feſt" die Beſprechg des Jenatſch zugeſagt. Wetten Sie mit mir, daß er Wort hält?

Ich kann Ihnen fortan nicht wohl ſagen: ich verſpreche Ihnen dies oder jenes auf den oder den Tag, ſondern es wird lauten: Dies oder Jenes iſt fertig: wollen Sie es?

Orell, Füßly u. C. hat Ihnen auf Ihre Anfrage wegen des Taſchenbuchs einen recht einfältigen Beſcheid gegeben. Ich ſchickte Ihnen den erſten verfügbaren Separatabdruck des „Schusses", auch das Taschenbuch steht zu Diensten. Aus dem Beiliegenden ersehen Sie dessen Inhalt.

Meine freundlichsten Wünsche zum Jahreswechsel.

Ihr

C. F. M.

———

Kilchberg bei Zürich 19 Febr. 1878.

Mein geehrter Freund,

Da ich gerade meine Korrespondenz besorge, lassen Sie mich zu Ihren an meine l. Schwester gerichteten Briefen eine Zeile anmerken.

Im Ganzen erscheinen mir Ihre Vorschläge recht vernünftig, sie sind der zwanglose Weg zu „Gesammelten Werken". Der große Druck gefällt mir, aber das Format d. h. das Weiße der Seite wünsche ich ein bischen größer —

Der Heilige wird etwas werden, so hoffe ich; doch werde ich denselben schwerlich vor Juni aus den Händen geben. Auch hat Rodenberg, der mich sehr ordentlich behandelt u. Auerbach antreibt, das Recht befragt zu werden ob ihm der Heilige für seine Rundschau tauge. Vielleicht — u. ich kann es ihm aus diesen oder jenen Gründen vorschlagen — wartet er, bis eine andere Novelle fertig ist, doch muß das alles ganz loyal u. untadelig zugehn.

Ich wollte Sie über den Stand der Dinge genau unterrichten. Alles Gedrängtwerden oder Versprochenhaben u. nicht Halten können ist mir gründlich verleidet u. ich will mich hinfort in diesen Puncten reinlich halten.

Ein Lokalblatt (Zofingerblatt) wurde von Orell, F. u. C. wegen Nachdruckes meiner Novelle „Schuß v. d. Kanzel" mit Beschlag belegt. Zwei andere haben Erlaubnis erhalten, den Schuß im Feuilleton zu bringen. Ich habe über diesen Schuß eine Reihe von Briefen erhalten, von der wunderlichsten Sorte, deren Sammlg komischer wäre als das Buch selbst. Der „Schuß" wird hier entschieden populär werden, ganze Bevölkerungen lesen denselben mit Andacht, natürlich ohne

ihn zu verstehen. Ist Mythikon = Horgen, etc? So wird ge=
fragt u. überall Anspielung gesucht.

Wie geht es? Ich denke gut, die Zigeunerin wird schon
recht behalten.   Ihr

                                         C. F. M.

———————

Kilchberg 3 März 1878.

(In höchster Eile).

Eine Zeile, geehrter Freund, zu Ihrer Orientirung.

Ich bin im Begriffe, nach Meilen zu verreisen, um meiner
Schwester eines der letzten Kapitel des Heiligen zu dictiren.
Es wäre höchst wünschbar, diese schwere u. eigenthümliche
Composition um Ostern vollendet zu haben. Dann muß
das Werk noch abgeschrieben werden. Ob in die Rundschau oder
nicht? ist für einmal noch eine offene Frage. Will es Roden=
berg entschieden u. mit einer gewissen Begeisterung, dann
j a; sonst nein.

Von Navilles „Christ"[1]) wird Ihnen B.(etsy) nächstens
ein Kapitel zur Probe schicken. Natürlich ist es jetzt mir nicht
möglich — bei meinen kurzen Besuchen in Meilen u. meiner
angestrengten Beschäftigung mit dem „Heiligen" — der Durch=
sicht der Übersetzg viel Zeit zu widmen. Also muß die Über=
setzg warten. Dieselbe ist überhaupt keine angenehme Arbeit,
weil der Ton, im Verhältniß zum Werthe des Inhalt viel
zu magistral u. antoritär ist.

                                         Ihr

                                         C. F. M.

———————

Kilchberg 2 Mai 1878.

Geehrter Freund,

da das Jahr vorrückt, ist nun schon eher zu bestimmen,
was sich allenfalls darin leisten läßt u. ich bin der Meinung,

———————

[1]) Ernst Naville, „Christus. Sieben Reden". Leipzig, Verlag
von H. Haessel 1880.

daß wir uns für einmal auf die Ausgabe von zwei Bänden
Novellen in Jenatschform beschränken.

1. Amulet. Schuß.
2. Der Heilige.

Letztere Novelle gibt mir viel zu thun u. beschäftigt mich
seit Monaten fast täglich. Sie geht in die Tiefe u. wird,
wenn sie gelingt, ein wunderliches Stück Mittelalter werden,
doch in ganz klarer Form u. ohne alle überflüssige Lokalfarbe.

Ihre Besorgnisse wegen der Schädigung unserer Inter-
essen durch den Abdruck des „Schusses" kann ich nicht theilen,
da diese Lokalblätter nicht über ein paar ☐ meilen reichen u.
ein Nachdruck aus denselben nicht wird gewagt werden.

Da ich den „Heiligen" nicht einen Tag früher aus den
Händen geben werde als ich vor meinem Gewissen verantworten
kann, muß ich wohl — wenn ich dieses Jahr noch mit etwas
Neuem in Buchform hervortreten will, was in meinen Wünschen liegt — auf einen vorherigen Druck des „Heiligen" in
der „Rundschau" verzichten.*) Auch so werden Sie die Novelle kaum vor Sept. erhalten. Wie gesagt, sie ist sehr eigen-
thüml. Art u. jeder Strich will erwogen sein. Zudem werde
ich im Juli 3—4 Wochen mit einem Bergaufenthalte verlieren.

Vergessen Sie nicht, l. Freund, daß meine gesellschaft-
liche Lage manche Ansprüche an mich macht, aber, wenn wir
etwas langsamer vorrücken, wollen wir dafür desto dauer-
haftere Arbeit liefern.   Ihr
                                                      C. F. M.

*) Ich habe noch nicht an Rodenberg darüber geschrieben.
Haben Sie: „Vulliemin"[1] erhalten?

Ich lege die „Kleinigkeit"[2] nicht bei. Es ist der Nekrolog eines alten wohlthätigen Fräuleins in der N. Z. Z. u. zu
lokal.

---

[1] „Ludwig Vulliemin". Von C. Ferdinand Meyer. Neue Zürcher
Zeitung 16. und 18. März 1878.
[2] Eine Notiz über Anna Bodmer (1801—1878) in der Neuen
Zürcher Zeitung 30. April 1878.

Kilchberg 13 Mai 1878.

Mein geehrter Freund,

Das vorrückende Jahr u. Ihre letzten Zeilen,*) die ich
vergangenen Montag erhielt, nachdem ich mich von früh bis
spät mit dem „Heiligen" beschäftigt hatte, legen mir nahe,
mir klar zu machen, ob oder nicht diese Novelle bis Sept. druckfertig vorliegen wird.

Es ist eine Möglichkeit, aber keine Gewißheit, da mir
diesen Sommer Abhaltungen jeder Art bevorstehen, auch solche,
die mir, als ich das letzte Mal schrieb, noch nicht bekannt
waren, u. besonders weil diese Novelle, die heikler Natur ist
u. sehr tief geht, eine langsame u. vorsichtige Behandlg verlangt.

Unter diesen Umständen verzichte ich auf den dießjäh-
rigen Druck des „Heiligen" in Buchform, seine erste Verwendg
in einer Zeitschrift, etwa gegen Jahresende, mir vorbehaltend
u. stelle es Ihrem Ermessen anheim, welchen Zeitpunkt Sie
für die Veröffentlichung des ersten Bändchens Novellen (Amulet, Schuß) geeignet halten.

Mit dem Spiritismus-Artikel im „Deutschen Reich" würden Sie mir Freude machen.

Treuergeben

Ihr

C. F. Meyer.

Sie sagen kein Wort über den Artikel „Vulliemin" als daß
Sie ihn erhalten hätten! Hat er Ihnen nicht gefallen?

*) auch meine eigenen, mit welchen ich „den Heiligen"
für Sept. in Aussicht stellte

---

15 Juni 1878
Kilchberg bei Zürich.

Geehrter Freund,

Den Empfang Ihres Schreibens, einschließl. M. 100.—
quittire ich umgehend.

Ich glaube es gerne, daß es jetzt draußen im Reich nicht
sehr gemüthlich ist — wir hier haben Verweigerung per Volk
der Gotthard-Subvention, (eine Gemeinheit ohne gleichen)
Überschwemmung, Hagel u. ich persönl. completen Dienstbotenwechsel.

Rodenberg verspricht mir eine Besprechg von Jenatsch
bis spätestens Sept. durch — nun wie heißt er? — richtig,
den Shakespar-Kreißig — ich habe eine Vorliebe für Rodenberg; von dem ich glaube daß er es . . . gut mit mir meint.

Eine Frage? Sind Sie geneigt, die Edition in gleich-
mäßigem größerem Format diesen Herbst mit Jenatsch
2. Aufl. zu beginnen. In diesem Falle bin ich nicht unge-
neigt, das Buch durchzusehen u. ein Kapitel einzufügen, das
vielleicht große Wirkg thäte.

Antworten Sie

Ihr

C. F. M.

---

23 Juni 1878.

Geehrter Freund,

ich habe mich mit „Jenatsch" wieder beschäftigt u. hoffe
— in der nicht langen Frist bis Ende August — wesentliche
Vergrößerungen — ich meine in geistigem Sinne — zu Stande
zu bringen. Sobald ich (Ende Juni) das neue Kapitel beendigt
habe, schreibe ich wieder. Ihre „Wünsche" werde ich gewiß
berücksichtigen. Also vorläufig angenommen. Schicken Sie mir
vielleicht ein weiß-durchschossenes Exemplar?

Ich muß nur sehen, daß ich meiner I. Frau die ihrigen
(sc. Wünsche) für einen Bergaufenthalt von vier Wochen er-
fülle.

Ich habe neuerdings — wenu auch nicht nach der Schnur
— viel gearbeitet u. habe, wenu mich auch mein kleiner Besitz, was meine Zeit betrifft, schwer belastet, doch das Gefühl größerer Freiheit als früher.

Was die „Rundschau" detrifft, so muß man solche Dinge,
die nicht die Hauptsache sind — die Hauptsache ist der Grad

der eigenen Schaffenskraft — läßlich nehmen. Wo käme man
sonst hin? „Es macht halt Welt", sagt Jean Paul.

Was sagen Sie zu der Graf u. Gräfin Plater= und A.
Wellmerschen Sache? Ich bin der nächste Nachbar des Grafen
u. auf gutem Fuße mit ihm, habe auch die Gräfin sehr genau
gekannt. Sagen Sie mir Ihre Ansicht! Sie würde mich
interessiren u. von der Sache haben Sie doch gelesen oder
reden hören? Besonders wüßte ich gerne den Stand der
öffentl. Meing darüber.

Mit dem „Gotthard" ist noch alles im Unklaren[1]). Ich
bin nicht stark betheiligt, immerhin höher, als meine sämtl.
bisherigen u. wol auch künftigen Honorare, u. sprach nur
vom nationalen Ehrenpunct aus.

Kommen Sie nicht in die Schweiz? Mitte Juli bis
Mitte August, so weit sich eine von der Witterung abhan=
gende Reise firiren läßt, abgerechnet, bin ich hier in meinem
l. kleinen Heim.

Wenn ich auch oft des Tages Last u. Mühe trage, habe
ich doch gnten Muth u. ganz herrliche Sachen im Auge, deren
ich so viele u. diese so gut zu Stande bringen werde, als mir
gegönnt ist.

Ihr   C. F. M.

Kilchberg bei Zürich 26 Juni 1878.

Eine umgehende Zeile, geehrter Freund.

Eben vollende ich das neue Kapitel u. die alte Liebe zu
dem Buch ist wieder erwacht. Ich dictire es morgen m. l.
Schwester in Meilen u. sende es Ihnen bann gleich zu.

Den Bogen 8. kann ich leicht entbehren. Ich werde sehr
vorsichtig u. nicht zu viel ändern. In die Alpen mag ich
den J. nicht schleppen, lieber beendige ich noch alles vorher.

---

[1]) Verhetzt gegen den damaligen Leiter der Gotthardbahn, Alfred
Escher, verwarf das Zürcher Volk 19. V. 1878 die vorgeschlagene Nach-
subvention von 800 000 Fr., nahm aber 27. X. 1878 eine neue Subvention mit Zweidrittelmehrheit an.

Der Comtur u. der Heilige, der ungefähr zur Hälfte vollendet ist, sind mir beide ſehr lieb u. werden auch Ihnen gefallen; wenigſtens glaube ich nicht zurück= ſondern ganz entſchieden vorwärts zu gehen.

Freilich mit Hinderniſſen. Manche ſchöne Stimmung u. Stunde geht einem „Gutsbeſitzer" verloren.

Es iſt mir nicht recht, daß Sie in Leipzig haften bleiben, ich gehe wol nach Silvaplana oder Sils=Maria.

Ihr

C. F. M.

Die Zweitheilung des Jenatſch ergiebt ſich von ſelbſt. I erſtes u. zweites Buch. II drittes mit dem neuen Kapitel. Faſt mathematiſch die gleiche Seitenzahl. Was den zweiten Titel betrifft, ſo bin ich eher dagegen. Die Hauptſache iſt, daß hinfort das Format für alle meine Sachen daſſelbe bleibe.

Kilchberg 28 Juni 1878.
bei Zürich

Geehrter Freund,

ich habe wieder viel Freude am Jenatſch u. erſtaune, mit wie einfachen Mitteln hier etwas geleiſtet iſt. Geſtern, Donnerſtag, dictirte ich Betſy die erſte Hälfte des nenen Ka= pitels das den Übertritt des Bündners zum Cath. vollſtändig motivirt. Montag werde ich die zweite Hälfte dictiren. Dann ſollen Sie die Abſchrift erhalten.

Das durchſchoſſene Exemplar iſt angelangt u. ich werde ſehr gewiſſenhaft ſehen, wo noch etwas abrupt iſt oder hohl tönt.

Noch etwas. Eigentl. iſt der „Schuß", weil er den Cha= racter des Wertmüller ausführt, eine Fortſetzg des J.(enatſch) Wäre die Zweitheilg nicht ſo ſelbſtgegeben I, 1. 2. II. 3. Buch, ſo hätte ich gar nichts dagegen, den Schuß als 2 Hälfte des 2 Theiles anzuhängen. Oder als 3 kleineren Theil? Es würde der 2. Auflage einen neuen Reiz geben.

Was den zweiten Titel betrifft, so ließe sich: „Gesam=
mette Novellen" 1. u. 2. Theil vorschlagen, da J(enatsch),
wenn man einmal theoretisiren will, ebensogut oder eher
Novelle als Roman ist.

Bis Anfang Aug. sollten Sie, wenn nichts Unerwartetes
dazwischenfällt, das ganze Mscr. in Händen haben. Schreiben
Sie eine Zeile.

Ihr

C. F. M.

Kilchberg bei Zürich 12 Juli 1878.

Lieber Freund,

die Durchsicht des J(enatsch) ist beendigt. Das Veränderte
u. Hinzugegebene verstärkt — meine ich — den Eindruck, ohne
daß ein Unterschied des Colorites sichtbar würde. In einigen
Fällen enthielt ich mich lieber, als das Kleinste zu verderben.
Ich kann mit gutem Gewissen sagen: Das Buch hat gewonnen.

In gleicher Weise ist der „Schuß" retouchirt, einiges
Ungehörige beseitigt, weniges beigegeben. Es wird mich herz=
lich freuen, wenn Sie mit mir zufrieden sind.

Auf das Jenatsch=Autograph im „Schuß" verzichten wir
besser.

Am „Amulet", das sehr rein geschrieben ist u. dessen Com=
position niemand getadelt hat, ändern wir besser nichts, glauben
Sie mir. Ich würde die Mühe nicht scheuen aber es wäre ein
müßiges Spiel.

Die Veränderungen u. Zusätze erhalten Sie, sobald die=
selben eingeschrieben sind, das neue Kap. des J(enatsch) wol
noch früher.

Zur Correctur senden Sie mir nur die Bogen mit län=
geren neuen Zusätzen, vor allen das neue „Jenatsch"=Kapitel.
Ich gebe Ihnen am Vorabend der Abreise meine Adresse.

Die 3 Bände Novellen 2. Aufl. erscheinen dann zu Winter=
beginn.

Ich will doch, Ihnen u. der Sache zu Gefallen, das Amu=
let, da noch Zeit ist, sorgfältig durchgehen. Vielleicht ist eine
Kleinigkeit zu berichtigen.

Da wir wieder beim „Lieber Freund" angelangt sind,
wollen wir uns Beide dieses schönen Titels würdig erzeigen.

Ihr

C. F. M.

Meilen 22 Juli 1878.

Lieber Freund,

ich schreibe Ihnen hier unter der Kastanie[1]) nach Ein=
sicht Ihres Briefes an die Schwester.

Es freut mich, daß Sie das neue Jenatsch=Kapitel gou=
tiren. Aus dem Character des Helden hervorgehend u. mit
dem festgehaltenen Gegensatze des Spaniers u. des Italieners
(Serbelloni=Grimani) paßt es u. beunruhigt mein lit. Ge=
wissen nicht. Sie werden aus den Correcturen sehen, wie
zögernd u. sorgfältig ich retouchirt habe.

In geschäftlicher Hinsicht ist zu sagen, daß ich, nicht be=
sonders gerne, in die 1500 Ex. u. den ermäßigten Preis ein=
willige, obwol diese große 2. Auflage eine 3. in Frage stellen
wird, aber ich halte meinerseits fest:

1. daß das Format (Jenatsch, 1 Aufl. jedenfalls
nicht kleiner) sich gleich bleibe für alles weiter zu Publi=
cirende.

2. daß, als Band III Novellen in diesem Jahre noch
„Amulet" u. „Schuß" erscheinen. Letzteren habe ich Eckstein
neuerdings abgeschlagen, auf die heurige Publication des
Schusses in Ihrem Verlag hinweisend.

Im „Amulet" wäre jede Correctur Muthwille, die zum
Schuß erhalten Sie. Vor 4 Tagen war ich drüben,[2]) im
Werdmüller=Hause, zum ersten Mal seit einer Schulfahrt im
13. Jahre! Die Frau Major Hartmann, jetzige Eigen=

---

[1]) Im Seehof zu Meilen.
[2]) Auf der Halbinsel Au.

thümerin, fragte mich: Der Herr hat gewiß den „Schuß" gelesen? Ich bejahte, bewahrte aber mein Incognito. Daher noch einige Striche in der Zeichnung des Landhauses.

Ihr

C. F. M.

Überlegen Sie es sich doch noch einmal mit der 1500 Auflage.

Die Correctur der wichtigeren Änderungen muß ich mir jedenfalls vorbehalten.

<hr>

(Poststempel 10. 8. 1878, Silvaplana.)

Lieber Freund,

ich bin mit den 4 Puncten Ihres Schreibens vom 3 Aug. einverstanden. Freiex. geben Sie mir fünf u. zwanzig. Wie sagen wir „zweite, durchgesehene"? Auflage. Ich denke. Auch bei dem Bande, Novellen sagen wir zweite Auflage, da ja der „Schuß" auch zum 2. Mal erscheint. Ich denke hier viel an den „Comtur". Der Heilige sollte mit Jahresende fertig sein. Wir wollen dem I. Gott danken, wenn diese zwei Compositionen gelingen.

Silvaplana hôtel de la Poste.   C. F. M.

<hr>

Pontresina 24 Aug. 1878.

Lieber Freund,

Ihre Zeilen 19 beantworte ich in Eile. Es freut mich daß auch Sie sich erfrischt haben. Ich denke wir betiteln einfach: Novellen 2. Auflage von C. F. M.: Amulet, Schuß und setzen unter letzteren: „Diese Novelle erschien zuerst in dem Zürch. Taschenbuch für 1878."

Kennen Sie Alp Grüm auf dem Berninapasse, von woher man zugleich den Palü-Gletscher u. den Poschiavino-See dominirt? Erstaunlich schön. Ich habe hier d. h. im Curhaus St. Moritz P. Heyse kennen lernen u. finde den Mann bedeu-

tend. Ich danke für Ihre freundl. Wünsche für „Heiligen"
u. „C"(omtur). Ihr C. F. M.

Ich bin zurück in Kilchberg 31 Aug.

---

4 Nov. 1878.
Lieber Freund,

Ihre eben anlangenden Zeilen beantworte ich umgehend,
obwol ich in diesen Tagen von Morgen an beschäftigt bin.
Man spürt schon das endende Jahr, es häuft sich alles.

Ihre Sendung habe ich richtig erhalten. Es thut mir
leid, daß Sie schlecht auguriren von Jenatsch ed. 2 u. Denk=
würdige Tage.[1] Ich bin auch sonst mißmutig, bes. weil ich,
bei der besten Stimmung, durch nichtige Abhaltungen nicht
dazu komme, meinen Heiligen, der mir lieb ist zu vollenden.
Ich benutze jede freie Stunde leidenschaftlich, aber vor Ostern
werde ich kaum fertig.

Navilles „le Christ" habe ich gelesen. Er hat große Vor=
züge, Noblesse u. Popularität zugleich. Ob er in Deutschland
u. bei welchem Publikum — eine Capitalfrage bei religiösen
Schriften — reüssiren wird — das ist schwer zu sagen. Mein
Rath ist: Schieben Sie die Antwort hinaus u. wenden sich
brieflich an meine I. Schwester — Meilen — sie ist auf einer
kleinen Reise, aber die Briefe werden ihr von Meilen nach=
gesendet — Betsy kennt Naville sehr gut u. hat, wie ich, von
ihm ein Exemplar erhalten. Ich sprach ihr davon, „le Christ"
zu übersetzen, was Naville sicherlich das liebste wäre, sie aber
sagte weder ja noch nein. Auf jeden Fall bereden Sie doch
die Sache mit ihr.

Und, vor allem, lesen Sie oder durchblättern Sie wenig=
stens das franz. Buch. Soll ich es Ihnen schicken?

Behalten Sie für einmal die noch restirenden Freiexem=
plare, auch die gebundenen, in Leipzig zurück, da ich über die=
selben vielleicht für deutsche Freunde verfügen werde.

In Eile,
Ihr C. F. M.

---

[1] „Der Schuß von der Kanzel" und „Das Amulet" erschienen in
zweiter Auflage unter diesem Gesamttitel

12 Apr 1879 Kilchberg bei Zürich.

Mein lieber Freund,

ein junger Mann, Dr. Adolf Frey, Aargauer, Philologe, den ich als einen tüchtigen Menſchen kennen gelernt habe, begiebt ſich für ein oder zwei Semeſter an Ihre Univerſität. Ich will Sie vorläufig mit ihm bekannt machen, daß er Sie, wenn er etwa Rath oder Auskunft nothwendig hätte auf= ſuchen könnte. Ich gebe ihm keine Zeile an Sie mit, er iſt, zu geſelligen u. literariſchen Zwecken gut empfohlen (z. B. mit Victor Blütgen bekannt) u. Sie ſind ein vielbeſchäftigter Mann. Ich dachte eher an einen möglichen ernſten Fall (z. B. Krankheit,) da ich Ihre Dienſtwilligkeit kenne.

Kommt er aber ohne Anliegen zu Ihnen, ſo werden Sie ſicherlich — ich rede aus eigener Erfahrung — an dem begabten u. natürlichen Menſchen Freude haben.

Es wäre auch möglich, daß er Sie über eine Geſammt= ausgabe der Werke ſeines Vaters, des Novelliſten Jakob Frey, conſultiren wollte, doch bin ich deſſen nicht gewiß u. miſche mich nicht darein. Sie ſind der Mann, ſelbſt zuzuſehen.

„Der Heilige. Eine Geſchichte, die Hans der Arm= bruſter erzählte.“ iſt fertig. Ich werde morgen an Roden= berg ſchreiben u. mich, wo möglich, weit mehr aus innern, die Compoſition ſelbſt betreffenden, als aus äußern Gründen losmachen. Die Novelle wird Jenatſch ed. 2=Format 250 Seiten kaum überſteigen. Anfang Mai läge dann das Mſc. bereit. Was ſagen Sie dazu?

Ihr

C. F. Meyer.

———

(Von Haeſſels Hand) 14. 6. 79.

Lieber Freund,

aus den Zeilen meiner Schweſter haben Sie erfahren daß der „Heilige“ im Oct. oder Nov. Heft der „Rundſchau“ er= ſcheint. Ihre letzte Zuſchrift iſt nicht ohne Einfluß auf dieſe

Entscheidung gewesen. Der grämliche, übrigens wol nur aus momentaner Stimmung hervorgegangene Empfang, den Sie meiner Nachricht von der Vollendung des „Heiligen" zu Theil werden ließen, und daneben die sehr ernstliche Besorgniß, Ihre Klagen über kleinen Verkauf dürften sich bei dem Heiligen in Buchform wiederhohlen und dieser kein Publicum finden, bewog mich, mit demselben lieber gleich vor dasjenige der „Rundschau" zu treten. Der Schritt ist nun geschehen und ich mache mir weiter keine Sorge darüber. Rodenberg gibt mir übrigens freie Verfügung über die Nov. „schon einige Monate" nach dem Druck in der R. Sch. Ist Ihnen dann der Heilige in Buchform anständig, so werde ich jedes anderweitige Anerbieten ablehnen.

Bedenken Sie, lieber Freund, daß es unter uns lange her eine ausgemachte Sache war, R. Anerbieten für meine nächste Arbeit zu benutzen, u. erst später wieder Scrupel auftauchten — wer weiß, am Ende wirkt die Publication in der R. Sch. auch noch günstig auf Ed. II von Jenatsch zurück?

In alter Freundschaft
Ihr
C. F. Meyer.

Kilchberg bei Zürich 16 Juni 1879.

Es ist mir eine wahre Erleichterung, daß Sie, lieber Freund, die Sache so gelassen nehmen. Wir kennen uns einander u. gehören einmal zusammen. Übrigens sind Sie im Irrthum. R(odenberg) hätte, wie er sagte, den „Schuß" gerne genommen, natürl. erster Hand, aber erinnern Sie sich: ich schrieb ihn expreß für das Züricher Taschenbuch.

Die Buch-Ausgabe zu Ostern wird sich ermöglichen lassen.

Ganz besonders freut es mich, daß Sie den Haller von Ad. Frey[1] drucken. Grüßen Sie mir ihn u. sagen ihm, er solle mir schreiben.

[1] „A. v. Haller und seine Bedeutung für die deutsche Literatur". Leipzig 1879.

Gelacht habe ich, daß der Wyl[1]) schlüßlich bei Ihnen an=
gelangt ist. Ja freilich kann Ihnen der etwas Hübsches
schreiben! Nur zu!

Ich meditire eine Novelle, die ich — so Gott will u. wir
leben, eine vernünftige u. bescheidene Redweise in unsern
Jahren — diesen Winter schreibe u. die Ihnen Freude machen
wird.

Alf. Meißner war bei mir u. hat mir Wunder erzählt,
wie Spielhagen in Berlin seine Arbeit industriell ausbeute
u. noch mehr ausbeuten werde. Wenn ich Ihnen durchsichtig
wäre, so würde Sie erstaunen, wie ferne mir solches liegt.
Großer Styl, große Kunst — all mein Denken u. Träumen
liegt darin. Es ist auch allein diese Passion, die mich Dinge
leisten läßt, die über meine Naturanlage gehen.

Tragen Sie sich Sorge! Gais ist recht langweilig, be=
sonders kahl. Brixen unendlich vorzuziehen. Fragen Sie
doch nach, ob H. Lingg, der mit seiner brustkranken liebensw.
Tochter Malchen, die noch vergangenen Herbst als ein Bild
der Gesundheit, hier vorüberkam, noch in Bozen oder Um=
gebg verweile. Er war vor ungefähr einem Monat dort u.
es wäre schon der Mühe werth, ihn kennen zu lernen. Zu
Verona gratulire ich!

Ihr alter

C. F. Meyer.

Ich habe viel Besuch, bin ganz leidlich wohl u. nehme
nur für August vierzehn Tage im Engadin in Aussicht.

(Hand des Sekretärs.)

Kilchberg bei Zürich,
15 November 1879.

Lieber Freund,

Ihre letzten Zeilen an meine Schwester haben mich sehr
erfreut durch den darin angeschlagenen lebendigen Ton der

---

[1]) Wilhelm von Wymenthal, der unter dem Namen W. Wyl u. a.
veröffentlichte: „Spaziergänge in Neapel, Sorrent usw.“, „Maitage in
Oberammergau“.

nicht der eines Kranken ist und durch Ihre Theilnahme an dem ersten Drittel des „Heiligen". Ich hoffe daß wir Beide wenu auch nur allmählig unsere Schäden wieder los werden, auch ich werde meine Heilung[1] wahrscheinlich durch eine Cur in Baden oder Ragaz beschließen müssen. Wenn noch meine andere Sorge[2] vor Jahresende sich in eine Freude verwandelt, so ist bann Alles gut.

Heute habe ich einen Brief von Rodenberg erhalten. „Es ließ sich zu meinem Bedauern nicht anders machen", schreibt er mir, „als den Heiligen durch drei Hefte zu führen" (das letzte Drittel wird demnach am 1. Jannar erscheinen.) „Doch soll Ihnen selbstverständlich keinerlei Nachtheil draus er= wachsen. Es ist Ihnen durchaus unbenommen die Novelle, wie Sie beabsichtigen, Ostern in Buchform herauszugeben; wir be= anspruchen das Eigenthum nicht länger als etwa drei Monate nach vollendetem Erscheinen in der Rundschau." Demgemäß steht es Ihnen frei, den Druck der Novelle, an welcher einige Verstöße abgerechnet nichts Wesentliches zu ändern sein wird, mit dem neuen Jahre, oder wanu Sie wollen, zu beginnen, ob Sie dieselbe Ostern oder erst in der Herbstmesse ausgeben wollen, auch dieses stelle ich völlig in Ihr Ermessen.

Das Buch von Naville[3], d. h. die Uebersetzung desselben durch meine Schwester, habe ich in den Abendstunden meines Pontresiner Aufenthaltes gewissenhaft durchgegangen; ich habe mir alle Mühe gegeden, das Buch dem deutschen Bewußtsein zu nähern, das spezifisch Genferische zu verwischen und das Problematische oder Unpassende (und dessen gab es nicht wenig) zu beseitigen. Den Styl garantir ich, aber in Wahrheit die Richtigkeit und das Concludirende des Gedankengangs nicht in demselben Maße. Die Gelehrten werden Manches veraltet, manches Andere oberflächlich finden; aber für das Durch= schnittspublikum behält das Buch nichtsdestoweniger seinen Werth vermöge des bedeutenden pädagogischen und rhetorischen Talentes das Naville besitzt. Er ist eigentlich durchaus Ratio=

---

[1] Armbruch im Engadin.

[2] Bevorstehende Niederkunft der Frau.

[3] „Le Christ".

naliſt und die rechtgläubigen Concluſionen des Schluſſes
ſtimmen gar nicht zu den rationaliſtiſchen Vorderſätzen und
Beweisführungen. Gerade darum iſt es aber möglich daß
das Buch Succeß hat bei einer gewiſſen mittleren Auffaſſung
der religiöſen Dinge, die der Natur der Sache nach weit mehr
Anhänger zählt als eine entſchiedene Parteinahme rechts oder
links.

Den franzöſiſchen Styl Navilles fand ich zu meinem Er=
ſtaunen ſehr vernachläſſigt. Er muß die ſtenographirten Vor=
leſungen gar nicht oder kaum revidirt haben. Hier iſt viel
geſchehen und es darf ohne Unbeſcheidenheit behauptet werden,
daß die Ueberſetzung correcter geſchrieben iſt als das Original.
Bei alledem, ich wiederhole es, hat das Buch ſeinen Werth.
Es iſt vortrefflich wenn man es als den Verſuch betrachtet die
auf eine ungerechte Weiſe geſchmälerte ja verläumdete Rolle
des Chriſtenthums in der Culturgeſchichte nach Wahrheit zu
bemeſſen. Ueberdies wendet es ſich an jede Faſſungskraft und
wo es an das geſunde Gefühl oder an den Menſchenverſtand
appellirt, verfehlt es ſeine Wirkung nie. Doch Sie ſind der
Mann das ebenſogut als ich zu beurtheilen, ſobald Sie das
Buch gründlich leſen.

Ich wünſche Ihnen und den Ihrigen einen guten Winter.
Hier ſind wir, wenigſtens auf meiner Anhöhe, ſchon einge=
ſchneit. Grüßen Sie mir Dr Frey aufs freundlichſte.

Treu ergeben Ihr

C. F. M.

Ich erſehe aus einer mir zugeſendeten Quittung Eckſteins,
daß Sie den Jahresbeitrag von 15 ℳ für den A. D. Schrift=
ſteller=Verband für mich zu entrichten die Güte gehabt haben.
Ich hatte laut Beſcheinigung noch 5 ℳ zugute, da ich im
Vorjahr 1878 irrthümlich 20 ℳ ſtatt 15 entrichtete. Haben
Sie die für 1879 feſtgeſetzten 15 ℳ für mich eingezahlt, ſo
laſſen wir die Sache für diesmal ruhen und machen den Abzug
von 5 ℳ 1880 geltend, wo ich Ihnen dann die Beglaubigung
der zuvielgezahlten 5 ℳ einſenden werde.

(Hand des Sekretärs.)

Kilchberg bei Zürich den 16 Dezemb. 1879.

Lieber Freund,

Nur eine Zeile. Es freut mich von Herzen daß Ihnen das zweite Drittel des „Heiligen" gefallen hat. Was die Inpopularität desselben betrifft, so ist es wohl möglich, daß die Novelle für einen oberflächlich Gebildeten oder einen Parteimenschen einen clericalen Anstrich bekommt, obgleich ich nach Kräften dagegen gearbeitet habe. Im Uebrigen glaube ich daß die streng geübte Gerechtigkeit ein populärer Factor ist. Ich lege, um Zurücksendung bittend, eine Zeile von Rodenberg bei, die Sie interessieren wird.

Uebrigens ist das Nebensache. Die Hauptsache ist jetzt einen Stoff zu behandeln, der an Interesse nicht hinter „Jenatsch" und dem „Heiligen" zurückbleibe. Nach sehr sorgfältiger Abwägung werde ich zum Comthur greifen, ob= gleich ich mich auch dafür nicht verbindlich mache, da ich mir die Sache noch einmal beschlafen muß. Ihr freundliches An= erbieten von schönen neuen Ausgaben des „Hutten" und „Engelberg" hat viel Verlockendes, aber wo Zeit dazu nehmen? Im Ganzen scheint es mir doch klüger neue Entwürfe von denen so viele vorliegen in Angriff zu nehmen. Sagen Sie Dr Frey, daß ich ihm freundlich für seine hübschen Zeilen danke. Die Besprechung des „Haller" in der Rundschau werde ich sicherlich in diesem Jahre noch vollenden und abschicken. Ich denke sie wird in das Februarheft zu stehen kommen. Was die Druckzeit des „Heiligen" betrifft so stelle ich sie Ihnen anheim. Alfred Meißner, der diesesmal mit einem Artikel in die Neue freie Presse nicht zögern wird — er ist sehr freundlich für mich gesinnt — meint, es wäre das beste sofort zu drucken. Die Gebr. Pätel sind damit einverstanden daß ich schon auf Ostern über den „Heiligen" frei verfüge. Es scheinen mir recht artige und gebildete Leute zu sein. Ich hätte Ihnen noch unendlich viel zu sagen, z. B. auch über die Naville=Uebersetzung, die denn doch vom Originale wenig= stens im Wesentlichen weniger verschieden ist, als Sie zu

glauben scheinen, aber meine Zeit ist auch durch meine häus=
liche Angelegenheit sehr in Anspruch genommen wie Sie sich
denken können. Mein Kind befindet sich wohl und die liebe
Frau recht leiblich. Meine besten Wünsche für das Fest
und die Jahreswende.

Ihr

C.F.M.

---

19 Dec 1879

Lieber Freund,

da Sie meine Novelle so sehr beschäftigt, habe ich von
den wenigen mir eben zugekommenen Sep. Abdrücken des
letzten Drittels einen an Sie gesendet, in der Meinung, daß
Sie das Heftchen gleichzeitig mit dem Erscheinen des Jan.
Hefts der Rundschau an Dr Hermann Lingg 10 Nymphen=
burgerstr. München senden, der die dazu gehörigen zwei ersten
Drittel besitzt.

Nach meinem Urtheil ist der Heilige, trotz manchem
Fehler, durch die Neuheit der Charactere, den dramat. Stoß
u. den zwar leise manirirten, aber nicht kleinen Styl kein
schlechtes Werk: Lebe ich aber u. bleibe gesund, so läßt sich in
jeder Hinsicht weit darüber hinausgehen. Ich inclinire noch
immer für den Comtur. Gutes Fest!

Ihr

Frau u. Kind ganz leibl. wohl.   CFM

Lieber Freund,

Meinen u. meiner l. Frau herzl. Dank für den Stollen;
auch die Schwester erhält ihr Stück. Ich habe mich ent=
schieden: Der Comtur in breiter Romanform, zwei Theile,
jeder von 2—300 Seiten. Eine ganze kleine Welt. Gott
gebe seinen Segen dazu u. uns allen Leben u. Gesundheit.

Ihr

27 Dez. 1879   CFM

(Von Haessels Hand: 30. Dez. 1879.)

Lieber Freund,

es freut mich aufrichtig, daß der Heilige Ihren Beifall
hat. Bei Rodenberg müssen Sie jedenfalls anfragen, natürl.
mit Beisetzung der Briefstelle, damit er weiß worau er ist.
Das Format gefällt mir. Corrigirt wird nur détail ich
schicke Ihnen ein berichtigtes Ex. der Rundschau. Also auf
Ostern.

Gutes Fest, gute Jahreswende!

Ihr

C.F.M.

Kilchberg bei Zürich 6 Jan. 1880.

Lieber Frennd,

Eine Zeile. An dem Circular für den Heiligen habe
ich nichts zu ändern u. wünsche selbst, daß es ohne Zögern
verbreitet werde. Ich glaube auch, daß mit dem Druck des
Heiligen sofort begonnen werden sollte, damit das Buch so=
bald als möglich in das Publicum geworfen werden kann. Es
herrscht jetzt eine gewisse Gährung der Neugierde, die man
nicht vorübergehen lassen sollte.

Betsy war hier für die Taufe meines Kindleins. Ich
habe mit ihr alle nötigen Änderungen im Heiligen sorgfältig
besorgt, sie kann Ihnen den berichtigten Separatabdruck auf
Ihren Wunsch ohne weiteres zusenden u. wird auch, neben
der Correctur des Naville, diejenige der Novelle in Meilen
besorgen, was für Sie die Sendungen vereinfacht.

Was das Honorar betrifft bei einem Satz von Ex. 1000,
so gewärtige ich Ihre Proposition. Von der Rundschau habe
ich frs. 2000 (m. 1600.) erhalten. Geben Sie mir, was
recht u. billig ist, wobei Sie bestehen können. Am meisten
liegt mir an einer baldigen zweiten Auflage.

In Eile

Ihr   C.F.M

(Ohne Datum.)

Lieber Freund,

Hier der Vertrag! Wäre es mögl., 3000 Ex. abzusetzen, ich würde es als einen wahren „Sieg" betrachten. Aber ich zweifle. Wenn über 1000 verlangt würden, so drucken Sie doch das zweite Tausend als 2. Aufl.? Das ist gewiß in der Ordnung. Doch, wie gesagt, das sind schöne Träume! Der Sep. Abd. liegt corrigirt in Meilen — lassen Sie ihn kommen, wann Sie wollen.

ich erwarte tägl. Briefe von Heyse u. Vischer, in welchen vielleicht noch etwas leicht zu Retouchirendes berührt wird, u. Morgen kommt der Kunsthistoriker Rahn zu mir, der mir einige Bemerkungen die „Decoration" betreffend zu machen hat. — Das liebe Kindlein wurde Luise (Mutter) Elisabeta (Schwester) u. ich habe mir den antiken oder romantischen Anklang erlaubt — drittens Camilla getauft. Grüßen Sie Frey, seine Gedichte in dem Heller=Album haben mir gefallen.

Ihr

C. F. M.

Kilchberg, 23 Jan. 1880

Lieber Freund,

also zuerst der Artikel: Die philosophische Facultät der Universität Zürich hat dem Herrn Conrad Ferdinand Meyer, Verfasser des Romans: „Georg Jenatsch" u. der eben in der Deutschen Rundschau erschienenen Novelle: „der Heilige", in Werthung seiner schriftstellerischen Thätigkeit die Doctor=würde honoris causa verliehen.

Ich telegraphire an Betsy, das Msc. noch nicht zu senden, da mir eben noch ein paar wichtige Bemerkungen in decorativer Hinsicht von Rahn u. Wyß gemacht wurden. Doch will ich die Sache so viel als mögl. beschleunigen.

In Eile

Ihr

CFM

Ich komme eben von einem Spaziergange zurück. Der See ist völlig zugefroren u. das rechte Ufer (Meilen) besitzt keine Bahn.

Sagen Sie H. Dr Frey, ich sei von so viel Geschäften auseinandergezogen, daneben von einem heftigen Katarrhal-Fieber heimgesucht gewesen — er solle sich mit der Rec. gedulden, ich werde dieselbe in der ersten freien Stunde revidiren u. absenden. Es ist nur zu wahr, daß ich zu nichts Zeit finde, bes. die Ökonomie, das ewige Bauen etc. macht mir Verdruß — und ich habe so herrliche Entwürfe.

Wie geht es Laube? Privatisirt er? Dürfte man ihn wohl mit einem dramatischen Anliegen belästigen? Wohlverstanden, mit etwas Fertigem? Ich habe zu ihm eine Fiducia wie zu keinem Andern. Ist er noch frisch u. hat er noch Autorität?

Kilchberg, 12 Febr. 1880.

Lieber Freund,

Zu Ihrem Vorschlage gebe ich meine Einwilligung. Frey's Bruder ist noch am Leben. Gestern waren die Nachrichten „beruhigender".

Umstehend die Anzeige.

Herzl. grüßt

Ihr

M.

Eben erhalte ich den Besuch von Dr. Ad. Frey, der wieder nach Leipzig zurückkehrt. Der Bruder ist in der Besserung.

Die vorliegenden, mit Sorgfalt aus dem Französischen übertragenen Reden haben den berühmten Genfer Ernest Naville (de l'institut de France) zum Verfasser u. wurden ursprünglich an große Versammlungen in Lausanne u. Genf gerichtet, an welchen sich alle Stände, der intelligente Arbeiter nicht weniger als der Gelehrte betheiligten. Sie stellen sich die Aufgabe, die erhabene Scudung Christi aus der Güte u. Dauer seines Werkes zu beweisen; mit anderu Worten: sie bezeichnen die große Stelle, die dem Christenthum in der

Kulturgeschichte zukommt u. die ihm nie u. nimmer wird
entrissen werden.

Ein besonderer Vorzug dieser Reden ist ihre Allgemein=
gültigkeit. Mit ihnen wird sich jeder an den christlichen Prin=
cipien Festhaltende befreunden. Es ist eine anerkannte, viel
gelobte u. viel gescholtene Eigenthümlichkeit Navilles, welche
sich aus seinem Bildungsgange erklärt: daß er, hoch über den
confessionellen Unterschieden stehend, von je her in Rede u.
Buch den Katholiken nicht weniger als den Protestanten an=
gezogen u. befriedigt hat.

22 Febr. 1880.

Lieber Freund,

Ich erhalte von Meilen die eine der zwei Correctur=
fahnen, u. entdecke in Bogen 3 noch ein Fehlerchen. Streichen
Sie pag. 39 l. 8 von unten das Komma „wie behend der
Böse in solchen Fällen sein Netz auswirft u. zuzieht, zwischen
Fällen u. sein. Es wird schon noch Zeit sein. Ich höre eben
daß Vischer den Heiligen sehr goutirt, für mich ein großes
Geschenk. Rodenberg hat mich für einmal vom Drama dissua=
dirt. Gibt mir Gott Gesundheit, soll meine nächste Novelle
wieder ein „Fortschritt" sein. Sagen Sie Dr Frey, ich
habe seinetwegen Rodenberg avisirt. Er antwortete sehr
freundlich.

Ihr

C. F. M.

(Von Haeffels Hand: erhalten 27. II. 80.)

Meine l. Frau macht mir die richtige Bemerkung, daß,
wenn Bog. 4 das definitive Format ist, der Raum oben zu
klein sei gegen den Raum unten. Der obere Raum, in Wirk=
lichkeit kleiner, wird es noch mehr durch die Paginatur.
Dem ist leicht zu helfen. Meißner hat mir eine Rec. ver=
sprochen, aber, da er gegenwärtig etwas melancholisch ist,
dürfte dieselbe ebenfalls melancholisch ausfallen. Rodenberg

redet mir vorläufig das Drama aus. Ich habe herrl. Stoffe.
Der Comtur zurückgeschoben, zuerst noch ein paar Novellen.
Julian Schmidt hat den Heiligen gelobt.

Lieber Freund,

eben erhalte ich einen Brief von Dr Rochat, einem
vortrefflichen Reiter, der die richtige Kritik macht (vid. Tod
Aschers, Bogen 6) von einem steigenden Pferde gleitend, ge=
lange man sanft an die Erde. Das Thier müsse sich über=
schlagen. Ich stelle es Ihnen anheim, ob Sie die verbesserte
Lesart, welche ich, durch die Schwester, schleunigst schicken
werde, für den definitiven Druck abwarten wollen oder nicht.
Sie sehen, ich nehme die Dinge läßlich.

Die mitgetheilte Bemerkung über „Haß u. Liebe" in
meinen Sachen ist einer Beherzigung werth.   Ihr

Kilchberg, 1 März 1880.   M.

---

3 März.

Lieber Freund,

Sie werden Bogen 6 erhalten haben. Sie sehen, die An=
derung ist nicht bedeutend, immerhin aber für die Cavalleristen
unter den Lesern des Heiligen wünschbar. Halten Sie ein
Auge darauf, daß der Tod Aschers correct verlaufe und —
es geht im Gleichen — setzen Sie, auf demselben Bogen 6.
pag. 89 Abs. 2. statt Gratia habe lin. 6 habe Gratia, also:
aus welchem Grunde der Kanzler sein unseliges Kind habe
Gratia nennen müssen.

Ihr

M.

Ich denke, von nun an habe ich wenig mehr zu be=
richtigen.

Kilchberg bei Zürich 14 März 1880.

Lieber Freund,

in Eile vor dem Abgang der Posttasche eine Zeile.

Zuerst ersuche ich auf Bogen 9 um zwei kleine Veränderungen, beide nicht unwichtig.

pag. 137. l. 8.

Statt: Er fuhr mit der Hand an die Stirne, als ob sie ihn
schmerze ließ: Er fuhr mit der Hand an die Stirn, als
brenne ihn dort eine Wunde. Sie werden zugeben, das
lautet besser.

Zweitens.

pg. 141. lin 16. Ein bißchen unklar. Es muß heißen: ihnen
ihre entlaufenen sächsischen Knechte zurückzugeben, welche —
so klagten die Herren — jetzt haufenweise den Klöstern
zueilen (nicht zueilten), um sich das Haupt scheren zu lassen;
(nicht Komma, sondern Semicolon) wozu etc.

Nicht wahr, lieber Freund, Sie bringen das in Ordnung?

Sagen Sie Frey, ich schreibe ihm nächstens.

Eben erhalte ich die Mittheilung daß eine Nordamerika-
nerin in den V. Staaten, unter der Aufsicht eines dortigen
Schriftstellers Jenatsch ins Englische zu übersetzen wünscht.
Ich schreibe, die Dame solle sich persönlich, in ausführlichem
Briefe an mich wenden, ich avisire entzwischen meinen Verleger, der auch ein Wort mitzusprechen habe. Dem ersten
Anscheine nach ist die Übersetzerin eine tüchtige Persönlichkeit
(Schweizerin). Ist Vertrag mit den United States? Warum
haben Sie eigentlich das „Alle Rechte vorbehalten" nicht
vor den Jenatsch gesetzt? Vergessen Sie es ja bei dem Heiligen
nicht. Es ist jetzt wahrlich an der Zeit.

Ihr

M.

Ich will nicht kleinlich sein. Lassen Sie die zweite Stelle
ganz, wie die Schwester corrigirte aber als brenne
ihn dort eine Wunde, das ist unerläßlich.

19 März 1880.

Lieber Freund,

eine Zeile vor Postabgang. Zuerst meinen u. der Frey'schen Dank für Ihren Beistand. Die Nachricht wurde dreifach in das Frey'sche Haus gebracht durch eine Zeile von mir, durch G(ottfried) Keller, den ich benachrichtigt hatte u. durch meine Frau persönlich. Die Freyischen sind Ihnen für jede Zeile Nachricht sehr dankbar. (Adr. Herrn A. Frey, 6 Blumenstraße Hottingen bei Zürich b. h. der jüngste Bruder. Mir ebenfalls ist jede Zeile erwünscht. . . .

Ihr M.

21 April 1880.

Eine flüchtige Zeile, lieber Freund. Von Mutlosigkeit ist nicht die Rede; nur habe ich so viel Abgeschmacktes über den Heiligen hören müssen, daß mir ganz elend davon ist. Wir haben hier einen schönen Frühling u. körperlich bin ich vollständig wohl. Ich bin jetzt mit einer Novelle (der geringsten von den vieren die ich auf dem Webstuhl habe) für das verdammte Züricher-Taschenbuch beschäftigt. . . .

Ihr C. F. M.

2 Mai 1880.

Lieber Freund,

ich werde Ihnen einen ziemlich langen Brief schreiben, aber ohne viel u. ohne besonders erfreulichen Inhalt. Es handelt sich darum, meinem Heiligen einige Empfehlung auf seinen Leidensweg mitzugeben. Hier ist durchaus nichts für ihn zu thun. Das Feuilleton der N. Zürcher Zeitg. (Dr. X., der Intime Kellers, mit welchem (X.) ich auf gar keinem Fuß stehe) hat nach Beendigung des Rundsch.Druckes ein Artikelchen gebracht, das Ihnen die Schwester schicken kann.

Es iſt wörtl. das Urteil von Keller, der den Heiligen in
Gottes Namen nicht verſtanden hat.*) Auch ſonſt hat
mich das Artikelchen angeekelt, Sie werden, bei der Leſung,
gleich ſehen warum, neben anderm durch die patriotiſche
Prahlerei: Zwei Züricher ſchreiben gegenwärtig das beſte
Deutſch, eine eben ſo einfältige als für Spielhagen, Heyſe etc.
beleidigende Großthuerei; doch dieſen kommt das ſchweizeriſche
Blatt nicht in die Hände. . . . Übrigens erzählte mir Stiefel,
Julian Schmidt habe in den Preußiſchen Jahrbüchern
(Ende 79 oder Anfang 80) ſchon die zwei erſten Drittel des
Heiligen nach dem Rundſchaudrucke günſtig beurteilt. Seien Sie
ſo gütig u. laſſen mir die ohne Zweifel nur wenigen Zeilen
v. J. Sch. copiren, lieber Freund. Hier in Zürich findet
man, der Heilige ſei das äußerſte, was ein anſtändiges, weib=
liches Weſen noch leſen könne. Boshaft geredet, das ſollte
den Abſatz vergrößern, aber ich fürchte, aus andern Sym=
ptomen, derſelbe wird nicht bedeutend ſein. Es wäre viel=
leicht klug, etwas Kurzes in die Gartenlaube zu bringen
(via Frey u. Victor Blütgen), das kleine Entrefilet über
Jenatſch hat hier, wie ich ſicher weiß, bedeutend gewirkt.
Doch genug von dieſer Miſère. Und Laube? Was ſagen
Sie zu der Kataſtrophe des Stadttheaters? Ich hoffe, die
„andächtigen Schauer“ der guten Betty Paoli werden ſich
in einem Wienerblatt zu einer Recenſion verdichten. Keine
einzige ſteht mir gewiß in Ausſicht! An meinem neuen Süjet
habe ich Freude. Es iſt zwar noch peſſimiſtiſcher als der
Heilige, aber dann, in der nächſten Nov. geht es mit vollen
Segeln zur Liebe über.

　　Grüßen Sie mir Frey recht herzlich! Er ſoll ſich von
meinem Artikel in der Rundſchau nicht zu viel verſprechen. . . .
Er iſt Ihnen recht dankbar!

　　Adieu, lieber Freund!

　　　　　　　　　　　Ihr　　　　　　M.

　　*) mit einigen Keller flattirenden und mich verkleinern=
den Zutaten des braven X.

(Ohne Datum.)

Die anliegende Novelle hat bei ihrem erſten Erſcheinen in der „Deutſchen Rundſchau" bedeutendes Aufſehen gemacht.[1]

Nicht ſo faſt den in Thomas von Canterbury u. Heinrich II von England verkörperten hiſtoriſchen Gegenſatz von Staat und Kirche ſchildert ſie, ſondern der Dichter hat von dem orientaliſchen Urſprung des Thomas Becket Anlaß genommen, demſelben einen ganz eigentümlichen modernen Charaeter zu geben, der mit dem mittelalterlich gewaltthätigen des Königs notwendig in Kampf geraten muß. Dieſer mit den ungleichartigſten Waffen bis zu gegenſeitiger Vernichtung geführte Kampf in allen ſeinen Stadien iſt der Gegenſtand der Novelle.

Der idylliſche Rahmen (ein alter Diener Heinrichs II. erzählt das Miterlebte einem Chorherrn ſeinem Gaſtfreunde) und der epiſch ruhige Styl mildern die Tragik dieſes verzweifelten Ringens.

Wer das Buch in die Hand nimmt, wird es zu Ende leſen und nach beendigter Lectüre dieſelbe von neuem beginnen.

---

14 Mai 1880 Kilchberg bei Zürich.

Lieber Freund,

eine umgehende Zeile: Es iſt mir wieder ganz leicht, ſeit ſich die Frage über den Erfolg des Heiligen etwas lichtet u. ich wenigſtens weiß, woher das Interdict ſich ſchreibt, das auf dem Büchlein zu laſten ſcheint. Hier wurde herumgeſagt: Meyer hat ein Buch geſchrieben, das kein weibliches Weſen in die Hand nehmen darf. Komiſcherweiſe hatte ich allerhand Skrupel über die Compoſition der Novelle, ohne auch nur mit dem leichteſten Gedanken dieſen Vorwurf in Ausſicht zu nehmen.

Die Briefe erhalten Sie durch Betſy zurück.

---

[1] Gehört wahrſcheinlich zum Brief vom 2. Mai 1880. Meyer wollte die Buchhändleranzeige — wie auch ſpäter — nicht dem Verleger überlaſſen.

Ich habe mich nicht entschließen können, einen meiner 4 Novellenstoffe dem Züricher Taschenbuch zu opfern; der, welchen ich zu behandeln angefangen: „Der Dynast" (großartige Erbschleicherei um den letzten Grafen von Tockenburg) nahm solche Proportionen an u. ging auch so in die Tiefe, daß es mich — aufrichtig — gereut hätte, ihn dem Taschenbuch zu opfern. Dafür mache ich einen Essay*) über Benzel-Sternau, der hier, mir gegenüber bei Erlenbach hauste. Das belustigt mich, ohne mich anzustrengen.

Ich glaube auch, daß Sie die Registrirung füglich unterlassen können.

Scheffels Brief[1]) hat mich lachen gemacht. „Erfreulich, ansprechend!" welcher Trivial=Styl!

Sehen Sie doch gelegentlich nach, was Julian Schmidt in den Preuß. Jahrbüchern über den Heiligen gesagt hat! u. ist es der Mühe wert, theilen Sie es mir mit.

Unterbrochen				In Eile				Ihr C.F.M.

Ihre Ansicht über die „Rundschau" kann ich nicht unbedingt theilen.

*) Dies war auch mein erster Gedanke.[2])

<hr />

18 Mai 1880.

Lieber Freund,

Schicken Sie ja ein Ex. des Heiligen an Jul. Schmidt u. dann gleich eines an den greisen verlassenen Gustav Pfizer (Prof. Dr. Stuttgart, ich glaube Königsstraße?) Wir wollen dem alten Manne eine Freude machen. Das Urtheil von Julian Schmidt ist mir sehr wertvoll u. gar nicht unbedeutend, wie Sie meinen. Ich habe 4 Novellenstoffe, einer fruchtbarer als der andere darunter zwei ganz absonderliche Liebesgeschichten, aber ich denke mir alle mögliche Zeit zu lassen. „Oben auf" oder „drunten" sein, paßt nicht recht

---

[1]) Über den „Heiligen" an Haeffel.
[2]) Dieser Essay wurde nie geschrieben.

auf mich. Eben haben die Westermannschen Monatshefte an-
gefragt. Höflich abgelehnt.

Frey hat sich über den Artikel in der Allg. durch die
Historiker-Allüren irre führen lassen. Er ist von Dr. Wille,
meinem alten Freunde.

Ihr

M.

---

19 Juni 1880. Kilchberg bei Zürich.

Lieber Freund,

Ihre Zeilen beantworte ich am liebsten umgehend, da ich
diese Woche jeden Tag, zweimal von Morgen früh an, Besuch
erhalte u. jetzt eine freie Viertelstunde habe.

Sie thun wohl daran, gegen Ihre Schlaflosigkeit einzu-
schreiten, es ist ein ermüdendes Übel. Wir haben — Schön-
brunn abgerechnet — zwei berühmte Wasserheilanstalten in
der Schweiz, Mammern am Bodensee u. die berühmteste und
vorzüglich eingerichtete: Albisbrunn, wenige Stunden von
hier, jenseits des Albis.

Die Rec. von Meißner war unglaublich nichtig u. oberflächlich. Die im Frankf. Museum von dem guten Calmberg — nach Kräften.

Mir geht es wieder besser. Die erste Hitze ist mir immer
etwas lästig. Ich sage Ihnen: ich habe 4 sage vier Nov.
Plane, von denen jeder den Heiligen überbietet. Aber ich
werde mir Zeit nehmen müssen.

Sie wissen, l. Freund, der gewöhnliche Literaten Ehrgeiz liegt mir ferne, lag mir nie ferner als jetzt. Es ist mir
um die Sache zu thun.

Ihr

C. F. M.

Kilchberg, 15 Sept. 1880.

Lieber Freund,

Meiner Frau haben Sie mit den zierlich gebundenen
opera omnia eine große Freude, wovon sie Ihnen selbst

Zeugniß geben wird, gemacht, und mir mit Ihrem Glocken=
Artikel in den Grenzboten[1]) eine ebenſo große Überraſchung.
Er iſt gelenkig u. mit viel Gemüt geſchrieben, dazu hat er
mir eine kl ine boshafte Ergötzung verſchafft, da der Pfarrer
in Küsnacht mein Schwager iſt. Sie wußten es ſchon, ſchel=
miſch wie Sie ſind! Ohne Scherz, Sie haben Talent u. Sie
dürfen es nicht vergraben. Ein dickes Buch zu ſchreiben, dazu
möchte ich Sie nicht ermuntern, obwol ich glaube daß Sie
mit Leichtigkeit einen Verleger finden würden; aber etwa
noch eine Reiſe=Erinnerung! Was mir an Ihnen ſo gefällt,
iſt die jugendliche Friſche Ihres Naturells u. dann gehören
wir einmal zuſammen „durch Schickſalsſchluß".

Frey hat zwiefach recht, den Dahn=Art. dürfen Sie ja
nicht in die Schweiz ſchicken! Ich habe ihm für ſein Blatt
eine Ballade geſchickt, deren letzte Strophe mir nicht recht
gefällt. Rodenberg mag er nun in Berlin perſönl. um das
Erſcheinen meines Haller=Art.s angehen. Grüßen Sie mir
ihn. Dr. Salomon hat mir ſehr artig geſchrieben. Meine l.
Schweſter iſt in Genf.

                              Ihr
                                        M.

    noch einmal meinen Dank für die hübſche kleine Biblio=
thek Meyer=Haeſſel.

                              22 Sept. 1880.

        Lieber Freund,

es iſt gar hübſch, daß Sie ſich an meinem nicht um
einen Millimeter übertriebenen Lobe ſo herzlich gefreut haben.
Ich meinerſeits habe mich ſchon mehr als einmal zu meinen
im Salon exponirten im „ſog. Liebhaber=Band" gebun=
denen opera omnia geſchlichen, nicht ohne ein Gefühl der
Wehmut: kaum $1/1000$ meiner innern Gebilde u. in wie ſtümper=
hafter Form!

    Machen Sie es in Prospect=Sachen ganz nach Ihrem
Ermeſſen.

                              Ihr   M.

---

[1]) Haeſſel korrigiert: „Neuen Reich".

Lieber Freund,

Die Rechnung habe ich eingesehen, zahlen Sie aus dem Vortrag die m. 10 für den Schriftstellerverein (erst im Oct.) oder weche Quote beschlossen wird. Einen Beginn von theilweisem Nachdrucke des Jenatsch (sub specie: Abkürzung) in einem Schweizerblatte habe ich gütlich verhindert ob. wenigstens abgebrochen. Noch ein Ex. des „Heiligen" senden wir gelegentlich an meine Übersetzerin in N. America, aber erst, wanu die Übersetzg in meinen Händen ist. Meißner schreibt mir, daß Gottschall längst eine Rec. von ihm über den „Heiligen" in Händen habe. Ich bin dieses Treibens herzlich müde, nur auf Frey's Rec. freue ich mich noch. Ich habe übrigens oft gute, fruchtbare Stunden die ich nütze.

Ihr   M.

Carsamstag 1883[1])
abends.

Mein lieber Freund,

es geschieht mir zeither meistens beim Briefschreiben, daß ich von meiner kl. Camilla gestört werde — aber ein Zeilchen bringe ich doch — trotz des Schüttelns u. einer Grippe — zu Stande.

ich bin von Gelegenheitsgedichten heimgesucht, Hochzeits-Carmen für Schwager Ziegler, Festdichtg für die Schweiz. Landesausstellung, was ich am wenigsten ablehnen mochte ete. — Mein Schwager Burkhardt hat den Wangensbach in Küsnacht — mir über den See hinweg gerade gegenüber — ein Gut u. Landhaus mit schönen Weinbergen gekauft.

Gearbeitet habe ich zeither unabläſſig u. hoffe dieses Jahr mit einer größeren Arbeit zu bezeichnen. Allen Zeitschriften habe ich vorläufig abgeschrieben.

Den Art. Brahm's habe ich von 4 deutschen Freunden, also 4 mal erhalten. Er ist gut.

[1]) Die Briefe an Haessel aus den Jahren 1881 und 1882 fehlen bis auf einige unerhebliche Zeilen.

Von Tandem habe ich die nackte Annonce erhalten. Wer
ist die Erwählte? Sie wissen, wie wohl ich ihm will. Möge
es ihm gelingen! Nur liegt mein Naturell auf einer ganz
anderen Seite, ich kann also nur wünschen u. gerecht sein,
so weit ich es vermag. Lieber allerdings würde ich bei ihm
mit Menschen von Fleisch u. Blut als mit mythol. Figuren
zu tun haben. Doch das kann ja werden und das Talent
ist bedeutend. Sie sprechen von G. Keller, mir gegenüber
hat sich dieser — ich bin das festzustellen der Wahrheit
schuldig — über Tandem sehr maß= u. gehaltvoll geäußert.
Ich muß nur immer sehen, daß Keinem unrecht geschieht.

Haben Sie mein Biographiechen von Kinkel[1]) (Mag.
der Lit. des In= u. Ausl.) erhalten? Es ist freilich ziem=
lich unbedeutend, eine Pietätspflicht.

Herzl.   Ihr

C. F. M.

Kilchberg, 27 Apr. 1883.

Über meine Stimmg, lieber Freund, kann ich Sie noch
besser berichten als Frau Lnise, so nahe diese mir übrigens
steht. Auch hätte ich wol längst eine Zeile geschickt, doch
erinnerte ich mich von früherher, daß man die Messe muß
vorbeigehen lassen, wenn man es mit einem Buchhändler
zu tun hat. So wartete ich ruhig das Ende derselben ab.
Ich schreibe Ihnen in später Stunde u. umgehend, um meine
Morgen zur Arbeit frei zu haben u. rein sachlich.

Hier geht es gut oder wenigstens leidlich. Wir haben
die Hochzeit meines Schwagers hinter uns. Das Carmen
trug ich selbst — Sie erstaunen — an der Hochzeitstafel im
Sammtrock u. Molièreperücke vor. — Ein Festgedicht für
die den 1. Mai hier sich eröffnende Landesausstellg[2]) konnte

---

[1]) „Gottfr. Kinkel in der Schweiz". 3. März 1883.

[2]) „Fest=Gedicht zur Eröffnung der Schweizerischen Landes=Ausstellung"
(1883). (Offizielle Zeitung der Schweizerischen Landesausstellung. Zürich
1883. Nr. 11 und 12. 1. Mai 1883. S. 109.)

ich nicht ablehnen, dagegen die Festtafel u. den Festzug. Wir leben — alle Drei — hier oben still mit hinreichendem Besuch u. meubliren unsere Räume. Meine Ziele verfolge ich mit stiller Leidenschaft. Eine Tragödie beschäftigt mich gründlich, doch schreibe ich dieselbe langsam. Der Stoff ist ein deutsch-mittelalterlicher, aber eigentümlich gewendet. Ich habe denselben fest gepackt. Schorer vom Familienblatt war bei mir u. bat mich — zum wievielten Mal — um eine Novelle. Ein feiner Mann, Holländer. Ich werde ihm willfahren.[1] Zum Luterfest würde ich gerne etwas machen, da mir der Reformator — durch seine Tischreden — sozusagen persönlich lieb ist u. nahe steht. Wir werden ja sehen. Auch vom „Kriegerfest in Hamburg" bin ich aufgefordert, etwas der fragl. Festzeitg zu geben. Viel auf einmal, doch bin ich — Gott Lob u. Dank — wohl u. rüstig u. habe ja die Gelegenheit zu intermittiren, wenn ich mich übernehmen würde.

Betsy war hier. Von dem Briefe, wechen sie Ihnen schrieb, hatte ich keine Kenntniß. Wir haben uns lieb wie immer (und mehr noch) gehen aber jedes durchaus seinen eigenen Weg. Sie sollen mir diesen Sommer zu jeder Zeit willkommen sein, da ich nicht reise. Schreiben Sie mir eine Zeile über den Vertrieb meiner Sachen, ein Thema, das ich nicht gern berühre, weil es selten etwas Angenehmes zu hören giebt, worüber ich aber doch mich orientiren muß.

Ihr   C. F. M.

Der „Hutten" wird zeither von einem Hn. Wilhelm Grimm recitirt, gar nicht schlecht.

---

23 Mai 1883.

In Erwartg eines Wagens, der mich in den Wildpark meines alten Freundes Forstmeister Orell bringen wird, benutze ich die Warte-Viertelstunde zu einer Zeile nach Leipzig. Wenn ich Ihnen wehe getan habe, während der Correcturzeit im letzten Sommer, so tut es mir herzlich leid, bedenken

---

[1] In „Schorers Familienblatt" erschien „Die Leiden eines Knaben."

Sie aber, daß Sie mich — bei der Erkrankg meines Schwie=
gervaters — durch das Verschieben Ihres Besuches entsetz=
lich ungeduldig gemacht hatten. Dieses Jahr wollen wir
Verdrüßlichkeiten zum voraus unmöglich machen oder die=
selben sind es schon von selbst. Besuchen, wie gesagt, können
Sie mich, wann u. solange Sie wollen und das Msc. der
Gedichte ed. 2. soll ein unwiderrufliches sein. Ich werde
übrigens wenig ändern. Die zwei Beseitigungen werde ich
überlegen. Das Luterlied kann unmöglich vor dem Luter=
tag erscheinen, aber vorher in der Sammlg gedruckt werden,
was deren Versendung immerhin bis Nov. Hälfte verzögern
würde? Das Ausstellungsgedicht würden die Landsleute wohl
gern in der Sammlg sehen, was meinen Sie? Für eine
eigene Rubrik: Gelegenheitsgedichte bin ich nicht einge=
nommen.

Hutten dagegen bedarf einiger Correctur, an 2 oder 3
Orten ein Zurückkommen auf ed. 1 u. 2. Das Wegbleiben
des: Vergiß nicht, Deutschland, wer dem Hutten bot die
letzte Freistatt u. das letzte Brot hat hier böses Blut ge=
macht.[1] Vers 2 dagegen von unten pg. 34 fällt weg, wenn
Sie ihn nicht absolut festhalten.

Der Wagen ist da. Also in Kürze.

Makart nehmen wir, wenn der Preis 12 m. für die
Abonnenten noch gilt. Soviel ist das pikante aber unschul=
dige Bild[2] — ich kenne es — jedenfalls wert. Aber keinen
Pfennig darüber. —

Über das Drama[3] v(ide) Giesebrecht u. Gregorovius
(Rom). Der Stoff ist ersten Ranges, aber furchtbar schwer
zu behandeln. Schweigen! Eine neueste Photogr. erhalten

[1] Diese Strophe steht in der 1. und 2. Auflage in der Nummer
„Segen“ und fiel mit ihr in der 3. und 4. weg. In der 5. erscheint sie
wieder unter „Vermächtnis“.

[2] „Die Patrizierin“; die Abonnenten von „Schorers Deutschem
Familienblatt“ erhielten die Reprobuktion in Ölbruck für 12 Mark.

[3] Wohl Heinrich IV. und Heinrich V. Den Stoff studierte
C. F. Meyer in Giesebrechts „Geschichte der deutschen Kaiserzeit“ und
Gregorovius' „Geschichte der Stadt Rom im Mittelalter“. S. S. 107.

Sie nächstens. Mit allen Bedingungen einverstanden. No=
vellen, (im Ganzen 6) je 3 zusammenbinden!

Ihr M.

Pfingsten 1883.

Lieber Freund,

Ihre Zeilen beantworte ich gleich noch in einer freien
Stunde vor dem Mittagessen, an welchem meine l. Schwieger=
mutter teilnimmt.

Eine 2. Aufl. der Gedichte 1883 wäre deren beste Emp=
fehlg. Ich nehme Sie beim Wort. Über Kostenfragen
u. wolfeile Ausgaben sind wir immer einverstanden — das
ist Ihr Fach. Die wenigen Änderungen — doch einige wesent=
liche — sind bald besorgt. Sie hatten noch einen Wunsch
über das Wegbleiben eines Gedichtes — sagen Sie nur frank,
welches Sie wegwünschen. Das Ausstellungs=Gedicht werde
ich Ihnen besorgen.

Mit dem Pagen ist es eine eigene Sache. Sollte er miß=
gegriffen sein? Heyse u. Dahn haben ihn gelobt, letzterer in
seinem neusten Lustspiel sich desselben erinnert, wie mir
scheint — Sie wissen, wie objectiv u. belehrbar ich bin.

Zum Unglück wird dieses Jahr 2 nene N. Novellen brin=
gen. 1. die Leiden eines Knaben (für Schorer) 2. „die sanfte
Klosteraufhebg"[1]) für Rodenberg. Wir werden sehen, was wir
damit machen. Das Luter=Gedicht für die Rundschau Nov.
Heft werde ich machen. Es ist abgeredet.

Die Drama=Sache nehme ich ungeheuer ernsthaft. Ich
will nicht fehlgehen. Dazu bedarf ich der Zeit. Ganz unter
uns. Es ist Heinrich V im Gegensatz zu seinem Vater dem
„genialen Sünder" Heinrich IV sich entwickelnd u. den Vater
endlich entthronend, eine Handlg, welche jedes Bauerhaus
liefern kann.

„Der Sohn des Büßers von Canossa". Da es um die
Kaiserstoffe von alten u. neuen Schiffbrüchen wimmelt, werde

---

¹) Wurde nie vollendet. S. Langmesser S. 454 ff.

ich sehr ruhig arbeiten. Nur das Geniale kann auf diesem
tückischen Boden Grund fassen.

Die Tanagra=Figur möchte ich wohl sehen.

Ihr
M.

Der Art. von Zolling[1]) ist sehr gut u. ganz aus freien
Stücken, ganz unerbeten.

Wie stehts mit Hutten?

---

3 Juni 1883.

Zuerst, l. Freund, meinen Dank für den gestern mit Ihren
Zeilen angelangten Makart. Das patrizische Fräulein ist
pikant aber anständig und der Oeldruck für den bescheidenen
Gartensaal u. das unsichere Parterre gerade gut genug.

Ich nehme Ihre Dienstwilligkeit zeither auf unerlaubte
Weise in Anspruch, aber das Balsamanliegen meiner vor=
gestrigen Zeilen ist wirklich das Anliegen einer Leidenden.
In der Bildniß=Sache gebe ich Frl. Clara[2]), der ich mich
empfehle, ohne Weiteres Recht. Nehmen Sie den Viallet,
Ajaccio, Profil,[3]) den Sie besitzen. Er hat Schwung, stellt
einen Poeten vor u. wird den Leserinnen einleuchten. Über=
dieß gibt er das Alter an, in welchem ich die Lyrika dichtete.
Ein neues Profil würde wol die Runzeln der Erfahrg nicht
verheimlichen.

Die Aufnahme der Gelegenheitsgedichte will mir gar
nicht in den Kopf, sie wird die Verhältnisse der Sammlg
zerstören.

Der beanstandete Vers im Hutten steht nicht pag. 34
sondern 94 lin. 4 u. 3. von unten.[4])

---

[1]) Theophil Zolling. „Gedichte von C. F. Meyer." (Gegen=
wart, 5. Mai 1883, S. 281.)

[2]) Clara Sorgenfrey, Haeffels Nichte.

[3]) Meyers Photographie vor dem Gedichtband, zweite Auflage.

[4]) C. F. Meyer änderte an der vierten Auflage des „Hutten" viel
mehr als er damals dachte. So reduzierte er z. B. die zwanzig Strophen
der Nummer „Die Schmiede" in der 5. Auflage, wo der Titel lautet
„Der geheimnisvolle Schmied", auf die Hälfte.

Über Ihren reichen Verlag freue ich mich von ganzem Herzen. Es ist mir lieber, wenn Sie mir Acker= boden u. Pharmaceutika zu Compagnons geben als .....

Gestern habe ich an den „Leiden eines Knaben" dic= tirt. Das wird, trotz dem Vigor, ein Buch für die Frauen sein. Man sollte eigentlich bei jedem neuen Buche u. Stoffe wieder ein anderes Publicum ins Auge fassen.

Im August also, l. Haessel! Ich werde Sie dieses Mal beherbergen. Wir werden zu plaudern haben.

Ihr   C. F. M.

Bekommen Sie den „Laube"?

Frey sehe ich wenig, bin aber doch in Berührung mit ihm, er ist und bleibt mir persönlich und schriftstellerisch sehr sympathisch.

---

6 Juni 1883.

Lieber Freund,

ein Zeilchen. Von Aberglaube ist auch nicht von fern die Rede. Es handelt sich um eine (freilich von einer Baro= neß) einer hiesigen Dame empfohlene Salbe gegen Brust= verhärtungen. .... Die Pünctchen bedeuten: als Msc., welche ich Ihnen empfehlen soll u. bis auf einen gewissen Grad empfehlen dürfte, aber gewissenshalber doch nicht emp= fehlen kann. Ich höre Sie hier sagen: ich würde ja mit eigenen Augen sehen. Freilich, aber meine Empfehlung bliebe doch auf meinem Gewissen. Ich habe zeither starke ethische Anwandlungen u. werde ziemlich rigoros, immer leider noch mehr gegen die Anderen als gegen mich selbst. Immer= hin hätte ich neuerdings Anlaß gehabt, Ihnen — was Ihnen doch Freude gemacht hätte — günstige Urteile über die „Ge= dichte" mitzuteilen, aber es ging mir gegen den Mann. Meine jetzige Novelle interessiert mich. Aber wer ist seiner Wirkg sicher? Das Bild von Makart ist reizend — da kann ich nichts dafür. Übermorgen Zwingli=Monument=Comité.

Ihr   C. F. M.

Kilchberg 27 Aug. 1883.

Mein guter Freund,

auch mir hat Ihr Besuch eine reine Erinnerg gelassen u. ich wünsche von Herzen, daß wir uns erhalten bleiben — lange noch!

Ihre Vorschläge sind gut: ich billige sie.

Im Jenatsch werde ich, nur um die neue Aufl. zu constatiren, einige Kleinigkeiten ändern.

Ein Besuch Wildenbruchs hat mir große Freude gemacht. Meine Novelle[1]) beschäftigt mich Tag u. Nacht. Im Dez. Heft wird dieselbe doch wohl erscheinen können. Ich würde sagen gewiß, wenn ich nicht zu großen Respect vor dem nicht in unserer Berechnung liegenden hätte.

Was sagen Sie zu der umstehenden Zeile von Heyse.[2]) Die Sache ist: nicht um der Ehre willen, in der Sammlg vertreten zu sein, sondern aus persönl. Verehrg für Heyse würde ich nur sehr, sehr ungern eine Weigerung Ihrerseits, dem freilich die Verfügung über Ihr Eigentum in letzter Linie unbedingt zusteht, erfahren und nach München schreiben. Ist es Ihnen irgend möglich, so geben Sie die Erlaubniß entweder direct oder in einer Zeile an mich!

Ihr

C. F. M.

(Postkarte.)   19 Sept 1883.

Lieber Freund,

ich bin gestern heimgekehrt von dem äbtlichen Jagdschlößchen Horben,[3]) u. habe viel aufgehäuft gefunden. Dank für die Grenzboten. Von den zwei Reigen (das Einzige

---

[1]) „Die Hochzeit des Mönchs".

[2]) Bittet um Erlaubnis, den Pagen Leubelfing in den „Deutschen Novellenschatz" aufzunehmen.

[3]) Horben, Schloß im Kanton Aargau, Bezirk Muri, früher Eigentum des Klosters Muri. Vergl. Anton Bettelheim, „L. v. François und C. F. Meyer. Ein Briefwechsel", S. 105, wo der Dichter die Aussicht usw. beschreibt.

Gedicht, das ich ändere) werden Sie nächstens die definitive Red. erhalten. Bis dahin also drucken Sie nicht! Mir zu Gefallen!

Ihr
C. F. M.

Es ist gut, l Fr., daß ich noch nicht verreist war, denn ich wurde vor ungefähr 7 Tagen unversehens von einem Fluß= fieber oder dergleichen gepackt, von welchem ich noch keines= wegs frei bin. Ich benutze die Stunde meines Aufstehens, um Ihnen für die mit der alten lieben Pünktlichkeit besorgte und eben angelangte Sendg zu danken, deren Auspacken die eben anwesende Schwester in Erinnerung alter Tage mit einiger Rührg beiwohnt. Ich dächte, das „Leiden" sollte wo nicht Leser doch Leserinnen finden. In den Eingangszeilen der Gedichte ist ein garstiger Druckfehler: ergößte statt ergötzte. Die Schuld liegt an keinem von uns zwei Vielbeschäftigten, sondern an dem Vetter, dessen besonderes Amt es war, auf derlei zu passen. Aber Schade. Ihr Wunsch eines „statt= lichen" Bandes kann ja in Erfüllg gehen, da die neue Novelle zwei noch ungeborene Schwestern hat. Über Keller später. Er hat mir seine Gedichte freundlich zugesendet u. zugeschrieben, was mir — bei meiner nicht leichten Stellg ihm gegenüber — wertvoll ist. Aber, Freund, ich muß abbrechen, sonst be= komme ich Fieber.

10 Nov. 1883   Ihr

M.

Die russische Censur hat im Grunde sehr verständig ge= strichen.

13 Nov. 1883.

Lieber Freund,

ich bin noch nicht ganz fieberfrei, aber es geht ent= schieden besser und so lassen Sie uns vor „Bettegehen," was dieses Mal bei mir früher als bei Ihnen vor sich gehen wird, noch $1/4$ Stündchen plaudern. Der Druckfehler ist verdrieß= lich), aber, da ich in der letzten Woche mehrere u. sehr ver=

schiedenartige Verdrüsse hatte z. B. Verschub meines Reischens nach Paris wol bis in das neue Jahr, so war er mir nicht besonders empfindlich. Doch bin ich für den Carton dankbar.

Ihre Annoncen machen sich in der N. Zürcher ganz stattlich, haben aber den Übelstand, daß die Sortimenter jetzt gar nicht mehr annonciren.

Ich habe im Bette recht Zeit gehabt, zu sinnen u. vor= zudenken. Sie müssen nun zuerst die neue Nov.[1]) in der Rundschau lesen: mir scheint, es ist ein Fortschritt.

Wildenbruch hat mich wieder beschenkt: nicht wahr, Sie haben ihm den Knaben und die ed. 2 der Ged. gesendet? Keller senden Sie in Ihrem Namen die ed. 2 der Gedichte, aber erst wenu der Carton eingefügt ist, in hübschem Einbande. Er hat sich gut gegen mich betragen u. Sie sollen von mir bei ihm eingeführt werden. Um Recensionen kümmere ich mich gar nicht, mein Geist ist bei meinen neuen Sachen.

Ihr

C. F. M.

Die Einbände sind teilweise sehr geschmackvoll.

Kilchberg 18 Nov. 1883.

Lieber Freund,

es liegt mir nicht ganz recht, daß Sie die Sache so gar streng genommen haben, ich hätte es bei einem derben Ver= weise bewenden lassen.

Was ist in solchen Fällen fest zu stellen? Bosheit liegt möglicherweise zu Grunde aber gewiß in erster Linie Geiz: X wollten die in ihrem Besitze befindlichen Exemplare der alten Ausgabe um jeden Preis los werden. Es ist auch sehr leicht möglich, daß ich mir im Allgemeinen durch meine Ab= geschlossenheit u. durch mein Fernbleiben von allen Anlässen u. Ablehnen aller Einladungen Gegner, ja Feinde gemacht habe, ich sage, es ist möglich, ich weiß es nicht, und wer möchte solchen unfruchtbaren Mutmaßungen Raum geben?

---

[1]) „Die Hochzeit des Mönchs".

Nein. Da ist es besser, Neues zu schaffen. Und daran bin ich.
Den Artikel erlauben Sie mir zu reduciren. Ich habe triftige
Gründe: das „Patriotische" wegzulassen. Nur das Sach=
liche: Also: Ihr

C. F. M.

Jürg Jenatsch. Eine Bündnergeschichte von Conrad Fer=
dinand Meyer. 4 Aufg. Billige Volksausgabe.

Dieser ausgezeichnete Roman, welcher 1876 zuerst er=
schien und dem bis dahin unbekannt gebliebenen Verfasser
sofort einen Namen machte, hat jetzt die vierte Auflage er=
reicht.

Dem gleich nach dem Erscheinen des Buches vielfach an
den Verleger herangetretenen Verlangen, eine billige Volks=
ausgabe zu veranstalten, ist er jetzt gerecht geworden. Die
neue, gut ausgestattete, mit großen Lettern gedruckte Auf=
lage kostet geheftet M. 3.—; in Leinewand gebunden M. 4.—
u. ist hierdurch den weitesten Kreisen zugänglich gemacht."

Ich beschwöre Sie, lieber Fr., kein Wort darüber
hinaus!

Und wie wird es jetzt mit der N. Zürcherin werden,
welche das Organ von X. ist und deren Feuilleton mir stets
abhold war? Entweder, im besseren u. wahrscheinlicheren
Falle werden meine neuen Sachen beschwiegen oder dann
durch irgend ein perfides Artikelchen geschädigt.

Ich selbst bin diesen kleinlichen Dingen völlig abgewendet
u. dieselben fechten mich auch nicht an. Nur oeconomische
Verluste die Ihnen zugefügt würden, thäten mir leid.

Mein Trost ist die Arbeit.

Ihr   M.

11 Dec. 1883.

Lieber Freund,

zuerst meinen besten Dank für den schwarzen Joh.
Beerensaft, der hoffentlich der kl. Milly bekommen wird. Es
geht bei dem I. Mädchen alles normal, fast mühseliger für

die Mutter als das Kind. Wir hoffen, der Husten werde sich nicht mehr steigern.

Es ist leicht möglich, l. Freund, daß das Ende des Mön= ches, um welchen ich von Berlin aus gedrängt wurde, für die Buchform wo nicht um= doch ausgestaltet werden kann. Doch bleibt er jetzt eine Weile liegen! bis die Freunde befragt u. die Augen erfrischt sein werden. Ihr Urteil ist mir immer sehr wertvoll, sagen Sie mir Ihre Gedanken unverhohlen u. auch was Sie von den Eindrücken Anderer erfahren. Man lernt immer. Ich persönlich bin — trotz der nahen Krankenstube — frisch —. der Winter ist meine gute Zeit und ich muß nun sehen, daß ich ihn nicht verliere. Schreiben Sie mir häufig ein Zeilchen: ich habe meine Briefe geordnet, $^4/_5$ verbrannt, die Ihrigen aber sämmtlich aufbe= wahrt. Ihr C. F. M.

Wir wünschen noch 10 Knaben (5 broch. u. 5 gebunden) und 5 Gedichte (2 geb. 3 broch.).

22 Dec. 1883.

Ja, lieber Freund, wir haben Grund zu danken. Der Kleinen geht es entschieden besser. Sie singt u. spielt wieder und die Anfälle werden weniger peinlich.

Ihr Bildchen (2.) ist einzig. Unglaublich ähnlich mit dem Zug der Güte, welche Ihnen innewohnt. Auch der ein= fache Holzsessel ist characteristisch. Das leere Buch fasse ich symbolisch. Es will sagen: Seht! da sind keine Druck= fehler drin!

Frey hat, ohne mein Vorwissen, eine Besprechg der 3 letzten Novellen in der Zürcherin 21. Dec. veröffentlicht, Morgennummer, welche nichts zu wünschen übrig läßt.

So feiern wir das Fest und treten 1884 an mit günstigen Zeichen u. herzl. Wünschen. Mögen uns Beiden noch Jahre zu Theil werden, damit wir noch Dies u. Das zusammen be= ginnen u. unternehmen können!

Gratuliren Sie doch Laube in meinem Namen zur
Jahreswende! Sein Wilhelm hat mir ihn doppelt lieb ge=
macht.   Ihr u. der Ihrigen

C. F. M.

27 Dec. 1883.

Erschrecken Sie nicht, lieber Freund, wenn ich Ihnen noch
eine Zeile mit 1883 schreibe. Ich muß Ihnen aber doch noch
sagen, daß Ihre Prachteinbände jetzt alle u. alle gut d. h.
am rechten Platze verschenkt sind. Drei gingen nach Maria=
feld zu Wille, einer für die I. Frau Doctor, einer für den
Sohn, den Obersten Wille=Bismark, der dritte für den an=
dern Sohn, einen Landjunker, einen lieben Menschen am
Bodensee.

Dabei fällt mir ein, daß Sie von uns Beiden unbe=
scheert geblieben sind. Ich habe meine Frau gebeten, Ihnen
etwas zu malen z. B. die Griechenkapelle bei Ajaccio, von
welcher sie eine gute Skizze nach der Natur besitzt. Wir sind
dort oft gesessen.

Der Art. von Frey ist mir wertvoll, weil er so ziem=
lich meinen eigenen Standpunkt inne hat. Doch ist wahr,
daß er nicht leicht schreibt. Es ist etwas Starres in seinen
Sachen. Das kann sich ja aber mit der Zeit lösen.

Das Fräulein v. François müssen Sie ja mit den Ge=
dichten 2. Aufl. noch bedenken. Sie ist mir sehr lieb u.
meine fleißige u. aufrichtige Correspondentin.

Die Zeilen Ebers' haben mich gefreut. Mit der Un=
gleichwertigkeit der Gedichte wird er sehr Recht haben. Nach
den Tüpfelchen u. Uzeichen des Knaben war es gewiß not=
wendig, etwas in großen Zügen, wie den Mönch zu ent=
werfen. Auch die Magna Pecc[1]), und das, so Gott will,

---

[1]) „Die Richterin".

Folgende wird nicht mehr zur Miniatur zurückkehren. Nun aber die Neujahrswünsche, bef. auch an Nichte u. Neffe.

Ihr

C. F. M.

Betsy haben Sie mit Ihren wiederholten Geschenken große Freude gemacht. So schreibt sie mir. Camilla geht es ordentlich.

------

16 Jan. 1884

Mein lieber guter Freund,

in später Stunde beantworte ich noch Ihre eben er= haltenen Zeilen.

Zuerst meinen Dank Herrn Felix Liebeskind. Weit ent= fernt, seine Zeilen zu beanstanden, bin ich im Gegenteil sehr empfänglich dafür. Der „Mönch" hat schon mehrere, z. Th. bedeutende briefliche Beurteilungen erfahren. Ich lasse das alles auf mich wirken. Es ist mir ausgemacht, daß er in der Buchform umgebildet wird. Dazu aber bedarf es eines frischen Blickes.

Jetzt bin ich überdieß so beschäftigt mit der „Richterin" (magna peccatrix), daß ich nicht wegblicken mag.

Nehmen wir also auf das Programm 1884 Richterin u. Mönch und seien wir zufrieden, wenn sich das Pensum absolviren läßt. Alles andere, und ich wurde erst gestern „fußfällig" um eine Nov. gebeten, wird ajournirt, um so mehr als die kl. Milly wohl einen Monat Lugano oder ähn= liches bedürfen wird.

Mir geht es gut u. wider meine Gewohnheit werde ich aus Regime*) einige Einladungen annehmen. Ihre Briefe, alter Freund, sind mir stets ein Plaisir.

Verzeihen Sie die widerspenstige Feder.

Ihr

C. F. M.

------

*) d. h. zu meiner Zerstreuung.

28 Jan. 1884 Umgehend

Liebster Freund,

tragen Sie sich ja Sorge! Schlafen müssen Sie durch=
aus. Der Sauser[1]) nach Lugano scheint mir sehr ratsam.
Begleiten aber kann ich Sie weiß Gott nicht, weil ich mitten
in der „Richterin" bin u. die Nov. bis Ostern vollenden
möchte. Mit Milly hat es sich ganz gebessert. Dagegen
würde ich Sie sehr gerne en passant 1—2 Tage hier haben.
Ganz sans façon. Sie dürfen gewiß sein, nicht zu geniren.

Den Hutten wollen wir dieses Mal mit kleinerer Schwa=
bacher drucken lassen[2]). Ich würde schon gerne dies oder
jenes ändern, ist aber der Druck bevorstehend, so beschränke
ich mich auf ein Minimum. Was mir vorschwebt, wäre eine
Vereinfachg u. Stylisirg im Großen, nach dem von mir
geteilten Gefühl einiger competenter Beurteiler. Doch dazu
braucht es Zeit u. Stimmg. Also wenige Aenderungen die=
ses Mal.

Stellen Sie sich vor, daß ich — Ihre Prachtbände aus=
genommen — keines meiner Werke, selbst die Gedichte, mehr
besitze — ich würe dankbar für eine Zusendg (nur brochirt!)
von je 3 Exemplaren Jenatsch, Heiliger, Hutten, Novellen
(auch Knabe) und Gedichte ed. 2.

Tragen Sie sich ja Sorge! Sie haben mich doch ein
bischen aengstlich gemacht. Fußgehen u. schöne Umgebg! Ich
glaube, der unkräftige, laue Winter hat Ihnen nicht gut
getan.

Ihr   C. F. M.

---

9 Apr. 1884

Lieber Freund,

Ihre Karte aus Lichtenthal beeile ich mich, mit einer
Ihnen gute Cur! wünschenden zu beantworten. Stündlich

---

[1]) Reise, Ausflug. C. F. Meyer hat das Wort von L. v. François.
[2]) Die vierte Auflage war in großer Schwabacher und in Großquart
gedruckt.

erwarte ich heute Frau und Milly, nach einer Abwesenheit
von drei Wochen, von Weggis zurück. Eben verließ mich
Betsy. Die Richterin führe ich langsam vorwärts. Sie
wird sehr bedeutend. Am Hutten werde ich diesmal nur
wenig ändern. Viel Fêtes, Concerte, Comités etc. Bitte
geben Sie in Leipzig Ordre, meinen Beitrag zum
D. Schriftstellerverband (15 M!) zu berichtigen.

Ihr　　M.

Noch einmal von Herzen gute Cur! Gutes Fest!

---

18 Apr. 1884.

Geduld, lieber Freund, und sorgfältigste Schonung, worauf alles ankommt! Frey war hier u. wird Ihnen schreiben.
Das Buch meines Vaters[1]) (2 Bände) ist, nach meinem Urteil, eine vorzügl. Leistg, auch Ranke anerkannte[2]) es als
solche. Ich scude es Ihnen nach Lichtental, wenn wenigstens mein Auftrag prompt ausgeführt wird. Nehmen Sie
dasselbe freundlich von mir als ein „Badgeschenk" an.

Ihr　　M.

Frau und Kind sind wieder hier. Gute Cur gemacht!

---

15 Oct. 1884

Voraus, l. Fr., meine Freundeswünsche für günstigen
Ausgang der Consultation. Meine l. Frau, nach welcher
Sie sich erkundigen, läßt Sie grüßen. Sie hat in Richisau
viel gemalt. Reber[3]) wird mir lieb durch sein Maß und
seine Übersichtlichkeit. Frey's Rec. kenne ich nicht.

Die M. 800 werde ich gelegentlich per Wechsel reali-
sieren (eheu paululum). Sie verstehen ja nicht Latein.

Die fragl. Liste ist folgende. Zeitungen und Zeitschriften
bedenken Sie nach Ermessen! (Gartenlaube!)

---

[1]) Ferdinand Meyer, „Geschichte der evangelischen Gemeinde
in Locarno, ihre Auswanderung und ihre Schicksale." Zürich 1836.

[2]) Rankes Brief steht S. 354 Adolf Frey, „C. F. Meyer".

[3]) Franz von Reber, „Geschichte der neueren deutschen Kunst."
3 Bände. 2. Auflage. Leipzig, Verlag von H. Haessel. 1884.

Für mich bitte ich gelegentlich um 6 C. F. M. Gedichte und aus meinem C. C. bei Ihnen um Camoens Sonette, Quevedo Villegas, Erzschelm, Petöfi Dichtungen. Alle drei: Brockhaus. Bibl. class. Schriftst. woher Sie mir — Sie wissen — den Manzoni, Sposi bezogen u. 4) Turgénjews Erzählungen siehe Beilage. Der Friderichs Elberfeld der die Merovinger[1]) verlegte, gibt jetzt das Programm einer Sportzeitg.

Herzlich   Ihr   M.

H = Hutten 5.   M = Mönch.

Stuttgart Gustav Pfizer H, Friedr. Theod. Vischer M H, München Paul Heyse M, Lingg M H, Prof. Georg Scherer H, Berlin Julian Schmidt M H, Otto Brahm M H, von Wilden=
bruch M Regierungsrat Rudolf Grimm, 9 Schellingstr.
Berlin W. M,

persönlich ⎰Eugen Zabel M H, Dr. Hans Hoffmann M H,
⎱Rodenberg M H, Theoph. Zolling M H,

Bremen: Bibliothekar Dr. Bulthaupt M H,
Wien: Fritz Lemmermayer, Nibelungengasse 4, H,
Dresden: A. Stern M H,
Bregenz A. Meißner M.
Karlsruhe: Capellmeister Mottl. M, Geheimerat Eugen v. Seyfried H, Geheimerat Moriz von Seyfried M, Ge= heimerätin Eugen v. Seyfried: Das Leiden eines Knaben. Alle drei: 13 Westendstr. Karlsruhe. Und noch folg. Damen: Frl. von François Weißenfels M H, Betty Paoli Wien M. Allen Vorstehenden broch. mit der Aufschrift: im Auftrage des Verfassers. Schließlich 4 schöngebundene Ex. mit beil. Karten (3 Hutten, 1 Mönch).

Auf dem Kouvert:⸜

Auch H. Lorm, da Sie einmal in Dresden sind, dürfen Sie in meinem Namen einen M überreichen.

---

[1]) „Erzählungen aus den merovingischen Zeiten mit einleitenden Betrachtungen über die Geschichte Frankreichs" von Augustin Thierry. Aus dem Französischen. Erster Teil. Elberfeld 1855. Verlag von R. L. Friderichs. (Die Übersetzung stammt von C. F. Meyer.)

22 Oct. 1884

Lieber Freund,

Die Ex. sind angelangt u. Schwester B. welche Sie freundl. grüßt, war dabei anwesend. Ich gestehe, daß der Mönch à 2 M. mir fast zu wohlfeil scheint. Als Ausstattg gefällt mir Hutten 5 brochiert am besten. Nun gilt es vorwärts zu schauen und — zu schreiten. Viel Abhaltungen; gestern Universitätsverein, heute Kinkelfeier (Aufstellg der Büste), morgen Alex. Schweizer-Jubiläum[1]) u. s. w. Das „Leipzig" an der Briefspitze hat mich wahrhaft erfreut. Gebe Gott, daß kein „Dresden" es verdränge. Herzlich

Ihr   M.

Die Widmung des Mönchs ist mir sehr lieb!

---

1 Nov. 1884

Da ich, mein lieber Freund, gerade einen geeigneten Augenblick habe, beantworte ich Ihre letzten Zeilen noch vor Ankunft der Sendung.

Von meiner Übersetzung der Merovinger ist gewiß hier noch eines meiner verschenkten Ex. erhältlich. Ich sende es Ihnen gelegentlich, damit Sie entscheiden, ob, wie ich denke, der theoretische Teil wegfallen soll und ob der erzählende eine 2. Aufl. ertragen wird. Diesen Winter freilich wird der „Dynast" in Anspruch nehmen.

Eine Übersetzg des Heiligen ins Englische wäre zu wagen und auch das prüfende Auge nicht weit. Frl. Dr. Druscovich[2]) thäte mir schon den Gefallen, doch weiß ich nicht, ob ich das Frl. ohne Indelicatesse darum ansprechen darf.

Der Mönch, dessen im Vorrat gedruckte Ed. 2 (vide Vertrag) mich ein bischen erschreckte, hat drei Klippen:

1. Seine scheinbare Frechheit stößt die Mittelschichten.

---

[1]) Professor Alexander Schweizer, reformierter Theologe in Zürich (1808 bis 1888).
[2]) Helene Druskowitz.

2. Das aufs Äußerste (zu weit) getriebene Ineinander=
schlingen von Erzählg und Hörerkreis erscheint raffinirt und
strengt zu sehr an.

3. der Styl ist zu epigrammatisch.

Warum in aller Welt den „Mönch" in die ultramon=
tanen Zeitungen inseriren? Tuen Sie es lieber in der Allg.
(ehemaligen Augsburgerin), wo ich den Mönch täglich suche.
Sie müssen es schon deßhalb, weil es die einzige Zeitg ist,
die ich halte und lese.

— Das Christuskind bei der sist. Madonna ist ein kleiner
Heros mit unheimlichen Augen — ich kenne nichts schöneres.
Betsy ist verreist und machte den Eindruck einer durchaus be=
friedigten Existenz.

Viel von der Gesundheit berichten!

Ihr   M.

2 Nov. 1884

Lieber Freund,

Die beiden Pakete sind angelangt. Dank! Turgénjew
ist mir von allen Zeitgenossen der liebste. Er übt einen
großen Zauber auf mich. Vergessen Sie ja nicht Georg
Ebers einen Mönch u. einen Hutten zu senden oder lieber
selbst zu bringen, mit herzlichen Grüßen von mir. Senden
Sie einen „Grifone"[1]) an Bibliothecar Dr. Bulthaupt in
Bremen. Er ist ein competenter Dramaturg und dram. Kri=
tiker und sagen Sie, ich hätte Sie dazu ermuntert, kenne selbst
aber das Drama noch nicht!

Häufig über Ihre Gesundheit schreiben!

Wie geht es?

Ihr   C. F. M.

---

[1]) „Grifone. Die Bluthochzeit der Baglionen". Historisches Trauer=
spiel in fünf Aufzügen von Arnold von Salis. Leipzig, Verlag von
H. Haessel. 1884.

Pfingstmontag 1885.

Lieber Freund,

es freut mich, daß Sie für Hermann[1]) so thätig wie ein Gesunder einstehen founten, und so dürfen Sie dankbar und zufrieden sein, wenn Sie auch diese Messe nicht zum reichen Manne gemacht hat.

Fr. Signorelli will nun auch den „Mönch" übersetzen. Der Page soll nächstens erscheinen und zwar als Feuilleton. Die „Richterin" wird jedenfalls zuerst als Novelle beendigt und das hoffentlich vor meinen Ferien, d. h. meinem Höhen= aufenthalt. Das klügste wäre danach, meinen großen Roman auszubilden. Gelingt es, jetzt in der Spät=Reise meiner Na= tur, so könnte vielleicht etwas relativ Bleibendes geschaffen werden.

Frey beklagt sich, daß Sie ihn strenge halten. Mir scheint, Sie dürften etwas freundlicher zu ihm sein.

Beiliegend etwas![2])

Ihr   M.

Zwingli=Kantate.

I.

Zwingli, sprich, was soll das Schwert?
Ist das Schwert der Wahrheit not?
Giebt es nicht den bittern Tod?
Zwingli, sprich, was meinst Du mit dem Schwert?

Hier das Schwert in meiner Hand
Ist das Schwert, das mich erschlug,
Dem zu Feld entgegentrug
Als ein Märt'rer ich den frischen Leib.

Volk, es predigt Dir das Schwert
Von der Väter Edelmut,
Wie man für ein geistig Gut
Leib und Leben freudig lassen kann.

---

[1]) Haessels Neffe.
[2]) Nachstehende Zwingli=Kantate.

II.

Unsre Väter starben, Zwingli, mit Dir,
Sie lagen wie volle Garben im Schlachtrevier,
Der Stadt und unsres Landes allerbestes Blut,
Die Saat war köstlich, doch die Ernte, die Ernte war gut.

III.

Du streutest die Körner und warfest sie weit
In die dunkeln, die schwellenden Furchen der Zeit,
Du säest noch immer, Du säest noch fort,
Und es bleibt und gedeihet das göttliche Wort.

Du liegest ja nicht in beengender Gruft,
Dein Staub ward gestreut in die himmlische Luft,
Du hast Dich gesellt dem unsterblichen Licht
Und, selber ein Seliger, feierst Du nicht.

Der mit uns genossen das Brot und Getränk,
Du bist uns ein täglich erneutes Geschenk,
Den hier wir erblicken im Bilde von Erz,
Du bist unser Blut und Du wärmst unser Herz —

Du stürztest die Götzen mit wuchtigem Schlag,
Du hobest die ewigen Horte zu Tag,
Du gabst für die künft'gen Geschlechter Dich dar,
Du bist unser Hauptmann, wir sind Deine Schar!

IV.

Nun wollen Gott wir loben, der rief: Es werde Licht!
Der uns emporgehoben das Herz und Angesicht.
Die Sonne tritt im Osten aus ihrem Berggezelt,
Sie spendet Licht und Leben und wandelt als ein Held.

Dem Herren woll'n wir danken, der uns den Zwingli schuf!
Das war ein Kind des Morgens und Leuchten sein Beruf.
Er brachte Licht und Leben, bis er bei Kappel fiel,
Ein Held ist er gewandelt und kam als Held ans Ziel.

Lieber Freund,

Ihr Stollen iſt noch nicht angelangt wegen der Schnee=
fälle.

Die W.=Geſchichte laſſen wir liegen. Sie iſt nicht der
Art, in ein neues Jahr hinübergenommen zu werden.

Pascals Briefe. Pascal hat wenige Briefe geſchrie=
ben, d. h. es ſind deren wenige erhalten. Handelt es ſich
aber (wie ich denke) um eine Überſetzung ſeines genialen
Pamphletes gegen die Jeſuiten: Lettres Provinciales oder
richtiger à un Provincial, ſo wäre eine Überſetzg dieſes
claſſiſchen Werkes, welches die franz. Proſa begründet hat
u. ein Meiſterwerk des feinſten Scherzes u. eines vernich=
tenden Hohnes iſt, eine Überſetzg aus Geiſt in Geiſt und
mit den unentbehrlichen Erklärungen und Orientirungen
ein ſchweres aber höchſt löbliches Unternehmen. Nur die
beſte Feder wäre ihm gewachſen.

Ich muß mich umkleiden, um meine Weihnachtsgäſte zu
empfangen. Im Schorerſchen Familienblatt ſteht ein Weih=
nachtslied von mir.

Herzlich   Ihr M.

26 Dez. 1886.

Ihr Stollen, l. Freund, ſchmeckt mir ganz vorzüglich
und wird mit jedem Tage beſſer. Ich habe dieſe Leipziger
Stollen früher nicht nach Verdienen gewürdigt.

30 Bogen wird Pescara nicht erreichen, eher der Dynaſt.
Rodenberg wird ſich gedulden müſſen.

Die „Stiftsdame“[1]) (dieſe u. die Nilbraut u. ſogar von
Spemann der Zug nach W. von Lindau wurden mir zu=
geſendet) iſt höchſt kurzweilig, viel realiſtiſcher als H. ſonſt
ſchreibt, rührend und erhebend (freilich in anderer Weiſe als
ich das „Religiöſe“ fühle und denke, doch das thut nichts).

An die Nilbraut, welche mir Ebers ſehr, ſehr freund=

---

[1]) Paul Heyſe, „Der Roman der Stiftsdame“.

schaftlich zugeschrieben hat, habe ich Undankbarer (unter uns!)
mich noch gar nicht gewagt.

An den Gedichten werde ich nur nicht einen Nagel be=
schneiden, aber das neue wird auch ziemlich enge zusammen=
gehen.

Um die „Dichtung"[1] sollte es mir leid thun.

Die Lettres prov. würdig ins Deutsche übersetzen —
das ist ein schweres, schweres Ding, da Pascals Styl ein
ganz einziger ist. Dazu kommt, daß, so lebensvoll und
actuell die Verspottg der Jesuitenmoral ist, die jansenistische
Theologie doch mehr nur historischen Wert hat. Das Buch
bedürfte durchaus eines Commentars.

Herzlich

Ihr M.

vor der Jahreswende 1886.

28 Jan. 1887

Lieber Freund,

Ihr Unfall thut mir Leid (den Sie Ihrem jugendlichen
Ungestüm zuzuschreiben haben!). Gott sei Dank, daß es noch
passabel abgelaufen ist! Hutten werde ich morgen fertig
bringen, es ist im Grund wenig, was ich ändere, und, ich
glaube zu verbessern.

Ja, was soll ich zu dem Stilke=Brief sagen? Vorab
betrübt mich, daß meine Sachen noch immer nicht gehen
wollen. Ich glaube aber nicht recht an die geratenen Ab=
hilfen, sogar nicht an die farbigen Einbände, sondern allein
an die Vergrößerung des Wertes meiner Sachen durch meine
eigene Mühe und allenfalls durch größere Proportionen der
folgenden. Mit Lindau stehe ich auf ziemlich cavalierem Fuße.
Er behandelt mich protegierend als Großstädter u. „Freund"
Bismarks und ich versichere ihn meinerseits ganz unehr=
erbietig, daß ich ihn leiden mag. Er soll ja mein Nächstes
erhalten, wenn er fortfährt es zu wollen. . . Für die über=

---

[1] Deutsche Dichtung, herausg. von K. E. Franzos.

setzg der Lettres provinciales interessiere ich mich und die Auswahl des noch Geltenden ist ganz vernünftig! Schreiben Sie häufig

Ihrem   C. F. M.

Lieber Freund,

zuerst meinen Dank für Ihre letzten interessanten Zeilen. Den Rest des Hutten werden Sie nächste Woche erhalten: es ist das Schlußgedicht, welches mich noch beschäftigt.

Die zwei Kunstneuigkeiten, welche unsere Stadt gegenwärtig bespricht, sind eine neue Symphonie von Brahms und ein neues Meerbild (ein erschrecktes Meerweib) von Boeklin. „Salander" gilt hier (und er ist es auch) für eine mutige That gegen gewisse Auswüchse der Democratie.

Nun komme ich mit einer Kleinigkeit, welche ich Sie aber sofort durch einen Ihrer dienstbaren Geister zu begleichen bitte. Es liegt mir daran. Nämlich die Berichtigung meines Beitrages als Mitglied des Allgemeinen Deutschen Schriftstellerverbandes in Leipzig. Ich bin schon etwas spät damit. Besorgen Sie es sogleich beim Quästorat und senden Sie mir die Quittg.

Herzlich   Ihr

12 Febr. 1887.   C. F. M.

Kilchberg 15 Februar 1887 (Spät)

Lieber Freund,

für die sofortige Begleichung des A. Sch. V.=Beitrages bin ich dankbar u. bitte Sie, die jährliche Besorgung übernehmen zu wollen. Ihrem Wunsche p. Huttenlied ist schon Rechng getragen. Heute habe ich mit dem Vetter Hutten 6 beendigt u. an dem Pescara dictiert. Das Thema ist wohl das schwerste (Willensfreiheit), das ich je behandelt habe. . . . . . .

Gestern kam ich im Concerte (lauter Weber) neben
G. Keller zu sitzen. (seit gut 1½ Jahren wieder zum ersten
Male). Wir unterhielten uns vorzüglich.

Was denken Sie! Das fragl. Fischweib ist eben frisch
aus Boecklins Pinsel geflossen!

Ihre Todteninsel[1]) ist herrlich, neben dem Schloß
am Meer der schönste Boecklin.

Herzlich

Ihr

M.

Lieber Freund,

es freut mich, daß Sie mit den Aenderungen im Hutten
einverstanden sind. Ich habe, wie Sie sagen, ins Einfache
geändert. Ein paar unbegreifl. Verstöße im Druck wollen
wir auf Rechng der Wahlagitation setzen.

Die Novelle, welche mir allerdings zu thun gibt, ist erst
zur Hälfte beendigt; wie immer sie gerathe, Eines wird Sie
befriedigen: die größere Fülle und die äußerst einfache und
klare Composition (gegenüber einer complicirteren, welche ich
verworfen habe).

In der Libretto-Sache ist, wie ich längst weiß, rein nichts
zu thun.

Meyer-Ziegler im Kürschnerschen Almanach rührt von
mir her, d. h. seit mehreren Jahren. Vielleicht werde ich
im nächsten Jahrgange Wandel schaffen u. das Ziegler
streichen lassen.

Man hat mir ein Autograph des Herzogs von Rohan
geschenkt, ein Brief von Cur an den zürcherschen Bürgermeister Brem. Es ist darin, wie in allen seinen noch vorhandenen Briefen an diese Staatsperson von Stundung in
Zürich zurückbezahlender (sic) Schulden die Rede. Der arme
Herzog!

Eben erhalte ich einen Brief von Valabrega, dem Übersetzer des „Mönchs". Neue Verzögerung: Hoepli liegt nicht
ungefährlich krank.

---

[1]) Im Leipziger Museum.

Seien Sie so freundlich, ein brochirtes Engelberg an meinen Übersetzer zu senden. (P. Valabrega, San Vittor Grande 3.)

Hier rüstet man, wie ich höre, im Stillen. Man glaubt noch nicht recht an den Frieden.[1]

Herzlich
1 März 1887.   Ihr   M.

———

Lieber Freund,   23 März 1887

ich danke zu allererst für die Zusendg Ihres „Eis= ganges",[2] der mir ganz gut gefällt. Mir ist, schon einmal eine ähnliche Eisgang=Szene aus Ihrer Feder gelesen zu haben. Ich kann Sie nicht genug ermuntern, zuweilen etwas zu schreiben zu Anderer u. eigener Freude.

Die indische Weisheit[3] ist gut, wir denken auch nicht viel anders. Das Schwere ist die Praxis.

Heute habe ich wieder den ganzen Morgen an „Pescara" dictirt. Es gehört zum Schwersten, was je ich behandelt habe. Schwester Betsy, welche hier war, bekam die „Vic= toria Colonna" lieb. Sonst kann ich hier niemanden con= sultiren. Die Behandlg ist entschieden breiter, als in irgend etwas Früherem. Ein junger Dresdener Bildhauer (geborener Schweizer) hat ein Büstchen von mir verfertigt. Ich werde es Ihnen in Gyps senden lassen als mein Geschenk. In Bronze soll es circa 150 M. kosten.

Als Autogr. für die „Epileptischen" schreibe ich einen meiner Lieblinge bei. Es ist ja schrecklich, wie der Buch= handel daniederliegt. Noch keine Besserung? Und keine 2. Ausgabe der Novellen? Das sollte mir leid thun. Die Gedichtsammlg wird vorbereitet.

Herzlich   Ihr
M.

———

[1] Es handelte sich um die Aufregung wegen des Wohlgemuth= handels.

[2] Romanfragment aus Haessels Feder.

[3] Leopold v. Schroeder, „Indiens Literatur und Cultur in historischer Entwicklung". Leipzig, Verlag von H. Haessel 1887.

3 April[1]) 1887

Mein lieber Freund,

es freut mich herzlich daß Ihnen das Büstchen Schweizers, welcher ein recht sympathischer junger Mann ist, einigermaßen gefallen hat. Ich selbst verhalte mich rein leidend wenn ich abgebildet werde, und enthalte mich jeden Urteils.

Der Schwarze Prinz[2]) hat die einzige Voraussetzung seines frühen Todes. Er sagt zu seinem Gefangenen, König Johann: Ertrage deine Gefangenschaft als etwas Menschliches, wie ich das Schwerere, mein frühes Ende ertrage, das ich voraussehe (der Prinz hatte die Abzehrung) und welches im Auge, ich unmöglich auf meinen Sieg übermüthig sein kann.

Die Sturmnacht[3]) habe ich neulich zwei Hochgebildeten gezeigt. Keiner von den beiden wußte etwas von dem Gespräch des Pharisaers Nikodemus mit dem Heiland (Ev. Johannis) auf welches die Sturmnacht anspielt. In ähnlicher Art hat auch vor Jahren der liebe Lingg vor einer Photographie der berühmten Tapete Raphaels: Ananias u. Saphira gefragt: was es mit diesen Leuten für eine Bewandniß habe.

Eben verläßt mich Brahm, der Sie bittet, ihm unter Kreuzband Frey's Gedichte zu senden. Er wird ein öffentliches Wort darüber sagen. Adresse: Dr. Otto Brahm (aus Berlin) Lugano (Schweiz). Das genügt, aber, bitte, gleich!

April u. Mai hoffe ich Pescara würdig zu vollenden.

Herzlich

Ihr   C. F. Meyer.

(Brahms Adresse: Dr. Otto Brahm, Lugano (Schweiz)

---

16 Apr. 1887.

Mein lieber alter Freund,

ich bin froh, wieder eine Zeile von Ihnen erhalten zu haben, die ich umgehend beantworte. Sie haben ja wohl

---

[1]) Meyer schreibt März, Haessel korrigiert: April.
[2]) „Der Schwarze Prinz". Gedichte 3, S. 278.
[3]) „In einer Sturmnacht". Gedichte 3, S. 229.

jetzt Ihre Meßgeſchäfte (oder nicht? nach Oſtern iſt doch die
Hauptzeit?) und das iſt mir nie geheuer, da ich, für Sie und
mich, die Krebſe fürchte. Schon das Wort iſt mir zuwider.

ich glaube, Brahm iſt unſchuldig, er mag das Buch ver=
räumt haben. Jetzt wird er ſicherlich etwas darüber ſchreiben.
Frey war ganz neulich hier. Er hat letzten oder richtiger
dieſen Winter, denn es ſchneit wieder, tüchtig gearbeitet in
ſeinen Gymnaſialſtunden, als aargauiſch cantonaler Schul=
inſpector und als Privatdocent an der Zürcherhochſchule.

Der Art. in der Allgem.¹) iſt, wie Sie ſagen, ſo übel
nicht. Der Anfang etwas pedantiſch, aber die Analyſe des
Heiligen vorzüglich. Wenn er dieſen und den Hutten voran=
ſtellt, hat er recht.

Heute habe ich wieder ein Kapitel des Pescara zu Ende
dictirt. Größere Fülle gegen früher iſt nun wohl gewonnen
und ich dächte, dieſes Mal wird die Lectüre eine leichtere
ſein als z. B. die der Richterin, ohne Abbruch an Tiefe.

Senden Sie doch Ihr neues Kapitel!

Die M. 500 beziehe ich nächſtens durch Peſtalozzi im
Thalhof. Meine u. der l. Frau beſondere Empfehlungen an
Frl. Clara.

Herzlich				Ihr					M.

Laſſen Sie mich nicht lange auf ein Zeilchen warten.
Ihre Briefe ſind mir eine liebe Gewohnheit.

Die Freiexemplare des Hutten 6 ſenden Sie ganz nach
Belieben! Ich will Ihnen keine Ungelegenheiten verurſachen.

---

						27 April 1887.

Mein lieber Freund,

Zu den Mk. 2000, welche Ihnen in den Schooß gefallen
ſind, gratulire ich und freue mich auch auf Nathan den Weiſen,

---

¹) J. Haußleiter, „Konrad Ferdinand Meyer". (Beilage zur
Allg. Zeitung, Freitag, 8. April, und Allg. Zeitung, 9. April 1887.)

aber ohne jede polemische Regung: auf der Welt u. auch in meinem Kopfe hat Vieles nebeneinander Platz.

Frey sagt, in seiner Stellung zu Ihnen, natürlich lieber etwas Angenehmes als das Gegenteil, aber ich habe ihn immer wahr gefunden. Der Eisgang ist gar nicht übel, das dürfen Sie glauben, doch meine ich, mit Mertiz, daß, was Sie voraus niederschreiben sollten, Ihre eigenen Lebenserinnerungen sind. Behaglich und ausführlich. Sie haben viel erlebt u. ich meine, es würde interessant.

In den Capiteln des Pescara haben Sie sich nicht oder wenig verzählt. Leider wurde ich in den letzten Tagen von den mannigfachsten, z. Th. nicht zurückzuweisenden Anliegen heimgesucht, heute aber bin ich wieder frei und kehre zu meinem Feldherrn u. seiner edeln Frau zurück.

Die meinige mit der kl. Milla ist für einige Tage in Lindau und ich muß mich nur in Acht nehmen, als ein Einsamer, nicht zu viel zu arbeiten.

Der Wechsel von M. 500 wird Ihnen praesentirt sein oder nächstens werden.

Wir haben hier heute wieder herrlichen Frühling. Eben kommen die jungen Kastanienblätter.

Herzlich

Ihr   M.

Lieber Freund,

eben ist hier Frau und Kind von einem schönen Ausfluge nach Lindau zurück, was mich heiter stimmt; ich habe ihr die fragl. Zeichnungen gewiesen und glaube mit ihr, daß die Sache eben so gut unterbliebe. Zwar schlecht sind die Dinger nicht, aber rein dilettantisch. Freilich ist Gutes unerreichbar, weil es selten ist u. auch zu viel kostet. Aber dies hier ist doch zu pauvre:

Nur der Standpunkt einer Hilfe und Erleichterung für Sch. v. B., welchen Sie geltend machen, könnte mich bewegen. Ich bin dafür nicht unempfänglich. Und dann würde

9*

vielleicht gerade die Gewöhnlichkeit der Vignetten das Buch
populär machen. Summa: ich bin nicht dagegen. Meine
Gedichte bleiben mit oder ohne „Illustration", so viel oder
so wenig sie sind. Recht gut, was Sch. sagt, daß „Illu=
strationen" nur begleiten dürfen, ohne sich aufzudrängen.

geftern habe ich das 6 und lezte Kap. des Pescara dictirt,
undictirt ist noch das Ende des 4. und das 5. Kapitel.

1 Mai 1887.　　　Herzlich　　Ihr　　　M.

Lieber Freund,

eben erhalte ich die Geburts=Annonce des Mädchens,
dem zu liebe Sch. meine Gedichte illustrirt. Ohne Scherz,
die Sachen sind, nach aller Urteil, welche sie gesehen haben,
recht unbedeutend. Freund Rahn u. mehrere andere Dilet=
tanten meiner Bekanntschaft illustriren weit geistreicher. Kein
Mensch kann humaner sein als ich u. gleichgültiger in Eitel=
keitssachen — aber mir wäre lieber, der gute Junge be=
schränkte sich auf Kopfleisten u. Schlußvignetten.

Vischer wird zu seinem vollendeten 80. Jahre seine Büste
verehrt. ich habe den Aufruf mitunterzeichnet u. bitte Sie
mir den Gefallen zu thun, eine Hundert Mark Note mit
beiliegender Karte an Ihren Collegen W. Spemann, Reins=
burgstr. 21 Stuttgart zu versenden auf Abzug vom Gedichte=
Honorar. Ihre Gefälligkeit voraussetzend schreibe ich gleich
an Spemann.

Valabrega war hier, er geht zu einem Grafen Erbach,
um diesen in Dante einzuweihen. Der Mönch[1]) ist bei Hoepli
erschienen, nach Valabrega's Versicherung, „illustrirt". Ich
erwarte mein Exemplar.

Pescara ist seiner Vollendg nahe. In dieser Woche wird
er hoffentlich fertig. Dann die Revision.

15 Mai 1887.　　　Herzlich　　Ihr　　　M.

---

[1]) „Le nozze del monaco". Versione dal tedesco di P. Valabrega. Ulrico Hoepli, Milano 1888.

Lieber Freund,

ich bin es sehr zufrieden, daß meine Gedichte unillustrirt bleiben und eben so sehr, daß Sie sicherlich mit Sch...... glimpflich umgegangen sind. Was die Dilettanten meiner Bekanntschaft hier betrifft, so sind das Leute, welche nicht gewinneshalber illustriren, wir würden sie vergeblich darum bitten. Rahn z. B. würde doch zuerst seine eigenen Sachen, ich meine seine Reiseerinnerungen à la Toepfer (ich meine den Genfertöpfer) mit Vignetten beleben. Er hat mir übrigens ein paar Gebäude u. Trachten zu meiner Belehrg u. Orientirg für den Pescara mit wenigen Zügen hingeworfen. Der andere ist ein Kaufmann u. Insectensammler, welcher gleichfalls nicht für Geld illustriert. Geistvolle Dilettanten in der Vignette gibt es eben überall.

Der Pescara fängt erst jetzt, als Ganzes, an, mich zu passioniren. Ich werde ihn selbst definitiv dictiren. Die Sache von 10—20 Tagen. Er hat 200 der Heiligen-Seiten. Als Villegiatur oder Monteggiatur incliniren wir für Mürren (im Berneroberland). Häufig schreiben!

Auffahrt 1887.   Herzlich   Ihr   M.

***

Lieber Freund,

eben habe ich sehr aufmerksam Ihren lebensvollen Eisgang gelesen, der mein Interesse erregt. Ich wundere mich, ob Sie den Roman vollenden werden, was mich freuen würde. Besonders der luterische Hintergrund ist mir höchst sympathisch.

Pescara ist schon seit zehn Tagen vollendet. Jetzt dictire ich ihn zum zweiten Mal, den Blick auf die Vollendg der Sprache gerichtet. Das erste Mal absorbirten mich Fabel und Charactere vollständig. Ich muß doch ein Übriges thun, da mich das Grimm'sche Wörterbuch zu citiren fortfährt.

Dazwischen fiel der Ankauf zweier den Dorfplatz begränzender Scheunen u. eines Baumgartens, sodaß ich jetzt ringsum gesichert bin. Ich that es ungern, aber es war

notwendig u. hat mich mehr psychisch — wegen des Umtriebes
u. der Unterbrechg — als oekonomisch beläftigt.

Lesen Sie doch den inliegenden Brief eines guten
Sohnes, ich habe sehr freundlich abgelehnt — und bitte,
danken Sie in meinem Namen Salomon für seinen ganz
vorzüglichen Artikel mit einer höflichen Zeile. Schreiben Sie
bald
Ihrem M.
 31. Mai 1887.

Haben Sie auch so trauriges Wetter? ich sehne mich
nach Himmel u. Sonne.

————

5 Juni 1887

Lieber Freund,

es ist sehr gut, daß ich den Pescara noch einmal dictire, er bedarf dessen, da er als Renaissancestück einen vollkommenen Vortrag verlangt und auch wegen der weit ge-
triebenen Characteristik. Hernach aber gedenke ich Correctur
u. Buchform durchaus dem Vetter zu überlassen, der mir
denn doch sehr nützlich ist.

Die Gedichte denke ich — bis auf weniges — unberührt
zu lassen. Vor Juni-Ende komme ich aber nicht dazu, mich
damit abzugeben. Die Gelegenheitsgedichte will ich gar nicht
oder nur in ihrer Minderzahl aufnehmen. Das Bild behalten Sie ja, es ist mir lieb, weil es noch jugendlich ist
u. aus meiner corsischen Hochzeitsreise stammt.

Wir fahren hier fort, sehr schlechtes Wetter zu haben,
und ich weiß nicht, wie das enden soll.

Alle die Firste, welche man von meinem Garten aus
erblickt, (drei Scheunen und ein Wohnhaus) gehören jetzt
mein: ich weiß noch nicht was ich damit beginne. Jetzt freilich wird mir niemand mehr eine Metzge oder eine Kegelbahn
vor die Nase setzen. Das sogenannte rote Haus und Scheune
1. habe ich vor anderthalb Jahren gekauft, die Scheunen 2.
und 3. und einen Baumgarten vor 10 Tagen. Beide Male
wurde ich dazu durch Verkäufe und Parcellirung nachbar-
licher Güter genötigt. Aus Lust am Besitz habe ich es wahrlich

nicht gethan, sondern allein um meinem Gute seinen Werth und mir Stille und Ruhe zu erhalten.

Sie dürfen für gewiß annehmen, lieber Freund, daß mir Ihr Romanfragment Freude gemacht hat, aber, wissen Sie, ich bin kein Kritiker, und dann hat mich die Lebhaftigkeit Ihres Erzählens ergötzt, daß ich Sie vor mir zu sehen glaubte.

Der gute Sohn hat einen zweiten Brief an mich gerichtet, den ich leider bei Seite legen mußte.

ich möchte wohl noch ein bischen lange leben, nicht meinet= wegen, sondern um noch gewisse wie ich glaube sehr schöne Ideen, zu realisiren.   Ihr   M.

Vischer hat mir sein Festspiel zur Uhlandfeier zugesendet. Es ist — in seiner Art — ein Meisterstück.

Mein lieber Freund,

seit vierzehn Tagen arbeite ich jeden Morgen von 8—2 an meinem Pescara, welchen ich bedeutend verändere. Etwas Mystisches oder Gespenstisches à la Kleist, das sich ich weiß nicht wie eingeschlichen hatte wird weggehoben und das Sumpf= land in festen Boden verwandelt.

Wenn ich sehe, welche Arbeitskraft mir noch zu Diensten steht, wenigstens an schönen trockenen Tagen und bei offenen Fenstern, könnte ich versucht sein, große Pläne zu entwerfen, doch ich fühle zugleich die Ungewißheit menschlichen Glückes. Zwei Jüngere, als ich, nahe Bekannte sind mir in den letzten Wochen weggestorben.

... Es sollte mir leid thun, wenn wir uns dies Jahr nicht sehen könnten. Die schon getroffene Wahl auch meiner Villeg= giatur ist wieder in Schwanken geraten. Ich lege etwas bei, das Ihnen gefallen wird. Unter Kreuzband: „Bazar in Zürich"[1]).

21. Juli 1887.   Ihr   M.

---

[1]) Bazar in Zürich, 16., 17., 18. Juni 1887. Darin autographiert C. F. Meyers Gedicht: Heute fanden meine Schritte mein vergeß'nes Jugendthal usw. In der dritten Auflage der Gedichte 1887, S. 64 unter dem Titel „Ewig jung ist nur die Sonne".

15 Aug. 1887
Lieber Freund,

eben bin ich wieder in mein Eigenthum zurückgekehrt, nach einigen Jugendlichkeiten, welche mich ein bischen ermüdet, mehr noch die Ritte als die Märsche, aber mit großen Bildern bereichert haben. Kennen Sie Mürren? Unvergeßlich.

Auf beiliegendem Blatte, welches ich nebst dem andern Briefe R. zurückzusenden bitte, setzt dieser ganz vorzüglich auseinander, warum die Novelle: die Versuchung des Pescara heißen muß. Pescaras Versuchg ginge nur gar nicht. Es wäre eine unangenehme Verdrehung.

Der Vetter glaubte die Corr. der Gedichte bis zu meiner Rückkehr zurückhalten zu müssen. Jetzt werden dieselben prompt absolvirt werden, so wie die folgenden. Ich ändere nicht. Ich denke, zur Erklärg der „Schutzgeister" wird die Note Goethe-Jahrbuch 1887 genügen.[1] Joachim[2] bittet um eine Zeile von Ihnen als Eröffg der Correspondenz. R. Züricherin und Bund bringen jetzt gleichzeitig von seinen Sachen.

Herzlich

Ihr   M.

22 Aug. 1887.
Lieber Freund,

es ist seltsam: ich ziehe die Versuchg des Pescara vor, doch folgen Sie ja Ihrem Gefühl, das meinige könnte mich täuschen. Es würde Verwirrg anrichten, wenn man das Landschaftliche der Sammlg, das ja schon gedruckt ist, interpoliren wollte. Es ist auch wohl besser, ich gehe jetzt an mein Lustspielchen.[3] Die wenigen übrigen Correcturen der Gedichte wird Ihnen der Vetter vorausfenden, dieselben fallen sämtlich

---

[1] „Schutzgeister" mit der Note „Goethe-Jahrbuch 1887". Gedichte 3, S. 75.

[2] Joseph Joachim, schweiz. Schriftsteller, 1835—1904.

[3] „Die sanfte Klosteraufhebung".

auf die letzten Bögen. Eben besuchte mich der junge Hirzel,
Ihr Lehrling.

Herzlich　　　　　　　　　　　　Ihr　　　　M.

Lieber Freund,

Sie sollen doch noch eine Zeile von mir in Marienbad
erhalten, wenn Sie wenigstens Ihre Zeit ausbaden. Aber
leider den Pescara nicht, dieser leidet Aufschub, da der Vetter
mit der Correctur der Gedichte zu thun hat und ich an diesen
und mehr noch am Pescara manches zu bessern habe, wofür
Sie mir Dank wissen werden. Länger als eine Woche darf
es sich aber nicht verzögern. Ich bin an meinem Novellchen
(oder Lustspielchen, je nachdem) für Lindau. Dann, wohl
nicht vor Neujahr, geht es an Kaiser Friedr. II u. seinen
Kanzler Petrus de Vinea, für dessen Verrat ich die aller=
natürlichste aber physologisch (sic) merkwürdige Begründg
glaube gefunden zu haben. Unter einem Kaiser u. Kanzler
thue ich es einmal nicht mehr . . .

Gute Kur wünschend

11 Sept. 1887.　　　　　　　Ihr　　　C. F. Meyer.

Kilchberg 25 Sept. 1887.

Lieber Freund,

ich danke für The Monk's Wedding,[1] von welcher
mir vorgestern Miß Adams, die Übersetzerin, hier eigen=
händig ein Exemplar überreicht hat, eine grundgescheidte Alte
an einer Krücke. Auch der Franzose Louis de Hessem wird
die Hochzeit übersetzen.

Dann ist noch eine, wie die I. Frau behauptet, vorzüg=
liche Übersetzung des Heiligen ins Holländische hier ein=
gelaufen: De Heilige D. MIJS Tiel 1887

---

[1] „The Monk's Wedding". A Novel by C. F. Meyer,
Boston 1887.

An der Empfehlung von Freys Gedichten in der Rund=
schau (wohl von Brahm) ist nur das Vorbild zu beanstanden.
Mir scheint eine Anknüpfung eher an Keller als an mich zu
constatiren. Oder nicht?

Zu der Wirkung von Marienbad und der hübschen Stel=
lung des Neffen in Sumatra wünsche ich Glück. Ihren Pá=
nini[1]) finde ich unter den heurigen Ankäufen unserer Stadt=
bibliothek. Mauerhof (Macbeth)[2]) habe ich gelesen. Er fesselt.
Nur daß er, wie alle Ausleger, um einen einheitlichen Stand
zu gewinnen, diese Stelle hervorhebt, jene zurückdrängt.

Meinen Sie wirklich, daß Pescara auch mit dem Drucke
des Mönchs, so viel Seiten ergibt, wie der Heilige? Re=
vidiren Sie die Gedichte ja sorgfältig! Die neuen waren
nicht mehr zu placiren, da das Landschaftliche, wohin
sie gehören, schon gedruckt war. Das Circular werde
ich gern einsehen.

Herzlich

           Ihr   C. F. Meyer.

---

                    29 Sept. 1887

Lieber Freund,

Die holl. Übersetzg von einem Gymnasiallehrer W. W.
Coenen, ist die Arbeit langer Jahre und stellt — wie die
italienische, einen Lebensabriß voran.... Über Hamlet u.
Zur Idee des Faust von Mauerhof würde ich gerne besitzen.
Daß Sie den Pescara eintragen lassen, ist schon gut! Was
Sie mir über ihn geschrieben, ist der Überlegung wert und
ich werde es mir überlegen.

Herzlich

           Ihr   M.

---

[1]) Pánini's Grammatik, herg., übers., erl. und mit verschiedenen
Indices versehen von Otto Böhtlingk. Leipzig, H. Haessel 1886.
    [2]) Mauerhof, Emil, „Vom Wahren in der Kunst“. 1887. Leipzig.
H. Haessel. (I. Nathan der Weise — ein Tendenzgedicht? II. Probleme
in Macbeth.)

Lieber Freund,

hier meine Faſſg, welche ſich an die Ihrige hält. Das Wegfallende könnte ganz unnützer Weiſe Groll erregen. Wozu auch? Nicht wahr, Freund, Sie folgen mir, ich bitte ſehr herzlich

Ihr

Dr. Conrad Ferdinand Meyer.

3. Oct. 1887
Kilchberg bei Zürich.

Die Verſuchg des Pescara.

Novelle.

Ich ſchätze mich glücklich, dieſe neuen Auflagen meines verehrten Autors und Freundes in die Welt gehen zu ſehen und kann meine Freude nicht verbergen über den endlichen großen Erfolg, und meinen Stolz, den dauernden Werth dieſer Schriften erkannt zu haben zu einer Zeit, da dieſelben nur Gleichgültigkeit oder Widerſpruch fanden.

Faſt gleichzeitig mit dem Erſtehen des Deutſchen Reiches wurde der „Hutten" vollendet und von den großen Verlegern abgelehnt: „man wolle lieber die Verſe gedruckt leſen, als ſie ſelbſt verlegen." So kam das Buch zu mir, und wurde der Grundſtein eines innigen Verhältniſſes zwiſchen Ver= leger u. Schriftſteller, an welchem ſpäter alle Angriffe eines ganzen Rudels jagdluſtiger Verleger abgeprallt ſind. „Ich bleibe treu, Haeſſel!" war Meyers einfache Rede.

In Huttens letzten Tagen findet die Größe der Re= formationszeit einen gewaltigen und um ſo ergreifenderen Ausdruck, als dieſe kühne Dichtung den ganzen Menſchen gibt und, den Beſchimpfungen der ultramontanen Geſchicht= ſchreibung gegenüber, die Menſchlichkeiten Huttens eher be= tont als verſchweigt.

Der Heilige, der jetzt die 6 Auflage erlebt, wurde bei ſeinem Erſcheinen wenig verſtanden und viel verunglimpft. Ich glaube nicht zu irren, wenn ich unter ſeinen höchſt indi= viduellen Geſtalten, den einfachen Grundgedanken vermuthe: daß die Hierarchie, wegen ihres ethiſchen Gehaltes, nur von ethiſchen Gegnern beſiegt werden kann. Meyer iſt in der

deutſchen Literatur der Vertreter der hiſtoriſchen No=
velle und der Schilderer der weltgeſchichtlichen Mächte.

Unter den kleineren Novellen hat die Hochzeit des
Mönchs, vermöge ihrer maleriſchen Kraft, die größte Gunſt
gefunden und den Namen des Verfaſſers über das Meer und
die Alpen getragen.

Aus alledem geht klar hervor, daß wahrhaft Bedeutendes
ſeinen Weg ſucht und findet und daß Mißverſtändniß und
Mißgunſt dagegen vergeblich kämpfen. An Friſche und Ori=
ginalität haben die Meyer'ſchen Schriften nichts verloren und
ſie werden dieſen Zauber ſtets bewahren.

Unter den ſeltſam gemiſchten u. auch lokal weit ge=
trennten heutigen Gratulanten (es waren ganz andere als
ich gedacht hatte, zum Theil ganz unbekannte) ſind Sie,
mein lieber Freund, einer der mir gemüthlich Nächſtſtehenden,
u. haben mich auch, mit der ſolid gebundenen Indiſchen
Weisheit am reichſten beſchenkt. Nehmen Sie meinen
wärmſten Dank.

Das Circular ſcheint mir jetzt höchſt wirkſam redigirt
nur „Rudel!" ſcheint mir ein unakademiſcher Ausdruck: da
es ſich von Ihren Collegen handelt, haben Sie die Verant=
wortg.

Schon der Anblick der Briefe an Frau von Stein
hat mich erfreut: ſie gehören zum Allerſchönſten von Goethe.

ich redigire jetzt Cap. 1 des Dynaſten. Frey war hier,
er ſieht gut aus.

Herzlich
12 Oct. 1887   Ihr   C. F. M.

---

22 Oct 1887.

Lieber Freund,

eben habe ich Bögen 9—12 abſolvirt, u. kann nicht
anders als Sie noch einmal ermahnen, die Ausführg der
Correcturen aufs ſorgfältigſte zu überwachen, beſ. was Wort=
umſtellungen oder Auslaſſungen betrifft. Vergleichen Sie auf
das genaueſte. Etwas Abſurdes oder Lächerliches, das ſtehen

bliebe, würde meine Gesundheit (welche übrigens gegenwärtig
gut ist, Gottlob) weit mehr beeinträchtigen als eine 2. Correktur. Also, um Gottes Willen, nicht gestrudelt!

Ich habe Ihnen gesagt, nicht wahr, daß Louis de Hessem
Parc Saint Maur (Seine) den Hutten und die Gedichte
begehrt, gebunden? Ich habe ihn zur Übersetzg der Hochzeit
und des Heiligen autorisirt, sowie ich den Buchhändler Payot
in Lausanne zur Buchausgabe des Jenatsch (nach den Feuilletons des Herrn Perret, welcher inzwischen gestorben ist)
bevollmächtigt habe. Die engl. Übersetzg des Heiligen von
M. J. Taber New Bedford, Mass. ist angelangt. Sie ist betitelt: The Chancellor's Secret by C. F. Meyer. Die
N. Zürcherzeitg hat Ihr Circular abgedruckt aber das Rudel
in Heer verwandelt.

Herzlich

Ihr   M.

Eben, lieber Freund, habe ich Bogen 8 des Pescara
beendigt u. bitte, alle Correcturen aufs sorgfältigste zu besorgen. Keine ist unwichtig. Sie müssen mir schon meine
Liebe zur Vollendg lassen. Und da Sie keine 2. Revision
zulassen, mache ich Sie persönlich verantwortlich für jeden
Fehler. Wenn Sie die Correcturen durchgehen, wird Ihnen
deren Sinn schon aufgehen. z. B. pag. 120—121 in der Beschreibung der Villa der Wegfall des störend Kunsthistorischen.
So tönt es jetzt weit natürlicher und so hat die kleinste
Änderung ihren guten Grund.

Herzlich

Ihr   M.

25 Oct 1887

Senden Sie den Rest nur beförderlich. Er wird hier
gleich von mir absolvirt. Nur braucht der Vetter Zeit zur
Ausführg, da er exact ist. Den Mauerhof hat er noch nicht

erhalten. Er sagt, Pescara werde keineswegs die Seitenzahl des Heiligen erreichen, sondern circa 20 Seiten darunter bleiben.

---

27 Oct. 1887

Lieber Freund,

ich bin froh, daß Pescara beendigt ist u. lebe der Hoffnung: ohne Druckfehler.

De Heſſem hat ausdrücklich: gebundene gewünſcht u. ich will ihn doch wegen einer Kleinigkeit nicht indisponiren. Es iſt jetzt für einen Deutſchen Schriftſteller ſo unendlich ſchwierig in Paris Fuß zu faſſen, daß ich meinen Überſetzer ein bischen cajoliren muß. Es wird ihm nicht leicht ſein, eine Revue (für den Eſſay) und einen Verleger zu finden. Vielleicht geräth es aber doch.

Valabrega, der jetzt in Deutſchland iſt, ſprach davon, den Pescara ſofort zu überſetzen. Er wird mich hier im Nov. beſuchen. Ebenſo der hieſige Ruſſe, welcher ſich gleichfalls mit einem Eſſay beſchäftigt. Das alles ſind nur Möglichkeiten, welche man aber nicht vernachläſſigen darf.

Ich weiß nicht, lieber Freund, aber, daß Pescara bei Ihnen ein unbekannter Name iſt (übrigens wunderlich genug), ſcheint mir eher ein Vortheil für das Buch zu ſein, welches dadurch den Reiz der Neuheit auch des Stoffes gewinnt. Doch wir werden ja ſehen!

Die M. 1200 werde ich in der gewünſchten Weiſe beziehen. Paetel gab für den Pescara M. 1500.

Herzlich

Ihr   M.

Die drei Wechſel ſind Oct. 29, 4. u. 11. Nov.

---

31 Oct. 1887

Goldene Worte, l. Freund, die von Goethe! auch für mich und mich beſonders beherzigenswerth, nur hier nicht

anwendbar, da die Besserungen im Pescara nur dem Kenner
fühlbar u. die in den Gedichten perfect sind. Pescara ist
fertig, was an mir liegt. Der Vetter hat sich die Augen müde
gelesen. Doch ist jetzt wohl das Ganze unterweges.

Mit Mauerhof haben Sie einen seltenen Vogel eingethan,
an welchem Sie noch Einiges erleben können, hoffentlich
Freude. Ich mag ihn schon leiden, wenn er nur nicht so
massiv wäre, auch gegen Männer von Werth. Ebenso läuft
mir der Rudel immer noch nach. Mich reut bitterlich
daß ich ihn nicht gestrichen habe, aus purer Nachlässigkeit,
denn ich habe an Grobheiten keine Freude. Auch hatte ich
Ihnen verschwiegen, daß sehr namhafte Verleger an mich
gelangt sind. Das werden wir entgelten müssen, Freund!
Es ist recht dumm!

Sie werden sich wundern daß ich, der ich so gut deutsch
bin, Wert darauf lege, von einem Pariser übersetzt zu werden,
aber das Französische wohnt mir einmal im Ohr! Also
gebundene Hutten und Gedichte nach Parc S. Maur!

Vielen Dank für die heute hier angelangte Sendg! Die
Bände sind recht geschmackvoll. Für einmal genügt es. Wei=
teres werde ich später mir erbitten. Das meiste geht wohl
am besten gleich von Leipzig an seine Bestimmg.

Beilage bitte ich zurückzusenden! Das Urtheil Grimms
freut mich.

Herzlich

C. F. M.

Lieber Freund,

obwol ich nicht gerne von meinen eigenen Sachen rede,
will ich Ihnen doch heute über Prescara schreiben und erledige
vorher kurz zwei andere Punkte.

Zuerst, was die Schwester betrifft. Sie war neulich hier,
gesund und frisch und durch und durch verständig. Ich ge=
wann wiederum die Überzeugung, daß sie nach ihrem Ge=

wissen handelt und ich nichts darein zu reden habe. Übrigens
ist ihre jetzige Stellung nur eine provisorische und complicirt
sich mit äußeren Verhältnissen, deren Lösung abzuwarten ist.

Zweitens: Schlagen Sie sich doch aus dem Kopfe, daß
ich mich mit den Änderungen quäle, im Gegentheil, es ist
für mich ein Genuß, immer wieder den vollendeteren Ausdruck zu suchen. Aber Goethe hat schon recht, der Leser läßt
sich seinen ersten Eindruck nicht gerne entwenden.

Nun zu Pescara. Ich danke für die Karte. Senden Sie
mir Aehnliches immer zu, ich orientire mich gerne. Doch,
auch ohne dieses Zeugniß ließ sich erwarten, daß Ihr erstes
Gefühl, wie Sie es mir geschrieben haben, von Vielen getheilt werde. Es ist sicher: die Renaissance-Menschen sind
dem deutschen Gefühle unsympathisch. Dazu kommt aber noch
ein Zweites: Pescara hat wenig Handlung, nur eine
Situation: Die Täuschung seiner Versucher und das allmälige Hervortreten seiner tödtlichen Verwundg. Er ist vor-
wiegend lyrisch.

Die großen Momente sind:

1) die männlich-rührende Ergebung des Helden in sein
Loos.

2) Die Veredlung seines Characters (karg, falsch, grausam) durch die Nähe des Todes.

3) Die Aufregung und leidenschaftliche Bewegung einer
ganzen Welt um einen „schon nicht mehr Versuchbaren".

4) Die Fülle von Zeitgestalten. Sehen Sie nur die beiden
spanischen Typen (der D. Juan-typus u. der Loyola-typus).

5) Die Symbolik. Das sterbende Italien bewirbt sich
unwissentlich um einen sterbenden Helden.

Das Schicksal des Buches wird die Zeit entscheiden.
Jedenfalls ist die Rundschau daran unschuldig. Es ist doch
besser, der Leser weiß voraus, was er im Buche findet, als
wenn er sich nach dem Kaufe enttäuscht.

Herzlich

     Ihr   M.

5 Nov. 1887.

Lieber Freund.

Gestern sind die 12 gebundenen Pescara angelangt, für die ich aufs freundlichste danke. Möge es uns noch oft gegönnt sein, etwas zusammen zu beendigen!

Die Anzeigen vertheilen Sie nach Gutdünken zwischen N. Zürcherz. u. Tagblatt. Eine einmalige Anzeige in der Allgemeinen erbitte ich mir gleichfalls.

Eine vorläufige Liste der von Ihnen mit Freiexemplaren zu Bedenkenden folgt umstehend.

Wenn Sie mir in einer 2. Sendg gelegentlich noch einige Pescara u. ein paar Gedichte u. Hutten schicken, bin ich dankbar.

Auf der Liste fehlen noch die Pescara nach den Un. States. Ich werde sie nachholen.

Über Pesc. habe ich schon eine Schicht Briefe erhalten. Die Hauptsache ist, womöglich die Unpopularität zu überwinden. Das Buch als solches wird allgemein sehr hoch gestellt.

Herzlich   Ihr   M.

18 Nov. 1887.

Berlin: Rodenberg, Otto Brahm, Legationsrat E. v. Wildenbruch, Regierungsrat Rudolf Grimm, Fr. Dr. Helene Druscovitz, diese 2 durch Rodenberg. Paul Lindau, Prof. Aegidi, Geh. Leg.R.; Dr. Karl Emil Franzos· Berlin W. Kaiserin Augusta Str. 71.

München: Lingg, Heyse, Rätin von Doß 16. Dienerstr.

Stuttgart: Gustav Pfizer.

Leipzig: Ebers, Dr. Hans Blum.

Östreich: Graf Dürckheim, Schloß Ebla bei Amstetten, Niederöstreich.

Dresden: Edmund Dorer, Dresden-Strehlen, Oststr. 2.

Basel: Dr. Stückelberg, Kunstmaler.

Frankfurt: Frl. Maria Leykauff, Ulmenstraße.

Fräulein Louise von François, Weißenfels an der Saale.

Emil Rittershaus, Barmen.

Baron Detlev Lilienkron, Kellinghusen, Schleswig-Holstein.

Schlesien: Freyin Louise von Richthofen, Gnadenfrei.
Freyin Marie von Richthofen, Gnadenberg bei Bunzlau.

Allen diesen einen Pescara mit eingelegter Widmungs=
karte, deren ich mir auch einige hieher erbitte.

An Adolf Frey bitte ich:
Gedichte 3, Hutten 6 u. Pescara aufs freundlichste in
meinem Namen zu senden.

---

28 Nov. 1887

Lieber Freund,

auch ich bin in diesen Tagen etwas gedrückt gewesen,
etwas thöricht, wie Sie es nennen. Zuerst hat mich der
Kronprinz[1] ganz beklemmt an sich, denn es ist eine peini=
gende Geschichte, weit peinigender, als ein plötzlicher Schlag,
und dann das sehr unvermutete Zusammentreffen mit einigen
Situationen im Pescara, nur ganz von ferne, aber es war
mir doch recht unbehaglich.

Ferner habe ich in diesem Jahre noch einige Güterkäufe
u. Verkäufe zu bereinigen. Glücklicherweise ist ein Handel
(Kauf) mit einem Juden, welcher das Gut eines Nachbars
an sich gebracht hatte eben glücklich u. ohne Verlust be=
reinigt. Ich hatte nämlich, um mir das für mein Gut not=
wendige Grundstück ja nicht entgehen zu lassen, vor der
notarialischen Ausstellg des Kaufbriefes bezahlt, diese ist aber
heute ohne Schwierigkeit erfolgt.

Und noch andere nicht zu besprechende Dinge liegen auf
mir: ich habe aber Gottvertrauen, (so viel ein Kind des
XIX. Jahrhunderts haben kann).

Auch die französische Krisis ist bedrohlich. Hätten sie
doch schon die Orleans! Aber das wird Blut kosten.

Das Circular wird ja kein weiteres Unheil anrichten.
Sie müssen wissen, daß ich seinetwegen ein paar recht un=
angenehme Zuschriften empfangen habe. Doch kein Wort mehr
darüber, ich bitte!

---

[1] Die Krankheit des deutschen Kronprinzen.

Dann habe ich zeither viel gesonnen, ich glaube frucht=
voll, große Sachen, werde aber wohl zuerst, zu meiner Ergötzg,
das Lustspielchen schreiben.

Wenn der Geßner[1]) nicht thener ist, bescheeren Sie ihn
der Frau immerhin, oder warten Sie noch, ich will Rahn
befragen.

Aber vergessen Sie nicht, neben Avenarius in Dresden
auch den Kapellmeister Felix Mottl in Karlsruhe mit
einem Pescara zu bedenken.

Es ist gut, Freund, daß wir uns unsere Schwächen, „das
Thörichte", wie Sie es nennen, erzählen dürfen.

Ihr　M.

Bei Ihrem Ueberflusse an gebundenen Pescara, bitte,
senden Sie noch ein Dutzend.

5 Dez. 1887

Lieber Freund,

heute früh erhielt ich den Geßner, den ich (die I. Frau
ist in Steinegg) mit großem Wohlgefallen betrachtet habe.
Sie haben Recht: das gibt einen Begriff der Idyllenzeit,
kürzer und angenehmer als die Lectüre. Sehr freun mich
die Claude Lorrain'schen Anklänge in der Landschaft u. —
wie seltsam, daß auch der phantastisch=ironische Boecklin hier
zu wurzeln scheint. Vorgestern besuchte mich Joh. Spyri
hier, eine gescheidte liebe Frau. Dieser Band (der Einband
ist bewundernswert) ziemt sich für ein Zürcherhaus. Die I.
Louise wird ihre Freude daran haben.

Daß der P.(escara) wenigstens in der Schweiz „geht",
freut mich für Sie. Ich will Ihnen nur gestehen, daß Ihr
nicht sympathischer erster Eindruck mir zu schaffen gemacht
hat, um so mehr als auch ich, freilich in anderer Weise, ein
Bedenken hatte: das Fehlen der Handlung nämlich. Es ist keine
eigentl. Versuchg, kein Seelenkampf, was man erwarten konnte,
sondern P. ist zum voraus behütet durch die Nähe seiner Todes=
stunde, was freilich der Nov. etwas Feierliches gibt.

---

[1]) „Collection des Tableaux en Gouache et des Dessins de
Salomon Gessner", radiert von W. Kolbe. Zürich 1811.

Aus Deutſchl. iſt noch viel ſchriftlicher Beifall gekommen,
oft in den bekannten höchſten Tönen. Für die Kritik iſt es
mir, bei meiner Natur unmöglich, etwas zu thun, es iſt auch
nicht meines Amtes, aber ſchicken Sie doch Ihre Leute, die
Schulte, Reitler ꝛc. ins Feuer!

Der Brief des alten Hauptmanns iſt rührend.

De Heſſem gefällt mir auch nicht, doch fahren Sie glimpf=
lich mit ihm, ſo lange er nützlich ſein kann. Man muß doch
erſt ſehen, ob er etwas zu Stande bringt.

Da jetzt das 2. 1000 angebrochen iſt, bitte ich mir, gegen
Weihnachten, noch einige Ex. aus. Auch einige Sendgen nach
den Un. States ſind noch zu beſorgen, wovon ſpäter. Es eilt
nicht mit der Überſetzung des Pescara.

Leben Sie wohl

                    Ihr   M.

In der Dez. Rundſchau ſteht etwas von mir (nicht über
mich) eine Beſprechg der Memoiren des Grafen Dürckheim.

Die 600 M. ziehe ich allernächſtens auf Sie.

Ich hätte noch viel zu berühren, doch davou ein ander
Mal!

Die Wahl in Paris iſt ein Glück!

<hr />

Lieber Freund,

da muß radical geholfen werden. Laſſen Sie drucken,
mit der äußerſten Sorgfalt:

      Verſ. des Pesc. pag. 65 lin. 11 v. oben
und wie er ein Avalos. Der fünfzehnjährige Pescara und
die gleichaltrige Victoria hatten den Knaben gemeinſam aus
der Taufe gehoben. So hatte es der Vater Victorias, der
Feldherr Fabricius Colonna veranſtaltet, um ſeine zwei Lieb=
linge, den jungen Krieger und ſein aufgeblühtes Kind ꝛc.

Es fällt alſo weg: unter ſeiner Kriegsführung ſtehenden
jungen Pescara.

Controlliren Sie das ſehr ſorgfältig, damit das Neue
nicht ſchlimmer werde als das Alte.

Der eben angelangte Art. von Schulte in der Dibas=
kalia macht ein paar feine Bemerkungen: z. B. man wiſſe nicht,

was Pescara, ohne seine Wunde, gethan hätte. Ja wohl. Danken Sie Schulte in meinem Namen, er hat sich Mühe ge= geben.

Herzlich   Ihr   C. F. M.

6 Dez. 1887

------

15 Dez. 1887

Lieber Freund,

der Hauptmann ist ein braver Mann und gefällt mir schon wegen seines Patriotismus. Sagen Sie ihm, daß ich — loyaler Weise — nur bis zum Austritt der Schweiz aus dem Reich (Schwabenkrieg, Anfang des XVI. Jahrh.) mit= thun kann, daß mir aber die Ottone, die Salier u. die Staufen bleiben, die auch meine Kaiser sind, d. h. die meiner Vor= fahren. Die denkbar größte Aufgabe aber mit 62! d. h. Jahren. Auch kommt ja zuerst der Dynast an die Reihe.

Auf den completten Pánini freue ich mich ungeheuer. Der wird Ihrem Verlag Ehre machen, solang es eine deutsche Wissenschaft gibt, die Agricultur=Chemie dagegen dürfen Sie mir nicht mehr senden, da Sie es schon gethan haben.

Der Art. von Hans Blum (doch der Sohn Roberts?) in der Allgem. vom 14. ist etwas schwerfällig, aber durchaus tüchtig und sagt im Grunde alles. Derjenige von Frey in der N. Z. Z. ist bevorstehend.

                                        Ihr   M.

------

21 Dec. 1887

Lieber Freund,

für die angekündigte Bescherung meinen besten Dank: ich bin begierig, was auf der letzten Seite der Vorrede des Pánini steht.

Noch begieriger aber auf das Urtheil der Frau Louise Brockhaus, das Sie mir nicht vorenthalten dürfen, da kein Grund da ist daß es nicht ein völlig unbefangenes sei.

Das von Frey (auch in No. 6 des Kunstwart) ist in
keiner Weise ungerecht, er hat die Schwäche meiner Novelle
sehr gut démêlirt und ist durchaus in den Grenzen seines
kritischen Rechtes geblieben.

(Der Toggenburger hat einen schweren sittl. Gehalt u.
es wird Mühe kosten ihn zu beflügeln.)

Übrigens war bei dem Pescara viel Glück, und wir
wollen bescheiden bleiben, um es nicht zu verscheuchen.

                             Ihr   M.

Lieber Freund,

ich muß mich ganz kurz fassen da ich leicht erkrankt bin
(rheumatisches Fieber).

Haben Sie mein kl. Geschenkchen nicht erhalten, das
ich freilich, schon fiebernd, eilig und wohl schlecht verpackt
habe? Photogr. (aus dem Berneroberl.) Cabinetsform. mich
mit Weib und Kind darstellend?

Einige Correcturen thäten dem Pescara wohl. Schon
Bötlingk zu Gefallen, ich will morgen einiges verzeichnen,
etwa 4 oder 5 unverfängliche Dinge bes. den Reiz statt das
Reis. Die ital. Negation streichen (mehr als ich nicht dachte).

Zolling von der Gegenwart in Berlin verlangt einen
Pescara. Senden Sie ja gleich: ich bin mit ihm auf dem
allerbesten Fuße, er hat mir nichts als liebes erwiesen.

Denken Sie, daß ein Obergerichtsschreiber Zgraggen sich
eben bei mir nach seinem Ahnherrn Blaesi erkundigt hat.

Leben Sie wohl. Ich hoffe, mein Fieber geht vorüber,
allzugeschwind jedoch nicht, ich kenne es aus Erfahrg.

                             Ihr   C. F. M.
29 Dec. 1887

Für den Dynasten muß ich, wenn er in seinem ganzen
Reichthum entfaltet werden soll, wenigstens 2 Jahre haben.
Ich werde auch mehr Zeit für meine Gesundheit opfern müssen.
Doch — mit diesem Zeitaufwand u. leidlicher Gesundheit —
könnte es etwas werden.

(Undatiert.)

Lieber Freund,

ich bin bettlägerig, um ein Flußfieber herauszuschwitzen, sende Ihnen aber doch, hoffentlich morgen, die Zeilen für Boethlingk. In der Bibl. univ. (Lausanne) steht etwas über Pescara.

Wenn ich den Dynasten würdig u. reich ausführen soll, bedarf ich dazu 2 Jahre, denn er sollte breit u. voll werden. Das ethische Knochengerüste will ich so fest anlegen, daß es mit Leichtigkeit das Fleisch der Erzählg tragen wird.

Herzlich   Ihr   M.

Lieber Freund,

ich habe immer noch Fieber und beschränke mich darum, wenu Sie wirklich eine ed. 4. wagen, für dieselbe auf das Wesentlichste, das ich auf dem Beiblatte verzeichne. Mehr darf gegenwärtig nicht geändert werden.

Es freut mich, daß Sie meine Photogr. — ein kl. Gegengeschenk für Ihre wertvollen Gaben — anspricht. Sie gleicht einem schw. Milizobersten, eine Ähnlichkeit, die mich lächeln macht. Die Frau, die so gut ist, blickt etwas verdrossen. Das macht: es blendet sie, die Photogr. wurde im Freien verfertigt.

Jetzt da ich nichts effe, oder fast nichts, hat sich durch ein bekanntes menschliches Schicksal aller Überfluß des Guten hier gesammelt. Die Stolle, eine Gans von Steinegg (vom Schwager), eine Hirschsulz vom Forstmeister Orelli u. der gute Graf Dürckheim hat gar einen Fasanen und eine Gänseleberpastete beschert, ich aber genieße nur die Gesinnung.

Herzlich   Ihr   M.

31 Dec. 1887

Umstehendes Blatt für Böhtlingk.

27 Januar 1888.

... Ich habe dies Jahr recht traumhaft in der Kran=
kenstube betreten: möge es sich um so fester u. klarer ge=
stalten.
                                    Ihr   M.

Lieber Freund,

es geht bei mir nur sehr langsam besser, da die Kälte mir
ungünstig ist. Wenn ich nicht irre, wird meine völlige Ge=
nesnng an Brust und Hals längere Zeit, vielleicht das ganze
Jahr in Anspruch nehmen, in der Art, daß die Sorge für die
Gesundheit über jeder Arbeit den Rang behauptet u. die ab=
soluteste Freiheit, ohne einen Schatten von Verpflichtg
oder Termin notwendig sein wird. So gleich z. B. mit dem
Pescara. Sie sagen: daß bis Ostern zu den Revisionen Zeit
ist. Gut! Erlange ich rechtzeitig die erforderliche körper=
liche Freiheit, ohne welche es nicht rathsam ist, eine Aende=
rung vorzunehmen, so werde ich sehr gerne einiges berich=
tigen u. gerade das von Boethling Beantragte. Aber das
hängt, wie gesagt, völlig von meiner Gesundheit ab. Die
2 Recensionen (lit. Unterhaltg. u. Pfälz. Presse) sind ausge=
blieben, kommen aber wohl heute abend. Löwenfelds Ar=
tikel kenne ich noch gar nicht, so wenig als das Bildniß.
Bitte, senden Sie die bzügl. No. von Nord u. Süd!![1]
Ein guter Art. steht in N. 2 (22 Jan.) der Ztg. für Lit.
Kunst u. Wissenschaft des Hamburger Corresponden=
ten. Ihr Geßner bleibt ein sehr schönes Geschenk! Daß Sie
Zolling[2] verlegen, ist hübsch.
                        Herzlich
                                      Ihr   M.

30 Jan. 1888.

Der Amerikanerin werde ich gerne ein freundl. Wort
schreiben, dazu bitte ich mir die Adresse derselben noch einmal
ganz vollständig u. deutlich aus.
Also: Miß M. J. Sabor? u. was folgt?

---

[1] Raphael Löwenfeld, „C. F. Meyer". Nord und Süd, Ja=
nuar 1888. S. 76 ff. (Mit einem schlechten Bild des Dichters.)
[2] „Der Klatsch". Roman. 1887.

3 Febr. 1888

Lieber Freund,

schonen Sie sich ja, damit nicht auch Sie noch krank werden. Mir geht es denn doch — wenn auch langsam — etwas besser. Aber jeder, auch der leichtesten Arbeit, muß ich mich unbedingt enthalten. Das Bildniß könnte schlechter sein, der Löwenf. Artikel ist theilweise gut, der Otto Brahm= sche[1]) aber ganz vorzüglich.

Herzlich   Ihr   M.

Lieber Freund,   16 Febr. 1888

Ihre Sendg ist gestern angelangt u. hat mir Freude gemacht. Jenatsch 11. ist höchst stattlich und auch mit der Lieferungs=ausgabe der Novellen söhne ich mich aus, ohne über den Erfolg irgend einen sichern Anhaltspunct zu haben. Ich folge Ihrem Unternehmungsgeist nicht ohne Schüchtern= heit und Besorgniß. So auch mit dem Sendschreiben an die Buchhändler, das ich eben mit großer Aufmerksamkeit ge= lesen habe: Die practischen Vorzüge des Projectes scheinen einleuchtend, doch setzt es eine Einstimmigkeit voraus, welche selbst vernünftige Vorschläge selten, wenigstens nicht das erste Mal zu erreichen pflegen. Ihnen aber bleibt jedenfalls die Ehre des ersten Schritts.

Es freut mich, daß Sie wieder wohl sind. Bei mir, wenn ich mir auch Mühe gebe, Ihrem guten Beispiele zu folgen, geht es schon langsamer. ich habe den Winter mit einem Vorrat von Rheuma angetreten, welcher noch nicht verbraucht ist u. eine mir von einem geschickten Arzte angeratene Vorbau= ung sträflich vernachläßigt. Auch ist die Witterung gar nicht günstig, wir sind hier neuerdings in Schnee vergraben. In Eile neu hergestellte Heizeinrichtungen haben dann, wie es zu gehen pflegt, zuerst mangelhaft functionirt u. auf meine

---

[1]) „Die Versuchung des Pescara". Deutsche Rundschau. Februar 1888. S. 315.

schon durch langen Zimmerarreſt beeinträchtigten Nerven ſchlecht gewirkt. Ich nehme durchaus keinen Beſuch an, um mich nicht aufzuregen u. leſe nur wenig. Alſo nervös-rheu= matiſche Leiden, deren völlige Linderung, nebſt Gottes Hilfe, nur das Frühjahr bringen wird. Inzwiſchen Geduld!

Die M. 700 werde ich erſt erheben, wenn ich mich wieder mit Geldſachen beſchäftige, durch Peſtalozzi oder auf anderm Wege.

Wenn ich recht verſtehe, beginnen Sie den Druck des Peſcara 4 erſt nach Oſtern. So werde ich wohl Zeit haben u. hoffentlich Geſundheit, im Laufe des Märzen noch die wichtigeren von Böthlingk beanſtandeten Stellen mit geiſtiger Freiheit umzugeſtalten. (Verbrennen der Papiere, Victoria neben Peſcara auf den Knieen entſchlummernd).

Herzlich   Ihr   M.

---

25 Febr. 1888.

Liebſter Freund,

Ihr heut angelangter Brief hat mich wahrhaft erſchreckt. Wir wollen aber noch das Beſte hoffen. Ihre lebendige Ein= bildungskraft hat Sie doch ſchon oft zu dunkel ſehen oder ahnen laſſen und mir ſcheint, Sie dürfen den hoffnunggeben= den Worten des geſchickten Arztes den Glauben nicht verſagen.

Bitte, wie es komme, nötigen Sie ſich von Zeit zu Zeit eine Zeile für mich ab, ich werde ſonſt zu unruhig u. bin ſelbſt noch nicht wohl.

Herzlich   Ihr   C. F. M.

Ich bin wirklich unruhig u. bekümmert. Abgeſehen von meiner natürlichen Theilnahme an Allem, was Sie, lieber Freund bewegt, u. abgeſehen von meinem Antheil u. per= ſönlichen Wohlwollen für Hn. Sorgenfrei, könnte ein Ver= luſt, den Gottes Gnade verhüte, auch für mich von Bedeutung werden.

Herzlich   Ihr   M.

Die Goethe=Quittg empfangen.

1 März 1888.

Liebster Freund,

ich sorge und hoffe mit Ihnen. Schütten Sie ja Ihr Herz gegen mich aus, weitentfernt mich zu ermüden, thut es mir wohl, in Ihrem unbeschränkten Vertrauen zu sein u. Angst u. Trost brüderlich mit Ihnen theilen zu dürfen. Möge Ihre nächste Zeile Gutes bringen.

Ihr   M.

9 März 1888.

Lieber Freund,

ich freue mich mit Ihnen, daß Hermann seine Krankheit überwunden hat. Mir geht es wieder schlimmer; die rauhe Witterung wirkt ausnehmend ungünstig auf meinen Zustand. Ich bitte Gott, daß er mir Geduld gebe, u. seine Gnade möge über mir walten lassen.

Herzlich

Ihr   C. F. M.

Die Tragödie[1]) in Berlin ist ergreifend.

12 März 1888.

Lieber Freund,

ich beglückwünsche Sie von Herzen zu der guten Krise in der Krankheit Hermanns und hoffe Beschleunigung seiner Genesung. Die meinige dagegen wird eine höchst langsame sein, ich mag nicht klagen, aber Sie werden lange Geduld mit mir haben müssen. Noch eine geraume Zeit, Monate lang, werde ich mich jeder geistigen Thätigkeit streng zu enthalten haben.

Es thut mir Leid, daß Miß Mary Sabor den Arm gebrochen hat. Schreiben Sie ihr mein Beileid.

Herzlich

Ihr   C. F. M.

---

[1]) Krankheit des Kaisers Friedrich.

14 März 1888

Lieber Freund,

wir wollen für Hermann das Beſte hoffen, nachdem die Krankheit doch einmal gebrochen iſt. Ihre Theilnahme für mich iſt ſehr lieb, ich bin dafür ſehr empfänglich u. dankbar. Wir haben den Troſt, daß wir denn doch dem Frühling entgegen= gehen. Gott wende es zum Guten! Für die ſchönen Spitzen wird die liebe Frau ſelbſt mit einer Zeile danken! Bitte, be= zahlen und expediren Sie für mich beiliegende Poſtanweiſung (für mein Abonnement für das Lit. Deutſchl. von A. Hin= richſen)!

Herzlich

Ihr   M.

26 März 1888

Lieber Freund,

es freut mich, daß Hermann ſich erholt. Mir geht es gar nicht gut. Nach zwei Halsentzündungen ein entzündlicher Naſenkatarrh, das iſt faſt zu viel. Dazu — begreiflicherweiſe — die äußerſte nervöſe Reizbarkeit. Behalten Sie das aber für ſich.

Herzlich u. Ihrer Theilnahme gewiß

Ihr   M.

3 Apr. 1888

Mein guter lieber Freund,

wenn Sie mich nur mit Ihren guten Wünſchen u. Ihrer lebhaften Imagination geſund machen könnten! Doch es iſt alles noch ziemlich im Alten u. ſelbſt einen Levinsky, obwohl er ein L. iſt, könnte ich jetzt nicht empfangen. Sie reden mir von Dramen, d. h. einem Kranken vom Fliegen!

Gott ſegne den Kaiſer! Ganz abgeſehen von den Parteien, die mir hier ferne ſtehen: Gott ſegne ihn!

Ihr   C. F. M.

ich freue mich über die Geneſg Hermanns.

11 Apr. 1888.

Mein lieber Freund,

Die „Novellen"[1]) sind sehr hübsch, zwei stattliche, gar nicht dünne, aber elegante, und höchst wald=artig originell ge= bundene Bände. Möge sich das Unternehmen für Sie lohnen! Mir geht es noch nicht besser. Nur ein warmes Frühjahr könnte helfen u. jedenfalls wird die Genesung eine langsame sein. ich bin Ihrer Theilnahme gewiß u. freue mich über die Genesg Hermanns.

Herzlich

Ihr   M.

---

9 Mai 1888.

Lieber Freund,

wenn ich die Wahrheit sagen soll, muß ich Ihnen sagen, daß es mir nicht gut geht. Der Nasenkatarrh ist der Wärme nicht oder wenig gewichen und mir scheint, die Luftlosigkeit fängt an, Lunge u. Herz in Mitleidenschaft zu ziehen.

Ich werde Mühe haben, eine Bergfrische zu erreichen, da ich das Fahren nicht vertragen kann.

ich hoffe, Sie werden sich bei den Novellen doch nicht schlecht befinden. Das gleicht sich mit der Zeit aus.

Herzlich

Ihr   M.

Kilchberg 10 Juni 1888.

Für Ihr aufrichtig liebevolles Briefchen vom 7. bin ich dankbar. Die Wahrheit ist: mit mir ist es nicht gerade schlimmer geworden, aber auch nicht im geringsten besser, wenigstens nach meinem Dafürhalten, trotz operativer Eingriffe. Mein zweiter Arzt ist ein namhafter Specialist, der das Mögliche thut. Im besten Falle wird die Genesung eine höchst lang= same sein. Das Übel hatte sich während mehrerer Jahre vorbereitet.

---

[1]) „Novellen" von C. F. Meyer. Zwei Bände. Zweite Auflage 1888. Einbände mit Ornamenten von Eicheln und Eichenlaub.

Sagen Sie gelegentlich Hans Blum: „sein Roman „Staat=
los", den er mir zusenden ließ, hätte mir gefallen, meine Ge=
sundheit aber erlaube mir nicht ihm zu schreiben. Ich danke
ihm durch Ihre freundliche Vermittelung." Das wollen Sie
ihm ausrichten.

Beiliegend eine Zuschrift, deren Beantwortg ich Ihnen
überlasse. Entschuldigen Sie mich mit meiner Krankheit. ich
dächte, Sie willfahren.

Herzlich und für Ihre Theilnahme empfänglich
Ihr   CFM.

Auf Ihre freundl. überraschg aus Sumatra bin ich be=
gierig.

---

19 Juli 1888.

Lieber Freund,

besten Dank für Ihre zwei letzten Sendgen (Eberburg u.
die zwei Nummern des Montags=Blattes)! Meine Abreise nach
dem Landgut meines Schwagers, wo ich die heiße Zeit zu
verbringen gedenke, wurde durch die schlechte Witterung ver=
zögert, am ersten schönen Tage aber werde ich mich dorthin
verpflanzen. Hans Blum, ich habe ihm sehr freundlich ab=
geschrieben, der in Spiez (am Thunersee) ist u. mich später
besuchen wollte, würde ich nicht empfangen können, auch wenn
ich in Kilchberg bliebe, denn mein Übel hat sich nicht wesent=
lich gebessert und ich sehe niemanden als meine Allernächsten.
Jede, auch die leichteste Aufregung ist mir schädlich. Senden
Sie mir dagegen etwas, das mich interessirt. So kann ich
in einer günstigen Minute schon davon Kenntniß nehmen u.
mich ein bischen zerstreuen. Klagen mag ich nicht — Ihrer
treuen Theilnahme bin ich gewiß.

Herzlich
Ihr   M.

Adresse: C. F. Meyer, Schloß Steinegg bei Frauenfeld.
Ct. Thurgau. Schweiz.

Steinegg 31 Aug. 1888

Lieber Freund,

verzeihen Sie, daß ich Ihre zwei letzten Sendungen erst
jetzt beantworte. Ich hoffte, zögernd, Ihnen einen nam=
haften Fortschritt melden zu können; doch da könnte ich
noch lange warten. Nicht daß es mir gerade schlecht ginge,
die Waldluft thut mir wohl, doch, trotz einer neuen Kur, darf
ich, wenn ich mich nicht selbst täuschen will, noch nicht von
Genesung reden, und wenn diese noch vor Winter eintreten
sollte, blieben noch die Nachwehen, mit denen ich lange werde
zu thun haben. Die Schwägerin dankt für die Lieferung 3
des Gartenbuches, ich für die medicinische Notiz, auf welche
ich vielleicht zurückkomme. Ich bin gerührt, daß Sie sich so
sehr um mich kümmern.

ich habe Ihnen wohl geschrieben, daß meine I. Frau in
einem uns gehörigen Hause in Kilchberg, dem sog. Rothen
Haus ein kl. Reconvalescentinen=asyl für 5—6 arme Frauen
mit Essen u. Kammer gestiftet hat, unter der Aufsicht einer
Diakonissin. Es war diesen ganzen Sommer überfüllt u. soll
nun auch im Winter fortgeführt werden. Ich habe das nach
Kräften begünstigt, um die I. Frau von meinem Zustande
möglichst abzuziehen u. zu zerstreuen.

Herzlich   Ihr   M.

––––––––––

Kilchberg 24 Sept. 1888

Sie nennen mich genesen, lieber Freund, und ich möchte
wohl, daß es damit gethan wäre: aber der Brief der Frau
an Ihre Nichte hat keine Beweiskraft, denn sie macht grund=
sätzlich die Dinge nach außen stets etwas besser, als diese nicht
sind. ich will Ihnen eine Concession machen: wir wollen
sagen statt zur Genesungsfeier — was entschieden verfrüht
wäre: „zur beginnenden Genesung" und wir wollen hoffen,
daß wir nicht widerrufen müssen.

Ihr Geschenk, welches ich dieses Mal für mich behalte
— die letzte Lieferung der Parkkunst bitte ich direct an Frau

Dr Ziegler in Steinegg zu ſenden — iſt mir hoch willkommen,
ich will damit danken, was Ihnen doch das Liebſte iſt: daß
ich verſuche, wieder etwas Leichtes zu ſchreiben, für einmal
nur ganz für mich — vielleicht geht es.

Seit ein paar Tagen bin ich wieder hier, mit den ſtrengen
Vorſchriften eines geſchickten Frauenfelder Arztes, der, neben
dem localen Leiden, Blutarmut diagnoſticirte! Mein Enbon=
point ſoll weg! aber mit Vorſicht. Viel Bewegg! Früh=
aufſtehen! großes Maß in Speiſe und Trank!

Beiliegendes Mſc. werden Sie wohl dem Autor zurück=
ſenden.

Grüße an die l. Ihrigen u. nochmals herzl. Dank für
meine elegant gebundenen „Werke“.

Ihr   M.

1 Oct. 1888.

Lieber Freund,

ich benachrichtige Sie, daß ich, gemäß Ihrer Bevollmäch=
tigung vom 2 Aug. heute einen Wechſel auf Sie von M. 800
an Peſtalozzi im Thalhof geben werde. Während meiner Ab=
weſenheit habe ich mehrere Beſuche verfehlt: Delbrück, Roden=
berg, Wildenbruch.

Nun handelt es ſich, den Winter zu beſtehen, denn auch im
beſten Falle werde ich ſehr langſam geneſen. Inzwiſchen werde
ich gut thun, unter meinen Entwürfen den bequemſten u.
verſtändlichſten zu bevorzugen, und das iſt doch wohl der
Dynaſt.

Herzlich   Ihr   M.

17 Oct. 1888.

Lieber Freund,

Laſſen Sie doch dem Schreiber der Inlage 10 M. aus
meinem C. C. durch Schulte von Brühl verabreichen, wenn
Sie ihn nicht unwürdig erachten.

Ihre Rechng habe ich beſchaut u. werde dieſelbe noch
einmal prüfen. Ich glaube, ſie iſt völlig richtig.

wir haben jetzt hier schönes Herbstwetter und ich bin nach Vorschrift viel auf den Füßen.

ich wiederhole: es bessert sich, aber ungeheuer langsam. Mit der Fräulein Nichte habe ich Mitleid u. wünsche Heilg.

der Pariser de Hessem schreibt die Samedi-Revue, von der ich noch nichts gehört habe, werde unsern Mönch im Nov. zu veröffentlichen beginnen. Das ist abzuwarten.

Herzlich   Ihr   M.

ich glaube, daß die Diagnose des geschickten Arztes in Frauenfeld, den ich consultirt habe, Anaemie d. h. Blutmangel richtig ist. Dagegen hilft nur ein consequentes Regime. Ich hätte weit Bedeutenderes unternehmen wollen, jetzt muß ich das Leichtere ergreifen: den Dynasten, der einen sehr festen Knochenbau hat und fast nicht zu verfehlen ist. Auch bin ich jetzt gerade noch so herunter, um gerne ins Breite zu gehen. Glauben Sie mir, Freund, ich bin nicht gerade wohlleibig, ich sage Ihnen: ich habe Unvergeßliches durchmachen müssen.

---

30 Oct. 1888

Lieber Freund,

heute habe ich die Revision des P e s c a r a[1]) besorgt, alles Wesentliche berücksichtigend, und auch Cap. 1 des Dynasten habe ich dictirt, das muß aber noch ganz anders kommen, ich bin total aus der Übung.

Ihr   M.

---

10 Nov 1888.

Lieber Freund,

Ihre Beantwortungen der zwei Anliegen sind ganz nach meinem Geschmack. Nicht weniger der Gedanke der Taschen= ausgaben unserer Novellen, die sich dazu vorzüglich zu eignen scheinen. Geben Sie ihn ja nicht auf!

---

[1]) 4. Auflage.

Der wohlfeile Ankauf der Colloquia macht mir Freude. ich komme von dem originellen Buche gar nicht los.

Die Correcturen des Pescara sind — nach Ihrem Wunsche — lauter Berücksichtigungen der ergangenen Kritiken: ich habe, wie Sie sehen, so knapp als möglich verbessert, um Ihnen keine Ungelegenheit zu machen.

Es ist schön, daß Sie der Kaiserin Friedrich Ihre Parkkunst[1]) schicken: ich bin gewiß, das Buch unterhält sie, meiner Schwägerin — sans comparaison — hat es große Freude gemacht. Schloß Steinegg ist jetzt in sog. deutscher Renaissance glänzend und sehr kostspielig renovirt, doch mir war der alte Schloßbau lieber. Die Grundmauern sind uralt. Ein Wildpark, sehr bevölkert, fehlt auch nicht. Dazu eine der größten Landwirtschaften der Schweiz. . . .

So wohlthätig für mich die Waldluft von Steinegg war, wo ich mehrere Monate blieb, und so herzlich ich dort aufgenommen war, so gerne bin ich in mein Nest heimgekehrt.

Die Verkleinerung Ihrer und Haenels Partei im pr. Landtag wird Sie nicht gefreut haben. ich hier erlaube mir kein Urteil in Reichsdingen.

Sehr herzlich

Ihr

M.

es ist brav von Ihnen, daß Sie die Lyrik kultiviren. Gewiß hat Sie pag. 41 das: Jetzt klapp die schlimmen Bücher zu etc. verlockt.

ich sehe beim überlesen, daß ich jeden Satz dieses Briefchens mit ich angefangen habe. Ich bitte um Vergebung.

———

Lieber Freund,   3 Dec. 1888

es ist mir gar nicht recht, daß der Weihnachtsmarkt sich so kläglich anläßt. Zwar würde ich mich nicht wundern, wenn sich, ganz abgesehen von dem Druck der Zeit, in dem Ver-

———

[1]) Petzold, E. „Die Landschaftsgärtnerei". Zweite Auflage 1888. H. Haessel, Leipzig.

triebe meiner Sachen eine Baisse einstellen sollte, nach dem
Aufschwung der letzten Jahre, gemäß dem Wandel der irdischen
Dinge. Es käme darauf an fortzufahren u. die alten Sachen
mit neuen zu heben.

Mein Regime (sehr viel Gehen) raubt mir viel Zeit,
das Übel weicht langsam, doch der Mut wächst merklich.
ich habe während der schlimmen Tage viel Liebes erfahren
u. auch Ihre Freundestreue bleibt Ihnen unvergessen! ich
grüße H. Blum freundlichst und bin begierig auf seinen Mac-
chiavell. Die Rez. Telmanns wollen wir auf sich beruhen
lassen. Der französische Jenatsch ist, wie ich Ihnen schrieb,
trotz vieler Verstöße u. Druckfehler als gelungen zu betrachten.

Die Statuten der P. W. M. Stiftg[1]) habe ich von Frankfurt erhalten u. sie stehen zu Dienst. Der Preis — abgesehen von seinem schönen Betrag — hat mich denn doch
gefreut u. die Gesellschaft der 3 Andern genirt mich durchaus
nicht, im Gegentheil.

Was die heurigen Annoncen betrifft, bitte ich nur um
2: eine einmalige Angabe sämtlicher Auflagen in der
N. Zürcher Zeitg. und eine einmalige in der Allgemeinen
(nichts im Zürcher Tagblatt). Dabei kann es dieses Mal
sein Bewenden haben.

Die l. Frau empfiehlt sich Ihrer Nichte u. ich, Freund,
drücke Ihnen nur noch rasch die Hand, denn ich muß jetzt
vorschriftsmäßig ins Freie! Schreiben Sie recht häufig

Ihrem

C. F. M.

---

14 Dec. 1888

Lieber Freund,

den Art. Wolff glaube ich erhalten u. gelesen zu haben:
es war in meiner schlimmsten Zeit. Jedenfalls werde ich jetzt,

---

[1]) Peter-Wilhelm-Müller-Stiftung in Frankfurt, von der C. F. Meyer
1888 die Summe von 3000 Mark als Ehrengabe erhalten hatte.

da mich Neues beschäftigt u. sich meine Flügel leise wieder
zu regen beginnen, nicht darauf zurückkommen. Heben Sie
mir ihn auf. Haben Sie die Epigramme von Ziel schon
erscheinen lassen? ich bin doch neugierig.

Und wie steht es mit dem Roman von Zolling? Hat
er in den Zeitungen, wo er jetzt erschienen sein wird gefallen?

Heute habe ich Orden u. Diplom[1]) per Bern und mit
einem artigen Compliment unserer Cantonalregierung er=
halten. Da der Orden für Kunst u. Wissenschaft gestiftet
ist, hindert nichts daß ihn ein Schweizer besitze: im Gegen=
theil der Prinz Regent hat damit eben so sehr die Schweiz
als mich geehrt. Selbstverständlich war es eine vollkommene
Überraschg. Von wem sie ausging, weiß ich nicht u. will
ich auch nicht wissen, ich halte mich einfach an den Prinz=
Regenten und freue mich inzwischen auf meinen Leipziger
Weihnachtsstollen.

Ihr
C. F. Meyer.

7 Jan. 1889.

Lieber Freund,

Gottlob, ich habe nichts Schlimmes zu berichten (unbe=
rufen!) Meine Genesg geht aufs langsamste, aber bis heute
ohne Rückschritt von statten. Doch bin ich sehr vorsichtig,
auch im Arbeiten, u. thue als ob ich noch manche Jahre vor
mir hätte.

Böhtlingk[2]) rührt mich in Wahrheit durch seinen An=
theil. Sagen Sie ihm, die Bemerkgen auf dem neuen Blatte
halte ich alle für richtig und gelobe Abhilfe in der 5ten Auf=
lage, wenn Pescara sie erlebt.

Es wäre möglich, daß mein Ohr feiner ist für das Fran=
zösische als das Deutsche, geschulter jedenfalls. So ärgere

---

[1]) Den bayrischen Maximiliansorden.

[2]) Der Sanskritist Otto Böhtlingk, der damals in Leipzig wohnte.
Von seinen Anmerkungen zu Pescara findet sich in C. F. Meyers und in
Haessels Nachlaß nichts.

ich mich denn über gewiſſe Bulgaritäten in dem Amulette,
das das Journal de Genève in einer rohen aber kraftvollen
Überſetzg zu veröffentlichen fortfährt. So z. B. (mein Held
redet): j'étais timide vis-à-vis des femmes ſtatt des ſo nahe
liegenden auprès. Vis-à-vis iſt erſchrecklich gemein. Jetzt ſollte
de Heſſem ſeinen Mönch geſendet haben, den er ſo ernſtlich
verſprach. Aber N 1 der Samedi-Revue (5. Jan.) iſt nicht
angelangt u. ich fürchte, wir hatten es mit einem hableur
zu thun. Nun, das wäre zu verſchmerzen.

Mit der Freilaſſg Geſſkens iſt mir ein Stein vom Herzen
gerollt.

    Herzlich

        Ihr   M.

---

            23 Jan. 1889.

Lieber Freund,

ich darf die Beantwortg Ihrer Zeilen vom 19 nicht
länger verſchieben, wenn Sie mich nicht unwohl glauben
ſollen, was Gottlob nicht der Fall iſt. Dieſer trockene Winter
iſt ſo günſtig wie möglich für mein Übel, das langſam abnimmt
u. wogegen mir immer noch brieflich von Unbekannten Mittel
angerathen werden. Denn, ſo ſchwer man mir anfänglich
meine Erkrankg hat glauben wollen, ebenſo ſchwer jetzt meinen
Geneſungsanfang. Woraus zu erſehen iſt, wie langſam die
Nachrichten wirken. Freilich iſt dies Übel eines der lang=
weiligſten, wie alle wiſſen, doch darf ich wirklich jetzt zu=
frieden ſein.

Und das Beſte, ich arbeite wieder dieſes und jenes, zürne
es aber freilich auch nicht, wenn mein Nachbar, der alte Forſt=
meiſter Orelli auf Langenberg, mir ſtundenlange Beſuche macht.

Doch zur Sache. Die Überſetzg der „Novellen" (ich hoffe
Stanley Leather wird die beiden Bände vollſtändig überſetzen
u. nur etwa eine einzelne Novelle in ein magazine geben)
iſt mir ganz gelegen. Überſetzt iſt bis jetzt, wie Sie wiſſen,
davon nur the monk's wedding, Boſton 1887 v. S. Adams).
Die Überſetzg des Amulet im J. de Genève iſt zu Ende er=

ſchienen und ganz gut bis auf die Stellen, wo mit Degen und
Piſtole hantirt wird, die unter dieſer weiblichen Feder un=
verſtändlich geworden ſind.

Auf den Elbo=Einband bin ich begierig, ſowie auf
„Klatſch“, um mir ein Urteil von Z.(ollings) erzähleriſcher
Begabg zu bilden, worüber ich noch gänzlich unwiſſend bin.
Als Menſch iſt er recht liebenswürdig.

Herzlich   Ihr   C. F. M.

zu Ende Ihrer Zeilen, Sie meinen doch, ob ich Ihnen
meine Überſetzg (die bei Friedrichs in Elberfeld erſchienene)
von Thierry’s récits des temps mérovingiens verſchaffen
könnte? Das ſollte doch möglich ſein: ich ſelbſt zwar beſitze
dieſelben längſt nicht mehr, aber eines der von mir meinen
hieſigen Bekannten geſchenkten Exemplare wird ſich doch noch
auftreiben laſſen. Mit Weglaſſg der vorderen Hälfte (eine
gelehrte Abhandlg) u. Beſchränkg auf die „Erzählungen“ ließe
ſich daraus ein hübſches Büchlein herſtellen. ich ſelbſt zwar
habe keine Zeit, denn nie habe ich mehr eigene Ideen gehabt
als jetzt, doch der Vetter, der, während meiner Krankheit,
. . . . ich glaube, könnte die nötige Reviſion unter
meinen Augen beſorgen, doch, bitte, verſchieben wir das!
in Eile und unter Störg.

———

27 Jan. 1889

Lieber Freund,

ich habe die Frau allein in die Stadt fahren laſſen,
den Sonntagabend dem Briefwechſel widmend, u. da will
ich Ihnen doch gleich zu den heute hier angelangten M.
Xenien[1] glückwünſchen, die mich vorzüglich unterhalten aber
ja völlig ungefährlich ſind.

Nur finde ich Ziel’s Menſchenwerthung mitunter etwas
feindlicher als mir gerecht erſcheint und auch mit ſeinem

---

[1] Ernſt Ziel, „Moderne Xenien“. Ein Glaubensbekenntnis in
Sprüchen und Strophen. Leipzig, Verlag von H. Haeſſel 1889.

Tadel des Chauvinismus der heutigen deutschen Jugend bin ich insoweit nicht ganz einverstanden als eben Deutschland jetzt offenbar in eine Machtphase (und darum vorübergehend das Individuelle in den Staat zurück) tritt, was sich später wieder ausgleichen wird.

Auch für die Vernunft (vide „Kirche")[1] ist mir gar nicht bange, die kann sich schon helfen.

Mad. Henry Serment, die Übersetzerin des Amulett habe ich nun auch zur Übersetzg unseres Pagen für eine Zeit= schrift (Buchform ausgeschlossen) ermächtigt. De Hessem in Paris ist — bis auf eine Visitenkarte — völlig verstummt. Entweder absorbirt ihn Boulanger oder sein ganzes Über= setzerthum ist ein Schwindel, was leicht möglich wäre. Sie sehen, wie recht man thut, in den deutschen Schulen schon vor dem Reichsfeind zu warnen! ich nähre mich in diesem (bis auf den Wassermangel) mustergiltigen Winter fast aus= schließlich via Hamburg von Meergethier u. Rauchfleisch.

Herzlich   Ihr   C. F. Meyer.

28 Jan. 1889

eine kurze Nachschrift zu meinem Gestrigen!

heute früh erhielt ich Xenien 2 u. den Pescara, dessen Einband mir sehr gefällt. Sagen Sie Hn Ellbo, daß ich die Zeichng geschmackvoll finde. Stanley Leather hat geradezn das Beste gewählt, freilich auch das Gepfefferteste, offenbar für ein männliches Publikum.

Auf „Klatsch" bin ich wirklich begierig, da ich mir mein Urtheil über Zollinger[2] als Erzähler noch zu bilden habe.

Ein Ex. der Merovinger werde ich gelegentlich schon auftreiben.

Greinz ist mir, nach seinen Briefen, in angenehmem Gedächtniß. Die von Ihnen bei ihm bestellte Sammlg[3] kann merkwürdig und auch wertvoll werden.

---

[1] Moderne Xenien S. 85 ff.
[2] Theophil Zolling, eigentlich Zollinger.
[3] S. Anmerkung S. 174.

ich geſtehe Ihnen, daß ich mich für Baron Roggenbach,
der ſich hier angekauft haben ſoll, ebenſowenig als für
Geffken begeiſtern kann. Laſſen Sie ſich doch in Teufels
Namen von Bismark zu einer großen und herrſchenden Nation
machen!

Herzlich

Ihr   C. F. Meyer.

12 Febr. 1889

Lieber Freund,

eben habe ich den gefährlichſten Abſchnitt der Xenien:
Staat Politik Deutſchland geleſen, u. kann Ihnen verſichern,
daß dieſe, zuweilen hübſch geſagten Allgemeinheiten Sie nicht
in Berührg mit dem Staatsanwalt bringen werden. Fürchten
Sie nichts: das iſt ganz unſchuldig.

Was die deutſche Jugend betrifft, ſo wirkt eben eine
große Perſönlichkeit mehr auf ſie, als Theorien, und auch
unſre deutſchen hieſigen Profeſſoren, die keine Jünglinge
mehr ſind, Sie ſollten ſehen, wie ſie (die Profeſſoren) ſich
zu fühlen anfangen, während ſie ihr deutſches Vaterland
früher gelegentlich verleugneten. Doch freilich außen iſts
immer ſchöner als innen, und auch ich, wenn ich die Schweizer
ſo oft bei Ihnen draußen rühmen höre, erſtaune über unſere
Tugenden, während ich in der Nähe unſere Kleinlichkeiten
ſehe u. unſere Steuern (juſt morgen) zahle, die 2mal ſo
groß ſind als die Ihrigen.

Sie ſollten mal einen Blick in Spielhagens neuſten
Roman: Ein neuer Pharao werfen, er behandelt ein ver=
wandtes Thema u. ich dächte, er gefällt Ihnen.

Senden Sie mir ja die Klatſch=Aushängebögen: mehr
als Ziel intereſſirt mich die Wirkg Zollings, dem ich, ohne
ihn perſönlich zu kennen, ſehr wohl will, doch bin ich gar
nicht ſicher, daß er reüſſirt, ſo ſehr ich es wünſche. Es iſt,
wie Sie ſagen, ein Anfang u. dann hat er Gegner, wie ich
fürchte. Im Grund — ganz unter uns — hatte Ihr weiland=

Tandem[1]) mehr Begabg (echt poëtische) als diese Zweie, zu=
sammengenommen, wenn ihn auch sein Daemon zwingt, diese
hohe Begabung immer ganz verkehrt anzuwenden. . .

Empfehlen Sie mich an Hermann, für den wir uns —
vor einem Jahre — so gebangt haben. ich arbeite wieder,
bin's aber noch nicht recht gewöhnt.

Schicken Sie mit dem „Klatsch" bald wieder ein liebes
Plauderbriefchen

Ihrem   M.

19 Febr 1889

Lieber Freund,

Die Frau, die gestern an Fräulein Clara schrieb, bittet
nachträglich noch um womöglich umgehende Zusendg von
2 Flacons Saft von schwarzen Johannisbeeren für die
kleine Milla, die hustet und welcher dieses Mittel, das Sie
uns früher geraten u. gesendet haben, wohl thut. Es ist hier
nicht erhältlich.

Die Aushängebögen sind noch nicht angelangt. Ich bin
doch begierig und zu Zolling so freundlich als möglich ge=
stimmt. Tandem hat neulich in Hamburg, wenn mir recht
ist, eine Sammlg: Schmetterlinge[2]) veröffentlicht, d. h.
wirkliche Schmetterlinge, einzelne Species schildernd in
lyrischer Art, und letztes Jahr in der N. Zürcher Zeitg einen
jeanpaulisirenden Roman[3]) von mangelhafter Composition,
aber reizendem Detail.

Ihr   M.

11 März 1889

Lieber Freund,

. . .Mauerhoff,[4]) für den ich eine Art Neigung habe. . .
er soll von Schiller sagen was er für wahr und heilsam hält

---

[1]) Carl Spitteler.
[2]) Felix Tandem (Carl Spitteler). „Schmetterlinge". Hamburg.
Verlagsanstalt und Druckerei-Aktien-Gesellschaft (vormals J. F. Richter).
1889.
[3]) „Das Wettfasten von Heimligen".
[4]) Mauerhof, E., „Ursprung und Zweck der Poesie".

(Otto Ludwig hat es auch gethan), aber die Mütze in der
Hand!

- - - - - - -

                                              12 April 1889
          Lieber Freund,

es ist mir immer ein Schrecken, wenn ein Anfänger mein
Gesicht plastisch oder graphisch verwendet, weniger noch wegen
der möglichen Mißhandlg desselben, sondern in der Befürchtg,
der Mann verrechne sich im Erfolg, der ja beim Portrait von
der Notorietät des Gegenstandes abhängt. Drum habe ich
mich auch, Baur gegenüber, wohlwollend zurückgehalten, wäre
aber doch herzlich froh, wenn Sie etwas für den mir übrigens
— bis auf seine Arbeit, über deren Technik ich kein Urtheil
habe, die mir aber einen freundlichen Eindruck macht — Un=
bekannten thun könnten.

Daß es einmal zu einer Ebbe im Verlangen nach meinen
Sachen kommen müsse — denn diese werden schwerlich von
Ihrer Klage unberührt sein — wußte ich längst. Halten Sie
sich an Klatsch bis ich wieder da bin, mit etwas Neuem u.
fliehen Sie die Remittenden, es ist ein guter Gedanke! Ent=
führen Sie Frl. Clara nach Baden=Baden, dann, nach ein
paar Tagen zurückkehrend, haben Sie sich über nichts Ein=
zelnes mehr zu ärgern, sondern nur über das Ganze als fait
accompli.

Die Frau ist mit der Kleinen in Baden (Aargau), ich
denke nicht vor Sommer zu reisen — das Frühjahr ist mir
lieb hier — und dann hoffentlich in die Berge.
                        Herzlich
                                  Ihr   M.

- - - - - - -

                                              23 April 1889
          Lieber Freund,

hier sende ich Ihnen den N. Nekrolog Platers, meines
Nachbars.[1)] Heute habe ich noch den Todten gesehen; er lag

[1)] Neue Zürcher Zeitung, 23. April 1889.

schwarz angekleidet u. sah sehr würdig und schon ganz welt=
fremd aus. Er starb unter dem Gesinde und bis jetzt ist noch
kein Verwandter noch Freund angelangt. ich verliere an ihm
eine lange, liebe Gewohnheit, u. einen guten, liebenswürdigen
Nachbar.

es ist gut, daß Ihre Klage die Interna des Buchhandels,
nicht Ihren Verlag betrifft. Wie geht es dem „Klatsch"?

An dem von Ihnen erwähnten Gerücht über mich ist schou
etwas Wahres. Übrigens friste ich mich so von Tag zu Tag
u. denke nicht in die Ferne. Ihr   M.

3 Juni 1889

Auch ich, l. Freund, war auf Nachricht begierig, wollte
Sie aber erst nach Hause kommen lassen u. wartete auf eine
Zeile aus Leipzig.

es freut mich, daß die Buchhandelwirren sich jetzt leid=
lich gestalten, weniger aber die zahlreiche Rückkehr der No=
vellen,[1]) auf deren Verbreitg ich aus den dort entnommenen
vielen Beispielen im 1. Halbband des deutschen Wörterbuches
von Moriz Heyne (S. Hirzel) glaubte schließen zu dürfen.

Es ist mir dieses um so unangenehmer, als die mög=
lichste Tiefe, mit der ich den Vinea[2]) fasse, ihn nur langsam
wird entstehen lassen.

Im übrigen darf ich nicht klagen, da ich mich leiblich be=
finde u. besonders mein Hauptübel sich gänzlich bessern zu
wollen scheint.

Aus einem neuen Kataloge Hoepli's in Mailand sehe ich,
daß er den italienischen Pescara vorbereitet. Auch ein fran=
zösischer ist in Arbeit, wie Sie wissen.

Wir denken an einen Aufenthalt in San Bernabino
(Misox). Hier spricht man von nichts als der Weltausstellg.
Herzl. Ihr   C. F. M.

---

[1]) „Novellen" von C. F. Meyer. Zwei Bände. Erste Auflage 1885,
zweite 1888.

[2]) Nie vollendet. Vergl. Adolf Frey, „C. F. Meyers Petrus
Vinea". Deutsche Rundschau, Februar 1901.

10 Juni 1889.

Lieber Freund,

es iſt denn doch nicht ſo gefährlich, mir von Krebſen zu ſchreiben, nur beläſtigt mich mitunter der Gedanke, daß ich auf meinen gegenwärtigen Wegen mich dem materiellen Erfolg eher abwende, während ich mit dem Dynaſten unfehlbar einen ſolchen gehabt hätte. Und gewiß mehr für Sie als mich.

Herodes u. Mariamne, Gyges, die Bernauerin u. Michel Angelo[1]) habe ich erhalten u. mit großem Intereſſe geleſen. Es ſind merkwürdige Sachen, Einzelnes, wie Sie ſelbſt wiſſen, von hohem Werte und, abgeſehen von jedem Endurteil, ein höchſt intereſſantes Studium. Dieſelbe Abneigg, welche Sie gegen die zwei Sonderlinge[2]) hegen, habe ich — ſeltſamerweiſe — gegen Grillparzer, aus dem entgegengeſetzten Grunde, jene zwei ſind zu reflectirt, der Wiener zu ſinnlich.

Es iſt noch nicht ganz feſt mit Bernardino. Die Rückſichten für die Frau u. auf die Ferien der Kleinen haben auch mitzureden. Böklin hat hier eine keuſche Suſanna ausgeſtellt: ein entſetzlicher Hohn auf die Juden, ein barokkes, aber techniſch vollendetes Bild. Schreiben Sie bald wieder ein Wörtchen! Wie ſteht es mit „Frau Minne"?

Ihr F. M.

---

16 Juni 1889

Beiliegend das Gewünſchte.

Lieber Freund,

ich bin Ihnen ſehr dankbar für Ihre Bemühg um Otto Ludwig und erinnere nur, daß ich bloß ſeine dramat. Sachen zu erhalten wünſche, da ich ſeine Romane und Shakeſpeareſtudien u. dramatiſchen Nachlaß (d. h. Fragmente und Pläne) beſitze. Ludwig und Hebbel — ſo verſchieden ſie ſind — halte

---

[1]) Die er von Haeſſel verlangt hatte.
[2]) Otto Ludwig und Hebbel.

ich für ungefähr gleichwertig. Beide sind im höchsten Grad interessant, als Stufen zu einem deutschen Drama der Zukunft bedeutend, beide ein bischen verschroben, da ihnen warme u. reiche Natur mangelt, beide, besonders Ludwig, als Menschen achtungswert u. liebenswürdig.

Das fragl. Bild Boeklins, dessen (Boeklins) groteske Ader mich übrigens belustigt, ohne mir sympatisch zu sein, trifft noch ganz andere Dinge als bloß die Juden, an denen niemand weniger als ich zu nörgeln gestimmt ist. Ich kenne sie in verschiedenen Sorten, z. B. auch als Aufkäufer und Zerstückler mehrerer meiner Nachbarsgüter u. lasse sie gelten. Ihre weltgeschichtl. Rolle bestreite ich am wenigsten.

ich bin recht froh, daß die Weiterungen mit dem Reiche wegen des Falles „Wohlgemut" sich wieder zu geben scheinen. Jede Veruneinigung der Schweiz mit Deutschland ist mir peinlich, fast wie ein persönl. Verdruß. Die Fehler scheinen mir hier getheilt.

Die romantische Bibliothek ist, glaube ich, zweimal zu überlegen. Sie müßten da jedenfalls eine sehr geschickte Hand gewinnen und auch dann weiß ich nicht.

Sobald ich entschieden bin über meinen Sommeraufenthalt, erfahren Sie ihn. Bernardin steht im Vordergrund.

Ihre Betrachtungen über den Dynasten habe ich mit Überlegg gelesen. Wir wollen erst sehen, wie die Bergluft wirkt. Die gibt Klarheit, wenigstens früher wirkte sie so auf mich.

Herzlich

Ihr   M.

P. S. Rechts u. links von mir werden kostbare Villen entstehen: die stadtwärts steigt schon aus dem Boden, die andere kommt an die Stelle des Plater-Hauses, das wahrscheinlich fällt.

---

27 Juni 1889

Lieber Freund,

es ist hier wieder das alte Treiben täglicher Besuche, Frl. François z. B. war hier, die mir — diese — willkommen

war, da wir uns wohl leiden mögen, doch auch meine Lebens=
kraft wächst wieder, ich glaube und sehe, welch ein Gut sie
ist. Dagegen liegt mir der Deutsch=Schweizerische Handel
gar nicht recht. Das Recht ist getheilt u. es wäre zu traurig,
wenn durch Verlängerung feindseliger Zustände eine Ver=
bitterung einrisse. Hoffen wir das Bessere.

ich freue mich, in der Einleitg zum Liederfrühling
aus Tirol[1]) das hübsche Verhältnis zwischen Ihnen und
Gilm erzählt zu finden. Dieser meint, er wolle mir das Buch
widmen. ich weiß aber nicht, ob ich als ein Conservativer
der Mann dazu bin. Was denken Sie? ich hätte schon Lust
anzunehmen, da ich das Tirol lieb habe u. sehr hübsche Sachen
in dem Strauß sind.

ich muß schließen, da eben Schwester Betsy anlangt u.
lege eine Kleinigkeit, natürlich unsere Kleine bei.

Nun ist aber auch die Aufenthaltsfrage so gut wie ent=
schieden: Wir gehen Mitte Juli für 3—4 Wochen nach
S. Bernardino (val Misocco) Bünden Hôtel Brocco. Selbst=
verständlich wird dort Ihr Besuch willkommen sein! ich bin
heute recht wohlgemut! — verdammter Name des Polizei=
directors, der uns die Suppe eingebrockt hat.

Herzlich

Ihr   M.

Schreiben Sie gleich ein Zeilchen!

---

2 Juli 1889

Lieber Freund,

So habe ich denn heute einen Wechsel von RM 800 (500
Novellen laut Brief v. 1. Juni 300 Jenatsch 13 laut Brief
vom 29) auf Sie gezogen. Die vielen Aufl. des Jenatsch
machen mich nachdenklich.

Für Ludwig danke ich recht herzlich. Da er, wie Sie,
ein Sachse ist, schenken Sie mir einen Landsmann u. ich
nehme ihn doppelt gern von Ihnen.

---

[1]) Greinz, R. H. „Liederfrühling aus Tirol". 1889. Haessel,
Leipzig.

Schreiben Sie Greinz, daß Sie wissen, die Widmg würde mir Freude machen. ich habe ihm wohl etwas zu zurückhaltend geantwortet u. bin ihm auch noch Dank schuldig für sein neues Buch über die tragischen Motive[1]), wo er freundlich von mir redet. In dem Tyroler Strauße sind sehr schöne Sachen, voraus von Gilm.

Die Annonce von „Frau Minne" ist sehr geschickt. Sagen Sie mir doch einmal, wie Zolling eigentlich aufgenommen wird. Die neueste Nov. von Spittler in der N. Zürcher Z.[2]) will mir — trotz großen Talentes — nicht recht einleuchten.

Die Seelbo-Einbände verdienen noch eine Zeile besonderen Lobes.

es freut mich, daß Sie den deutsch-schweiz. Conflict nicht allzu hoch anschlagen. Immerhin ist er, für die Zukunft, nicht ohne Bedeutg.

Herzlich

Ihr   C. F. M.

Der Weg nach Bernardin ist einfach von Italien aus. Sie ziehen nach Bellinzona und gehen von dort durch das Misox.

Samstag Abend   6 Juli 1889

Lieber Freund,

eben habe ich Gottf. Keller, der, wie es heißt, seinen Geburtstag nicht hier sondern irgend wo ganz im Stillen verbringen will, schriftlich u. von Herzen beglückwünscht u. beantworte gleich noch Ihre Zeilen.

Die Vergleichg Kellers mit Jean Paul, die von Vischer stammt ist gewiß zulässig nur nicht für den Styl, der bei Keller von höchster Klarheit ist. Es ist recht, daß Sie den Titan lesen: es ist J. P.s Bestes u. wenigstens eine Figur, der Roquairol, ganz vorzüglich.

---

[1]) Greinz, R. H. „Die tragischen Motive in der deutschen Dichtung seit Goethes Tode". 1889. Piersons Verlag. Dresden.
[2]) „Der Neffe des Herrn Bezenval". Novelle von Carl Spitteler.

Die kleine Romantiker Bibl., die Sie projectiren bedarf voraus eines guten Redactors u. ich glaube Greinz wäre dazu wohl geeignet; es ist mir lieb, daß die harten Worte gegen Pichler wegfallen. Danken Sie Greinz in meinem Namen dafür. Eichendorf, Tiek-Phantasus, Arnim, Brentano, Novalis? nicht über 10 Bändchen u. lauter Novellen, mit guten Einleitungen — das sollte gehen.

Mir ist wohl zu Mute, daß mit der Kündigung des Niederlassgsgesetzes der Deutsch-Schweizerische Span offenbar beglichen ist, ich mag sonst den jungen Kaiser in seiner Jugendlichkeit, aber das war zu scharf und die Lohnschreiber der Norddeutschen Allgem. haben mich diesmal denn doch aufgebracht. Welche Kerle und was für ein Styl! . . .

Gegen die 7 Bändchen Taschenausgabe u. Ihren weiteren Vorschlag habe ich durchaus nichts einzuwenden. ich finde es billig und vernünftig so.

Ihr   C. F. Meyer.

Hôtel Brocco, S. Bernardino Bünden 17 Juli 1889

Lieder Freund,

hier sind wir gestern glücklich angelangt u. gut aufgehoben à l'Italiana, 4 Personen: die Frau, ich, Milly mit einer Gespielin (Cousine). Seit 2 Jahren (Mürren 1887) athme ich zum ersten Mal wieder Alpenluft. ich glaube wohl, daß Sie den Bergübergang kennen. Das Dörfchen liegt wenig jenseits oben im Misox, das sich gegen Bellinzona öffnet: wenige Häuser mit einem tempelartigen in Ruinen fallenden Gebäude — einem vor 20 Jahren begonnenen u. bann stehen gebliebenen Kirchenbau, der sich in dieser Berglandschaft dem Gedächtnisse einprägt. Splügen, wo ich durchkam, rief mir unser kurzes dortiges Zusammensein 1885 vor vier Jahren, wenu mir recht ist, ins Gedächtniß: es war das Jahr der Richterin.

Nun müssen Sie mir schou wieder einen Gefallen thun: ich hatte von Ziegelbrücke-Chur (Blitzzug) einen recht angenehmen Reisegefährten, Adresse beiliegend, dem ich einen Jenatsch 13 versprochen habe, damit er auf eine angenehme Weise Bündner-Geschichte lernen könne. Lassen Sie mich ja nicht im Stiche: Sie wissen, mit preußischen „Officiers" ist nicht zu spaßen. Im Ernst, ich war in guter Reiselaune u. wenu ich mich hier erhole, kommt es Ihrem Verlag, der herhalten muß, auch wieder zu gute.

Während Sie den Titan lesen, habe ich einen Band Jeremias Gotthelf mitgenommen, den ich früher nicht recht mochte, mit dem ich mich aber jetzt zu befreunden anfange.

Schreiben Sie mir eine Zeile hierher, ich bitte

Ihr   M.

San Bernardino (Bünden) Hôtel Brocco 20 Juli 1889

Lieber Freund,

Ihre Zeilen vom 14. haben mich, wie Sie dachten, hier oben gefunden und lebhaft interessirt durch die Beilage von Greinz über Ihre Romant. Bibliothek. Ein Vorwort u. je ein paar Seiten Einleitg genügen vollständig. Daß so manches halb oder ganz Verschollene herbeigezogen werden soll, kann das Unternehmen nur fördern.

Die Taschen-Band-Ausgabe der Novellen scheint mir nicht ohne Aussicht zu sein u. jedenfalls wird sie der Gesammtausgabe eher nützen als schaden.

Da ich nun doch wieder in die Lande meines Dynasten[1]) geführt worden bin — er beherrschte auch einen Theil von Bünden — so werde ich denn doch wohl unter diesen frischen Eindrücken den Roman beendigen, wozu ich noch ein Jahr

---

[1]) Der Graf von Toggenburg.

branche. Nicht die großartige Fabel, wie sie sich mir gestaltet
hat, d. h. die Seelenvorgänge in der Hauptperson sind mir er=
forglich, sondern das Kostüm, der geschichtl. Wust und Alle das,
was in den andern hist. Romanen die Hauptsache, mir aber
lästig ist. Doch auch dies Letztere werde ich, des lieben Lesers
wegen, sorgfältig u. reichlich behandeln. Man kann mit Liebe
das Stofflichste beseelen.

Merken Sie sich, l. Freund, daß wir — Schicksal vorbe=
halten — bis 15 Aug. hierbleiben.

Herzlich

Ihr   M.

————

1 Sept. 1889.

Lieber Freund,

da er mir gerade durch die Hände läuft, sende ich Ihnen
den immerhin merkwürdigen Brief Vischers[1]) über Engelberg
u. mache Ihnen denselben sogar zum Geschenke. Heben Sie

————

[1])   Verehrter selbst Meister!

Diese Dichtung habe ich noch nicht gekannt, jetzt mit tiefem
Seelengenuß gelesen. Scheinlegende in unerbittliche Lebenswahrheit auf=
gelöst und wieder in ächten Goldschein der schönsten Legende aufsteigend.
Ihr altes Thema: Kraft ist die Parole des Lebens, denn es ist herb,
es ist grausam! in neuer Gestaltung und im Festkleid von Rhythmus und
Reim. Die reinsten Funken aus Stein, aus Granit geschlagen, streng,
straff und doch tief weich, innig rührend. Alles mit großer Natur, Gebirgs=
natur, tief ineinsgeschaut. — Täuschungslos ächt ideale Täuschung. Ein
Engel — nein, ein Mensch, ein menschlich Weib, Schattenwolke des
Fluches über ihrem Leben, die Wolke löst sich in Himmelslicht, in welchem
die Geprüfte, Bestandene wie ein Engel verschwindet.

Ich nenne Sie Tacitus der Novelle.

Dießmal Tacitus der tiefernst ironisirten, nur um so wahrhafter
erbauenden Legende in Versen.

Alle besten Wünsche für immer gleiche Stimmung und Kraft!

Herzlich grüßend
u. dankend

Ihr

Fr. Vischer.

Stuttgart 13 Dec. 1886.

ihn auf, ohne Gebrauch davon zu machen, am wenigsten zur Empfehlg des Büchleins.

Das Taschenformat gefällt mir u. wird hoffentlich Er= folg haben. Hutten 1—4 sendet der Vetter zurück und ich bitte, genau danach zu verfahren, ich habe äußerst wenig geändert (aus Klarheitsgründen) u. zwei Aenderungen, die, ich weiß nicht durch wen, hineingekommen sind, habe ich, als gelungen, adoptirt. . . .

. . . Gestern war ich bei meinem alten Freunde Forst= meister Orelli, der gegenwärtig mehr als 100 Rehe, Hirsche und Gemsen in seinem Parke hat im Langenberg¹), am Albis. Die Fütterg war sehr schön.

Herzlich   Ihr   M.

letzten Sept. 1889

Hier, lieber Freund, das Ende von Engelberg. Bitte, nehmen Sie sich der Corr. an. Besonders 81. Schon hat er fast das Roß erreicht, Als Engel, bittend und erbleicht, Her= führend an der blut'gen Hand Den trotz'gen Jüngling, vor ihm stand . .

ich sende die betreffende N von D. Dichtg.²) Ja wohl thun Democraten u. Klerikale zusammen. Das ist bei uns gar nichts Neues. Aber das darf Sie nicht sich erkälten lassen gegen Ihre Romant. Bibl. Da bin ich denn doch weniger wankelmütig: trotz häufiger dramat. Anfechtungen und trotz lästiger hist. Lectüre, deren Herbeischaffg sonst dem Vetter obliegt, dessen Ischias aber reeller ist als ich nicht dachte — trotz alledem halte ich fest an dem Dynasten, was Ihnen Ihr Unwohlsein vergüten möge. Bitte, berichten Sie bald wieder u. tragen sich Sorge! Sehr Sorge! . . . .

---

¹) Im Sihltal bei Zürich.
²) Deutsche Dichtung, Band VII, 1 Heft, 1 Okt. 1889. Darin von C. F. Meyer die Gedichte: Noch einmal, Pergoleses Ständchen, Mein Stern, Zum Totentanz, Die gelöschten Kerzen. („Zum Totentanz" trägt in den Gedichten den Titel: „Der Tod und Frau Laura".)

Minne werde ich gerne lesen. Zu Weihnachten schenke
ich Ihnen (nur damit Sie es sich nicht etwa anschaffen) die
Schweiz. Portrait=Gallerie von Orell=Füßli. Die Köpfe
werden Sie belustigen oder auch interessiren. Die Plater=
Geschichte wird schwer zu entwirren sein.

Herzlich

Ihr   M.

---

4 Oct. 1889

Lieber Freund,

Gewiß werde ich, ohne Ihr Vorwissen, in Zukunft keine
Stenographen mehr autorisiren. Man appellirte an meinen
Patriotismus.

Die Zeile an Frey geht mit einer beigefügten von mir
ab. . . . Selbst davon anfangen, wäre indelicat, denke ich.
Mir thut es leid.[1]

Daß Ihnen Mein Stern am besten gefallen werde,
das war nun schon zu raten, wenn man Sie kennt. Mein
Bildniß in der Schweizer=Portraitgallerie ist auch gar nicht
schlecht (nach derselben Photogr.) Die Preiserniedrigung der
3 Naville[2] ist sehr recht.

Frau Minne[3] die ich in meinen Mußestunden lese, erst
1/3 gelesen, ist wieder recht frisch u. im besten Sinne realistisch
geschrieben. Ein gewisser Erfolg kann dem Buche gar nicht
entgehen, denn es ist kurzweilig. Zollings Feinde sind das
Rohe und das Flache, aber er hat Beobachtg u. Fleisch u.
Blut und einen festen Griff, wie er den Stoff anpackt.

Den Pilgerim besitze ich gegenwärtig nicht, da ich alles

---

[1] Haeffel hatte mir eine neue, vermehrte Ausgabe meiner Gedichte
spontan vorgeschlagen, dann aber den Vorschlag zurückgenommen.

[2] „Christus", „Der himmlische Vater", „Die Pflicht", alle drei in
Haeffels Verlag.

[3] „Frau Minne", Roman von Theophil Zolling.

zu verschenken die schlechte Gewohnheit habe u. setze etwas
anderes Passendes her:

> Nie prahlt' ich mit der Heimat noch
> Und liebe sie von Herzen doch,
> In meinem Wesen und Gedicht
> Allüberall ist Firnelicht,
> 　Das große stille Leuchten.

> Was kann ich für die Heimat thun,
> Bevor ich geh' im Grabe ruh'n?
> Was geb' ich, das dem Tod entflieht?
> Vielleicht ein Wort, vielleicht ein Lied,
> 　Ein kleines stilles Leuchten!

C. F. Meyer.

Es ist spät geworden. Morgen soll ich auf der Au speisen
zur Feier des 14 Jahrestags meiner Hochzeit.

Ihr

C. F. M.

---

5 Oct 1889

Lieber Freund,

ich habe Frau Minne beendigt und lasse es nicht morgen
werden, ohne Ihnen mit einer Zeile wenigstens meine Meing
über das Buch gesagt zu haben, die Sie durchaus für sich
behalten. Zolling sagen Sie einfach, Minne sei ein technischer
Fortschritt über Klatsch, was nur die Wahrheit ist. Das
Buch ist sehr gut gemacht, sehr kurzweilig u. ganz „Berliner=
roman“. Die Handlg mit Kraft geführt. Es ist Lindau fast
oder ganz gleichwertig u. mahnt an französische Muster. Doch
konnte die Katastrophe (letzte Ballszene) besser erfunden werden
und der Schluß überhaupt ist zu breit geraten. Keine der
Hauptfiguren, der Held am allerwenigsten, ist zur Indivi=
dualität vertieft, selbst die Baronin nicht, es sind Typen.
Weit besser sind einige Nebenfiguren, Stocker z. B. und die
Italienerin u. allenfalls auch die Jule.

Mein Hauptbedenken aber gegen den Ernst des Buches
ist, daß sein Held durchaus nicht an der Stumpfheit der

Welt, die er schon überwände, sondern an seiner Liebschaft zu Grunde geht.

Das Modellstehen und die anderen „Reize" lasse ich dahin gestellt, aber ich kann ein Lächeln nicht verwinden, daß in den Sternen geschrieben war: mein lieber alter jungfräulicher Haessel wird Frau Minne verlegen.

Herzlich

Ihr

C. F. Meyer.

———

22 Dez. 1889

Also doch ein Stollen, dester u. unberechenbarster aller Sterblichen. und er sei willkommen! Den Bergwald hat mir eben meine Kleine vorgesungen. Betsy ist aus Genf zurück. Sie sah dort in einer Pracht=Biographie von Ricasoli einen ihrer Briefe abgedruckt.... Mich erfreuten in den letzten Tagen manche Beweise von Anhänglichkeit besonders aus Deutschland u. ich bin Gottlob in guter Stimmg trotz der hier d. h. in Zürich herrschenden Influenza — Gutes Fest!

Ihr M.

———

30 Dez. 1889

ich bin überhäuft, lasse aber das Jahr nicht enden, ohne Ihnen für Ihre treue Freundschaft gedankt u. mir deren Dauer (ich meine natürlich nur durch Lebenbleiben, ein anderes Ende derselben ist unmöglich) gewünscht zu haben. Geben Sie mir die Hand! Frey war hier, sehr lieb! Vergessen Sie ja Dürckheim mit sämtlichen meiner Novellen Gelbband nicht. Es liegt mir daran. Die Influenza ist hier herum überall, bis jetzt blieben wir — bis auf die Dienst= boten — ziemlich unberührt. Ricasoli (4 und mehr Bände)[1] schwer erhältlich.... ich bin angestrengt beschäftigt, etwas (hof=

---

[1] „Bettino Ricasoli, lettere e documenti", herausgegeb. von Tabarrini e Gotti.

sentlich nichts Kleines) hoffe ich — wenn ich gesund bleibe —
bis Juni zu vollenden. Heil u. Segen!

———

15 Febr. 1890.

Lieber Freund,

Ihre über alles Erwarten günstigen Eröffnungen über die
neuen Ausgaben sind mir sehr angenehm und ich, wie immer,
mit Ihren Anordnungen einverstanden. Besonders erfreut
mich ed. 4. der Gedichte, der ich gerne, in Gruppirung u.
Vermehrg alle Sorge angedeihen ließe u. die Zeit reicht ja
bis Oct, ich lasse es nicht aus dem Auge.

Sehr wichtig ist, daß im Herbst etwas Neues da stehe
u. ich werde mir alle Mühe geben. Nur bin ich eben vielfach
abhängig, zuerst von meiner Gesundheit. Die erforderliche
viele Leibesbewegung ermüdet am Ende u. macht nicht gerade
zu feiner Geistesarbeit tauglich — und auch der handlangernde
u. botenlaufende Vetter mangelt mir der denn doch sehr be=
quem war —

Die Post geht ab u. ich muß kürzen.

Wie alles Sterben, war auch das meines l. alten Forst=
meisters[1]) von grausamen Umständen begleitet, . . am Ende
förmliches Ersticken.

Montag bin ich 2 Stunden lang an Kellers Bette ge=
sessen. ich dächte, das Frühjahr sollte ihn wieder empor=
bringen.

Nun noch, l. Freund, 2 Anliegen, deren letzteres mir
wichtig ist.

1. Bitte, zahlen Sie, da mein C. C. bei Ihuen sich nach=
füllen wird, an Joseph Kürschners Selbstverlag Stuttgart
ℳ 6.60 für den heurigen Literaturkalender und —

2. verschaffen Sie mir beförderlichst bei Engelmann,
Leipzig aus Webers Allgem. Weltgeschichte ed. 2 den Band
oder die Bände, welche Heinrich IV u. V (die salischen Kaiser)

———

[1]) v. Orelli.

u. den Staufenkaiser Friedrich II enthalten. Jeder Band ist nämlich einzeln verkäuflich laut Annonce.

Ihr gegenwärtiger Kaiser gefällt mir geradezu, das sollen Sie wissen.

In höchster Eile, herzlich

Ihr   M.

21 Febr. 1890

... ich habe im Concert die Bekanntschaft Böklins ge= macht. Er hat viel Feuer für einen Sechziger.

1 April 1890.

Lieber Freund,

ich muß mich schon bei der Arbeit halten — Zerstreu= ungen gibt es ohnedies genug, wenn ich bis Juniende etwas zu Stande bringen will, was doch, aus verschiedenen Gründen, sehr wünschbar wäre. Wem der Rundschau=artikel gegeben werde, darein glaubte ich, mich nicht mischen zu sollen, bin nun aber sehr zufrieden, daß Frey, von dem ich mich nur des Besten versehen darf, ihn erhalten hat. Dieser bittet, Sie für ihn um eines meiner Holzschnitt=Bildnisse anzugehen, u. ich hoffe, Sie werden ihn berücksichtigen, da ihm daran zu liegen scheint.

Bei Jhnen steht es gut, ich wette, u. auch hier gar nicht schlecht; nur reicht die Zeit nirgends.

Eben verließ uns Frau Spyri mit der wir ein paar heitre Stunden verlebt haben, auch sonst — und nicht immer so erfreulich — fängt es wieder an, in Kilchberg lebendig zu werden. Die Witterung ist herrlich.

Gutes Fest.

Herzlich   Ihr
C. F. Meyer.

Eine umgehende Zeile, l. Fr., wenu Sie mir auch nichts werden zu melden haben.

5 Apr. 1890.

Lieber Freund,

Ihre gestrige Sendg, leider ohne Begleitzeile, kam zwischen die Festtage sehr willkommen. Die indische Poetik[1]) hatte für mich — abgesehen von dem Namen des Verfassers — den Reiz des Seltsamen u. phantastisch Spitzfindigen, gelegentlich auch Absurden im höchsten Grade. ich habe es in einem Zuge gelesen u. nicht minder in einem fort die Abhandlg Molière Congreve[2]), von einem sehr verschiedenen Geist. Eine so exacte Anwendg von Rubrik u. Tabelle in der Literaturgeschichte ist mir noch nie vorgekommen. Den Beweis seiner Gründlichkeit hat der Verfasser jedenfalls geleistet. Sein Respect für Molière hat mich gefreut.

Der I. Frau geht es wieder ordentlich u. ich fühle nun doch die Wirkg des Frühlings u. nütze die Tage.

Den Holzschnitt (mein Bild) für Frey bitte ich nicht zu vergessen, er hat mich lange darum angegangen.

In dem Geber-Verzeichniß für Lingg figurire ich als Consul Ferdinand Meyer, was mir sehr geschmeichelt.

Gutes Fest

Ihr   M.

18 Mai 1890.

Lieber Freund,

ich beantworte jetzt gerne umgehend, da ich vorweg erledigend Zeit gewinne für mein Arbeiten, das crescendo geht, u. die vielen Besuche. Zuerst kommt die Renaissance-Novelle u. danach wollen wir sehen. Immerhin darf ich jetzt nicht klagen. Auch an dem Toggenburger dürfen Sie nicht verzweifeln.

Es ist mir eine Beruhigung daß die Messe nicht allzu schlecht verlief. Daß Sie noch ein Geschäft in Berlin erwerben

---

[1]) Dandin's Poetik (Kâvjâdarça). Sanskrit und deutsch herausgegeben von O. Böhtlingk. Leipzig, H. Haessel 1890.
[2]) Bennewitz, Alex. „Congreve und Molière. Literarhistorische Untersuchung". Leipzig, H. Haessel 1890.

wollen, hat mich — gestehe ich, verblüfft. Sie müssen noch
ein großes Kraftgefühl haben! Nun, Hermann wird auch da
sein . . .

Ebers hat mir einen sehr freundlichen und würdigen
Eindruck gemacht. Allerdings ist er körperlich leidend, doch
fällt sein langsames Reden nicht unangenehm ins Ohr.
Geistig ist er durchaus frisch u. hat, wenu ich nicht irre,
wieder etwas Aegyptisches auf dem Webestuhl.

Eugen Zabel schreibt mir aus Berlin, daß sein Essay[1])
druckfertig sei u. wünscht sich ein Ex. Prachtausgabe des
Hutten als Lohn seiner Arbeit „zum Buchhändlerpreise".
ich benke, Sie schenken es ihm nach Erscheing des Essay.

Langewische will ich, Ihuen zu gefallen, recht freundlich
empfangen.

Von mir brachte die Nummer vom 15 Mai der Deutschen
Dichtg ein Frühlingslied,[2]) das Ihnen wohl nicht mißfällt.
Planta's Drama Jenatsch[3]) ist, glaube ich, älter als unser
Roman.

						Ihr
						C. F. M.

						8 Juni 1890

Lieber Freund,

	was bedeutet das, daß Sie gar nicht mehr schreiben?
Sie sind doch nicht krank, die Messe ist vorüber. Es ist wohl
Ihr Kauf in Berlin, der Sie erfüllt. Wenn es nur nicht
die ekle Xgeschichte ist! Nur zur Beruhigung meines Ge=
wissens wiederhole ich, daß ich ein Liegenlassen derselben für
weit das klügste hielte, daß mir aber, wenu doch etwas darüber
veröffentlicht werden muß, die Einsicht in dasselbe vor dem
Druck sehr erwünscht wäre.

---

[1]) National-Zeitung. Mai und Juni 1890.
[2]) Lenz, wer kann dir widersteh'n. Deutsche Dichtung, VIII. Band,
4. Heft, 15. Mai 1890.
[3]) Peter Conradin Planta. „Rhätische Parteigänger. Hist.
Schauspiel". Frick, 1864.

Lechner in Wien klagt, Sie hätten seine Bitte um mein
Bild unberücksichtigt gelassen.

Eben hat mich die Schwester verlassen (nach einem län=
geren Aufenthalt) der ich viel dictirt habe, wohl das erste
Drittel der heurigen Novelle: Angela Borgia u. auch ein
Kapitel zum Grafen Toggenburg. Die erstere hoffe ich im
Herbst zu vollenden, doch weiß ich nicht, denn es ist superfeine
Arbeit u. ich werde vielfach abgezogen.

Nun komme ich noch auf etwas, woran mir viel liegt
u. wovon Sie die beiliegende Karte unterrichtet. Es ist auch
in Ihrem Interesse, da das fragliche Wörterbuch ein aus=
gezeichnetes Werk ist u. in alle Hände kommen wird: ich
lege Ihnen die Sache ans Herz. Senden Sie sofort u. legen
Sie die inliegende Karte an Sie der Sendg bei, um die=
selbe zu motiviren.

Und schreiben Sie bald

Ihrem   C. F. M.

21 Juni 1890

Lieber Freund,

Das Druckblatt scheint unverfänglich, da es nur die
Thatsachen erzählt, nur die Ironie des Schlußsatzes dürfte
vielleicht wegbleiben.

Wir wollen hoffen, daß Hermann Ihnen erholt zurück=
kömmt.

Es handelt sich nicht um einen Angelo sondern eine
Angela Borgia a), als Gegensatz zur Lucrezia b) behandelt,
zu viel a) u. zu wenig b) Gewissen. Die Geschichte bietet
einige Anhaltspunkte. Angela hat existirt.

ich fürchte, ein Schloß, selbst das schönste, gilt im
Thurgau[1]) nicht mehr als bei Ihnen.

Frey's Salis ist 1889 bei Huber Frauenfeld erschienen.
Ein sehr gutes Buch.

Herzlich   Ihr   M.

Zur Auflösung des Berliner Handels gratulire ich bestens.

---

[1]) Steinegg, dessen Besitzer, C. F. Meyers Schwager, damals starb.

29 Juni 1890.

Lieber Freund,

ich erinnere mich, Ihnen ein Autograph verſprochen zu haben u. lege etwas noch Ungedrucktes bei, eine Art Hochzeit=Marſch, der natürlich ein Gelegenheitsgedicht iſt.

Es iſt wahrſcheinlich, um von Hochzeit zu Erbſchaft (negativer) überzugehen, daß die Familie für einmal Steinegg behält.

Was meine neue Novelle betrifft, kann dieſelbe nur allgemein angekündigt werden. Zwar der Titel (und vor= ſichtigerweiſe darf auch der Titel nicht verraten werden) ſteht feſt: Angela Borgia, aber die Zeit der Beendigung derſelben iſt nicht zu beſtimmen, da der Stoff delicater Natur iſt u. ich langſam arbeite. Von Juli — Auguſtmitte haben wir Rigiſcheidegg in Ausſicht genommen, um in der Nähe zu bleiben, da manigfaltige Bauten hier vorzunehmen ſind.

Herzlich

Ihr   M.

1890.

Lieber Freund,

ich bin Ihnen dankbar für Ihre Bemühg wegen des Goethejahrbuches, das ich ungern entbehre. Es freut mich, daß Ihnen „Brautgeleit“[1] gefällt. „Sie ſind dich“ oder „ſie ſind du?“ das iſt die Frage. Ein anderes Gedicht von mir ſteht in der „ſchönen, blauen Donau“ 13 (neueſtes Heft). Sie wundern ſich über die Lokalität. Zufall.

Rigiſcheidegg wurde wegen der Nähe gewählt, da in= zwiſchen hier gebaut wird u. Geſindewechſel ſtattfindet.

Gegen ein kurzes Entrefilet, in der Gegenwart, unge= fähr in folgender Faſſg: C F Meyer, deſſen Geſundheit ſich gebeſſert hat, hofft, wie wir erfahren, noch in dieſem Jahr eine neue Novelle zu vollenden. hätte ich nichts ein= zuwenden. Das darf man ſchon ſagen (den Namen kluger=

---

[1] Gedichte 4, S. 16.

weiſe nicht) da die Nov. geſichert iſt. Der oekon. Unerfolg der Romane Zollings thut mir leid für ihn und iſt mir überdies rein unbegreiflich. Grüßen Sie mir Haenel recht freundlichſt! Den Vertrag mit England finde ich — ſo viel oder wenig ich davon verſtehe — durchaus nicht unvortheilhaft. Es lebe der Kaiſer! Viel zu viel, faſt tägliche Beſuche!

Herzlich

Ihr   C. F. M.

Rigiſcheidegg 23 Juli 1890.

Lieber Freund,

es freut mich, daß Sie, 3 Generationen hoch, einen ſo ſchönen Ausflug unternommen und glücklich beendigt haben. Der Lechner-Art., der ſehr gut geſchrieben iſt, wie ich meine, iſt von Frau Prof. Ad. Frey. Der Hingang Kellers thut mir ſehr leid. Und jetzt beſonders, da nichts Perſönliches mehr hineinſpielt, wird er mir doppelt lieb. Er iſt ein großer Dichter.

Herzlich

Ihr   M.

Rigiſcheidegg 6 Aug. 1890

Lieber Freund,

beſten Dank für die Rechng und die Auskunft über die neuen Ausgaben. Die 650 RM. ſind ſchon bezogen u. ich werde für die weiteren Eingänge, die ich mir gelegentlich zu ſpecifiziren bitte, einen neuen Wechſel ausſtellen müſſen. Von der Renaiſſance-Novelle iſt ein gutes Drittel geſchrieben u. ich hoffe, da mich die Luft hier oben ſtärkt, bis und mit November zu beendigen.

Herzlich

Ihr   M.

6 Sept. 1890

Lieber Freund,

Beiliegend der Neu Yorker Brief, den Sie ganz nach Gefallen beantworten mögen. Mir perſönl. ſcheint, daß man 80 M. für eine unkräftige Autoriſirung ſchon annehmen könnte, doch, Sie haben Recht, der Mann muß Witterung haben, daß ein Vertrag bevorſteht, alſo: Nein. Mehr in= tereſſirt mich — und ich bitte, mich umgehend darüber zu orientiren — ob die mit Oct. beginnende „Deutſche Warte" wirklich unter den Auſpizien des jungen Kaiſers ſteht. Es ſcheint faſt ſo, ich möchte es aber gerne genau wiſſen. Mit der Angela ging es einfach ſo: bei der Heikelkeit des Stoffes ſah ich, daß ich ſie kaum vor Ende Nov. vollenden kann, ſollte nun das Novellchen bis nächſten Herbſt brach liegen? Was wir in Bernardino ſprachen, bezog ſich doch wohl auf den Dynaſten. Der kommt wohl (unberufen!) ſpäter noch. Überdies habe ich meine Gründe, dieſen dramatiſchen Stoff bekannt zu machen. Man kann nie wiſſen.

Geſtern war ich in Richterswyl, oben am See, bei einem Jugendfreund,[1] mit der Frau, u. wir wurden ſehr heiter in Erinnerung der Jugendjahre. Eine ſchöne Fahrt, aber damit 2 liebe Beſuche in Kilchberg verfehlt.

Herzlich

M=Z.

9 Sept. 1890.

Lieber Freund,

ich antworte umgehend. Es iſt mir lieb, daß die Ge= dichte bald vergriffen ſein werden. Wir wollen uns zur neuen Auflage[2] alle Zeit laſſen, da doch auch einiges Neue hinzukömmt.

Die D. Warte hat (unter uns) an mich geſchrieben um eine Nov. in die Probenummer. Das konnte nun nicht ſein,

[1] Dr. Landis.
[2] Zur vierten.

doch vielleicht später einmal. — Die Stundg der Honorar=
zahlg für Heiligen u. Pescara versteht sich von selbst. Die
RM. 600 für Jenatsch 15 dagegen werde ich mit Ihrer Er=
laubniß gleich jetzt beziehen. — Obschon die Borgianov.
langsam vorschreitet — das Thema ist gefährlich, möchte
ich doch gegen deren Ankündigung nichts einwenden, sobald
dieselbe etwas allgemein gehalten ist. Größe, sagen wir, wie
Pescara.

Das Precäre ist nur die Gesundheit (in unsern Jahren)
über die ich freilich jetzt (dreimal unberufen!) nicht klagen
kann; doch die alte Zuversicht ist verloren gegangen. Der
Kopf dagegen ist tüchtig.... Die schweizerischen Überschwem=
mungen begütigen sich. Jetzt ist es wieder herrlich in den
Alpen. Doch die Fremden sind nun einmal weg. —

„Weihgeschenk"[1] wurde unter Joachim an der Musik
Universität in Berlin aufgeführt. Componist: „Kahn".

Nun noch 2 Gesuche. Bitte, senden Sie, auf meine
Kosten, als mein Geschenk 1 Ex. meines Holzschnittbildnisses
an Frau Professor Elisabeth Stern 75 Yorkstraße Berlin,
dann 1 Ex. Gedichte ed. 3. gebunden an Karl Henkell Lenz=
burg (Ct. Aarau)[2] Schweiz.

> Herzlich
>
> Ihr   M.

3 Beilagen.

---

14 Sept. 1890

So ist es recht, lieber Freund: der Neu Yorker läßt sich
vielleicht weiter heraus u., wo nicht, hat es auch nichts zu
sagen. — Gegen die Warte werde ich vorsichtig sein, man
wird ja bald sehen, was daran ist.

Verblüfft hat mich Ihr: noch vor Weihnachten soll
erscheinen. Nein, Freund, es muß heißen: im neuen Jahre
wird erscheinen. Haben Sie denn nicht gelesen, was ich Ihnen,
wo nicht mehrmals, doch gewiß einmal deutlich geschrieben

---

[1] Gedichte 1, S. 161.
[2] Verschrieben für Aargau.

habe, daß frühestens das Jan. Heft 91[1]) die Angela bringen
wird. An die Buchform dachte ich eigentlich nicht vor
Herbst 1891. ich kann Ihnen nur wiederholen, l. Fr., daß
ich fortan viel Raum und Zeit brauchen werde, ganz nach
Lust u. Bequemlichkeit, auch u. besonders für den Dynasten.
Nicht minder sind bei der Angela Stoff u. Behandlg viel
zu subtil, um irgendwie übereilt zu werden. Man muß zu=
weilen auf die gute Stunde warten, weit lieber als seinen
Namen zu verhunzen, Geringeres als das Frühere bringend.
Mit den Gedichten eilt es noch weniger, weil da nur ganz
Vollendetes Platz finden soll. ich beklage das Mißverständniß.

Der Tessineraufstand ist fatal. Von Rechts wegen sollte
der Bundesrat alles in intregrum restituiren, also auch die
ultramontane Regierg, was er nicht gerne thut.

Freundlichst

Ihr   C. F. Meyer.

---

22 Sept. 1890.

Lieber Freund,

es ist mir recht, daß wir jetzt einverstanden sind. ich
darf mir keine Termine setzen, da ich gemach arbeite, doch
Gottlob mit wachsender Kraft. Meine Krankheit hatte mich
eben doch mitgenommen. Das gleicht sich nun wieder aus.
Auch kommt mir oft etwas dazwischen z. B. jetzt (unter
uns!) ein projectirter neuer Cottanachfolgerischer Musen=
almanach. Es freut mich, daß Sie mein Keller=Artikel[2])
interessirt hat. Er ist sehr loyal geschrieben, völlig wahr
und doch reservirt. ich habe gute Hoffnung, aus dem Dynasten
mit der Zeit etwas nicht Kleines zu machen.

Ihr   M.

---

[1]) Der „Deutschen Rundschau".
[2]) „Erinnerungen an Gottfried Keller". Deutsche Dichtung, IX. Band,
1 Heft. (1. Okt. 1890.)

2 Oct. 1890.

Lieber Freund,

.. Mit dem Mähly=art.[1]) ging es mir seltsam. ich
erinnere mich ganz deutlich, alle seine Bedenken auch selbst
— bei der ersten Lectüre — empfunden zu haben; jetzt aber
bin ich daran gewöhnt und vergesse sie über dem Ganzen
u. darüber, daß Keller die Hauptsache, eine höchst ursprüng=
liche Phantasie besitzt. Besonders jetzt, da er todt ist, reinigt
sich sein Bild für mich völlig von dem Gemeinen, das dem
Lebenden anklebte u. das durchaus nicht in seinem Wesen
lag, sondern aus der Wirtshausumgebg u. Weinatmosphäre,
zu der er durch den Coelibat verdammt war, herstammte.
Wenn sich jetzt der Todte zu einer Nationalgröße auswächst,
so ist das für ein Land ein Glück, wo der Respect immer
seltener wird. An seinen sehr edeln patriotischen u. sittlich
tüchtigen Seiten haben die Schweizer zu lernen u. seine
Roheiten machen ihn eben populär. Im Grund habe ich
ihn lieb gehabt u. er mangelt mir geradezu.

Frey, scheint mir, thun Sie unrecht. Pulsen hat sogar
der Daniel Sanders u. es darauf ablegen ist offenbar Druck=
fehler für darauf anlegen. ich lege Ihnen doch aus der
Rundschau meine Besprechg des Salis[2]) bei. Die neueste
Novelle von Spittler in der N. Z. Z.[3]) habe ich ebenfalls nicht
überwunden, da ich damals, auf Rigischeidegg zu müde
war, abends, vom Gehen. Doch auch Spittler ist, wie ich
glaube, hoch begabt, findet aber die Einfachheit des Gedankens
u. des Ausdrucks nicht. Hätte er nur Kellers schlichte Form!
Er hat seltsamerweise eher etwas von Jean Paul.

An den Lapsus im Pagen wollen wir gelegentlich denken.
Es ist ja schon besser. Das Bildchen ist ganz nett.

Ihr   M.

---

[1]) „Gottfried Keller". Von Jakob Mähly=Basel. (Die Gegenwart, Band 38, 30. Aug. 1890. S. 132—135.)

[2]) Von A. Frey. (Deutsche Rundschau, Oktober 1890 S. 158).

[3]) „Die Mädchenfeinde". Umgearbeitet: „Gerold und Hansli, Die
Mädchenfeinde. Eine Kindergeschichte". Eugen Diederichs. Jena 1907.

8 Oct. 1890.

.. und den Jungen (als Jungen) ein gewisses Natur=
recht gegen uns Alte einräume. Ist doch Ihr X. auch Na=
turalist. Der von ihm angeratene Niels Lyhne übrigens ist,
soviel ich gelesen habe, eher raffinirt als realistisch.

23 Nov. 1890.

Lieber Freund,

freundl. Dank für die zwei Sendgen. Über Aegidi, der
mir seine Broschüre auch zusendete, bin ich Ihrer Meing.
Wie mag der offenbar sehr brave, aber wenig kluge Mann
für eine solche alte Neuigkeit seine Stelle einbüßen?
Immerhin ist es stark daß oder wenn man ihn nur dafür
verabschiedete.

Der Art. im Seemannschen Jahresbericht ist sehr gut,
man sieht, es fängt sich ein festes Urteil über mich zu bilden
an. ich denke, Sie behalten den Mann im Auge, verschieben
aber weiteres, bis wir etwas Neues veröffentlicht haben (Bei=
läufig, zeigen Sie dies Jahr nur in der N. Zürcherz. an,
nicht im Tagblatt). Erwähnen Sie das in Ihrer Weisg
ausdrücklich. An dem Bildniß bin ich ganz unschuldig. ich
wurde nicht gefragt: es ist im Kunsthandel.

Die Genfer werden auf den 75. Geburtstag Naville's
eine Medaille prägen die Sie von mir (in Bronze) zum Ge=
schenk erhalten werden. —

Die Koch'sche Findg hat ihre Größe u. wird manche
andere nach sich ziehen. Und wenn wir übervölkert werden,
senden wir die genesenen Phthisiker nach Afrika, dessen Klima
überdieß ihnen wohl bekommen wird.

Im Musenalmanach stehen 3 Sachen von mir: das
„Alle"[1] (in dem Correcturbogen war zu lesen „Allah" (das
mohamedanische Allah!) nehmen Sie einfach als eine Kund=
gebg der fortschreitenden Menschenliebe, deren bedingungs=
loser erster Verkündiger doch sicherlich der Heiland war. In

---

[1] Gedichte 4, S. 248.

Ebbe und Flut[1]) liegt die Pointe in dem Gegensatz des willkürlichen Mädchenspieles u. des unveränderlichen Naturgesetzes. Doch das wissen u. fühlen Sie alles ja selbst ebenso gut als ich.

Bequemlichkeitshalber nehme ich es an, l. Fr., wenn Sie beiliegende Rechng aus meinem C. C. bei Ihnen und gerne gleich begleichen wollen. Es ist Ihnen doch nicht unangenehm? Lassen Sie sich sorgfältig quittiren.

Freundlichst

Ihr   C. F. Meyer.

(Poststempel) 12 Jan. 1891.

Mein lieber, kleingläubiger Freund,

ich habe die beste Hoffng für: Angela u. wenn ich dieselbe nicht überstürzen will, habe ich meine Gründe. Nur Gesundheit! Sie ist bis jetzt über alles Verhoffen u. trotz der Ungewißheit der menschlichen Dinge gehe ich mutig cum Deo et Die (mit Gott u. dem Tage) vorwärts. Das mit den Gedichten wollen wir überlegen!

Ihr   M.

---

23 Febr. 1891.

Eine bemühende u. eine erfreuende Nachricht von Ihnen, l. Freund. Daß eine Begegng, wie die Ihnen zugestoßene, Sie dergestalt ergreifen konnte, ist, bei Ihrer Lebenserfahrg, unmöglich ohne eine leibliche Zärte; auch sagt mir Betsy, daß Sie Ende 1890 an einem hartnäckigen Husten litten — ohne mir ein Wort davon zu sagen. Daher bitte u. beschwöre ich Sie, rechtzeitig (April) einen kl. Ausflug u. nervenstärkenden Aufenthalt (z. B. in Nervi bei Genua) zu machen. Bei uns wird die „Seegefrörne" nachgerade langweilig. Seit wohl 6 Wochen heller Himmel u. seit 4 Wochen statt der

---

[1]) Flut und Ebbe, Gedichte 4, S. 173.

13*

lebendigen Flut ein Gletſcher. Jetzt iſt — nach ein paar Jubeltagen — der gefrorne See jedermann verleidet.

Daß Ihnen der junge Kaiſer je länger je lieber wird, freut mich herzlich. Nicht wahr: bei der pol. Zerriſſenheit unter Ihnen, iſt ein außer und über den Parteien Stehender unentbehrlich? Bei einem ſtarken monarchiſchen Bewußtſein aber iſt der Kaiſer großartig unparteiiſch u. ſucht die Gerech= tigkeit.

Die Stauffergeſchichte iſt ſchlimm (genau übrigens werden ſie Wenige kennen) und es iſt Fleiner[1]) gar nicht zu verargen, daß er ſie verſchleiert. Was iſt das mit dem Tagebuch? Steht es im Magaſin? In dieſem Falle bitte ich um ein Ex., zahlend oder zurückſendend. Das Magaſin hat ſich für einen Staufferart. auch an mich gewendet. Natürlich ab= gelehnt. . . . Der Heilige eignet ſich für die Ungarn. Danke für die Zuſendg.

Daß Hans Blum nicht gewählt iſt, bedaure ich. Er iſt doch ein guter Patriot. . . . Verſtehen Sie mich, ich möchte den Jungen etwas Raum gönnen, den ſie ſich übrigens zu nehmen anfangen, aber ich fahre fort, auf meinen Wegen zu gehen. Die Gedichte ſind ſo zu ſagen fertig, mit Betſys Feder. Wann wünſchen Sie das Mſc?

Geſtern ſchickte ich an Baechtold meine Kellerbriefe (14 Stück) (Eher liebenswürdig als intereſſant).

　　　　Herzlich

　　　　　　　　　　　　Ihr　　　　M.

　　　　　　　　　　　　　　　3 März 1891

Lieber Freund, eben habe ich mit der Schweſter die An= ordnung der neuen Ausgabe[2]) beendigt. Sie werden das Mſc von ihrer Hand erhalten, ſo wie ſie auch in Männedorf die Correctur beſorgt. 18 neue Gedichte, mit ſtrengem Ausſchluß der Gelegenheitsgedichte . .

---

[1]) Albert Fleiner, der in der Neuen Zürcher Zeitung über den Maler Stauffer-Bern ſchrieb.

[2]) Der Gedichte, die vierte.

27 März 1891.

Lieber Freund,

die in dem von Ihnen mir gesendeten Theater-Anzeiger enthaltene Nachricht hat mich nicht überrascht. Sollte ich Ihnen früher nicht davon geschrieben haben, so lag es daran, daß ich den Erfolg erwarten wollte.

Etwa vor 3 Jahren correspondirte ich darüber mit Richard Voß sehr eingehend. Den Jenatsch, der ein höchst dramatischer Stoff (schon in der Geschichte) ist u. auch schon wenigstens 2 Male (von einem Salis[1]) u. einem Planta)[2]) dramatisirt wurde, zu bramatisiren daran konnte u. wollte ich R. Voß natürlich nicht verhindern. Nun hätte er das ge= schichtliche Material, das jedem gehört, nach Gefallen ver= werten können; daß er meine Fabel (mehr oder weniger, denke ich) adoptirte u. sich laut dazu bekannte, ist für mich schmeichelhaft. Der Mann ist — (mit einer leichten, krank= haften Mischg, die mich persönlich nicht stört) höchst (und spezifisch dramatisch) begabt, ein echter Poet, worauf in letzter Linie alles ankommt. Den Erfolg aber in Berlin — bezweifle ich, wenigstens einen nachhaltigen, aus Gründen, deren Ent= wickelung mich zu weit führen würde.

ich lege noch eine Photogr. bei, die Sie — meine ich — schon kennen, u. die Ihnen nicht gefällt. ich mag sie leiden; am besten nehmen Sie wohl für Gedichte IV den Pariser Holzschnitt. Es ist die Rede von einem Bildniß von berühmter Hand, doch rede ich nicht gerne davou, so lange es noch schwebt.

Ihr · M.

(Mai 1891 auf einem bedruckten Blatt, enthaltend einen Aufruf für das Reichswaisenhaus in Lahr.)

... Jetzt fange ich an, an der Angela kräftig zu schaffen und werde, wenu es Gott gefällt, während der Hitze, die mir sehr wohlthätig zu werden beginnt, nicht an ein Curort, sondern nach Schloß Steinegg gehen... ich stand neulich

---

[1] Arnold v. Salis, „Georg Jenatsch. Eine dramatische Dilogie". Basel. Hugo Richter 1868.

[2] Peter Conradin Planta, „Rhätische Parteigänger". Hist. Schauspiel. Frick 1864.

als Zeuge vor Gericht in der Keller-Testament-Sache und
blieb dann noch eine Weile, den andern Zeugnissen zuhorchend.
es hat mich interessirt, einmal derlei zu betrachten . .

---

10 Juni 1891.

. . In Zürich baut sich jetzt zugleich eine neue Tonhalle
und — statt des abgebrannten — ein neues Theater auf. Zu
viel auf einmal! aber es ist eine Wut, und — wegen der
baulichen Umgestaltg der Stadt — fast eine Notwendigkeit.
Für die Tonhalle muß ich Actien nehmen und für die Theaterweihe Prolog und Vorspiel dichten. Wissen Sie, es ist dafür
sonst niemand mehr da, nach Kellers Hingang! Alles recht,
wenn ich nur die Angela vorher fertig habe. Ich bin Gottlob
merkwürdig wohl. Unberufen!

Ihr   M.

---

11 Juni 1891

. . . Die „Angela" fängt an, mich gewaltig in Anspruch zu nehmen. Wenn nur diese starke Stimmg auch
über die Novelle hinaus anhielte!

Ihr   C. F. M.

---

24 Juni 1891

Lieber Freund,

nur eine Zeile des Danks für die angelangte Sendg.
Zugleich kam von Basel der „Hansjakob")[1] der mir, beim
ersten Einblick, den günstigsten Eindruck macht. — Es ist
merkwürdig, wie in der Sammlg die hinzugekommenen Gedichte weicher sind. Natürlich machen Sie die Taschenausgabe in 2 Bänden, nur thut mir leid, daß es notwendig
ist. Das Pergamentexemplar ist sehr schön.

Ihr   M.

Die Angela wird fertig, (unvorhergesehenstes vorbehalten)...

---

[1] Von Adolf Vögtlin.

Lieber Freund,

11 Juli 1891

vielen Dank für die 6 geb. Exempl. Betsy wird Ihnen wohl für das ihrige danken. Wenn Sie mir nun noch erlauben, einige (4—6) durch Sie in Deutschland zu versenden, bin ich befriedigt. ich setze alles bei Seite, um die Angela groß auszudichten. Es ist wohl der schwerste Stoff, den ich je behandelt habe, aber ich bin guten Muts.

Ihr   M.

---

19 Juli 1891.

Von Angela sind 7 Kapitel dictirt (von 12).

---

22 Juli 1891.

Morgen 1 Uhr gehen wir mit der Schwester nach Steinegg. ich dictire (von 12) am 9 Kapitel der Angela.

Schloß Steinegg bei Frauenfeld. 2 Aug. 1891.

Von 12 Kapiteln sind jetzt 11 vollendet: es bleibt noch das letzte — ein wichtiges — zu dictiren, ich darf sagen, daß ich arbeite.

---

4 Aug. 1891. Schloß Steinegg
bei Frauenfeld.

Lieber Freund,

Meinen besten Dank für Ihre letzte Sendg. Der Jenatsch in Pergament ist sehr schön, und die Novellen in 2 Bänden gefallen mir in dieser Form ausnehmend wohl. Dagegen sind statt 2 Jenatsch u. 1 Gedichte 3 Jenatsch u. keine Gedichte angelangt. Der letztern aber bedarf ich, um mein gegebenes Wort zu lösen.

Nach Holzschneider Baur[1]) habe ich mich erkundigt, seine Adresse jedoch nicht in Erfahrung bringen können.

---

[1]) Der nach einer Photographie Meyers Bild schnitt, das verkleinert vor der 4. Aufl. der Gedichte steht.

Von Kahn in Berlin habe ich schon viel gehört und das an der Musik-Hochschule in Berlin aufgeführte Weihgeschenk soll ersten Ranges sein.

Ganz besonders freut mich die ed. 2 des Buches von Voegtlin.

ich habe sozusagen alles andere bei Seite gelegt, um die Angela zu vollenden es ist eine schwere aber durchaus nicht „saure" — wie Sie meinen — sondern im Gegentheil — eine süße Arbeit. Wollen Sie ein complettes Msc. mit Monatende?

ich hoffe, Fr. Clara kam mit dem Schrecken davou.

Ihr   M.

Betsy, welche hier ist, grüßt herzlich und schreibt nächstens.

⸻

Schloß Steinegg bei Frauenfeld. 6 Aug. 1891

Heute wieder einen Schritt vorwärts! Die Angela werde ich wohl Sonnabend beendigen.

⸻

Schloß Steinegg bei Frauenfeld. 7 Aug. 1891.

Es bleibt noch die zweite Hälfte des letzten Capitels.

Schloß Steinegg bei Frauenfeld
(Poststempel 12 Aug. 1891.

Lieber Freund,

Erst Morgen beendige ich Angela. Dann noch 2 Tage Revision. Sonnabend: Versendg. Nach Empfangsbescheinigung von Berlin Versendg vom Msc. (nach Leipzig). 18. Abreise nach Kilchberg, wo ich 20 an einer Hochzeit theilnehmen muß. ich danke aufs allerfreundlichste für 5 Gedichte u. 4 Bildnisse. . . .

Herzlich   Ihr   M.

wegen der Publikation der Buchausgabe werde ich von Paetel den frühesten Termin zu erlangen suchen.

Schloß Steinegg 12 Aug. 1891.

Lieber Freund,

ich muß Ihnen doch mit einer Zeile melden, daß ich heute 1 Uhr Angela Borgia beendigt habe. Sonnabend geht das Msc. nach Berlin ab. An Rodenberg habe ich eben geschrieben zu Gunsten einer möglichst frühen Veröffentlichg der Buchform.

Ihr

Dr. Conrad Ferdinand Meyer.

P. S. Denken Sie, Ihr Art.: über das schlechte Pflaster der Lindenstraße ist bis in meine Waldeinsamkeit gedrungen!

———

Kilchberg 30 Aug. 1891.

Lieber Freund,

Meinen besten Dank für die glücklich angelangten „Gedichte" u. die 2 Ex. Novellen, die mir äußerst gelegen kommen. Die Pantoffeln trage ich täglich. Der Art. von Milan in der Allgem.[1]) ist ganz vorzüglich — denken Sie sich, Reichstagsmitglied Goetz war hier. Sagen Sie mir doch ein Wörtchen über Ihren Eindruck von der Angela. Also nach den Rundschaucorrect.bögen drucken!

Ihr   M.

———

Letzten Aug. 1891

Lieber Frenud,

Sie erhalten die erste Hälfte der Rundschaucorrecturbögen nächstens. Dieselben sind schon in Männedorf. Drucken Sie ja genau! B. will vom „Halbbruder" nichts wissen. Ihr Urteil (Karte an Betsy) hat mich verblüfft. Gleichzeitig schreibt Rodenberg: „Dieß ist Ihr Meisterwerk" u. er ist so

---

[1]) Emil Milan. „Die neue Ausgabe von C. F. Meyers Gedichten". (Beilage zur Allg. Zeitung 22. August 1891.)

vorsichtig. Nicht einmal Ihre Besorgniß wegen der kleinen
Leserzahl kann ich dieses Mal — so pessimistisch ich sonst in
dieser Hinsicht bin — theilen. Nun, das Publicum wird urteilen.

Inzwischen freundlichst Ihr

C. F. M.

Ja genau nach der Rundschau drucken!

Kilchberg 3 Sept. 1891.

Lieber Freund,

ich bin ganz Ihrer Meing, daß wir verständiger Weise
das Urteil über Angela dem Publikum überlassen.

Wichtiger ist Folgendes, worauf ich genau zu achten
bitte. In der von der Schwester besorgten nach Berlin zurück-
gegangenen Correctur der ersten Hälfte sind leider — dies
bleibt ganz unter uns — einige Fehler, freilich nicht gerade
schlimmer Art, stehen geblieben. Nun ist es sehr begreiflich
daß ich wenigstens die Buchausgabe völlig eorrect wünsche.

Zu diesem Behufe drucken Sie nach den Berliner Corr.
Bögen (die morgen an Sie abgehen) u. senden mir —
denn ich selbst will diese Corr. besorgen — einzeln
Bogen um Bogen lieber einen nach dem andern als 2 zusammen. je doppelt nach Kilchberg. Es darf kein Fehlerchen
stehen bleiben!

Da nun nach Msc. 2 (Msc. Gärtner Karl)[1] überhaupt
gar nicht gedruckt werden darf, hindert nichts daß Sie
es — mit den nötigen Erklärungen — an Milan senden, dem
ich gerne über Angela das Wort ließe, der mich übrigens in
diesem Monat Sept hier aufzusuchen im Sinne hat.

Ihr   C. F. M.

Gestern war K. Spitteler hier. Sehr artig!

---

[1] d. h. das von dem Gärtner geschriebene Msc.

Lieber Freund, 28 Sept. 1891.

zuerst will ich Ihnen meine Freude aussprechen über den schönen Druck der Aushängebögen. Er gefällt mir ungemein.

Was die wichtige Frage betrifft die Sie in Ihrem letzten Schreiben behandeln, so ist dieselbe wohl in Ueberlegung zu ziehen. Sie wissen, es ist kein Mensch belehrbarer als ich.

ich beginne jetzt meinen Friedrich II mit Petrus Vinea, ein herrlicher Stoff. edle Menschen, keine oder' fast keine Gräuel, große Probleme. Dann der Dynast, der recht in die Breite geht. Natürlich, das alles liegt in meiner u. zugleich in höherer Hand, also bescheiden! ich denke, ich setze pg 108 außer daß er immer unwahrer u. verschrobener wurde. pg. 110 weiß ich für comödiantische nur schauspielerische Aber. Mir scheint, beiläufig, dies sehr schöne 7 Capitel läßt den Leser der Rundschau keineswegs auf dem Eindruck der Blendg.

Sonntag, gestern, Schulhaus-Einweihg in Kilchberg, Mittwoch Theaterweihe in Zürich beides mit meinen Pro=logen. Wilhelm Füßli malt mich furchtbar vorsichtig. ich glaube, es geräth.

Herzlich, alter Freund, Ihr M.

Lieber Freund, 15 Oct. 1891

es hat mich recht tüchtig gepackt. ich besuchte einen Jugendfreund, Doctor Landis in Richterswyl u. kam mit schweißtriefendem Kopf in kalten Windzug; Fieber, Kopf=rheumatismus. Hoffe aber morgen die Correctur dennoch zu beendigen. Ja es ist der 11 Oct.[1] (nach dem Taufschein)! Die Meduse ist etwas schwarz aber kräftig.

Herzlich Ihr M.

Mit Ebers bin ich sehr befreundet. Ermüden Sie nicht in Ihrer Sorgfalt für die Nov.

[1] Der Geburtstag C. F. Meyers.

Kilchberg 16 Oct. 1891.

Lieber Freund,

nicht nur Bogen 9, den Sie in Ihrer Karte vom 12.
zurückverlangen, ſondern auch Bogen 10 glaube ich ſchon
corrigirt und geſendet zu haben. Bitte nehmen Sie ſich
zuſammen, wie ich es — trotz meines Unwohlſeins — thue,
damit das Buch makellos bleibe. ich ſende nach einander
B. 9. 10 (zum 2 Mal), 11. 12. 13. 14. 15. 16. u. Titel.

(Poſtſtempel: 19. Oct. 1891.)

Lieber Freund,

ich habe die reſtirenden 11—16 vor mir u. laſſe mein
Zimmer verbieten, bis ich fertig bin.[1] . . . Während meines
Fieberchens habe ich den Anfang des Dynaſten wieder be=
trachtet u. wahrlich ich hätte Luſt, fortzufahren. Rahn könnte
mir da herrlich beiſpringen, in Coſtüm u. Architectur. Es
würde ein wahrer Roman.

Alſo ſo bald als möglich!

---

22 Oct. 1891.

ich mache ſtets vorwärts, ſehr ſorgfältig. Bitte, harren
Sie gleichfalls aus! Wir wollen eine ganz makelloſe Angela
haben! Bella cosa! . . . Der Dynaſt mit ſeiner merkwürdigen
Fabel u. ſtarken ethiſchen Baſis, mit ſeiner Fülle von Ge=
ſtalten, ſeinen u. volksthümlichen, das könnte ſchon etwas
werden!

Ihr   M.

---

[1] Faſt jeden Tag ſchrieb C. F. Meyer damals eine oder zwei
Karten an Haeſſel, immer mit der bringenden Bitte um möglichſt ſorg-
fältige Korrektur.

24 Oct. 1891.

Lieber Freund.

Gleichzeitig (4 Uhr) geht 13—16 an Sie ab. ich habe, unter diesen Umständen, mich nach Kräften beeilt. Möge die schlimme Zeit ohne Schaden vorübergehen!

Ihr   M.

3 Nov. 1891[1])

Lieber Freund,

ich hoffe, Angela geht ungehindert ihrer Vollendg entgegen. Nehmen Sie, bitte, Kentniß von dem nnten Folgenden u. senden Sie etwas meiner Sachen, mit der beiliegenden Karte an den Fest-Ausschuß! Das Bild von Füßly wird, glaube ich, sehr gut! Der Mann ist hochbegabt.

(die Coulissengeister haben — scheint mir — ihr Verdienst) Hier geht es mitunter in der Gesellschaft etwas bunt zu, allerlei Geschichten u. Feindschaften u. Ausschließungen. ich bekümmere mich um gar nichts, als um die Sachen der eigenen Familie, was meine Pflicht u. mein Interesse ist — und um meine neue Arbeit. ich denke doch wohl diese wird — trotz des lästigen geschichtlichen Staubes u. Nachschlagens — der Dynast sein. Einmal muß er, vorbereitet wie er ist, doch geschrieben werden u. warum nicht sezt!?

Ihr   M.

5 Nov. 1891.

.. Also die Angela vollendet. die Überzeugg befestigt sich bei mir, daß sezt der Augenblick da ist, den Dynasten zu schreiben. Später läßt sich die Veröffentlichgsform besprechen. Für einmal werde ich den großen und weitläufigen Bau sorgfältig fundamentiren.

ich finde es sehr klug, daß Sie den Keller von Frey[2])

---

[1]) Auf einem Aufruf zur Speude für das Leipziger Schriftstellerfest.
[2]) Adolf Frey, „Erinnerungen an Gottfried Keller". Leipzig, H. Haessel 1892.

noch in diesem Jahre veröffentlichen u. zweifle keinen Augen=
blick am Erfolge. ich stelle das Buch sehr hoch.

Die Meduse ist gut u. paßt auch vorzüglich zu unserm
Buch. Wenn sie nur nicht die Leser versteinert oder die
Käufer wegschreckt.

Im Dynasten läßt sich setzt mit Leichtigkeit alles oder
fast alles nicht in die Familie gehörige vermeiden, weil
es nicht zur Sache gehört, was mir für Sie lieb und auch
mir recht ist. Ihr　　　　　M.

---

16 Nov. 1891.

Lieder Freund,

ich glaube, wir dürfen vorläufig zufrieden sein. Trotz
einigem (doch nichts unleidlichem) Fehlerhaften macht die
Angela durchaus keinen unfertigen Eindruck sie hat sogar
einen Schimmer der Vollendg. Nun geht es ganz ernst=
haft an den Dynasten, der viel verspricht u. hoffentlich hält,
aber es ist eine Arbeit vielleicht 2 Jahre! Alles, Contr(act),
Liste der Zusendgen (senden Sie für einmal nichts mehr an
mich!) wird abgewickelt. Muß meine Augen schonen.

Ihr　　　　　M.

Schreiben Sie mir dagegen viel!
Es freut mich, daß Sie das Politechnikum bedenken.

---

21 Nov. 1891.

Lieder Freund,

Daß ich es nicht vergesse, lassen Sie G. Ebers ein schön
gebundenes Ex. der Angela zukommen, wenn Sie Per aspera
öffnen, werden Sie es billigen. Der Dynast beschäftigt mich
ausschließlich. Aber 2 Jahre werde ich brauchen, schon wegen
der hist. Studien, die hier unerläßlich sind.

Ein Paket „Angela", Hälfte blos brochirt, ist mir denn
doch für Zürich notwendig. Schreiben Sie ein Wort, wie es
Ihnen geht. Ihr Keller wird, glaube ich, sehr gut gehen.

Lieber Freund, 1 Dez 1891

vorläufigen Dank für die Sendg, in der ich nur einen „Keller" vermißte. Besonderen Dank für Pergament u. Halbfranzband. auch ich bin mit der Besprechg der Gedichte durch Frau Lina[1]) höchlich zufrieden, ich drang auf sie als meine Recensentin u. wünsche mir Glück dazu. Schlimme Zeiten das, im Buchhandel!! ich bin recht froh, daß Sie für einmal keine A(ngela)'s mehr drucken. vielleicht schon zu viel. Augenrheuma, sonst wohl!

Lieber Freund, 2 Dez. 1891.

es haben sich noch so viele mehr oder weniger berechtigte Ansprüche auf Schenkexempl. der Angela gezeigt, daß ich noch eine Doppelbitte an Sie richten muß:
1) Folgende 3 Zusendgen an Freundinnen der Frau selbst besorgen zu wollen, von Leipzig aus:

    1) Freyin Louise v. Richthofen, Gnadenfrei, Schlesien.
    2) Freyin Marie v. Richthofen, Gnadenberg bei Bunzlau
                                        Schlesien

und 3) Frl. Marie Leykauff, Frankfurt am Main, Ulmen= straße.

und zweitens noch ein 3 Kilopaket nur brochirter Angelas mit einem Keller (Frey) für mich. Damit aber muß ich auskommen.

Den Separatabdruck der Besprechg meiner Gedichte von Frau Lina billige ich durchaus, natürl. im Einverständniß mit Paetel. Es ist für Sie fatal (ich selbst bin hierin, wie im andern Stoiker) daß die Gedichte auch gar nicht gehen wollen. Wenn Sie aber von der Angela noch 1700 zu Hause haben, so denken Sie ja nicht daran, diese noch in diesem Jahre zu verkaufen! Also ganz in die ferne Zukunft hinaus, bemerke ich, daß mir das „u. wurde Purpur" auch nicht ge= fällt. Besser wäre: und wurde Flamme. Wenn aber Angela Flamme wurde, scheint Milan Lust geworden zu sein! Alles

---

[1]) Lina Frey.

das — u. noch einiges andere, wäre ärgerlich, wenn es sich
die Mühe lohnte, sich über etwas Irdisches zu ärgern. Besser
ist, das Unangenehme rasch hinunter zu schlucken u. sich des
Guten, das uns doch auch zu Theil wird, bescheiden zu freuen.

Unterziehen Sie sich ebenfalls, lieber Freund, mit Lebens=
weisheit der Sendg eines letzten Kilopaketes, das Ihnen die
1700 etwas verringert, von denen ich heute Nacht geträumt
habe.

Ihr   M.

---

2 Dez. 1891.

Nein, lieber Freund, pg 244 muß es weder Purpur,
noch Flamme heißen, sondern Glut — „und wurde Glut".

---

3 Dez. 1891.

Lieber Freund,

ich sende Ihnen den Correcturbogen der 1. Besprechg der
Novelle (mit den Druckfehlern) von Frau Lina. ist doch recht
gut. Erscheint in Prof. Vetters Schweizerischer Rundschau.

Ihr   C. F. M.

---

11 Dez. 1891.

Lieber Freund,

ein Augenrheuma, wenn auch ungefährlich, hindert mich
auf Schritt und Tritt, dazu die Sitzgen bei Füßly, die Neu=
jahrsgeschäfte und auch ein bißchen die Sorge, Sie möchten
sich mit der Angela verspeculiren, stimmen mich etwas
sorgenhaft. Senden Sie doch noch eine Angela an Prof. der
Kriegsakademie in München Richard Weltrich, ein Kritiker
der Allgem. er mag mir wohl. ich zähle darauf.

Die Sendg broch. Angel. wofür ich freundlich danke ist
glücklich angekommen, nebst dem Keller, den ich sehr hoch
schätze. Sie haben da wieder einen guten Art. Es ist wie
verhext: ich bedarf noch 3—4 gebundene Angela. Man

fordert sie fast gewaltthätig von mir u. ich darf in gewissen
Fällen fast nicht abschlagen oder vergessen z. B. Frau Spyri,
dieser natürlich aus Freundschaft (sie hat es schon erhalten,
aber mir mangelt dafür ein anderes schon bestimmtes, also
noch ein Kilopaketchen, wäre es auf meine Kosten. Meine
Freude ist der neue Roman, ohne alle Grausamkeit. Aber
keine Möglichkeit jetzt zu schreiben, voller Geschäfte und ohne
Augen.

Ihr   M.
der sein Bündel trägt.

Die Annonce ist fast etwas zu bewußt und dazu er-
schrecklich theuer!

1891.

Von Dr. Reitler[1]) freut es mich wieder etwas zu ver-
nehmen, ich habe seinen Brief mit Vergnügen gelesen und
bemerke nur Zweierlei. Gerade um dem Eindruck des Polem.
vorzubiegen, erschuf ich den guten Pater Mamette, daß aber
die Kirche einen Alex VI. besitzt, daran bin ich unschuldig.
Der schöpferische Gedanke der Nov. ist das Gegenüber zweier
Frauen nach Art der Italiener (z. B. Titian Himmlische u.
Irdische Liebe. (Hier: Zu wenig und zu viel Gewissen.
Genau also müßte die Nov. heißen: Lucrezia und Angela
Borgia. J. J. David[2]) erinnere ich mich recht wohl. Habe
ich ihn irgendwie gefördert, ist mir das eine große Freude,
und für mich eine schöne Fortdauer.

---

2. Jan. 1892

So ist das n. Jahr betreten, u. wir wollen uns beide
wacker halten. ich wünsche baldige Genesg u. ungefährliche
Medicamente! ich bin Gottlob noch recht erfindreich u.

---

[1]) Anton Reitler „Conr. Ferd. Meyer. Eine literarische Skizze
zu des Dichters 60. Geburtstage". Erste und zweite Auflage. Leipzig,
Verlag von H. Haessel 1885.
[2]) Der Wiener Schriftsteller Jakob Julius David.

C. F. Meyer, Briefe. II.   14

werde meine neue gr. Leinwand leicht füllen, doch die Augen
werden fortan eine Rolle spielen. Vor 2 Jahren wird der
Roman nicht fertig.

Kilchberg 3 Jan. 1892.

Lieber Freund,

es ist recht fatal, daß der fragl. Art. Ihre Genesung be-
einträchtigt. Die Geschichtchen, die mich betreffen, wären wohl
besser unerzählt, und am besten von mir selbst unerzählt geblieben, doch morgen schon sind sie vergessen. Die Sie her-
beiziehende Stelle aber, obwol auch diese einer harmlosen
Deutung fähig ist, etwa: auch ein befreundeter Verleger —
allgemein — würde m. Schritt nicht beschleunigen, könnte
allerdings den falschen Schein auf Sie werfen oder zu werfen
scheinen, als ob Sie mich zu rascherer Production gewinneshalber antrieben.

Darauf antworte ich — und Sie mögen dieses mein Wort
mittheilen, wem Sie wollen — wenu es natürlich ist daß
Schriftsteller und befreundeter Verleger sich intim mit einander unterhalten, so haben Sie doch nie und nimmer, auch
mit keiner Sylbe meine Production zu beschleunigen versucht! dazu bin ich Jhuen — ich und meine lit. Reputation
— das weiß ich, viel zu lieb —

Doch, wie gesagt, ich glaube nicht daß die fragl. Stelle
eine solche Insinuation enthalte, die weder in den Thatsachen u. noch weniger in Ihrem Character die geringste Begründg fände.

Auch hier sind viele Kranke. Tragen Sie sich Sorge,
lieber Freund.

Ihr   C. F. M.

Mit den Augen geht es langsam — aber sehr langsam
besser.

(Von Haeffels Hand: 25. Januar 1892 erhalten.)

Eine Zeile auf Ihren l. klugen Brief. Gewiß ist Schweigen das Beste u. fällt mir gar nicht schwer — außer zwischen uns selbstverständlich. Die zwei Bezüge entnehme ich gemein=schaftlich, unter dem letztern Datum.

Im Roman will ich durchaus etwas Wohlthuendes daher der Comtur. Alles Ergreifende wird übrigens aus dem Dynasten als Episode herübergenommen.

In der andern Sache könnte es sich nur um die sehr nahe=liegende gelegentliche Dramatisirung von Mönch u. Richterin handeln, die dann bei Ihnen als „Theater v. C. F. M." er=schienen, sodaß ich mich um das Weitere nicht zu kümmern hätte. Doch in sehr weitem Felde! Sie haben recht, ich bin noch lebensfähig aber mit strenger Lebensoekonomie. . . .

Lieber Freund,

mit den Augen geht es wenigstens nicht schlechter, da=gegen bin ich, infolge überarbeitg u. verschiedenartiger Wider=wärtigkeiten nervöser geworden, als gut ist. Muße! Ruhe! Ein Lichtpunkt ist für mich der Comthur dem ich, wahrschein=lich sehr, sehr langsam, aber doch zustrebe, natürlich für ein=mal, ohne zu schreiben, aber ich gehe viel mit dem Gegen=stand um, der wohl ein glücklicher ist, und auferbaue mich daran.

Ihr   M.

Beilage:

Meinen l. Freund, Hn Buchhändler Haeffel in Leipzig, ermächtige ich hiermit, mit Hn. Morich, Manchester Grammar School in meinem Namen, puncto Verwendg meiner Nov. das Amulett als Schulbuch nach seinem Ermessen abzuschließen.

Kilchberg=Zürich 2 Febr. 1892.

Dr. C. F. Meyer=Ziegler.

14*

. . . Heute wieder beim Augenarzt, der mir meine Brillen vorschrieb. Augen sehr kurzsichtig, doch intact. Große nerv. Ermüdg infolge von Überarbeitg und Widerwärtigkeiten.

Herzlich Ihr M.

Lieber Freund, (Von Haeffels Hand: 1892.)

. . . Mit allem, was Sie wegen der neuen Ausgabe an= ordnen, bin ich zum voraus einverstanden. An Betsy schreibe ich wegen der Corr. der Gedichte; auch Friß Meyer wird wieder herbeigezogen werden müssen, zur Schong meiner Augen. Es freut mich, daß im Ganzen die Bücher gehen obgleich ich gerne — bei der Unbeständigkeit der irdischen Erfolge — zur Vorsicht ermahne. (Unter uns!) (Die Leitg der Königl. Bühnen in Berlin bittet mich, ein Stück einzu= reichen, sie hätte vernommen, ich beschäftige mich dramatisch). Ich habe — der Wahrheit gemäß — die Sache unwahrschein= lich gemacht: — Der Roman, an dem ich herumdenke, ist nicht der Dynast — denn dieser wäre noch grausamer als Angela u. würde nur episodisch verwendet, sondern ein ganz heller, quasi himmlischer Character, aus der Reformations= zeit.[1]) Sicher ist jedenfalls die Heimkehr aus dem Süden,[2]) Hauptsache dann, überanstrengg auszuweichen, denn mein Augenübel ist überanstrengg bei der Borgianovelle.

Ihr M.

Wenn die n. Auflage der Gedichte mir noch einen Monat Frist gibt, würde ich gerne noch zwei neue beigeben. Aber so viel Zeit brauche ich. Bei einem Stücke köunte es sich nur um die Dramatisirung einer meiner Nov. oder des Hutten handeln. ich bin jetzt recht in den Händen des Schicksals. Wenn nur die Augen gutgehen! Mein Maler Füßli ist jetzt ebenfalls augenkrank.

---

[1]) „Der Comtur".
[2]) Gemeint ist Gersau, wo C. F Meyer im Frühjahr 1892 war.

Kilchberg 28 März 1892.

Lieber Freund,

... Betsy war hier und wir haben das Nötige — so gut es meinerseits gehen wollte — für die neue Ausgabe der Gedichte verabredet ... Betsy habe ich auch noch zu gelegentlicher Berichtigung einiger formeller Verstöße in den Novellen bevollmächtigt.

Ihr   M.

(Visitenkarte.)   26. Oct. 1897.

Dr. Conrad Ferdinand Meyer

dankt bestens für die Bücher und die beiden Cheks, welche ich Orelli sende. Die von mir vergessene Goetheanecdote mögen Sie veröffentlichen lassen. Freundlich grüßend.

Eine Goethe=Anekdote.[1]

Die in der 19. Nummer der „Halle" stehende Schiller= Anecdote erinnert mich an eine Goethe=Anecdote, welche ich doch aufzeichnen will, da sie, wenn auch an sich unbedeutend, eine hübsche Illustration bietet zu dem bekannten:

„Vom Vater hab' ich die Statur,
Des Lebens strenges Führen ...."

Auf der rechten Seite der untern Hälfte des Zürichsees liegen neben einander zwei Landhäuser: „Mariahalde," wo Graf Benzel=Sternau sein Leben beendigte, und die „Schipf," welche Jakob Escher, ein genialer Maschinenfabrikant, besaß. Diesen kannte ich noch in seinen letzten Lebensjahren — er überschritt die Achtziger. Als mich der greise Escher einst durch den Schipfsaal führte, erzählte er mir, Goethe habe — zu Ende des vorigen Jahrhunderts[2] — auf einem Besuche in der Schipf, von seinem Freunde Meyer, dem „Kunschtmeyer", wie ihn später die Weimarer hießen, gebracht, diesen Saal,

----

[1] Die Niederschrift mag, nach der Handschrift zu schließen, 1880 vorgenommen worden sein.

[2] 1797.

in deſſen Hintergrund er eine Orgel erblickte, mit den luſtigen
Worten: „Hier muß man tanzen" betreten und dann den
ganzen großen Raum im Tanzſchritte durchmeſſen.

Natürlich wollte ich nun mehr von Eſchers Beziehungen
zu Goethe wiſſen. Der alte Herr hatte aber — den Eindruck
der imponirenden Erſcheinung ſeines Gaſtes ausgenommen —
nicht viel zu erzählen; nur ein Geſchichtchen hatte ſich un=
auslöſchlich in ſein Gedächtniß gegraben. Ich laſſe ihn ſelbſt
reden in der vagen Form, deren ſich der Greis bediente, die
ich aber, Wort um Wort, verbürgen kann:

Wir machten, berichtete er, einen Ausflug von Zürich
nach der gute zwei Stunden entfernten Albishöhe. Vor dem
Thore der Stadt — damals war Zürich noch befeſtigt — be=
traute Goethe einen jungen Mann, der ihn begleitete, mit
einem Fernrohre. „Tragen Sie dazu Sorge!" ſchärfte er
ihm ein. Als wir auf dem Rückwege wieder vor dem Thore
anlangten, fragte Goethe den jungen Herrn: „Wo haben Sie
das Perſpectiv?" Dieſer befühlte ſeine Taſchen, nirgends
war es zu finden. „Es liegt auf dem Tiſchchen vor dem
Spiegel im Eßſaale des Albishauſes." „Gehen Sie gleich
zurück und bringen Sie es!" Der junge Mann ging.

Das fand ich etwas hart, ſchloß Eſcher ſein Geſchichtchen,
aber Goethe wollte ſeinem jungen Begleiter eben eine tüchtige
Lehre geben.

F. M.

An

Adolf Calmberg.

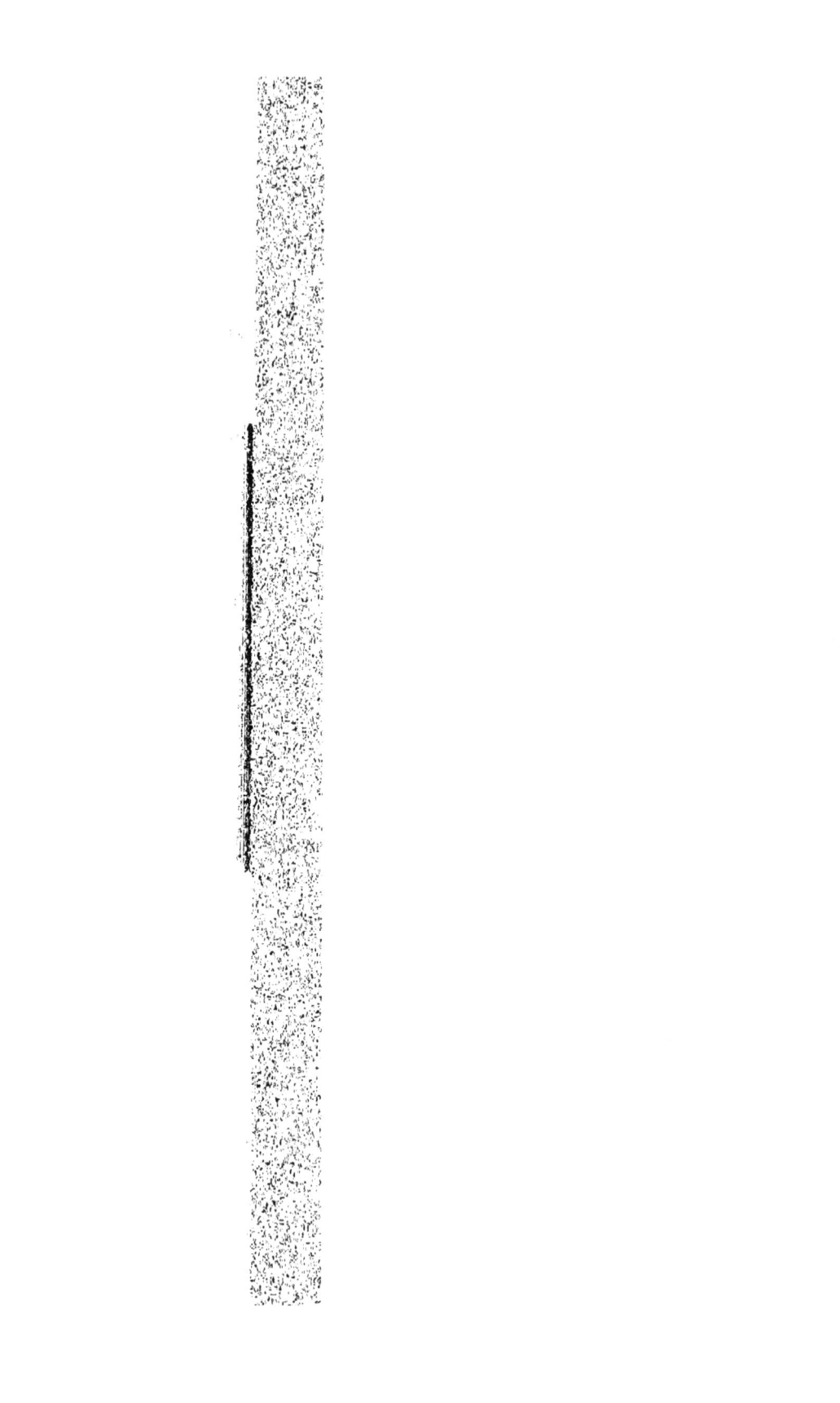

Adolf Calmberg.

Adolf Calmberg, geb. 21. April 1837 zu Lauterbach in Hessen, trat 1851 zu Reichelsheim im Odenwald als Apotheker in eine Lehre, bezog aber zwei Jahre darauf das Gymnasium zu Büdingen und im Frühling 1856 die Universität Gießen, wo er promovierte. Er setzte seine auf ein Gymnasiallehreramt berechneten Studien 1861 auf der Berliner, 1862 auf der Leipziger Hochschule fort und übernahm 1863 die Leitung eines Privatinstitutes in Schlitz bei Fulda. Die Regierung des Kantons Zürich berief ihn 1867 als Lehrer für deutsche Sprache und Literatur an das Seminar Küsnacht-Zürich. In dieser Stellung starb er 26. Mai 1887.

Außer lyrischen Gedichten, von denen mehrere in Franz Brümmers „Hausschatz deutscher Lyrik" aufgenommen sind, schrieb Calmberg eine Reihe dramatischer Arbeiten, die zum Teil zahlreiche Aufführungen fanden: Adelgunde von Rodenstein, Ritterschauspiel in 5 Aufzügen, Darmstadt, H. Jacoby 1853. Jürgen Wullenweber, Bürgermeister von Lübeck, ein dramatisches Gedicht. Leipzig 1862. 2. Aufl. 1866. Theodor Körner. Ein dramatisches Gedicht. 3. Aufl. Universalbibliothek Ph. Reclam, Leipzig. (Erstaufführung 17. Okt. 1864, Stadttheater Mainz.) Die Braut in Schleswig. Schauspiel in 3 Aufzügen (ungedruckt). Der Erbe des Millionärs. Schauspiel in 4 Aufz. 1864. 2. Aufl. Zürich 1874. (Erstaufführung 30. Dez. 1867, Zürich.) Wer ist der Herr Pfarrer? Lustspiel in 1 Aufz. 2. Aufl. Berlin 1874. (Erstaufführung Zürich 29. Nov. 1868.) Der Sekretär. Lustspiel in 1 Aufz. 3. Aufl. Universalbibliothek Phil. Reclam, Leipzig. (Erstaufführung Zürich 24. Nov. 1869.) Holländ. Übersetzung: Het misverstand. L. van Helft, Kampen. Die beiden Mosen. Ein vaterl. Gedicht 1871. Der neue Columbus, Lustspiel in 2 Aufz. Zürich 1871. Der Sohn des Pastors. Schauspiel in 1 Aufzug. 1874. (Erstaufführung Karlsruhe 22. Jan. 1873.) Das Röschen vom Kochersberg. Elsässisches Lebensbild in 5 Aufz. 2. Aufl. Zürich 1875. Ingeborg. Schauspiel in 4 Aufz. Zürich 1886. (Erstaufführung 12. März 1886 Zürich.)

Calmberg schrieb auch Die Kunst der Rede, Lehrbuch der Rhetorik, Stilistik, Poetik. Zürich 1884. 2. Aufl. 1885 (wenige Monate nach der ersten).

(Quellen: 1. Handschriftl. autobiogr. Skizze Calmbergs. 2. Korrespondenzblatt der Burschenschaft Germania in Gießen. III. Jahrgang. Nr. 3. August 1881. 3. Deutsches Dichter-Lexikon von Franz Brümmer.)

Bei der großen Schwierigkeit, sich über Calmberg zu instruieren, bin ich hier absichtlich ausführlich geworden.

Davos Kulm 8 Aug. 1871.

Herzlichen Dank, lieber Freund, für Ihre Zeilen und
die neuen Photographien, die mich nahezu befriedigen. Zur
Vollendung Ihres Lustspiels[1]) wünsche ich Glück: möge Ihr
Kind Ihnen Freude machen.

Es ist hier vieles Kleinere entstanden: Landschaftslyrik[2])
in bekannter Weise. Den Bogen des Odysseus aber, das
Drama, halte ich noch, wie die Freier, betrachtend in der
Hand.

Den Anfang des Hutten habe ich eben korrigirt und
mich ergötzt an seiner Klarheit.

Gottbefohlen

Ihr   C. F. Meyer.

Davos Kulm 18 Sept. 1871.

Lieber Freund,

ich empfehle Ihnen diese drei „Balladen" zu eingehender
Kritik und mich Ihrem freundschaftlichen Wohlwollen.

Den Jenatsch betrachte ich als gesichert, da ich dem
Stoff die dramatische Seite und den Characteren ihre Tiefe
glaube abgewonnen zu haben.

Treuergeben

C. Fd. Meyer.

Der Hutten erscheint in einigen Tagen. Er sei Ihnen
zum Voraus ans Herz gelegt!

(Auf der Rückseite steht, von Betsys Hand geschrieben, das Gedicht
„Die Karyatide" mit den Bemerkungen Calmbergs:)

---

[1]) Wahrscheinlich „Der neue Columbus". Lustspiel in zwei Aufzügen.
Zürich 1871. Erstaufführung im Spätherbst in Zürich.
[2]) Siehe Adolf Frey: „C. F. Meyer", S. 222—225.

Die Karyatide.

1570.   1871.

Am Louvre steht in griechischem Gewand
Ein junges Weib von Stein. Sahst du sie nie?
Vollendet hatte sie des Meisters Hand
Am Tage vor der Saint Barthelemy.

Der blutgen Hochzeit rother Fackelschein
Umlodert ihr die schöne Wange wild,
Dann schlummert sie auf ihrem Sockel ein
Im Busen grimmen Brudermordes Bild.

Dreihundert Jahre dunkelten den Bau,
Und wieder flammt das Louvre roth wie Blut,
Da regte langsam sich die Marmorfrau,
Antlitz und Arme heiß von Jugendglut.

Von ihren schweren Lidern hob der Bann
Sich mählig und der lange Schlummer wich,
Sie starrte staunend in den Brand und sann:
Das ist Paris! . . . Ich weiß . . . sie morden sich.

(Calmberg schickte den Brief mit folgenden Bemerkungen zurück:
„Die Idee des Gedichts ist gut und lebensfähig. Ich würde von
„flammt" an Praesens behalten, durchweg. Am Schluß wünschte ich
eine wirksamere Pointe, die eine Steigerung, etwas Neues enthielte,
z. B. wenn die Marmorfrau sich in die Flammen und Trümmer stürzte".)
Das zweite Blatt des Briefbogens, das jedenfalls die zwei andern
„Balladen" enthielt, ist nicht mehr vorhanden.

Davoskulm 27 Sept. 1871.

Meinen besten Dank, verehrter Freund, für die Kritik
der drei Balladen, mit der ich, bis auf einen Punkt,[1] ein-

---

[1] Bezieht sich zweifelsohne auf Calmbergs Vorschlag, das Ende der
„Karyatide" zu ändern.

verstanden bin. Der Hutten von Peter Gißling[1]) langte an wie meine Zeilen abgingen. Durch die Geschmacklosig= keiten und die Rhetorik der 16 Jahre hindurch hat mich die große Wärme des Gedichts frappirt, ja ergriffen! Ein Stachel für die Lebenden.

Der Hutten ist correkt gedruckt. nur der Segen (13) ist durch eine falsche Lesart unruhig geworden (die doppelte Anrede an Deutschland und den Zürchersee)[2]) und pag. 107 steht ein: dieweil statt derweil. Was ich über das Ganze der Composition seit sie mir fremder geworden ist, denke, werde ich mich wohl hüten, meinem Rezensenten zu ver= rathen. Wir werden am 5 Okt. heimkehren, aber es liegen Projecte vor zu einer italienischen Reise, die nicht zu spät im Jahr angetreten werden darf.

Meine l. Schwester grüßt Sie mit mir auf's freund= lichste. Von Hutten erhalten Sie zwei Exemplare so bald als möglich.

In alter Freundschaft

Cd. Fd. Meyer.

---

27 Okt. 1871

Lieber Freund,

Es ist mir unmöglich, Ihnen nicht sogleich zu sagen, wenigstens mit einer Zeile, weche Freude mir Ihr ausge= zeichneter Artikel in der „Rheinischen" gemacht hat.[3])

Treuergeben

Cd. Fd. M.

---

[1]) Alle Nachforschungen nach diesem Peter Gißling blieben erfolglos.

[2]) 2. Str.: Heimat, aus der ich, hart verfehmt, entwich,
    Mit laut erhobner Stimme segn' ich dich!

6. Str.: Oft hört' ich von der Schweizerseen Reiz,
    Jetzt schirmst du mich, du hellster See der Schweiz.

7. Str.: Vergiß nicht, Deutschland, wer dem Hutten bot,
    Die letzte Freistatt und das letzte Brot!

[3]) Betsy Meyer legte ein Blättchen bei: „Eine vortreffliche Beurteilung des „Hutten", verehrter Freund! Die beste, die erschien und die, welche Conrad die meiste Freude macht! Herzlichsten Dank!"

Venedig 21 Dez. 1871.

Lieber Freund,

Ihre l. Zeilen, die von der Aufführung Ihres Lustspiels durch Poßart berichten, haben uns in Verona große Freude gemacht, und ich war im Begriff dieselben zu beantworten, als mich mein Aufbruch nach Venedig und gesellige Pflichten die meine letzten Tage in Verona ausfüllten, die Antwort vertagen ließen. Hier, in dieser wunderlichen Winkelstadt, mußte ich mich zuerst zurechtfinden lernen, ehe ich zur Feder griff. Dieß Venedig hat mich wirklich überrascht. Die·

Die Rezension erschien im Feuilleton der „Rheinischen Zeitung" vom 25. Okt. 1871. „Huttens letzte Tage." Unter diesem Titel ist soeben bei H. Haessel in Leipzig eine Dichtung von C. Ferdinand Meyer erschienen, die wir allen Freunden der Poesie, insbesondere allen freisinnigen Deutschen, welche in Hutten einen Vorkämpfer für deutsche Freiheit verehren, bestens empfehlen können.....

Dieses freundliche Eiland, umgeben von einer herrlichen Alpennatur, ist der Schauplatz unserer Dichtung. Wir sehen Hutten zur Insel kommen, darauf leben und sterben. Die Zeit seines Aufenthaltes auf der Insel ist nur kurz, der Dichter aber hat es mit großer Kunst verstanden, in diesen engen Rahmen die bedeutendsten Momente von Huttens Leben und Weltanschauung zu sammeln, so daß uns die Dichtung in kurzen, scharfen Umrissen ein anschauliches Bild des ganzen Mannes gibt.

Bot sich dem Dichter hierbei die Schwierigkeit, seinen Helden bisweilen in Erinnerung statt in Aktion zu zeigen, so hat er doch auch durch geschickte, der Geschichte entsprechende Griffe Gelegenheit gefunden, eine große Reihe höchst lebensvoller Bilder zu zeichnen, in welchen er uns den Helden in gegenseitigem Verkehr mit Freunden und Feinden zeigt. ....

Einfach, aber ergreifend schön durch die Tiefe der Empfindung und die Farbenpracht der knappen Sprache ist Huttens Begegnung mit dem berühmten Arzte Theophrastus Bombastus Paracelsus dargestellt, aus dessen zurückhaltendem Wesen Hutten schließt, daß er bald sterben müsse. ....

Was die Dichtung als Ganzes betrifft, so hat der Dichter mehr das poetisch Schöne als die Parteitendenz im Auge gehabt, doch ist die Dichtung — der Form nach eine Reihe von Monologen — durchweg im Geiste der Gegenwart gehalten und deshalb angesichts der neuerdings sich wieder hoch aufblähenden Jesuiterei sehr zeitgemäß und des großen Hutten würdig. Daß der Verfasser als Schweizer mit solcher Liebe einen Deutschen feiern konnte, müssen wir von deutschem Standpunkt aus mit besonderer Freude anerkennen ....“

Wolkenlosigkeit des ganzen Monats blieb uns bei der Ein=
fahrt und bis heute treu, und so hat uns die als melancho=
lisch berühmte Meerstadt eher einen heiter großartigen Ein=
druck gemacht, ja, die große Wasserstraße des Canal grande
mit ihren alten Palästen, dann die Piazza und Piazetta, die
Meer= und Inselaussicht der Giardini publici verdienen die
Bezeichnung der Einzigkeit. Der Styl der alten Paläste
scheint mir, im Gegensatz mit den römischen Bauten, ein
kaufmännisch lebenslustiger, nur durch Alter und Verwitterung
ehrwürdig. Höchst originell sind die meist engen Gassen, deren
beide Seiten sich mit ausgebreiteten Armen erreichen lassen,
und ich bin begierig auf den ersten Regentag und die Schirm=
verwirrung. Die berühmte Urbanität der Venetianer ist er=
klärlich: sie lernen ausweichen. Hier kann und muß man die
Straßenfiguren in der Nähe betrachten, und ein Ausgang
wird immer zur prächtigen Unterhaltung. Schönheit ist hier,
wie in Verona, gewöhnlich, doch sind nicht mehr als drei
oder vier Typen und bedeutende Köpfe selten. In Verona
ist die Farbe frisch und der Ausdruck resolut, hier dominirt das
Teigichte und Blonde. Ein merkwürdiger Typus ist das alte
Weib, ebenso der Betteljunge. Pfaffen sind hier rar und die
Mönche ganz verschwunden.

Die italienische Geberde ist wunderbar ausdrucksvoll,
fast gewaltsam, aber nie eckigt; oft nahe an der Fratze und
doch nie widrig. Über das Lächeln und Lachen ließe sich ein
Kapitel schreiben: es ist ein wahres Aufglänzen des Innern. —
Sinn für Einzelstellung und Gruppe. Neulich sah ich fünf
Buben, die sich unter den Armen faßten und richtig ganz
instinktiv so, daß der Größte in die Mitte und die zwei
Kleinsten an die Enden kamen, eine völlige Pyramidalstellung.

Ich bin zwischen diesen und den obigen Zeilen in der
Pinakothek gewesen, habe aber nur die Titiane betrachtet.
Und Titian ist ebenso groß als Raphael, realistischer, breiter,
irdisch feuriger, männlicher (Raphael starb eben mit 36).
Übrigens idealisirte auch Raphael weit weniger, als wir
glauben. Schönheit und große Geberde (z. B. beim Schreiten)
fand er in der Natur. Raphael ging durchaus von der Wirk=

lichkeit aus, der er freilich einen wunderbaren Glanz und
Schwung zu geben wußte. M. Angelo allerdings hat sich
mit Hülfe seiner anatomischen Studien ein eignes Riesen=
geschlecht erschaffen. Doch ich gerathe ins Plaudern. Lieber
setze ich Ihnen noch eine Kleinigkeit bei.

Santa Lucia bei Verona,

wo das (deutsche) 10 Jägerbataillon 1848 zum großen Theil
bei der Vertheidigung des Kirchhofs den Heldentod starb.[1]

> a) Eine Reihe von Cypressen
>   Führt mich ernst und dunkelgrün
>   Auf die Gräber, wo vergessen
>   Helden schlummern schlicht und kühn.
>
> b) Dort Verona, der Arene
>   Blutbesudelt Alterthum,
>   Hier des Friedhofs enge Szene
>   Drauf geblutet deutscher Ruhm.
>
> c) Wochenlang aus welschen Lüften
>   Schlürf' ich Freude schou und Scherz,
>   Über diesen deutschen Grüften
>   Spricht zum ersten Mal das Herz.
>
> d) Durch die wundersüße Bläue
>   Nördlich fest den Blick gewandt
>   Und den[2] Fuß auf deutscher Treue,
>   Steh ich hier im Vaterland!

Wir haben hier im Hotel einen Nachbar aus Wien, der
dem Rath Fischer in Laubes „bösen Zungen", wie ihn Possart
in München auffaßte, zum Verwechseln gleicht.

Grüßen Sie freundlichst von mir Dr. Wille und theilen
ihm meine Adresse mit: Ed. Ferd. Meyer von Zürich Hôtel
Bauer Venezia. Wir beide wünschen Ihnen fröhliche Weih=
nachten.

---

[1] C. F. Meyers Jugendfreund Conrad Nüscheler focht diesen
Kampf als Offizier der Kaiserjäger mit, woraus sich des Dichters Teil=
nahme an Ort und Vorgang erklärt.

[2] Daneben steht: (Meinen?).

Venedig 28 Jan. 1872
hôtel della Laguna, riva degli Schiavoni.

Ihr Schreiben, l. Freund, hat mir um so größere Freude
gemacht, als ich längst auf Nachrichten von Ihnen begierig
war. Freilich weiß ich, daß Sie in dieser Zeit schwer zur
Feder greifen, angespannt, wie ich Sie gegen Ostern immer
gesehen habe. Diese Zeilen mögen Sie wenigstens von Ihrer
Unpäßlichkeit befreit finden. Wir sind ein seltsames Paar:
Sie in der strengen Disziplin des Amtes, während ich zu
thun habe, mir meine eigene Zucht zu schaffen; doch habe
ich heute ein gutes Gewissen und mein Gestern keineswegs
verloren.

Wesendoncks[1] Abreise ist für uns ein nicht geringer
Verlust, den wir erst später recht dürften fühlen lernen. Von
U. Willes Verlobung wußte ich noch nichts, wohl aber von
der Annäherung der jungen Leute, und von dem Wunsch,
sich näher kennen zu lernen.

Ob ich dieses Jahr, l. Freund, Neapel werde besuchen
können, ist zweifelhaft. Bologna und Ravenna werde ich wohl
noch mitnehmen, aber vor Ende März muß ich wegen des
Umzugs nach Meilen zurück sein.

Ich frage mich, warum Sie Possart in: „Wer ist der
Herr Pfarrer" nicht vollständig befriedigte und vermuthe, wie
ich den begabten Schauspieler in München auf der Bühne
kennen lernte, daß er den Hn. Pfarrer zu sehr als Lustspiel=
figur behandelte, mit irgend einer komischen Färbung, schul=
meisterlich, aber auch im Gegentheil als ironischen Frauen=
bändiger, kurz nicht edel und seiner Frau gegenüber nicht
liebevoll genug.

Hier habe ich zwei Lustspiele gesehen beide, ohne daß
ein Schauspieler ersten Ranges wäre, meisterhaft gespielt,
beides bürgerliche Lustspiele, venetianische Lokalstücke, wo nicht
nach dem Wagen, sondern nach der Gondel gerufen wird.
Das eine, das venetianische Leben vor jetzt gerade einem
Jahrhundert schildernd, heißt la buona madre von Goldoni.

---

[1] O. und M. Wesendonck, die bekannten Freunde Wagners.

Es erscheint ein ungezogener, zugleich scheuer und bengel=
hafter Junge, der seiner Schwester mit dem Messer droht,
weil sie ihm die Manschetten nicht rasch genug bügelt.
Jammer der Mutter mit der Nachbarin, einer hübschen jungen
Wittwe, die sich anerbietet, den Jungen zu heiraten, um ihn
zu civilisiren. Freude der Mutter. Der Junge hat aber ein
Verhältniß mit einem Mädchen aus dem Volke, deren Mutter
ihn als Mann für ihre Tochter kapern möchte. Ein vom
Podagra geplagter Nachbar (Nachbar und Nachbarin sind,
wie bei Molière, stehende Rollen), der sich nicht allein setzen
kann, dann aber gleich seine Beiständerin (wer sie sei) neben
sich bittet und ihr einen Antrag macht, füllt als komische
Figur, die Szene. Von ihm erfährt die buona madre, daß
ihr ungelenker Sohn bei einem Mädchen sich emancipirt,
eilt hin; die beiden Mütter zerren den Jungen (körperlich)
hin und her, der zu flennen beginnt. Die junge Wittwe nimmt
sich des Verirrten an und das Mädchen aus dem Volke be=
kommt zu ihrer Zufriedenheit den alten Nachbar.

Das zweite Stück: „Die gute Tante" spielt in der Gegen=
wart. Eine zerrüttete Familie, schwacher Mann, putzsüchtige,
junge zweite Frau, unbesonnene Tochter, ungezogene Buben
wird alles durch eine drollige energische Tante vom Lande in
Ordnung gebracht, die die Schulden zahlt und das Mädchen
verheirathet.[1]

Nur noch ein Wort von meinem Gedicht;[2] es gedeiht,
ein Drittel ist niedergeschrieben, der Gedanke ist fruchtbar, die
Form (die von Otto dem Schütz, aber sagen Sie Kinkel
nichts davon!) gefällig. Ich habe recht gute Hoffnung.

Schreiben Sie mir bald wieder eine Zeile,

Ihr   M.

---

[1] C. F. Meyer skizziert diese Lustspiele zu Nutz und Frommen
Calmbergs, der sich damals mit Lustspielstoffen beschäftigte und seine
nach Italien reisenden Bekannten um Mitteilungen über italienisches
Volksleben und italienische Lustspiele bat.
[2] Engelberg.

Ein Wort über den Ausgang der Seminarfrage [1]) wäre mir erwünscht.

Meine l. Schwester grüßt aufs freundlichste.

(Von der Hand Betsy Meyers) Wie waren denn bei der Vorlesung der Edith [2]) die Rollen vertheilt? Gute Besserung! Auch hier haben wir Nebeltage.

Bologna 14 März 1872
hôtel Brun.

In vierzehn Tagen, l. Freund, hoffe ich Sie wieder zu begrüßen. Mein Umzug nach Meilen erfordert meine Heim=kehr, und, da Schwester und Tante meines l. Freundes Rüscheler, während des nothwendig gewordenen Umbaus ihres Hauses in der Stadt meine bisherige Wohnung im Seehof in Küsnacht beziehen, will ich aus Freundesrücksichten so bald als möglich räumen.

Wenn die Volksabstimmung die Aufhebung des Seminars gutheißt, werden Sie, vermuthe ich, der pädagogischen Ab=theilung der Universität (oder wie sich die neue Einrichtung benennen wird) nach Zürich folgen, auf jeden Fall Ihres Bleibens in Küsnacht nicht länger sein. Doch ist die Ent=fernung von Zürich nach Meilen eine leichtüberwindliche und unser Verkehr wird darunter nicht leiden.

Meine letzte Woche in Venedig wurde durch Willes An=wesenheit belebt. Die Angela [3]) war am Vorabend seiner An=kunft beendigt und ich hoffe, sie Ende April [4]) nach Leipzig zu senden, nachdem ich ihr zu Hause mit frischen Augen die letzten Striche werde gegeben haben. Sie können sich benten, daß ich hier im Stillen auch an meinen andern Entwürfen [5])

---

[1]) Der Gesetzentwurf, der das Seminar Küsnacht mit der Hochschule verschmelzen wollte, fiel bald darauf in der Volksabstimmung durch.

[2]) „Edith oder die Schlacht bei Hastings", Trauerspiel von Mathilde Wesendonck.

[3]) Engelberg.

[4]) Er kam erst im Juni dazu.

[5]) U. a. Amulet und Jenatsch.

fortbilde und das fortwährende Zusammenleben mit den Meisterwerken der bildenden Künste mich mannigfach anregt. Ich habe meine Zeit nicht verloren und, im einzelnen manches opfernd, im Ganzen meine Ziele so ziemlich erreicht. Möge mir gelingen, diesen modus vivendi (ich will sagen: diesen wohlthuenden Wechsel von Aufnehmen und Produziren) auch ferner festzuhalten.

Bologna, wo ich gegenwärtig weile, ist eine reiche Stadt mit hohen Bogengängen und wunderlichen Thürmen und — die Hauptsache — einer ganz unvergleichlichen Pinakothek. Der vorgestern hier bekannt werdende Tod Mazzini's und der gestrige Geburtstag des Königs gaben dem infolge alter munizipaler Freiheit sehr ausgeprägten Volkscharakter viel Physiognomie und Bewegung. Vorgestern wohnte ich auch der ersten Aufführung einer Oper mit den beklemmenden Schwankungen von Gunst und Ungunst des Publikums bei.

In Venedig sah ich vor meiner Abreise noch mit Wille zwei neue Stücke; worunter ein Nero, den ich gedruckt heim= bringe. Wir plaudern einmal, so Gott will, von allen diesen Dingen mit Muße.

Seien Sie mir herzlich gegrüßt und auf baldiges gutes Wiedersehen

Ihr   M.

Lieber Freund,

Glücklich heimgekehrt und in Meilen eingezogen, schicke ich meinem l. Mitstrebenden einen freundlichen, herzlichen Gruß, und bitte ihn, in nicht allzu langer Frist um eine Zusammenkunft und sein mir geradezu unentbehrliches Urtheil über mein neues Gedicht vor dessen letzter Über= arbeitung.

30 März 1872.   Treuergeben
Meilen, Seehof   Cd. Fd. Meyer.

15*

Seehof Meilen 21 Sept. 1872.

Lieber Freund,

seit einigen Tagen aus dem Engadin zurück, freue ich mich herzlich, Sie nächsten Mittwoch bei Dr. Wille wieder= zusehen und Ihren Lessing[1]) mitanzuhören. Die mit C be= zeichneten Zeilen in der N. Z. Z.[2]) die ich Ihrem Wohlwollen zuschreibe, sind mir lieb und theuer. Freilich hätte ich Lob und Bedenken, die ich zwischen den Zeilen lese, entschlossener ausgedrückt gewünscht, doch haben Sie vielleicht mit Recht diese harmlosere Art der Einführung in die Öffentlichkeit für Engelberg vorgezogen. Ich freue mich, Sie wiederzusehen.

Ihr   M.

Seehof Meilen 11 Dez 1872

Lieber Freund,

ich habe in der letzten Zeit oft an Sie gedacht, und hätte Sie wohl einmal besucht, wenn ich Sie nicht beschäftigt ge= wußt hätte und selbst beschäftigt gewesen wäre. Vor Neujahr aber machen Sie mir die Freude eines Besuches, nicht wahr? Bestimmen Sie selbst Tag und Stunde! Doch ich besinne mich daß kein Spätbot geht, also ganz sans façon zum Mittagessen.

Für den neuen Beweis von Freundschaft den Sie mir gegeben haben und für welchen ich gar nicht unempfindlich bin, sage ich Ihnen meinen freundlichen Dank. Weiteres besprechen wir wohl mündlich.

---

[1]) Später, d. h. im Druck „Der Sohn des Pastors".

[2]) Neue Zürcher Zeitung vom 13. September 1872. Nach kurzer Inhaltsangabe heißt es: „Der Dichter nimmt auf die bekannte Sage Bezug, nach welcher jedesmal, wenn im Kloster Engelberg ein Abt ge= storben ist, die Engel vom Himmel auf den Engelberg herabkommen und dort unter himmlischer Musik die Seele des Gestorbenen in Empfang nehmen. Der Umstand, daß der Dichter die Orte der Begebenheit aus eigener Anschauung kennt, hat seiner Dichtung eine besonderes frische Färbung verliehen."

Mich verlangt Sie wiederzusehen. Da wir nun einmal eine Art Waffenbrüder sind, haben wir uns viel zu erzählen.

Ihr   M.

Meilen 10 Juli 1873.

Mein lieber Freund,

Für Ihren „Lessing" unsern herzlichen Dank. Durch Ihre letzte Bearbeitung hat er an Leben und Raschheit auffallend gewonnen und macht uns einen hübschen Eindruck. Ich wünsche Ihnen Glück dazu.

Ich höre von Wille, Sie werden in den nächsten Tagen nach Wien gehen. Wollen Sie uns nicht vor Ihrer Abreise noch ein oder ein paar Stündchen schenken: wir sind immer zu Hause.

Längst hatte ich einen Besuch bei Ihnen projektirt, wurde aber durch reichliche Beschäftigung und durch die Hitze festgehalten.

Es würde mir Freude machen, Ihnen wieder einmal die Hand zu drücken

in alten Treuen   Ihr   M.

Seehof. Meilen 20 März 1874.

Lieber Freund,

Da ich mit Fr. Brümmer in Berührung gekommen bin, der ein D. Dichterlexicon im Verlag von Knüll (Eichstätt und Leipzig) erscheinen läßt, wurde mir von ihm eine Liste von Namen mitgetheilt, über welche er Auskunft wünscht. Der Ihrige befindet sich darunter und Sie werden ihm einen Gefallen thun, wenn Sie ihm beförderlich eine autobiographische Notiz mittheilen. Die vollständige Adresse ist: Herr Franz Brümmer Lehrer an der höhern Bürgerschule in Nauen bei Berlin.

Ich fühle erst jetzt daß mich meine Halsentzündung doch etwas mitgenommen hat und freue mich auf das Frühjahr.

Ihr

C. F. M.

---

31 Dez. 1874.

Lieber Freund,

meine aufrichtigen Wünsche für 1875, nebst meinem Dank für die zweimal mir gegebenen guten Nachrichten, denen sich eine dritte anschließt, die in der Ill. Leipz. Z., nämlich daß Frau Niemann das Röschen vom Kochersberg in ihr Gast= spielrepertoir aufgenommen hat.

Heute sind die Wille für zwei Monate nach Venedig verreist. Alles Liebe und Gute.

Ihr   C. F. M.

Wangensbach. 14 Febr. 1876.

Lieber Freund,

vor einigen Tagen heimgekehrt,[1]) habe ich mir, bei dem raschen Klimawechsel — ich kam aus dem Sommer — eine Grippe geholt, bin aber fast wiederhergestellt. Sobald es geht, muß ich meine Dankbesuche in Zürich machen, habe auch sonst mit Aus= und Einräumen noch viel zu thun. Ende dieser Woche aber läßt sich gewiß ein Stündchen finden, wo ich Sie begrüßen kann, und danach verlangt mich herzlich. — Von den glänzenden Erfolgen Röschens habe ich gehört und freue mich dieselben vorhergesagt zu haben, sobald ich, bei der ersten Lectüre, den Herzenston in der Hauptrolle gefühlt hatte. Dieser Herzenston aber hat an dem Erfolg gewiß ebenso viel Antheil als die glückliche Wahl und Zeich= nung von Land und Leuten.

---

[1]) Aus Korsika, von der Hochzeitsreise.

Wille meint, Sie sollten nur die „N. P. Fahrer"[1]) in Mariafeld vorlesen.

Meine l. Frau befindet sich Gottlob recht wohl, von meiner l. Schwester habe ich ganz vortreffliche Nachrichten aus Florenz. Sie zeichnet und ist in glücklicher Stimmung.

Ein „vaterl. Schauspiel von F. Dahn: Deutsche Treue" fand ich hier vor und habe es gelesen. Ich profezeie ihm Glück.

Unverändert

Ihr   CFM.

Kilchberg 30 Sept. 1877.

Mein lieber Freund,

Ihre Mitteilung hat mich gefreut und — lebhaft inter-essirt. Man sieht, wie solid eigentlich der deutsche Geschmack, selbst in Berlin ist. An Ihrer Stelle wäre ich, nach dieser Aufnahme des Röschens, in Berlin ganz Feuer und Flamme — Vorwärts!

Von Herzen

Ihr   C F M.

Kilchberg 29 Nov. 1877.

Mein lieber Freund,

ich war in den letzten Tagen sehr nach Ihnen verlan-gend, zumal da ich letzten Sonnabend auf dem Spätbote hörte, daß Sie unbäßlich seien. Das ist nun vorüber, denke ich. Hüben oder drüben, wir müssen uns vor Weihnachten noch einmal ausgiebig sehen.

ich habe eine wahre Sehnsucht nach Ihnen und — nach Wille, den Sie mir grüßen. Es ist doch rein absurd, sich mit dem Auge — denn ich sehe hier auch Willes Hofräume —

---

[1]) „Die Nordpolfahrer," ein Stück, das Calmberg nie vollendete.

aber, ohne Umwege, nicht körperlich erreichen zu können. Ich habe sonst hier sehr geisteskräftige, leider nur durch allerhand Zwischenfälle zerhackte Tage.

Heut ist das Polakenfest in Rapperswyl.[1] ich konnte mich in Gottesnamen nicht entschließen, daran theilzunehmen. Sonst mag ich den Nachbar[2] — er fast ein König, ich fast ein Poet — das schickt sich ganz vortrefflich. Nur schimpft er mir etwas zuviel auf meine arme „an Bismarck verkaufte" Schweiz.

Anläßlich Ihrer Reise nach Deutschland wissen Sie, daß hier, in Kilchberg, einer ist, der an Ihnen großen Antheil nimmt und Ihnen jedes Gute und Beste wünscht.

Ihr   M.

Kilchberg 20 Sept. 1878

Mein lieber Freund,

hier ein kleiner Beitrag von uns zu Ihrer häuslichen Einrichtung. Ein ähnliches Nachtlicht hat uns schon so oft gute Dienste geleistet. Wir hätten es vorgestern mitgebracht, aber Sie wissen, daß ich kein Freund von Gepäck bin. Es wäre ein Leichtes, das Geräth mit einigen allegorischen Reimen zu begleiten, aber Sie sind hinwieder kein Freund der Allegorie und überdieß, wer wollte Eulen nach Athen tragen?

Der Graf hat sich heute brieflich nach Ihnen erkundigt. Ich antwortete, Sie werden ihn besuchen; ob noch vor seiner Abreise, sei ungewiß.

Anläßlich des gräflichen Wunsches ist zu sagen, daß ich dem in der letzten Zeit mehr als billig geplagten Herrn gern etwas Nachbarliches erwiese. Ein kurzes Portrait der Gräfin[3]

---

[1] Zu Rapperswil befindet sich auch das Polenmuseum.

[2] Graf Ladislaus Broel-Plater, der bei der, wie er hoffte, baldigen Wiederaufrichtung Polens den Thron des Reiches zu besteigen dachte.

[3] Caroline Bauer, Gräfin Plater, starb bald nachher, den 18. Okt. 1878.

von zugleich discreter und kräftiger Hand, das der Novelle voranginge, wäre wohl das Rechte. Die Titel=Angabe: „von den Freunden" gefiele mir ausnehmend.[1])

Die Schwierigkeit wäre, die unbedingt beste oder wenig= stens populärste Novelle auszuwählen, zu erhalten, wenn dieselbe in fremden Händen liegt und druckfertig zu machen. Eins und Drei wäre Ihre, Zwei des Grafen Sache.

Daß ich — versuche ich es mit dem Portrait — jede Verbesserung von Ihrer Hand voraus acceptire, ist selbst= verständlich.

Mein Engadiner=Aufenthalt[2]) hat mich merkwürdig er= frischt. Vergessen Sie ja nicht, im nächsten Jahre Ihre l. Frau diese beglückende Luft athmen zu lassen.

Sie sind jetzt der überall Erwartete, auch in Mariafeld. Wir hoffen an die Reihe zu kommen.

Grüße von Haus zu Hause!

In alter Liebe

Ihr   C. F. M.

---

12 April 1879.

Lieber Freund,

Dank für Ihre guten Zeilen! Ich wäre übrigens zu gewissenhaft gewesen, Ihnen meine Verwandte zu empfehlen, das hat meine l. Frau auf dem Gewissen.

Der Heilige. Eine Geschichte, die Hans der Armbruster erzählte, ist unwiderruflich fertig. Trotz Honorar und Ehre kann ich mich, mehr noch übrigens aus innern die Compo= sition selbst (Bischof und König!) betreffenden als aus äußern Gründen nicht entschließen, die Novelle in die „Rund= schau" zu geben und werde morgen an Rodenberg ad hoc schreiben.[3])

Ich würde Sie so gerne während Ihrer Ferien etwas ausgiebig hier sehen, einen Nachmittag, doch wollen wir das

---

[1]) Dieses literarische Denkmal kam nicht zustande.
[2]) C. F. Meyer war 1878 mit der Frau in Silvaplana gewesen.
[3]) Meyer änderte bald hernach diesen Entschluß.

Schneegestöber vorbeigehen lassen. Wir besprechen dann zusammen meine neue Composition, den „Comtur", der, nach meinem alten ersten Gedanken, sehr große Proportionen annehmen will (Roman = Epos, zweimal so groß als der Jenatsch).

Ich habe noch einige Scrupel über diese Art Composition, über die nötige Festigkeit der Fabel etc. Ich glaube, man kann sie so ziemlich den Gesetzen des Epos, die ja sehr bekannt sind, unterwerfen.

Die Figuren, die Fabel sind noch fluid. Fest aber steht der Grundgedanke: Übergang aus einer Zeit in die andere in einer Reihe von Characteren. Trotz der zahlreichen Unterliegenden ein Triumphzug der Menschheit. Ich muß abbrechen.

Ihr   CFM.

Kilchberg den 5 Nov. 79.

dictirt[1])

Lieber Freund,

Es hat mir Freude gemacht Ihre Schrift nach langer Unterbrechung wieder einmal zu sehen. . . . . [Ausgeschnitten]. Einer sei Herr, sagt B[ater Homer?] heis Koiranos esto. Eine sei Herrin, ist eine noch größere Nothwendigkeit. Allerdings bin ich vor ein paar Wochen in der Nähe von Camser mit dem Wagen gestürzt und wurde in einem starken Bogen auf einen Steinhaufen geschleudert. Ein Armbruch war das Kleinste, was ein Mann von meinem Gewicht bei einem solchen Wurf erleiden konnte. Die Heilung geht normal, aber recht langsam von Statten und es ist mir keine kleine Geduldsprobe auferlegt. [Rückseite des Ausgeschnittenen . . .]

Ich habe Ihnen gestern einen Separat=Abdruck des im Novemberheft der Rundschau erschienenen Anfanges meiner

---

1) Geschrieben von Frau L. Meyer.

Novelle[1]) geschickt, Mitte und Ende werden das Dezember-
und das Januarheft bringen. Legen Sie es mir nicht als
Eitelkeit aus, wenn ich Ihnen die drei Stücke separat zusende.
Schon Ostern wird der Heilige in Buchform erscheinen, und
wenn Sie mir eine Bemerkung, Klarheit der Zeichnung oder
Richtigkeit der Farbe betreffend, oder wenn es auch nur eine
grammatikalische wäre, zu machen haben, so kommt sie jetzt
noch rechtzeitig. Der Text wird vorweg korrigirt und nach
Leipzig gesandt. Das Ganze der Composition wird sich freilich erst mit der dritten Sendung beurtheilen lassen.

Auf die Einleitung zu Ihrer Stylistik[2]) bin ich begierig.
Wie wäre es, wenn Sie einmal herüber kämen (zu Hause
werden Sie mich immer treffen, und ich bin geistig vollkommen frisch) und mir dieselbe oder wenigstens ein Stück
davon mittheilen würden? Ich frage mich, wie Sie die
Sache angefaßt haben. Dieses und jenes Gedichtchen würde
ich bei diesem Anlaß gern Ihrem Urtheil unterwerfen. Es
kommt mir jetzt sehr zu Statten, daß ich gewohnt bin, meine
Sachen ohne Hülfe der Feder im Kopf auszuarbeiten, übrigens
ist auch für einen Secretair gesorgt und zu kurzen Episteln
an meine Freunde leiht mir meine I. Frau ihre Feder. Grüßen
Sie uns die Ihrige.

Ihr invalider

C. F. Meyer.

Kilchberg bei Zürich. 6 Juni 1880.

Mein lieber Freund,

Ihre Besprechung des Heiligen in den „Züricher Nachrichten" hat mir mit ihrer kräftigen Manier und dem geübten Blicke für das, worauf es ankommt, wahre Freude gemacht. Ob ich nun noch den Artikel in der Frankfurter Ztg,

---

[1]) „Der Heilige."
[2]) A. Calmberg, „Die Kunst der Rede. Lehrbuch der Rhetorik, Stilistik, Poetik." Zürich 1884. Zweite Auflage 1885.

von welchem Sie mir sprachen, zu erwarten habe oder ob der
in den Nachrichten das Aequivalent ist — gleichwohl, emp=
fangen Sie meinen herzlichen Dank für das Ansetzen einer
mir von langeher bekannten und lieben Feder.

Treuergeben

Ihr   CFM.

---

10 Juni 1880.
Kilchberg bei Zürich.

Lieber Freund,

ich bin Ihnen für Ihre freundlichen Bemühungen um
meine Novelle sehr verpflichtet, befürchte aber, die Frankf.
3. wird auch den kleinen Art. nicht aufnehmen, da sie wohl
— das einzig denkbare Motiv solchen Verfahrens — den
„Heiligen" für ultramontan hält, worin sie sich freilich täu=
schen würde.

Kommen Sie nicht bald einmal herüber zu Huschkes[1]
oder mir oder „Graf?"

Ihr alter   CFM.

Kilchberg 16 Nov. 1880.

Lieber Freund,

Köberle's[2] Buch zurücksendend, bitte ich um freundliche
Verzeihung, dasselbe so lange behalten und überdies Ihre
gerade im Momente meiner Abreise nach Dresden anlangende
Zeile unbeantwortet gelassen zu haben. Eine Nummer der
„Rundschau" war nicht zu senden, da — wenn ich mich nicht
gänzlich täusche — H. Uhde's „Botschafterin" überhaupt nicht
in dieser Zeitschrift erschienen ist.

Meine Wünsche im voraus für 1881,

Ihr treuergebener

C. Ferd. Meyer.

---

[1] C. F. Meyers Nachbar in Kilchberg.
[2] Von G. Koeberle erschien 1880 „Der Verfall der deutschen
Schaubühne".

Grüßen Sie mir Dr. Wille und namentlich auch Frau Doctor, welcher hoffentlich dieser milde Winter zuträglich sein wird, recht herzlich. Köberle folgt morgen. Er ist noch nicht verpackt.

———

5 Jan. 1881.

Lieber Freund,

Ihre Zeilen haben mir als ein Lebenszeichen viel Freude gemacht. Wegen des Gräßlichen (Es ist auch wohl nur Ihr Spaß) fürchten Sie nichts! Außer dem Titel ist an meinem Novellchen „Die Hochzeit des Mönchs" nichts gräßlich. Im Gegentheil, ich habe eine Figur hinein erfunden, wohl die am meisten sympathische, welche ich je gezeichnet habe. Mit Goethe haben Sie schon recht. Die Graphie Göthe ist schreck= lich. Ich habe mich daran gleich beim ersten Einblick in das Gedruckte geärgert. Huschkes haben mir unlängst von Zürich aus gratulirt.

Deutschland hat mich sehr heimatlich angemutet.[1]

Ihr alter   CF Meyer

Vergessen Sie meiner bei der l. Frau nicht!

———

(Postkarte.)   14 Oct. 1881.

Mein lieber Freund,

Hier der neue Hutten.[2] Wenn er etwas von seiner früheren Weichheit eingebüßt hat, so ist es ihm nicht anders ergangen als dem Poeten selbst. Ihre Besprechungen meiner Sachen haben mir, wegen Ihrer daraus hervortretenden und mir langher lieben Individualität, stets eine besondere Freude gemacht. Werden Sie auch dieses Mal dieser Gepflogenheit nicht untreu, so bin ich dafür dankbar, Art und Ort Ihrer Besprechung Ihnen vertrauensvoll überlassend,

Unverändert

Ihr   CFM.

———

[1] Anläßlich des Oktober 1879 unternommenen Reischens.
[2] Zweite Auflage.

Kilchberg 14 Aug. 1882.

Lieber Freund,

wir haben uns eine Ewigkeit nicht gesehen — wollen
Sie mir nicht wieder einmal die Freude Ihres Besuches
machen? In meinen neuen Räumen? Spätestens wenig=
stens in den Herbstferien!

Ich bin zeither tätig gewesen (im Herbst erscheinen
Sämmtliche Lyrica, ein stattlicher Band, mit vielen In=
ebita, eine Novelle[1]) (erst im Oct. Heft der Rundschau, Ende
Nov. in Buchform, eine kleine Biographie einer Zürcherin,
Freundin[2]) meiner Mutter, im Zürcher Taschenbuch: (Pie=
tätssache) und neue Auflagen von Jenatsch und „König und
Heiliger"). Dazu Amulet, Schuß von der Kanzel, Plautus
im Nonnenkloster und noch eine vierte Novelle (eben die der
Rundschau) als vier Bändchen „Kleine Novellen."

Wie geht es Ihnen? Und der Frau? Ist Ihre „Poe=
tik" vollendet?

Ich würde ein großes Vergnügen haben, meinen alten
Freund wieder einmal zu sehen, doch bitte ich um Ansage, da
mein Schwiegervater, H. Oberst Ziegler, schwer leidend ist
und wir uns auf das Äußerste gefaßt machen müssen.

Der Ihrige, wie immer

C F Meyer.

23 Oct. 1882. Kilchberg.

Lieber Freund,

hier die Sammlung![3]) Auf Ihr wohlwollendes, aber
unparteiisches Urteil bin ich begierig. Finden Sie nicht in
den Balladen, z. B. Blanchenef[4]) und Mars von Flo=
renz[5]) einen Anklang an Bürger?

---

[1]) Gustav Adolfs Page.
[2]) Mathilde Escher. S. 1—18 Zürcher Taschenbuch 1883.
[3]) „Gedichte" von Conrad Ferdinand Meyer. Leipzig, Verlag
von H. Haessel 1882.
[4]) S. 255: La Blanche Nef.
[5]) S. 244: Der Mars von Florenz.

Ich bin gottlob gesund und in Stimmung, aber mit den widerwärtigsten Geschäften (nachträgliche Bausachen) über= häuft. Erquicken Sie mich nicht mit einem Besüchlein? Mit Anfrage; ich muß (leider) oft in die Stadt fahren.

Ihr   M.

(Postkarte.)   Poststempel: Kilchberg 4 Dez. 1882

Lieber Freund,

meinen freundlichen Dank für die hübsche Besprechung der Gedichte in der Darmstädterin, welche leider nur etwas kurz geraten ist. Die Erwähnung der Mängel macht das Lob glaubwürdig. Ich selbst denke von meinem Geschriebenen sehr mäßig, desto vorteilhafter von dem noch auf der Esse liegenden, um welches noch die Flamme der Phantasie züngelt. Das ermutigt. Ein Detail: „Boll", „gebollen"[1]) schreiben Goete (sic) und Luter (sic), „Dict von Grimm". Ich halte mich fest zu meiner Arbeit und das ist mir gesund. Einen guten Winter wünschend, Ihr getreuer

CFM.

Grüße von Haus zu Haus.

---

[1])   Ich mach' im Felde
          Die Dämmerrunde,
          Umkreist, umbollen
          Von meinem Hunde.

(Erste Auflage, „Dämmergang", S. 179). Trotz der Verteidigung änderte der Dichter in der zweiten Auflage S. 187: Umbellt, umsprungen. In der Besprechung Calmbergs („Darmstädter Zeitung" vom 1. Dez. 1882) heißt es: „Die Form ist fast bei allen Gedichten von hoher Schönheit, nur bei einigen wirkt es störend, daß der Dichter, seiner früheren Gewohnheit zuwider, sich einzelne dialektische Änderungen er= laubt, wie die Pfirsche hat gewunken, ein Wandrer zog berenden umbollen von einem Hunde, welche für deutsche Leser höchstens in komischer Rede erträglich sind; auch die ungebräuchlichen Pluralendungen wie „die Engen, die Purpurröten" 2c., die die Sache ins Allgemeine und Unbestimmte rücken, statt sie anschaulich zu individualisiren, gehören hierher".

17 Januar 1884

Mein lieber Freund,

ich danke herzlich für die heutige Zusendung: die freund=
liche Zeile über das „Leiden" und die lang erwartete „Kunst
der Rede". Diese habe ich neugierig durchblättert, ob mir
darin ein bescheidenes Plätzchen eingeräumt wäre, aber ver=
gebens. Ich tröste mich mit: non erat hic locus und frene
mich an dem gereiften und seine Zwecke erfüllenden Buche.

Der Keuchhusten der kleinen Milly hat uns hier zeither
beunruhigt, doch jetzt geht es erträglich. Ein Monat Lu=
gano oder dieserenden, wenu das Kind dergleichen bedarf,
wird hoffentlich nicht hindern, bis Ostern, welche heuer spät
fällt, etwas Neues — wenu auch nichts Dramatisches — zu
vollenden.

Grüßen Sie mir unsern Freund Wille aufs allerfreund=
lichste. Mit Ihrem Besuch würden Sie hier jederzeit große
Freude machen

Ihrem   C F Meyer.

Grüße von Haus zu Haus!

Eben, lieber Freund, finde ich in Ihrer „Kunst der Rede"
den römischen Brunnen[1]). Lächeln Sie über mich, aber ich
bin für dies Wahrzeichen langjähriger Freundschaft gar nicht
unempfindlich.

17 Januar 1884   Ihr   M

Kilchberg 25 Jan. 1886

Mein lieber Freund,

es ist recht lange daß wir uns gesehen haben und ich
wünschte wohl, Ihr Drama[2]) oder wenigstens das Wesent=

---

[1]) „Der römische Brunnen". Gedichte, zweite Auflage, S. 133.
In Calmbergs „Kunst der Rede" S. 244 abgedruckt als ein Beispiel
des beschreibenden Lehrgedichts.

[2]) Ingeborg.

liche davon aus Ihrem Munde zu vernehmen, da mir Ihre Sachen nahe gehen und Dramatisches fortfährt mich insbesondere zu interessiren.

Vorläufig aber liegt auf diesem Felde ein anderer Fall vor, wo ich Ihres Rates benötigt wäre. Ich erhielt einen dramatischen Waldmann zugesendet, von einem Secundarschullehrer, wahrscheinlich einem Ihrer weiland Schüler und getraue mir, da ich leicht bestechlich bin, durch Stimmung und Einzelheiten — kein sicheres Urteil zu. Wenn Sie nun Muße fänden, das sehr leserliche und, wie mir scheint, trotz manches Unzulässigen und auch Geschmacklosen, lesenswerte Ms. einer Prüfung zu unterziehen, welche mir das Stück jedenfalls zu verdienen scheint, wäre, bei Ihrem ruhigen Blicke und Ihrer technischen Erfahrung kaum eine Ungerechtigkeit oder Gunst zu befürchten und der Autor wüßte, woran er wäre.

Kurz, darf ich das Msc. senden?

Herzlich und stets Ihr   CFM.

Empfehlen Sie mich der Frau Doctor aufs freundlichste. Auch die Frau grüßt hinüber[1]).

---

15 März 1886.

Mein lieber Freund,

denken Sie sich, daß mir gestern Frau E. B., bei welcher ich und meine l. Frau speisten, umständlichen Bericht über den schönen Erfolg Ihrer Ingeborg gegeben hat. Die begabte Dame hatte der Vorstellung mit aller Aufmerksamkeit gefolgt und war sehr befriedigt. Ich freue mich auf das hoffentlich bald erscheinende Buch.

Grüßen Sie mir Wille.

Ihr   CFMeyer.

---

[1]) Über den See hinüber nach Küsnacht.

7 Mai 1886.

Mein lieber Freund,

Ingeborg habe ich ohne Verzug gelesen. In seiner Art ein vorzügliches Stück, klar gedacht, kräftig characterisirt, hübsch geführt, freilich nicht ohne gebliebene Spuren seiner epischen Herkunft.

Etwas mehr Farbe und Leidenschaft*) wäre ihm schon zu wünschen, doch kann hier der Schauspieler viel thun.

Bewunderung verdient, wie Sie ohne Anstoß zwischen Christen- und Heidenthum durchgekommen sind, sodaß sich keines von beiden beklagen darf.

Ohne Scherz, es ist ein nobles Stück.

Es noch einmal durchblätternd, finde ich seltsam, daß Sie, der Bühnendramatiker κατ' ἐξοχήν, ein zwar in seinen einzelnen Scenen dramatisches, aber im Ganzen, d. h. in der Anlage und Wirkung wahrhaftig eher episches Stück ge-schrieben haben.

ich sende Ihnen ein anderes, auch einen IV Acter, um dessen gelegentliche Rücksendung (vielleicht mit Ihrem Ur-teile) ich bitte.

Collegialisch

Ihr　　CFMeyer.

*) pag 14 Ingeborg 13. er hat im Grunde recht. Das ist zu kalt.

———

22 Nov. 1886

Mein lieber Freund,

nach alter Gepflogenheit und in Grußes Weise sende ich Ihnen — oder vielmehr der Frau. Ich habe es consequent an die Frauen oder Töchter meiner Freunde gesendet — das alte Engelbergchen, von welchem eine zweite Auflage not-wendig geworden war. Es ist nur leicht retouchirt und der in ed. 1 auch gar zu blöde Schluß ein bischen gehoben. Wille wollte diesen wieder mit dem kathol. myth. Apparat sich abspielen lassen, aber dazu konnte mein protestantisches Herz sich um so weniger verstehen, als ja auch die Vision im Anfang eine Mönchsphantasie und die ganze Geschichte meines Wissens rein meine Erfindung ist, mit der ich umspringen kann wie ich will. Es ist, wie ich glaube, nirgends in Geschichte, Sage noch Legende ein Anhalt vorhanden, den bloßen Namen Engelberg ausgenommen.

ich spinne jetzt eine große Novelle[1]) für die Rundschau. Und wie geht es Ihnen? Vorzüglich ohne Zweifel.

Sehr herzlich

Ihr   CFM.

Kilchberg 26 Nov. 1886.

Mein lieber alter Frenud,

es ist mir gar nicht recht, daß Sie leidend sind. Ich fürchte, es ist nachträglich die Seenähe Ihrer früheren Wohnung die sich rächt, oder eher noch die Dampfbotfahrten im Winter. Sie werden nächsten Sommer zu einer durchgreifenden Cur an einem der specifischen Badeorte schreiten müssen.

Daß Sie milde zu Engelberg sind freut mich um so mehr als ich es kaum erwarten durfte. Meine gegenwärtige Novelle, weche ich ein bischen breit behandle, um der mir für das Alter geweissagten „Kürze“ zu entgehen, ist ein schweres, aber, ich glaube, lohnendes Thema. Von der Oper: Die Hochzeit des Mönchs will ich nichts wissen und das Schicksal derselben läßt mich vollkommen gleichgültig.

Grüße von Haus zu Haus.

In alter treuer Freundschaft

Ihr   M.

---

[1]) „Die Versuchung des Pescara“.

An Frau Julie Calmberg.

Verehrte Frau.

mit dem größten Schmerz habe ich den Hinschied meines lieben Adolf Calmberg vernommen. Ich werde es nicht versuchen, Sie zu trösten, sondern ich geselle mich einfach Ihrem tiefen Leide bei.

Da ich früher, solange ich noch das rechte Ufer bewohnte, mit Ihrem seligen Gatten öfter zusammenwar, hatte ich alle Gelegenheit, mit seinem Character vertraut zu werden und selten habe ich einen lauterern und loyalern gefunden. Auch war Calmberg ein liebenswürdiger nachsichtiger Freund von dem angenehmsten Umgange. Es war Verlaß auf ihn in allen Fällen; Ich rede nicht von seiner vorzüglichen Begabung von we ch er uns ja bleibende Denkmäler hinterlassen hat.

Empfangen Sie, verehrte Frau, den Ausdruck meiner ehrerbietigen Freundschaft!

Ihr

Conrad Ferdinand Meyer.

Kilchberg 27 Mai 1887.

An

Anna v. Doß.

Anna v. Doß.

—————————

Meilen Seehof 12 Nov. 1872.

Verehrte Frau,

Ihr reichhaltiger I. Brief vom 29 Sept. hat mir große Freude gemacht u. ich danke Ihnen herzlich für die verständ=nißvolle Aufnahme, die Engelberg bei Ihuen gefunden hat. Es war mir ein Bedürfniß, neben das mit der Geschichte ver=flochtene herbe Loos des Ritters ein mehr mit dem Natur=leben verwachsenes einfaches Frauenschicksal zu stellen; sicher=lich will sich die anspruchlose stille Angela nicht mit dem herben Hutten in die gleiche Reihe drängen.

Felix Dahns sympathische Beurtheilung habe ich in der Allg. nicht gefunden, dafür aber eine Notiz, die ich nicht schelten will mit ihren strengen Forderungen, die ich aber doch, nach Ihrem warmen Brief, wie einen Guß kalten Wassers empfand. Um so wohlthuender waren mir Felix Dahns poesievolle Zeilen, u. ich würde lebhaft bedauern, wenu sie, wo nicht durch die Allg., doch anderswie in die Oeffentlichkeit gelangten. Ich kann mich nicht enthalten, dem Dichter selbst, mit einigen Worten wenigstens, für sein Wohlwollen zu danken u. bitte Sie, die Adresse beiliegender Zeilen zu vervollständigen. Das feierlich einherschreitende Macte senex imperator wurde mir schon im Augenblick seines Erscheinens aus Deutschland zugesendet; Alma u. Seban aber, die mir Ihr Brief versprach u. auf die ich begierig bin, besitze ich noch nicht.

Vergessen Sie nicht, verehrte Frau, wie wir Alle am
Zürichsee Ihnen zugethan sind u. bewahren Sie meiner l.
Schwester u. mir, wir bitten Sie darum, Ihr theures Wohl=
wollen. Unsere besten Empfehlungen an Herrn von Doß u.
Ihre liebenswürdige Frl. Tochter.

Treu ergeben

Ihr   M.

Chiamut. 22 Sept. 1873

(Briefe nach Seehof Meilen am Zürich=See.)

Verehrte Freundin,

Ihr l. Brief u. meine kleine Sendg haben sich gekreuzt
u. ich will herzlich zufrieden sein, wenn Ihnen die letztere
nur halb so viel Freude macht als mir Ihre Zeilen.

Ja gewiß will ich Dahns zweite Sammlg besprechen;
nur ist die Aufgabe — Sie werden mir beipflichten — eine
delicate, da diese Lyrik so eng mit Ebenerlebtem zusammen=
hängt. Nicht das stört mich daß hier ein Erlebtes zu Grunde
liegt, (das ist im Gegentheil ein Vorzug, aber ich habe persön=
lich die ausgesprochenste Abneigg gegen Alles, was nur von
ferne einer Indiscretion gleicht, und darf auch als Kritiker
von dem Stoff, aus welchem die Gedichte entstanden sind,
nicht mehr wissen oder wenigstens zu wissen scheinen, als sich
billigerweise aus diesen selbst ergibt. Es wird daher, damit
ich weder durch ein Zuwenig noch durch ein Zuviel anstoße,
nothwendig sein, Ihnen mein Manuscript mitzutheilen, wozn
ich um freundliche Erlaubniß bitte.

Für die Mittheilg des Bildnisses[1]) wäre ich zwiefach
dankbar, erstens natürlich aus persönlichem Interesse, dann
weil es — unter uns gesagt — allerdings auch meiner Arbeit
zu gut kommen würde.

Ich habe mich verführen lassen, meinem Buchhändler
bis Ostern zwei größere Arbeiten zuzusagen, die, ob sie mir

---

[1]) Von Therese Dahn, geb. Droste-Hülshoff.

gleich in der Alpenluft in großer Klarheit vorschweben, mich
doch den nächsten Winter ausgiebig beschäftigen werden u.
an deren kräftiger Ausführung mir unendlich viel gelegen
ist. Ich muß mich männlich fassen, um nur diese meine
nächsten Ziele zu erreichen.

Ich hoffe, Ihr Bergaufenthalt hat Sie recht gekräftigt,
u. glaube daß eine herzliche Theilnahme an den Bestrebungen
Ihrer Freunde, zu denen ich mich stets zählen werde (dazu
etwa einmal ein kluger Rath oder eine freundlich ausge=
sprochene Wahrheit,) Sie nie wird vereinsamen lassen, wenn
das bei Ihrer reichen Natur überhaupt denkbar wäre. Wer
sich weder zu leidend noch zu thätig verhält, wird, nach den
Wunden,[1]) auch die Heilkräfte des Lebens erfahren.

Meine besten Grüße an Sie u. Ihre Frl. Tochter, denen
sich Betsy anschließt.

Ihr   M.

---

12 Oct. 1885.

Verehrte liebe Frau,

unter den Bescheerungen von heute ist die Ihrige die
prächtigste, aber mir nicht deshalb die liebste, sondern weil
sie aus lieber Hand und einem nicht kleinen Herzen kommt.

Gestern gab ich einem Brautpaar aus der Familie meiner
l. Frau eine kl. Fête. Es waren Leute aus der hohen Kauf=
mannschaft, also aus ziemlich unlit. Kreisen. Da kam die
Rede auf unseres Freundes Kampf um Rom u. siehe — wört=
lich — es erhob sich ein Sturm der Bewunderung; in Wahr=
heit ein unverdächtiges Zeugniß für die weite Popularität
des Buches. Meinen „Kampf" habe ich schon zwei Male
umbinden lassen müssen, weil er stets auf der Wanderschaft
ist, freilich in anderen, i. e. studentischen Regionen.

---

[1]) Frau v. Doß hatte ihren Gatten verloren.

Zu Weihnachten scude ich Ihnen meine „gesammelten Novellen", 2 Bände (mit der neuesten jetzt in der Rundschau stehenden: Die Richterin).

P. S. Eben erhalte ich ein Telegramm von Dahn aus Leipzig. Sie sehen: ich dachte an ihn.

Sehr herzlich

C F M.

Und auch von Fran Therese. Danken Sie ihr in mei=nem Namen noch ganz besonders.

Kilchberg 17 April 1890

Verehrte Frau,

es freut mich, Sie wohlauf und in dem lieben Rom zu wissen, wo Sie aber den Marmorsarg nicht suchen dürfen.

Der todte Achill[1]) hatte ursprünglich eine andere Fassg: er zog einer Insel zu, an deren Ufer Homer seine Leyer stimmt.[2]) Erst in der Sammlg[3]) bekam er die jetzige Gestalt.

Die Scene ist aber doch wohl nicht von meiner Erfindg, denn ich erinnere mich dunkel, in meiner Jugend die Ab=bildg eines Basreliefs von Thorwaldsen, wenn ich nicht irre, gesehen zu haben, das denselben oder einen ähnlichen Gegenstand darstellt.

Neulich wurde mir von Rom ein blühender Lorbeer zugesendet. Wenn er von Ihnen ist[4]) so nehmen Sie dafür freundlichen Dank. Ja, wer ihn verdiente!

Herzlich ergeben

Ihr   C F M.

Verehrte Frau,

die I. Frau ersucht mich, Ihnen in ihrem Namen für die Zusendg der Photogr. Ihrer Frau Tochter und Ihrer

---

[1]) „Der todte Achill", Gedichte I, S. 129.
[2]) „Die Fahrt des Achilles", Romanzen und Bilder, S. 77.
[3]) „Gedichte" von Conrad Ferdinand Meyer. 1882.
[4]) Frau v. Doß hatte ihn für den Dichter im Giardino d'Este gepflückt.

hübschen Enkelin aufs freundlichste zu danken. ich thue es auch in dem meinigen, da mich die Bilder gleichfalls freuen u. ich Ihre Frau Tochter gleich erkannt und wenig verändert gefunden habe.

Die I. Frau ist mitgenommen von dem Verlust ihres Lieblingsbruders, Herrn Alfred Ziegler auf Steinegg, im Thurgau, den wir am vorletzten Sonntag bestattet haben. Wir erhielten die Todesnachricht, gerade da wir in den Wagen stiegen, um zur Hochzeit unserer Nichte Burkhard zu fahren, mußten sie dann dort natürlich verheimlichen, und diese schmerzliche Anstrengung setzte der Frau begreiflicherweise zu.

Auch geringere Unbilde (Dienstbotenwechsel, notwendig werdende Bauten u. Wasserleitungen etc.) macht unsere Gegenwart unruhig und läßt uns unsere Bergfrische ersehnen, die wir dieses Jahr — um in der Nähe zu bleiben, wohl auf dem Rigi suchen werden.

Bei alledem bin ich weniger betheiligt als die I. Frau, da ich meine andere Welt habe, helfe aber doch getreulich, wo ich kann.

Grüßen Sie mir ja gelegentlich — und angelegentlich — P. Heyse, dessen wieder gelesene Sachen mir ganz neulich wieder unendliches Vergnügen gemacht haben.

Natürlich senden Sie mir das fragl. Heft von „Gesellschaft" nicht, auch wenn es wieder zum Vorscheine käme!

Herzlich   Ihr

Kilchberg 25 Juni 1890.   C F Meyer.

---

24 Jan. 1892

Verehrte I. Frau,

Die Borgia's haben noch ein Unheil angestiftet. Die Correcturen bei dem — wegen des Setzerstrikes — überstürzten Buchdrucke haben mir — mit der Hülfe einer zufälligen Erkältg — ein Augenrheuma zugezogen. ich muß die Augen aufs äußerste schonen u. so auch, was mir besonders leid thut, meinen Dank kurz fassen.

Frau u. Kleine, die gestern ihren ersten Ball hatte, werden selbst danken, nun aber will ich Ihnen sagen, daß ich selten eine angenehmere Überraschg u. lebhaftere Rück= erinnerg gehabt als beim Anblick der mir bescheerten Pho= tographien.[1] Besonders von Cesare, der am Ende doch authentisch ist, konnte ich gar nicht los kommen.

Die dram. Gedanken kamen mir infolge einer merk= würdigen Aufforderung — ich bin aber — gerade durch meine Augen u. auch durch mein Alter so sehr in den Händen des Schicksals, daß ich in der beschränkten Arbeitszeit je nur dem stärksten Impulse folgen muß, u. der ist jetzt nicht das Theater. Eigentlich tendirt jetzt alles in mir zur Sammlg u. ich möchte mich am liebsten eine Weile stille halten.

Was an der Borgianovelle vielleicht merkwürdig ist u. ihre Fehler u. Tugenden constituirt, ist die geradezu un= glaubliche, bis zur Vision gehende, jedes Denkens u. Rech= nens bare Spontaneität ihrer Entstehung. Doch ich habe mein Maß ärztlich erlaubten Schreibens längst überschritten.

Grüße von Haus zu Haus,

Ihr C F. Meyer.

---

[1] Cesare Borgia, Vittoria Colonna, Tizians himmlische und irdische Liebe, Die gegeißelte Psyche, Borghese=Brunnen, Sacchis Mönche usw.

An

Paul Wislicenus.

An

Paul Wislicenus.

Paul Wislicenus (geb. 2. I. 1847) lernte Conrad Ferdinand Meyer im Willeschen Kreise zu Mariafeld kennen und wurde sein eifriger Verehrer, sobald er die Erstlinge „Hutten", „Engelberg" und „Amulet" gelesen hatte. Bewundernd und verständnisvoll zugleich wies er, wohl der erste in Deutschland, dem Dichter vor der Öffentlichkeit den gebührenden Platz an. Vom „Hutten" sagte er: „In neuerer Zeit ist selten etwas so Gediegenes geschrieben worden ... Das Buch gewinnt eine Lebendigkeit, wie kaum eine moderne Schöpfung sie aufzuweisen hat .... C. F. Meyer ist ein ganzer Dichter, ein denkender und empfindender zugleich. Seine Erfindungen tragen die bekannten Schönheitsgesetze der Steigerung und Umkehr in reiner Erscheinung in sich. Die Wahl seines Stoffes ist eine überaus glückliche, die Durchführung eine reife und dichterisch kraftvolle und der Geist, der in dem Ganzen lebt ...., ein so rein menschlicher, daß man der deutschen Literatur zu dieser Bereicherung Glück wünschen darf." (10. X. 1873.)

Nach einem Lobe „Engelbergs" äußerte er sich folgendermaßen über das „Amulet": „Das Amulet ist den besten Schöpfungen unserer Dichtkunst an die Seite zu stellen; und wenn mir zwischen Kleists berühmtem „Michael Kohlhaas" nnd dem „Amulet" die Wahl gelassen ist, so entscheide ich mich kurz für das letztere ..... Das historische Kolorit ist von solcher Echtheit, daß wir das Behagen empfinden, welches nur eine echt dichterische Auffassung vergangener Zeiten in uns wachzurufen vermag und welches die halb wissenschaftlichen Arbeiten Freytags und Scheffels nicht in dem Maße zu erwecken vermögen." (14. XI. 1873.)

Diese Urteile stehen in der „Literatur. Wochenschrift für das nationale Geistesleben der Gegenwart." Paul Wislicenus hatte sie mit Hermann Riotte gegründet. Das vornehme und gehaltvolle Organ vermochte sich aber nicht lange zu halten. Im zweiten, nur von Wislicenus redigierten Jahrgang begann in der 31. Nummer (31. Juli 1874) der Erstdruck von C. F. Meyers „Georg Jenatsch". Selbst dieser unvergleichliche Beitrag vermochte die Zeitschrift nicht zu retten.

Meilen=Seehof bei Zürich

23 Juli 1874.

Verehrter Freund,

geſtern habe ich Jenatſch beendigt und bei Wille vorge=
leſen. Nennen wir ihn definitiv: eine Geſchichte aus der
Zeit des 30jährigen Krieges. der andere Titel wäre zu
lang. Ich zähle darauf.

Das Vorwort[1]) mögen Sie immerhin weglaſſen. Die
nächſte Scudung erhalten Sie Anfang Auguſt. Wille meint,
man ſollte dem Titel beifügen: Alle Eigenthums= und Über=
ſetzungsrechte vorbehalten oder ſo etwas. Auf Dahn halte
ich die größten Stücke. Grüßen Sie mir ihn gelegentlich recht
herzlich.

Ihr

C F M.

Seehof=Meilen bei Zürich 26 D. 1874.

Lieber Freund,

So iſt denn der Druck des Jenatſch wenu auch mit ver=
mehrten Fehlern (noch die drittletzte Zeile enthält einen ſol=
chen) in der Literatur in dieſem Jahr vollendet, was mir eine
wahre Erleichterung iſt.

Über den ganzen Wert der Dichtung wird man erſt ur=
theilen können, wenn ſie, was übrigens keine Eile hat, in
definitiver Redaction und in Buchform vorliegt.

Wohl habe ich nicht geſeiert und manches iſt im Werden,
aber ich denke, wir wollen den Leſern der Literatur, deren Ge=
duld ich ſo lange in Anſpruch genommen, nun einmal von
Anderen etwas vorerzählen laſſen.

Daß ich die Entwickelung Ihres Blattes fortwährend mit
dem lebhafteſten Intereſſe verfolgen werde, trauen Sie mir

---

[1]) Abgedruckt in Adolf Frey, „C. F. Meyer" S. 268.

zu. Es würde mich freuen, von Ihnen auch etwas über die wachsende Abonnentenzahl und das ökonomische Gedeihen des Blattes zu vernehmen.

Meine aufrichtigen Wünsche für 1875.

Treuergeben

Ihr

C. F. M.

Seehof-Meilen bei Zürich 16 Jan. 1875.

Verehrter Freund,

eben erhalte ich durch die Postämter die befremdende in=directe Mittheilung, daß die „Literatur" während der Mo=nate Januar und Februar nicht erscheinen und dann in einen Berliner Verlag übergehen werde. Diese Nachricht hat mich umsomehr überrascht, als die letzte Nummer 1874 ausdrück=lich zu sofortiger Erneuerung des Abonnements aufforderte. Bei dem lebhaften und aufrichtigen Freundesinteresse, das Dr. Fr. Wille und ich an Ihrem Blatte nehmen, sind Sie uns Beiden ein Wort der Aufklärung schuldig, das ich von Ihnen ohne Verzögerung erwarte, da ich einen Brief Willes aus Venedig, wo er einige Zeit verweilt, zu beantworten im Be=griff bin.

Zugleich werden Sie es begreiflich finden, daß ich Sie ersuche, das vereinbarte Honorar für G. Jenatsch mir zu über=mitteln oder sicher zu stellen, ehe Ihr Blatt in einen neuen Verlag übergeht und aus dieser Änderung für mich unange=nehme Verwickelungen entstehen könnten. Doch das ist wohl selbstverständlich und unsere Briefe kreuzen sich vielleicht.

Für das von mir bei dem Postamt Meilen bezahlte Abonnement des ersten Semesters 1875 wäre ich bereit, ja ich würde es vorziehn, daß den Jenatsch enthaltende zweite Semester 1874 anzunehmen und mich dann gelegentlich auf die in Berlin erscheinende „Literatur" wieder zu abonniren.

Sie entschuldigen, geehrter Freund, daß ich auf sofortige Antwort dringe. Gewiß, ich bin von Ihrer Worttreue und

vollkommenen Ehrenhaftigkeit vollständig überzeugt, aber Sie
räumen mir ein, daß dieß ungewöhnliche Abbrechen Ihres
Blattes Sie zu einem Aufschluß Ihren redlichen Freunden
gegenüber verpflichtet.

　　　　　　Ihr treu ergebener

　　　　　　　　　　　　　　　C. Ferd. Meyer.

An

Alfred Meißner.

.

Alfred Meißner.

Seehof, Meilen bei Zürich
17 Oct. 1874

Hier, verehrtester Herr, Amulet, Engelberg, was v. G. Jenatsch[1]) erschienen ist und die Halle[2]) bis auf die vier letzten Nummern, die noch bei Wille liegen. Das Amulet gehört Ihnen, Engelberg Ihrer Frau, unter deren Schutz ich es stelle.

Es wird Wille leid thun nicht zu Hause gewesen zu sein; dieses Mal hat das Glück mich begünstigt.

Treu ergeben

C. Ferd. Meyer.

Meilen bei Zürich 10 Nov 1874.

Verehrter Freund,

Schon war der Brief versiegelt, der Ihre Gastfreundschaft für einige Stunden in Anspruch nehmen sollte, als eine auf dem Nachtboot geholte Erkältung u. ein mir bleibender Correkturbogen mich nöthigten, meinen Ausflug zu verschieben. Ich mußte mit mir selbst und mit dem Drucker Geduld haben. Sobald ich aber kann, verreise ich nach München,

---

[1]) „Georg Jenatsch" in der von P. Wislicenus herausgegebenen Zeitschrift „Die Literatur".

[2]) Die von O. Blumenthal, später von E. Eckstein herausgegebene „Deutsche Dichterhalle".

wo ich einen Verwandten besuche, u. auf dem Heimweg klopfe
ich bei Ihnen in Bregenz an. Bis dahin kümmern Sie sich
nicht um mich. Ich möchte Sie mit keinen Planänderungen
langweilen, aber voraussichtlich werde ich mich am 17. oder
18. von Lindau, wo wir[1]) übernachten, telegraphisch bei Ihnen
anmelden.

Meinen verbindlichsten Dank für die zwei Bände No=
vellen. Ich habe sie in einem Zug durchlesen und der selt=
same kecke Humor darin hat mir viel Freude gemacht. Den
Spieltisch Peter des Großen hat uns Wille in zahlreicher
Gesellschaft vorgelesen, u. die Novelle tat vortreffliche Wir=
kung. Mit Caesar Schmidt, unserem unternehmendsten Buch=
händler habe ich eingehend den in Ihren letzten Zeilen be=
rührten Punkt besprochen, das Nähere erzähle ich mündlich.

Ihr freundlicher Anteil an Jenatsch ist mir um so wert=
voller, als es mir in meiner Abgeschnittenheit fast unmög=
lich ist, für meine Sachen einen Maßstab zu haben. Etwas
Umgang mit tüchtigen Leuten täte mir wohl, wenn es sich
würde machen lassen.

Noch einmal meinen herzlichsten Dank für Ihr Zuvor=
kommen und die besten Empfehlungen an Sie Beide von uns
Beiden.

			Treu ergeben

					Ihr

						C. Fd. M.

	Lit.[2]) u. Dichterhalle habe ich eben zurückerhalten. Die
herzlichsten Grüße von Wille's.

Seehof=Meilen bei Zürich. 7 Dec. 1874

Nur mit einigen Zeilen, verehrtester Herr und Freund,
will ich Ihnen für Ihren freundlichen Empfang in Bregenz
danken, ehe es auch gar zu spät ist. Ich glaube: Ihr Ab=

---

[1]) C. F. Meyer und die Schwester Betsy.
[2]) „Die Literatur".

schiedswort, in die schönen bei Ihnen verlebten Stunden sei
ein Samenkorn gelegt, wird für mich wenigstens in Erfüllung
gehen.

Ich bin gegenwärtig, wie jedermann, gegen Ende des
Jahres überhäuft, z. T. mit unangenehmen Geschäften, hoffe
aber im neuen Raum zu schönerer Tätigkeit zu gewinnen.
Ich halte, mir zum Troste, den Gedanken fest, daß Sie im
kommenden Frühjahr, bei Willes Einkehr nehmen werden,
wo Sie große Freude machen würden, wie ich Ihnen ver=
sichern kann. Die Rezension des Olaf[1] in der Deutschen
Zeitung hat Frau Elisa s. Zeit durch die Freundlichkeit der
Gräfin Plater erhalten.

Ihre in unsere Gespräche geworfenen Äußerungen über
meine Compositionsweise geben mir viel zu schaffen. Auch
blicke ich manches aus Ihren Novellen ab. Statt mir aber
Theorien zu machen u. mich so — wie manchmal zu geschehen
pflegt, im Kreise herumzutreiben, will ich einmal ein No=
vellenmotiv in der von Ihnen angedeuteten Weise behandeln
und zwar sobald wie möglich. Dann läßt sich wieder über die
Sache reden. Ich befürchte, Sie werden, zumal im letzten
Kapitel des 2. Buches des G. Jenatsch, das Schroffe und
Sprungartige meiner Manier verdoppelt finden.

Wenn Sie einen Blick in Dahns Roderich werfen, werden
Ihnen Vorzüge und Mängel gleich ins Auge springen. Ich
habe ihm eine Rezension versprochen und werde sie sobald
als möglich schreiben, freundschaftlich, vorsichtig und ehrlich.[2]

Der vierte Teil der Leute von Seldwila v. G. Keller ent=
hält zwei hübsche Novellen. Die erste[3] hat ein Motiv à la
Brentano und ist in altdeutscher Manier behandelt. Ein
Mädchen bittet einen schlechtgehängten und wieder aufgelebten
Knaben frei, u. wird, da beide erwachsen sind, von ihm vom
Schaffot weg geholt und geheiratet. Keller, nach Malermanier,

---

[1] Eliza Wille, „Johannes Olaf", Roman, 1871.
[2] „König Roderich", Trauerspiel von Felix Dahn, Allgemeine
Zeitung, Augsburg, 11. Januar 1875. Die Rezension ist gezeichnet cfm.
[3] Dietegen.

erzählt von Tableau zu Tableau. Das harmonische Ein=
treten des Einzelnen ins Ganze mangelt. Alles Gute u.
Liebe.

Ihr

C. F. M.

Seehof=Meilen bei Zürich 1 März 1875.

Verehrter Herr u. Freund,

Ihre l. Zeilen sind lange unbeantwortet geblieben, meine
Lebensgeister waren bei dieser herben Kälte und in unserer
Einsamkeit etwas eingefroren, ein Bann, den es mir zuweilen
schwerer wird zu brechen als billig und mir lieb ist u. den ich
fast geneigt wäre als eine wohltätige Naturnotwendigkeit zu
betrachten. So kann ich Ihnen nicht, wie Sie mir, von einem
gelungenen Winterfeldzuge melden, mein guter Augenblick ist
die Zeit, wenn der Saft mit Macht in die Bäume steigt.
Kleineres indeßen wurde manches vollendet und entworfen.

Nun kehren Wille's, die Jan. u. Febr. in Venedig ver=
lebten, nächstens zurück. Ich habe Wille von Ihrem neuen
Poem geschrieben u. daß Sie eine Anmuthung hätten, es sich
von ihm vortragen zu lassen. Zögern Sie ja nicht lange nach
seiner Rückkehr, diesen guten Gedanken auszuführen und uns
damit allen eine große Freude zu machen. Auch ich bin auf
Ihren rauhen Thracier und seine Korintherin gespannt, und,
obschon von Natur nicht eben zur Eifersucht geneigt, ahne
ich die schweren Conflikte, die aus einem solchen Bund ent=
stehen müßen. Ich vermute, aus einem Wort im Programm
zu Blumenthals neuen Monatsheften,[1] daß Ihre Dichtung
zuerst und hoffentlich bald dort erscheinen wird.

Neulich habe ich meiner Schwester Ihren Ziska zum
ersten Mal vorgelesen, der uns durch sein Feuer und seine

---

[1] „Neue Monatshefte für Dichtkunst und Kritik". Das Programm
findet sich hier nicht.

jugendliche Bravur imponirt und daneben große Freude ge=
macht hat, troß der allerdings seit seiner Entstehungszeit ver=
änderten Ideenströmung.

Ihr Urteil über Jenatsch ist durchaus das meinige. An
einigen Stellen, besonders aber an der von Ihnen bezeich=
neten, muß Jenatschens Verhältnis zu Lucretia und sein
keineswegs einfacher Charakter nicht analysirt, aber doch vor=
übergehend und wie zufällig besser beleuchtet werden. Ein
Roman ist J. entschieden nicht, ich würde ihn eher eine Novelle
heißen. Wenn wenigstens der Roman mehr epischen und
die Novelle mehr dramatischen Charakter hat.

Heute morgen erhielt ich einen Brief von dem über=
glücklichen Felix Dahn, dessen Roderich in Königsberg bei
der ersten Aufführung einen beispiellosen Erfolg erlebt und
nun 12 mal nacheinander gegeben werden soll. Er sagt: „Ge=
waltig war der Hauch seelenerschütternder sittlicher tragi=
scher Mächte, welcher an jenem Abend über unsern Häuptern
schwebte", und freut sich — u. es ist auch erfreulich — daß
eine „Tragödie in hohem Styl" so gewirkt hat.

Eben kommt eine Zeile von Wille aus Mariafeld, er
ist seit gestern abend zurück.

Unsere herzl. Empfehlungen Ihrer verehrten Frau.

Ihr

M.

Verehrtester Freund,

es wäre mir so lieb, Sie noch einmal zu sehen Freitag
— komme ich nicht ungelegen und schreiben Sie nicht ab —
besuche ich Sie Nachmittags 4 Uhr. Ziehen Sie, bei günsti=
ger Witterung, einen Gang oder die kleine Seefahrt vor, so
sind Sie mir jederzeit erwünscht und willkommen. Morgen

finden Sie den Oberſt Ziegler bei mir, Freitag aber oder
Samstag würden Sie mich — wahrſcheinlich — allein treffen.

Mit den beſten Wünſchen und Empfehlungen an die Frau
Doktor,

Ihr

C. F. Meyer.

Wangensbach 17 Mai 1876

---

7 Juni 1876. Wangensbach=Küsnach b. Zürich

Verehrteſter Freund,

Ihre l. Zeilen erhielt ich geſtern aus der Stadt zurück=
kehrend, wo ich meine aus Italien angelangte Schweſter emp=
fangen hatte. Sie erkundigte ſich gleich nach Ihnen und Ihrer
l. Frau. Es iſt mir recht herzlich leid, daß ich Sie nicht
wiederſah. Möge — das iſt die Hauptſache und ich hätte es
Ihnen gern noch einmal mündlich geſagt — Ihre l. Frau
recht bald und völlig geneſen. Seien Sie meines Anteils
gewiß. Ehe dieſe Sorge gehoben iſt, mag ich Ihnen von gar
nichts anderem reden.

Kommen Sie wieder in die Nähe, ſo wiſſen Sie, daß
Sie im Wangensbach zu jeder Stunde der willkommenſte
Gaſt ſind, oder Sie befehlen mich mit einer Zeile zu ſich,
wenn Ihnen meine laute Gegenwart nicht zu viel iſt.

Das neueſte Gedicht von Lingg in der Halle[1]) hat mich
gerührt. Er iſt u. bleibt ein großer Poet.

In großer aufrichtiger Verehrung und treuer Freund=
ſchaft   Ihr

C. F. Meyer.

Wangenbach=Küsnach bei Zürich

19 Sept. 1876.

Verehrteſter Freund,

wir fragen uns oft, ob Sie wieder in Ihr Schlößchen
zurückgekehrt ſind, ob die Schweizerluft Ihrer l. Frau wohl=

---

1) Wohl S. 204 „Die Antiken".

gethan hat — denn wir haben von Willes vernommen, daß
Sie einen Aufenthalt in Churwalden gemacht und ob Sie —
dieß ist mein Gedanke — den Winter mit Frau und Kindern
in Italien zubringen werden. Schon lange hätte ich mich
gerne um Nachricht an Sie gewendet, wenn wir nicht gefürchtet
hätten, durch unbescheidene Teilnahme zudringlich zu werden.

Haben Sie wohl noch etwas Interesse für G. Jenatsch
übrig? Er erscheint in diesen Tagen und Sie werden unter
den Ersten sein, denen ich mein Buch zusende, das Ihnen —
in seiner jetzigen Form — vieles zu danken hat. Sie werden
ja sehen, was daran anders geworden ist.

Daß mir jede Zeile und kleinste Nachricht von Ihnen
lieb ist, wissen Sie.

Ihr   treu ergebener

C. Ferd. Meyer.

Adresse:

Meyer=Ziegler. Küsnach bei Zürich.

***

Verehrtester Freund,

Vor nahe drei Wochen sandte ich Ihnen Jenatsch mit der
Bitte, mir, zu meiner Seelenstärkung, mit einer Zeile Ihren
ersten Eindruck zu melden, ob ich nichts daran verdorben
habe. Ist Ihnen das Buch zugekommen? Und Ihrer I.
Frau geht es doch gut, bei dieser Witterung?

Vergeben Sie meine Ungeduld. Ich habe freilich jetzt
schon manches Urteil — und darunter kein ungünstiges —
vernommen; aber das Ihrige wiegt mir sehr schwer, ja ist
für mich endgültig, weil es, was selten beisammen ist, Com=
petenz mit Wohlwollen vereinigt.

Ihr

treu ergebener

C. F. Meyer.

17 Oct. 1876

Wangensbach=Küsnach bei Zürich.

Küsnacht den 23 Dez. 1876.

Verehrtester Freund

Mit Ihrer Erlaubniß beantworte ich Ihre l. Zeilen gleich umgehend, ohne in meine Thurmklause zu steigen, hier am Eßtisch, wo ich sie empfangen habe.

Zuerst bin ich ganz glücklich, daß es Ihrer Frau gut geht; ernsthaft scheint es gewesen zu sein, möge sie lange, recht lange und glücklich leben.

Ich bin doch begierig, was Sie schaffen, ich werde mir das Blatt halten, wie ich mir jetzt das Berliner Tageblatt für die N. Serapionsbrüder von Gutzkow halte. Auch M. König und die neuen Hortgeschichten habe ich gelesen und möchte Sie wohl darüber ein Stündchen hier auf meinem Kanapee festhalten. Die Geschichte der 20 000 Thaler[1]) in den Monatsheften hat mich frappirt durch die Kraft der Satire.

Jenatsch ist doch wohl sehr manirirt, die einzige Lucretia ausgenommen, die ächt ist. Mir däucht, ich sollte etwas weit größeres u. freieres machen können. Von meinen von mir vorausgesehenen Rezensenten haben alle versagt. Dahn hatte ich mir ausdrücklich verbeten, weil mich die Mechanik von Dienst u. Gegendienst langweilte . . . dafür aber den immerhin tüchtigeren Kinkel angesprochen — da fährt der Doctor Aurelio Bubbäus, der Schwager von Laube dazwischen, und, wie Sie sagen, in der Art des Königs Kambyses. Der Lump in der Neuen Freien ist ein gewisser Hofrat H . ., er hat meinem Buchhändler Haessel noch eine Geheimrezension überschickt, die seine „wahre Meinung" enthalte. Haessel schreibt ferner: „Der Mensch sei gefährlich." Wie und wodurch soll er mir gefährlich sein, hier auf Wangensbach bei Küsnach?

Doch lassen wir diese Armseligkeiten — Wissen Sie daß ich Ihrer u. Linggs oft in treuer Anhänglichkeit und Freundschaft gedenke? Warum hat Lingg die projektirte Sammlung

---

[1]) Alfred Meißner, „Schattentanz". 2 Bände, Zürich 1881. Band I S. 178 „Die Geschichte von zehntausend Gulden".

bei Grote nicht erscheinen lassen? Ich bin sonst recht glück=
lich und auch gesund. Werden wir uns nicht bald so oder so
ein Stüudchen sehen?

Mit den besten Weihnachts= und Jahreswünschen

Ihr

C. F. M.

Eine Ihrer Zeilen scheint zu sagen, daß Sie selbst noch ein
Wort über Jenatsch sagen wollen. Das wäre zu schön, um
daran zu glauben.

In der Schweiz wird der J. gelesen und faßt Wurzel.
Noch einmal meine besten Wünsche, ich bin Ihnen recht herzlich
zugethan.

Kilchberg bei Zürich   14 April 1877.
Spät u. mit fliegender Feder.

Mein verehrter und lieber Freund,

Ihre feindlichen Pole werde ich in dem Berliner Tage=
blatt lesen, das ich schon seit Jahren halte; ich freue mich
darauf.

Die Genesung Ihrer Frau macht mir große Freude.

Lingg, der mir sehr lieb ist, lasse ich ganz besonders
herzlich grüßen — ist er dieses Frühjahr nicht in Florenz
gewesen, wovon er gesprochen hat? — und ich will es nicht
verreden, mir womöglich einen Tag bei Ihnen Beiden zu
gönnen. Ich habe Manches im Kopfe. Sachen von einer
gewissen Tiefe, aber jetzt — wie Sie unten sehen werden —
durchaus keine Zeit zur Ausführung. Mit dem Jenatsch
wollen wir es bewenden lassen. Sie sprechen gelegentlich am
rechten Ort ein Freundeswort über mich nach Ihrem Ermessen.
Die Gedichte von Herwegh haben mir denn doch Eindruck
gemacht. Neben schönen Überbleibseln, die mit der ersten
Sammlung rangiren, meist satyrische Gedichte à la Heine
(letzte Manier), Form schön, witzig, wehmütig, nie unde=

deutend. Er hat sein ganzes Talent bis zum letzten Atemzug behalten. Doch vielleicht bin ich für ihn voreingenommen, er war mein Jugendpoet.

Ich beantworte Ihre l. Zeilen in der (bis jetzt einzig eingerichteten) Dienstbotenstube meines neuen Landhauses; wo. ich eben, obwohl es noch voll Arbeiter ist u. bis Ende Mai bleiben wird, eingezogen bin. Ich trage meine eigene Erde an den Stiefeln. Ich wohne ziemlich hoch über dem Ufer aber nahe an Bahn und Boot, eine Viertel Bahnstunde von Zürich u. mein Blick reicht von Zürich bis Rapperswyl. Was ich seit vier Wochen controlirt, befohlen, geschimpft habe, es ist unglaublich, wobei mir mein schönes Phlegma zu statten kommt. Mein Auszug aus dem Wangensbach, den ich in Aftermiete an den U. S. Consul abgab, war eine Schlacht. Im letzten Augenblick rebellirte die Köchin (eine Schwäbin, ein Gewaltsmensch) u. drohte meiner Frau u. der Schweiz im allgemeinen mit „Bismark", worauf ich sie fortschickte. Gestohlen wurde nichts als die erste Nummer von Lindaus „Nord u. Süd" von einem Schreiner, dessen literarische u. künstlerische Neigungen — er stiehlt vorzugsweise Kupfer= stiche — notorisch sind, aber wahre Orgien mit Wein und Würsten wurden gefeiert unter dem Vorsitz gerade jener Schwäbin. Das ist vorüber. Mein Nachbar hier in Kilch= berg ist Graf Plater, den die Polen zu ihrem Vertreter — Fürsten und Nationen gegenüber — bezeichnet haben u. dessen Frau die vormalige morganatische Gemahlin des Königs von Belgien und die Schauspielerin und Schriftstellerin Caroline Bauer ist. Er fast ein König, sie fast eine Königin und ich fast ein Poet — es wird schon gehen.

Ihr   C.F.M.

Es ist hier viel Elend, veranlaßt durch unsere miserablen Handels= und Eisenbahnverhältnisse und es vollzieht sich eine Wendung nach der conservativen Seite.

Behalten Sie mich lieb. Ich bin Ihnen aufs treueste zugethan.

Kilchberg 16 Juni 1877.

Liebster Freund,

ich danke Ihnen für Ihre l. Zeilen von gestern, die
meine eigenen Eindrücke wörtlich wiedergeben. Ich las das
sizilianische Drama[1]) bei der ersten Sommerhitze nach einem
mit lässigen und unzuverlässigen Arbeitern durchgescholtenen
Tag und es schwamm mir so vor den Augen. Zwei andere
competente Urteile stimmen mit den unsrigen. Etwas Freundl.
läßt sich immer noch darüber sagen, sobald man mit sich
selbst im Reinen ist. Auf die Ausrede des Dämonischen bin
ich gleich verfallen, es ist aber eine arme Ausrede. Wir
werden ja sehen, wie es anzufassen ist.

Daß Ihr zweiter König U von Theman beibehalten werde,
das, liebster Freund, habe ich gewußt, ohne mich zu rühmen
— und Ihre Art zu scherzen, jeder hat die seinige, ist mir
auch nicht unbekannt. Scharfer Umriß und eine merkwürdige
Bravur der Ausführung die im Grund schon im Ziska so
bestechend wirkt — ist mir ungemein sympathisch. Nach klar
durchdachtem Plane kann die Ausführung nicht ein= u. auf=
bringlich genug sein. Ich spreche nicht von der satyrischen
Aber, nur dieses: wenn Sie dieselbe einmal isoliren würden
und voll ausströmen ließen, in einer großen komischen
Hauptfigur mit innern Widersprüchen (Don Quichote
— die Figuren Molières) und das Liebliche und Angenehme
nur zur Milderung in Nebenfiguren — hier wäre ein schöner
Kranz zu ergreifen. Davon einmal mündlich. Meine kleine
Novelle, „Der Schuß von der Kanzel" belustigt mich herzlich*

Ihr   C F M.

*ein unbedeutendes Motiv, das ich aber flott ausführe, en
attendant mieux. Es ist der alte Werdmüller, der, wie
eine Art Rübezahl, auf seinem Landsitz — die Au, (hier in
der Nähe) — sein Wesen treibt. Ich habe die Kleinigkeit

---

[1]) „Macalda", von Herm. Lingg, 1877. C. F. Meyers Rezension
steht in der Neuen Zürcher Zeitung vom 5. Juli 1877.

meinen Freunden für einen lokalen Almanach zugesagt. Ihre
Briefe sind mir ungemein lieb, sie regen mich an u. erfrischen
mich im Staube meiner Bauten.

Ihr dankbarer

CFM.

Kilchberg bei Zürich. 24 Nov 1877.

Ihre Handschrift, verehrter Freund, und das Postzeichen
sagten mir gleich, daß Ihnen ein langweiliger Winter be=
vorstehe. Möge er Ihrer I. Frau Genesung bringen. Ich
nehme Anteil, mehr als sich schreiben läßt u. wünschte Ihnen
werktätig zu etwas gut zu sein: kann Ihnen etwas dienen,
was hier zu haben ist, so geben Sie nur einen Wink. Ich
hoffe, wir werden uns, in nicht allzulanger Zeit, in Ihrem
oder meinem Heim wiedersehen, nicht in einem ungemütlichen
Wirtshause.

Ich glaubte mich nicht vergessen, aber ich fürchtete, Sie
hätten mir nicht mehr so gute Nachricht zu geben von dem,
was Ihnen das Liebste ist und schwiegen deßhalb, nach Ihrer
Weise. Nun, Davos heilt oder — ganz gewiß — hält hin
in infinitum, das ist seine Specialität und wir haben davon
tausend Beispiele.

Noch etwas, das ich Ihnen ins Ohr sage — nur aus
großer Freundschaft und Dienstwilligkeit. In meinen ganz
schlimmen Zeiten habe ich mich oft mit etwas bescheidenem
Mysticismus gefristet und ihn — in kleinen Dosen — probat
gefunden d. h. über die Unterwerfung unter das Notwendige,
die ihre Heiligkeit in Würde hat, hinaus suchte ich im Schicksal,
wie es falle, etwas zu lieben — das ist freilich nicht für
jedermann, aber vielleicht für Ihre Frau· — Lingg, den
ich verehre und liebe, ist entschieden ein großer Mensch, aber
rein instinctiv. Von der Macalda gilt der Vers von Frei=
ligrath:

„Kein Teufel weiß, was drinnen steht."[1]

---

[1] Kein Teufel wüßt' was drinnen stand. (Liebe Heere).

und er weiß es wirklich selbst nicht. Ich sah schon aus seinem
Neusten in der „Halle", daß er zu meiner großen Freude —
wieder aufsteigt mit Posaunenklang. — Über „Sadal", den
ich sehr hoch stelle, will ich bei meinem Buchhändler ein ganz
unverfängliches Wort fallen lassen. Bei seinem Besuche hier
im Sommer hat er mich durch gewisse mich wie einen Hammel
oder andere Waare betastende Maniren schlecht erbaut. Seit
ich meine eigene Erde an den Sohlen trage, bekomme ich
überhaupt eine Art Schweizertrotzkopf, der mir entweder sehr
schlecht bekommen oder mich entschieden fördern wird. —
Rodenberg suchte mich hier auf und sagte mir zum Abschied,
er hätte mich ganz anders gefunden, als er nicht dachte,
worauf ich erwiederte, daß bei mir das Entgegengesetzte der
Fall sei und ich ihn gefunden, wie ich mir ihn vorstellte.

Mein kleiner Sitz ist eingerichtet, ich bewohne ihn — un
châlet, dürfte ich Ihnen bald darin χαῖρε sagen! er ist
in der von mir in das heurige Zürcher Taschenbuch ge=
gebenen Novelle „Der Schuß von der Kanzel" geschildert,
die Sie, gleich nach der Veröffentlichung, erhalten werden.
Etwas ganz Anderes, für meine Kräfte ziemlich oder sehr
Kühnes habe ich jetzt unterhänden.

Und nun noch ein Wort. Halten wir, wie Sie — wissen
Sie noch bei meinem ersten Besuche in Bregenz — sagten,
zusammen, ganz treu, allezeit aber lieber in Freud als in
Leid. Meine Grüße u. Wünsche der l. Frau.

Ihr

C. Ferd. Meyer

Kilchberg bei Zürich 28 Dec. 1877.

Mein verehrter Freund,

es ist mir unmöglich,* wie ich wohl gewünscht hätte
und wie es ein Gedanke meiner l. Frau war, uns durch eine
kleine Zusendung vor Jahresende bei Ihnen in freundliche

Erinnerung zu bringen; aber ich schicke Ihnen und der lieben
Frau, auf Gerathewohl, meine allerherzlichsten Wünsche und
Grüße.

Ihr hochachtungsvoll und treu ergebener

C. F. Meyer

* wegen mangelnder Adresse.

Hier, verehrter Freund, die Correkturfahne meines Ar=
tikels. Ich bin — aufrichtig, nicht unzufrieden mit demselben
und wünsche mir, er möge Ihnen eine kleine Freude machen.

Wie geht es zu Hause?

Den Jenatsch ed. 2 u. „Denkwürdige Tage" sende ich
nächstens. Sagen Sie mir mit einer Zeile, daß Sie mit mir
zufrieden sind — man kann nie wissen.

Ihr   C. F. M.

Kilchberg bei Zürich. 1 Nov. 1878

Verehrter Freund,

ich mochte Ihnen, die Größe Ihres Verlustes kennend
und Ihren Schmerz ehrend, kein Beileidsschreiben schicken —
jetzt aber, gegen Jahresende, sagen Sie mir wohl mit einer
Zeile, wie Sie sich befinden? ob wir Sie zum Nachbar be=
halten oder ob Sie Bregenz verlassen werden, worüber ich
mich nicht verwundern würde.

Meine l. Frau und meine Schwester haben großen An=
theil genommen.

Oberst Rüscheler war gestern hier und besucht morgen
Bregenz. Ich sage das nur zur Erinnerung an jenen hübschen
Tag, wo Sie, auf der Station von mir Abschied nehmend,
ihm begegneten.

In treuer Ergebenheit und mit guten Wünschen für
1879

Ihr   C. F. M.

Kilchberg bei Zürich. 20 Dec. 1878

Kilchberg bei Zürich 29 Januar 1879

Lieber, verehrter Freund,

es ist mir doch recht tröstlich, einige Zeilen von Ihnen erhalten zu haben. Daß Sie vorläufig in Bregenz bleiben, gibt mir vielleicht die Gelegenheit — egoistisch gesprochen — Ihnen im Frühjahr einmal die Hand zu drücken. Ich glaube, das Frühjahr wird Ihnen gut thun. Der tiefste Schmerz ist wohl mit der großen Poesie nicht unvereinbar, im Gegenteil. Ich Geringer habe meinerseits mein Erträglichstes regelmäßig in tormentis geschrieben. Aber ein Pessimist dürfen Sie mir nicht werden. Hans Scherr's (dem ich Ihre Grüße gelegentlich ausrichte —) Standpunkt ist ein sehr individueller, und wenn er das Zufällige höchst energisch betont, darin liegt, viel persönliche Bravheit und Gradheit hinzugerechnet, seine Stärke, so erschöpft er die menschlichen Dinge, in denen viel Vernunft ist, lange nicht. Auch müssen Sie den Mann nicht allzu sehr beim Worte nehmen, es ist auch etwas schriftstellerische Manier und gewollte Originalität dabei.

Es freut mich, daß Sie die „Schlußsteine"[1]) in der N. F. P. besprochen haben. Übrigt Ihnen ein Ex., so wäre ich neugierig, den Artikel zu lesen. Wenn Sie mir gelegentlich dieselbe Ehre zu Theil werden lassen, werde ich dafür dankbar sein. Ich weiß aber nicht, ob Ihnen die große Novelle, die ich gegenwärtig auf dem Webstuhl habe und — wenn nichts dazwischen fällt — im Herbst, wohl zuerst in einer Zeitschrift, veröffentlichen werde, zusagen wird. Es ist eben der mittelalterliche Heilige, den ich Ihnen vor Jahren, in dram. Form, vorskizzirte. Dann kommt eine andere Novelle: „Der Comtur" — auf die ich mich unbändig freue. Ich arbeite eigentlich ohne Unterbruch, aber ungeheuer langsam und cultivire dieses Phlegma recht eigentlich, weil ich in dieser kostbaren Naturanlage meine Sicherheit sehe; denn ich habe zuweilen das Gefühl, daß die Parze zwar nicht ihre Scheere öffne, aber doch mit der geschlossnen zuweilen versuchsweise an meinem

---

[1]) Hermann Lingg, „Schlußsteine". Grote, Berlin 1878.

Lebensfaden ein bißchen „kratze". Dann werde ich auch täglich
und stündlich zerstreut und abgezogen. Heute z. B. großer
Hundehandel! Verschiedene Thiere werden vorgeführt und
die Wahl, auch der Preis wollen erwogen sein. —

Sie haben hier den „Nimrod" von Kinkel recht ordentlich
aufgeführt. Circa dreißig Jahre war das Drama „auf Lager".
Ich erzähle das dem „in seinen Hoffnungen getäuschten Dramatiker" zum Troste.

Gestern Abend hatten wir das Carolus-Mahl, eine Vereinigung aller „Gelehrten". Es war heimlich und gemütlich-
altertümlich. Vorgestern Clara Schumann, die Pianistin. Sie
sehen, daß wir uns hier nicht langweilen!

Der Teufel plagt mich, Ihnen ein Novissimum bei-
zulegen.

Ihr　　　　C. F. M.

Kilchberg 5 Februar 1879

(mit der als Briefkopf gestochenen Ansicht seines Hauses).

Hier, l. Freund, Ihren stylvollen Lingg-Artikel zurück,
mit einem andern, nicht für die Wiener, sondern für die
nüchternen Schweizer geschriebenen[1]). Der gute Lingg, dem
ich in meinem Namen die Hand zu drücken bitte, mag nun
selbst entscheiden, ob er mit seinem Viergespanne im Land
des „Übels u. Unmuts" oder in dem der „wachsenden Heiterkeit" angelangt ist.

Wenn Sie mich wirklich in der N. Fr. Presse besprechen
— ich dränge nicht, da ich aus Erfahrung weiß, wie eine Muß-
recension... die das Tagewerk überlegende Morgenstunde verbittern kann — so ist es das erste Mal, daß ein bedeutender
Mensch über mich zu Gericht sitzt. Nur reden Sie nicht von
den Auflagen, dem Geschäftlichen, vom Markte. Ich hätte es
dem Haessel in seinem Haesselhause — eine Art Palast, den

---

[1]) Wahrscheinlich C. F. Meyers Rezension der Linggschen „Schlußsteine" in der Neuen Zürcher Zeitung vom 23. Dezember 1878.

sich der Mann in Leipzig gebaut hat, schon gönnen mögen, wenn meine 2. Auflagen nicht gegangen wären — er jammert in diesen Fällen zu komisch! Aber es scheint, daß es ordentlich geht. Auch ins Dänische ist der „Jenatsch" übersetzt, vortrefflich, wie mir scheint. Aber Sie wissen, daß bei mangelndem Vertrage — aller Schund ins Dänische übersetzt wird.

Es freut mich, daß Sie reisen, besonders in die Fremde, nach London. Nach einem schweren Verluste soll das niemand, der es kann, unterlassen, es ist eine Pflicht.

Gestern habe ich Musik gehört, eine gedankenhafte und zerfahrene Symphonie von Brahms,[1]) dann aber die Ouvertüre zur Lenore von Beethoven. Diese Gewalt und Steigerung predigt mit tausend Zungen, was Styl ist.

Vorstehend unser Haus! Ein hartes Blatt, von einem schlechten Stecher verhunzt, aber es gibt einen ungefähren Begriff.

Meine I. Frau empfiehlt sich Ihnen und grüßt Ihre Kinder.

Ihr   C. F. M.

<hr />

Kilchberg bei Zürich 30 Aug. 1879.

Dank für Ihre Zeilen, I. verehrter Freund, u. Schade, daß Sie mich nicht besucht haben... Mit Malchen Lingg tut es mir leid, sehr leid. Wenn ich nicht nach München gehe, so ist es allerdings weniger äußere Abhaltung — obwohl ich meinen kl. Sitz nur ungern verlasse) sondern absoluter Mangel an Bedürfniß. Ich bin zeither thätig gewesen, manches für den Winter vorbereitend. Jetzt gehe ich noch für ein paar Wochen in oder über die Berge, um Ende Sept. wieder zurück zu sein.

Ihre Romane machen mir immer große Freude, freilich kommen mir Motiv und Mache nur in zweiter Linie; was ich liebe, ist die Individualität des Schriftstellers in ihrer besondern Mischung.

<hr />

[1]) Die zweite Sinfonie in D-dur wurde den 4. Februar 1879 im Zürcher Abonnements-Konzert aufgeführt.

Es freut mich, daß Sie den Meister Gottfried fortuito gefunden und ausgiebig gesprochen haben. So war es am Besten.

Wenn Sie in Bregenz bleiben, könnten wir einmal an einem blauen Oct.=Tag in Romanshorn zusammen speisen!

Treu ergeben

Ihr   C. F. M.

25 Mars 1880.

Eine Zeile, lieber Freund.

Hübsch, daß wir wieder Nachbarn sind! Seien Sie mir gegrüßt. Allernächstens sollen Sie für Ihren Züricher=Artikel etwas Zweckdienliches erhalten. Ich bin (immer Hals u. Brust abgerechnet) wohl. Der Arm ist quasi heil. Dabei geistig rege. Den Heiligen erhalten Sie in circa 2 Wochen. Eine 2. Auflage ist jetzt schon notwendig.

Allerdings ist gegenwärtig in Zürich viel Krankheit.

Ihr   Dr. C. F. Meyer.

(Karte.)   19 April 1880

Lieber Freund,

Die erstaunliche Promptheit, mit welcher Sie mir einen Dienst leisteten, hat mich geradezu erschreckt und wahr= haft beschämt. Ich werde Gelegenheit zur Rache suchen.

Das Züricher Taschenbuch behalten Sie. Ich sitze hier an der Quelle und muß für dieses verdammte Taschenbuch bis Ende Juni eine Novelle schreiben, natürlich gratis, aus Patriotismus. Gestern las ich Ihre frische, klare „Tony"[1]) vor, erste Hälfte, die sehr gefiel. Ich bin zeither ganz leicht und heiter, obschon ich keinen Grund dazu habe. Ich glaube das Heranwachsen Ihrer Kinder wird Ihnen noch manchen schönen Stoff à la Wilhelm Meister geben.

Ihr   M.

---

[1]) A. Meißner, „Schattentanz". Darin S. 1 ff. Toni.

Kilchberg 2 Juni 1880.

Mein verehrter Freund,

eben erhielt ich Ihren Artikel in den „Bl. f. lit. U."[1]
u. danke herzlich dafür; ich hätte mir denselben nicht anders
wünschen können, einige Minima abgerechnet. („Cardinal"
statt Primas und die zwei Normannengestalten, während
Becket ein Sachse war). Das Übrige u. Ganze ist vorzüglich.
Die Hervorhebung des Fundes und der dram. Entgegen=
stellung der zwei Charaktere (1/3 der Chronik, 1/3 Thierry,
1/3 mir gehörig) scharf und klar, die Kritik berechtigt. Man
sieht, Sie haben sich während des Lesens über meinen Zeilen
Ihren eigenen und ich fürchte einen besseren, jedenfalls
einen feurigeren Verlauf der Geschichte gestaltet.

Was mir aber am meisten Freude gemacht hat, ist die
Art, wie Sie mich selbst behandeln. Genau diese Wertung
ist, bei dem jetzigen Stand meiner poetischen Gabe die passende
und für das deutsche Publikum zulässige. Das ist viel werth.

Nordmanns Novelle hatte mir, vor einigen Tagen, meine
I. Schwester in Meilen als Heimfahrts=Lektüre in die Tasche
gesteckt.

Unter uns, Sie haben Ihrem Jugendfreunde mit Ihrem
Desiderium einen Streich gespielt. Der barocke, gruselige Ritt
der zwei Mönche, des toten u. des lebendigen ist denn doch
das Hübscheste, wenigstens das Originellste an der übrigens
vorzüglichen Novelle. Freilich fällt es gegen das Andere
aus dem Tone!

Mir hier geht es ganz erträglich. Ich besitze und lieb=
kose ein paar singuläre Motive. Wenn ich mir nur hübsch
das Strudeln abgewöhnen und einen gelassenen Schritt an=
schlagen kann.

Daneben Haussorgen (3—4 Dienstboten, darunter eine
Mormonin und Baupläne!) Hohe Zimmer und ein neues
Nebenhaus. Meine I. Frau will absolut, daß ich ein hohes

[1] „Über den Heiligen" in den Blättern für literarische Unterhaltung,
27. Mai 1880.

und geräumiges Studirzimmer bekomme, ferner ein hohes Schlafzimmer, natürlich auch ein Kinderzimmer.

Der jetzt 81jährige Oberst Ziegler, mein Schwiegervater, der ein in seiner Weise vorzüglicher und ein sehr nobler Mann ist, obwohl er von der Kunst (Landschaft abgerechnet) rein nichts versteht, will, daß noch bei seinen Lebzeiten gebaut werde. . . . Doch ich plaudre.

Mein l. Freund, ich bin Ihnen recht von Herzen zugethan.

Ihr

M.

Kilchberg bei Zürich. 5 Juni spät 1880.

Lieber Freund,

Ihre Zeilen hat mein Diener eben, etwas verspätet, von der Post gebracht.

Morgen in die Stadt zu kommen, ist mir leider unmöglich, da ich mich auf einem Ausgange bei den heutigen Regengüssen erkältet habe, überdies Sonntag mein Empfangstag ist und ich meiner lieben Frau nicht wohl zumuten darf, meine Besuche aus der Stadt allein zu empfangen.

Sie würden mir natürlich mit einem Morgen= oder Abendbesuch die größte Freude machen.

Sollte es sich zu meinem Mißgeschicke nicht machen lassen, so sage ich Ihnen hier noch einmal meinen freundlichsten Dank für Ihre Besprechung in den Gottschall'schen Blättern. Mit den besten Grüßen

Ihr

C. F. M.

Ich lasse diese Zeilen morgen früh auf die Post bringen.

(Postadr:) Kilchberg 30 Dec. 1880

Verehrter Freund,

„Schattentanz" habe ich mitten im Trubel der Jahreswende, wie ein Knabe zwischen den Schulstunden gelesen.

Addio Paviani[1]), und mangia, bestia![2]) ist bei den Weih=
nachts= und Neujahrdiners, vergeben Sie den Mißbrauch, von
glänzender Verwendung. „Toni" habe ich mit Rührung
wieder begrüßt, den Heine=Artikel[3]) zweimal gelesen. Offen=
bar ist das Portrait, das seinige und das der Frau, sprechend
ähnlich und auch gar nicht geschmeichelt, z. B. das Belachen
der eigenen Witze. Mein Nachbar, Graf Plater, ist ganz
niedergeschlagen über den III Band Wellmers und ich bin
empört. Vorzüglich ist, wie der Sch . . r sich gegenüber dem
polnischen Grafen als „Deutscher" aufthut, nicht anders als
der Major in „Kabale und Liebe" gegen Lady Milford: „Ich
verwerfe dich, ein deutscher Jüngling!" Das perfekte Gegen=
stück zu Ihrem: „Es liegt darauf der Fluch des Greises!"
Welche Welt!

Bewahren Sie mir, in dieser falschen Welt, Ihre liebe
treue Freundschaft.

Ihr

C. F. M.

————

Kilchberg 11 Januar 1881

Verehrter I. Freund,

Ich bedaure, Ihnen berichten zu müssen, daß das
Feuilleton der N. Zürcherin unzugänglich ist. Der Redactor,
Dr. Baechtold, schreibt mir, auf mein Anklopfen, S . . .
habe sich so taktlos (er braucht einen stärkeren Ausdruck)
gegen ihn benommen, daß er ein für alle Male jede Zu=
sendung S . . . . scher Verlagsartikel sich verbeten habe.

Soll ich eine Zeile an V. Widmann, Red. des „Bund"
in Bern, schreiben? Ich bin gern dazu, wie zu jedem andern
kl inen Dienst, bereit.

Ihr

CFM.

————

[1]) In „Frühlingstage in Oberitalien" (Band I von Schattentanz).
[2]) In „Ugolino" (Band I von Schattentanz).
[3]) In „Schattentanz".

Kilchberg 5 Febr. 1881

Lieber Freund,

ich bin im Falle, Ihnen einen kleinen Aufschluß zu geben. Vor einiger Zeit sandte ich an das Feuilleton der N. Z. eine Zeile über „Schattentanz" ein und erhielt dieselbe mit einigen Worten von Dr. Baechtold zurück, der sich höflich, aber entschieden und principiell weigerte, etwas bei C. Sch. Erschienenes zu recensiren.

Vor einer Woche etwa nun schrieb mir C. Sch.: dieses Interdict sei gehoben (?) und bat um meine Zeile über „Schattentanz", welche er — oder vielmehr eine neugeschriebene — „zu freier Verfügung" erhielt. Zugleich aber avisirte ich Baechtold von dem Sachverhalt, was ich meiner Ehre und der Wahrheit schuldig war.

Ihr alter   CFM.

Kilchberg bei Zürich 1 Dec. 1882

Mein verehrter lieber Freund,

Freundlichsten Dank für Ihren N. Norson, wech er mich von Seite zu Seite gezogen hat. Er ist in Ihrer kräftigsten Manier und hat mich — hin und wieder — an den Ardinghello gemahnt. Ein sehr hübsches Buch!

C. Schmidt hat mich um eine Rezension ersucht, ich habe ihn aber abschläglich berichtet, da er offenbar ohne Auftrag gehandelt hat.

Denn Sie hätten mich doch wohl selbst angegangen. Sie haben es nicht getan, lieber Freund, und dafür weiß ich Ihnen Dank.

Schicken wir uns unsere Sachen zu reinem Genuß und als Zeichen unserer Freundschaft! Die meinige und die Bewunderung der vielen seltenen Vorzüge Ihres großen Talentes ist Ihnen gewiß.

Unverändert   Ihr   C. F. Meyer

Kilchberg bei Zürich 7 Febr. 1884.

Verehrter lieber Freund

ich habe mich höchst unnützer Weise mit alberner Rätsel=
haftigkeit ausgedrückt. Die schwarzgeränderte Karte mit
meinem Namen ging in das Trauerhaus „Grube“, woher ich
eine von Ihnen mitunterzeichnete Annonce erhalten. Aber
wie konnten Sie wissen, daß ich Grube durch die Schindler
von Hörensagen kannte.

Mir geht es — unberufen — zeither recht gut, mit
Calderon's standhaftem Prinzen zu reden:

„Besser, Herr, als ich verdiene!“

Diesen Winter beteilige ich mich sogar gegen mein Naturell,
aber mit wohltätiger Wirkung an allerhand städtischer Ge=
selligkeit, sodaß ich mich nur über mich selbst wundern muß.

Auch mich würde es herzlich freuen, mich wieder einmal
mit Ihnen auszureden! Es ist schon wahr: für Leute, die
„schreiben“, ist eine ausgiebige Plauderei erquicklicher als
Buchstaben und immer wieder Buchstaben.

Hier empfängt Sie mit offenen Armen

Ihr

C. F. Meyer

An

Hermann Lingg.

An

Hermann Lingg.

Meilen (Seehof) 27 Mai 1875.
bei Zürich

Verehrtester Freund,

ich möchte die mir von Calmbg gebrachten Grüße mit einem schriftlichen erwiedern u. Ihnen sagen, wie mich jedes Lebenszeichen von Ihnen freut. Da kam zuerst Ihr schöner Nachruf an Herwegh, dem ich die Ehre hatte, mit meinem Guise[1] als Fußgestell zu dienen, u. gestern der schreckliche Hawkwood in der, wie meine Schwester meint, diesmal all= zublutigen Halle.

Stellen Sie sich vor, wir haben in Glarus einen coura= girten Buchhändler,[2] der vor Jahren drei dicke Bände Schweiz. Nationallit.[3] herausgegeben hat, welchem er jetzt einen vierten[4] folgen läßt. Für die Redaction dieses vierten Theils hat er den Literarhistoriker Prof. Dr. J. J. Honegger ge= wonnen u. Dranmor,[5] Victor Widmann, ich u. mehrere andere sollen den Reigen anführen. Unter diesen ist der talentvollste, Leuthold, seiner Heimat quasi verloren gegangen. Wollten Sie, Verehrtester, uns zu seiner Auffindung behülflich sein, so erwürben Sie sich ein Verdienst um unsere „National= literatur". Honegger bittet Sie herzlich, den beigeschlossenen Brief an Leuthold zu bestellen u. ihn zu einer patriotischen Mitwirkg anzueifern.

[1] „Mourir ou parvenir."
[2] J. Vogel.
[3] Die poetische Nationalliteratur der deutschen Schweiz. Heraus= gegeben von Robert Weber. 3 Bände. 1866—1867.
[4] Vierter Band 1876, herausg. von Dr. J. J. Honegger.
[5] Pseudonym für Ferdinand Schmid, 1823—1888.

Calmberg hat mir von einem Napoleon in Rußland ge=
sprochen, den Sie ihm vorgelesen. Ich würde wohl wünschen,
das Gedicht kennen zu lernen. Den meinigen[1]) habe ich einer
Schweiz. Jugendzeitg gegeben, in der Hoffng, daß ihn die
Buben declamiren werden.

Nach Ihrem Rath habe ich den Tomasee in einheitliche
Stimmg gebracht — wie gefällt Ihnen die neue Fassung?[2])
Ich lege ein kleines Genrebild aus der Zeit des Reisläufens[3])
bei, das ich in das „Schweizerhaus" 1876 gestiftet u. dessen
Correctur ich eben besorgt habe. Gegenwärtig beschäftige
ich mich mit einer wunderlichen im XII Jahrh. spielenden
Novelle,[4]) die ich vor Jahresmitte beendigen werde.

Meine Schwester läßt sich Ihrer l. Frau aufs herzlichste
empfehlen u. würde gerne erfahren, wann Frl. Amaliens
Sommerferien beginnen. Wir haben für einmal keine Reise=
pläne.

In treuster Verehrung　　　　　Ihr　　　C. F. M.

Wie geht es auch Paul Heyse? Ist es wahr, wie ich
gestern hörte, daß seine Gesundheit angegriffen ist?

----

30 August 1875.
Rigi Staffel

Verehrtester Freund,

Ihre letzten lieben Zeilen beantwortete ich mit meiner
Verlobungsanzeige, die Ihnen freilich mit dem Namen Luise
Ziegler wenig sagte. Ein Wort darüber und zuerst eine Bitte.
Wenn Sie sich in Lindau befinden, und Sie mir die Ehre eines
Besuches in Meilen zudenken, so werde ich glücklich sein Sie
zu empfangen, ersuche aber um ein anmeldendes Wort. Vom
5ten bis zum letzten September bin ich zu Hause. Dann
Hochzeit u. Abreise nach dem Süden. Frl. Ziegler ist eine
ebenso einfache als liebenswürdige Persönlichkeit. Die Nei=
gung ist alt, eine Verbindung aber wurde durch mannigfache

----

[1]) „Napoleon im Kreml".
[2]) „Der Rheinborn".
[3]) „Die Schweizer des Herrn von Tremouille".
[4]) „Der Heilige".

Schwierigkeiten verzögert. Daß ich Frl. Ziegler sehr, sehr
liebe, werden Sie, verehrtester Freund, mir zutrauen. Ein
vollständiges Zusammenpassen der Neigungen und Charaktere
läßt mich den in meinen Jahren schweren Schritt mit Leich=
tigkeit u. Gewißheit thun. — Ich bin gewiß daß dadurch auch
meine bescheidene literarische Thätigkeit an Kraft u. Consc=
quenz gewinnen wird. Wenn Sie mir gelegentlich ein Wört=
chen von der Ihrigen sagen, so weit ich es werth bin, so machen
Sie damit einen Glücklichen. Sie kennen meine aufrichtige
Bewunderung für Ihr Genie.

In Verehrung und Liebe

Ihr   Erb. Ferd. Meyer

Seehof Meilen 12 September 1875.

Verehrter Meister,

Ihre Zeilen die mir, wie immer, große Freude machten,
beantworte ich umgehend. Ich hoffe, Sie haben, bei diesem
Wetter, Ihre Fahrt in's Engadin angetreten, das Hochthal
ist mir wohlbekannt u. ich weiß: es wird Sie mit seiner herr=
lichen Luft erfrischen u. gewiß auch inspiriren. Was Sie
von Ihren Arbeiten melden, hat mich gewaltig interessirt.
Ich weiß nicht, ob ich mir von Ihren Dramoletten die richtige
Vorstellung mache, bin aber gewiß, daß sich in denselben Ihr
ganz besonderer Sinn für kosmische und historische Krisen,
für die Mächte und Seelen des Weltlebens manifestirt, der
ja in Ihrem kleinsten lyrischen Gedicht ebenso sichtbar ist, wie
in Ihrer Völkerwanderung und Ihre Größe ausmacht, an
der sich gar nicht mäkeln läßt. Doch ich will nicht in den Tag
hineinreden u. geduldig warten, bis ich die Dramolette kenne,
die vielleicht ein Ganzes bilden. Haben Sie meine kleine Re=
zension in der A. A. über Dahns Roderich[1]) gelesen? Da

---

[1]) „Markgraf Rüdiger von Bacheloren. Trauerspiel". 1875.
C. F. Meyers Rezension in der Beilage Nr. 233 der Allg. Augs=
burger Ztg. vom 21. August 1875.

blickt meine Sehnsucht durch, nicht nach dem Bühnendrama
(das ist mir Nebensache) sondern nach jenem shakespearischen
Drama mit ganz lebendigen vollständigen Menschen, wo
die Handlung mit Nothwendigkeit aus den Charakteren her=
vorgeht.

Das haben Hebbel u. O. Ludwig versucht, der eine fratzen=
haft, der andere mit müden, von Anstrengung zitternden
Händen.

Verzeihung, verehrtester Freund, ich soll Ihnen noch ein
Wörtchen von mir sagen. Was jetzt etwa entsteht, leichtsinnig
entworfene, sehr individuelle Sachen, will später durch ein wenig
Kunst gestärkt oder gemildert werden, ehe es sich blicken lassen
darf. — Eine Novelle: Der Heilige (Thomas Belet Sujet)
ist fertig, aber an die letzte Hand und den Druck, sowie an den
Druck des G. Jenatsch ist vor dem neuen Jahre kaum zu denken.
Sie begreifen, daß das Leben jetzt seine Rechte stark geltend
macht. —

Ihr Vorschlag, verehrter Freund, uns einige Stunden
zu sehen z. B. in Romanshorn, das ich am leichtesten erreiche,
ist für mich höchst anziehend. — Schlagen Sie den Tag vor
(Samstag, Sonntag u. Montag in 14 Tagen bin ich nicht
frei). Ich habe Ihnen tausend Dinge zu sagen, auch manchen
Rath zu erbitten.

Ihr treuer

C. F. Meyer.

Ajaccio 26 November 1875.

Verehrter Freund,

Seit ich die Freude hatte, Sie, wenn auch nicht unter den
Kastanien meiner Wohnung zu Meilen, doch auf dem Boote
zu begrüßen, habe ich mich verheiratet und den October an
der Riviera verlebt, dann ging ich zu Meer nach Bastia und im
Wagen quer durch die Insel nach Ajaccio. Von dieser schönen
Insel, wo ich Ihnen, verehrter Meister, das flüchtige Blatt

beschreibe, weiß ich nun nicht wie loskommen. Das Meer ist
ein bischen unruhig. Ueberdieß hat das Winterleben im Süden
seinen alten, und das Zusammenalleinsein mit einem geliebten
Weib einen neuen Reiz für mich. Beides fesselt mich an Cor=
sika. Nächsten Freitag aber darf ich das afrikanische Boot nach
Marseille nicht länger versäumen, um jedenfalls Dezember=
mitte in meiner neuen Behausung in Wangensbach Küsnach
bei Zürich einzutreffen.

Meine Schwester ist in Florenz wo sie den ganzen Winter
verlebt.

Corsika würde Ihnen gefallen u. Sie ohne Anlaß nach=
haltig inspiriren. Land und Leute, nicht nur das Innere,
auch die Küste sind interessant. Es gibt hier Meer und Fels=
partien von der schönsten Wildheit. In diesen prächtigen
Öden kommt mir oft das Wort auf die Lippen: Wie heimlich.

Jeder verbindet eben mit „heimlich" seinen eigenen Ur=
begriff des Behagens. Aber auch die erste beste Landstraße
mit ihren Schafherden, Reitergruppen (hier reitet alles u.
zwar auf den kleinen corsischen Pferden) u. Landstreicher à la
Callot bietet eine vortreffliche Unterhaltung, selbst die napo=
leonische Legende, die mir sonst gründlich zuwider ist, hier
mag ich sie leiden als Lokalmärchen. Doch ehe ich geschwätzig
werde, schließe ich mit der Versicherung meiner Liebe und
Bewunderung. Natürlich bin ich seit Monaten von aller
d.(eutschen) Lit. abgeschnitten.

Ihr

C. F. Meyer

Küsnach=(Wangensbach) bei Zürich 7 Juni 1876.

Ihre Zeilen, verehrter lieber Meister, mußte mir meine
Schwester gestern auf dem Boot aus dem Koffer geben, so be=
gierig war ich danach. Ihre Campagne auf den Brettern[1]

---

[1] Die Aufführung von Linggs fünfaktigem Drama „Der Doge
Candiano" in München.

war also, wenu auch keine leichte, doch eine glückliche, worau ich von Herzen theilnehme. Betsy sagte, Sie seien ihr ganz frisch und jugendlich erschienen. Ihr liebes Gedicht vom Bodensee freilich und auch Meißner, der hier war und jetzt der Sorge genug hat, deuteten an, der Doge Candiano habe Ihnen hart angelegen, dafür ist nun aber auch die Bataille gewonnen. Einer Aufführg in München würde ich gern beiwohnen, doch komme ich hier nicht weg u. bin — unter uns gesagt — so glücklich als mein Naturell und die Einrichtg dieses Erdballs es zulassen. Dagegen sehne ich mich nach Ihrer neuen Sammlg bei Grote u. noch mehr, Sie für einen Tag (von Lindau aus wo Sie gewiß den Hochsommer verbaden) persönlich hier, in diesen großen Räumen und genügenden Schatten zu haben, wo sich dann, bei einem Glas Bier, ausgiebig plaudern ließe. Wir haben sehr viel Besuch, nicht immer den erwünschten — der fährt auf dem Boot vorüber, wie H. Lingg im letzten Sommer.

Mit . . den Rezensionen hat . . es seine Bewandniß. . . Ich vermißte das eigentlich Dramatische, die aufrichtige Leidenschaft u., in den Charakteren, das Individuelle, kurz „das Leben". Das wollte ich nun, aus Wahrheitsliebe, durchblicken lassen, strich dann aber, aus Courtoisie u. weil ich eben . . . eingeführt war, meine Bedenken bis auf ein Minimum. So gediehen diese gequälten Artikel mir zum Ärgerniß u. X. nicht zur Freude . . .

Ich werde gerufen u. muß abbrechen, damit diese Zeilen dem lieben Meister umgehend meinen Dank für seinen kleinen Gruß überbringen.

In Verehrg u. Liebe

CFMeyer

.Küsnach=Wangensbach 8(?) Aug. 1876.

Nur eine umgehende mitternächtliche Zeite, verehrter Meister. ich bin in diesen schönen aber heißen Tagen ausnahmsweise angespannt, da mein „Georg Jenatsch" vorweg

in Leipzig gedruckt wird, während ich hier Bogen um Bogen
revidire und theilweise umarbeite. Darüber bin ich ins Feuer
gerathen daß ich keine Ermüdg spüre. Täglich fahre ich nach
Meilen, wo ich meiner Schwester die letzte Redaction des Ro=
mans in die Feder dictire. Unterdessen ruht sich meine l. Frau
auf dem Landsitz ihres Bruders im Thurgau ein bischen aus.

Von Ihren neusten Sachen hat mir die kleine Komödie
in den Monatsheften ausnehmend gefallen. Diese liebliche
Klarheit und dann der ächt lingg'sche Zug der eindringenden
Bettlerschaar, kurz ich u. die Schwester waren ganz hingerissen.

Ob ich es erübrige, die Ausstellg in München zu besuchen,
weiß ich zur Stunde noch nicht.

An Ihrem Verlust nehme ich herzlichen Antheil. Ist
Meißner nicht in Curwalden? Ich glaubte ihn dort mit
seiner l. Frau.

Behalten Sie mich recht lieb. Sie sind der Erste, dem
ich den Jenatsch übersende.

In alter Verehrg

Ihr

C. F. M.

Meine kurze u. sichere Adresse ist: Meyer=Ziegler, Küs=
nach bei Zürich.

————

12 Februar 1877.[1])

Verehrter Meister,

ich schrieb Ihnen, daß ich ein Heim suche. Jetzt gehört ein
kleines Gut drüben in Kilchberg mein, nicht viel mehr als
eine Hütte, aber mit einem Baumgarten u. geräumigen, mir
die ideale Aussicht, nahezu die schönste am See, sichernden
Weinbergen. Natürlich tausend Sorgen dazu. Was mich tröstet,
ist daß ich schon die Kammer ausgesucht habe, die Sie be=

———

[1]) Zweifelsohne fehlt ein Brief aus dem Jahre 1876. Denn
für eine Rezension Linggs in der „Gegenwart" 1876, S. 329 („Georg
Jenatsch. Eine alte Bündnergeschichte") hat C. F. Meyer sicherlich
gedankt.

wohnen werden, auf meinem Grund und Boden. Das wird
eine Freude sein! Paul Heyses Sonnet auf Sie in der Rund=
schau[1]) hat mich gefreut u. gerührt. Ich habe hier mit der
weit verbreiteten N. Zürcher Ztg. eine Art Kartell geschlossen,
zu Besprechg. meiner lit. Freunde. Bis Ostern noch hier in
Küsnach.

Ihr treuer

C. F. Meyer

Kilchberg b./Z. 1 Juni 1877.

Verehrter lieber Meister!

Die Postmarke auf Ihrem Couvert hat mir eine flüchtige
Freude gemacht, ich meinte Sie einen Augenblick nahe. —

Ihr Drama habe ich noch nicht erhalten, hätte auch nicht
Muße gehabt, es aufmerksam zu lesen. Jetzt gewinne ich hin
u. wieder freie Stunden u. freue mich auf Ihre Dichtung.
An die N. Z. Z. schreibe ich gleich eine meine Besprechung
anmeldende Zeile.

Ich lebte hier u. lebe zum Theil noch in einer Jagd u.
Hetze, die sich nicht beschreiben läßt. Da ich nämlich meine
Wohnung in Wangensbach in Aftermiethe für den Sommer
vergeben hatte, zog ich schon Ostern hieher, wo uns alle er=
sinnlichen Verwicklungen über den Hals gekommen sind. Den
alten Eigentümer, ein Original, der absolut nicht weichen
wollte, mußte ich, nicht nur bildlich, vor die Thür stellen, u.
meinen Baumeister muß ich täglich schelten. So che Execu-
tionen gehen mir gänzlich gegen die Natur u. setzen mir mehr
zu als den Schuldigen. Bei alledem wird mir mein Eigentum
täglich lieber. Heute zum ersten Male schreibe ich in einem
kleinen die Seebreite, wenigstens zehn Kirchtürme, die ganze
Flucht der Hochgebirge weitumschauenden Zimmer, das ich
mir oben eingerichtet, u. wo ich mich aufhalte, wenn ich nicht

---

[1]) „Zwölf Dichterprofile".

zu Hause bin. Stellen Sie sich aber unter meinem Haus
keine Villa vor, es ist ein nothdürftig restaurirtes Bauernhaus
mit vielen Winkeln und Treppen. Aus meinem Garten habe
ich alle Treibhäuser u. Topfpflanzen entfernt, ich will nur
Bäume u. Gras. Eher pflanze ich noch einen Tannenwinkel.

Mein kleines tapferes Weibchen hat sein militärisches
Blut bewährt u. sich sehr resolut gehalten.

Noch ein Glück: ich habe zwei treue Dienstboten. Mein
Nachbar ist der Chef der polnischen Emigration, Graf Plater,
der Mann der Schauspielerin u. Schriftstellerin Caroline
Bauer, ein guter Mann.

Diesen Sommer schreibe ich nur eine kleine, einem städ=
tischen Almanach zugesagte Novelle,[1] die mich belustigen wird,
denn das Motiv ist ein heiteres. Ich schreibe Ihnen nach
erhaltener Zusendung.

Ihr   C. F. Meyer.

Kilchberg 24 Juni 1877.

Verehrter lieber Meister,

ich habe meine Besprechung der „Macalda"[2] eingesendet
u. frage mich mit Besorgniß wie dieselbe Ihnen gefallen wird.
Leicht u. handwerksmäßig habe ich es nicht genommen, im
Gegenteil — Verehrung u. Liebe haben mir die Feder ge=
führt, aber nicht eine Linie bin ich von der Wahrheit soweit
ich sie erkenne, abgewichen, das war ich Ihnen und mir
schuldig.

Nun, ich will mir darüber keine grauen Haare wachsen
lassen, kenne ich Sie doch viel zu gut u. weiß ich doch daß
Ihnen nur ein ganz überzeugtes Lob Freude machen kann.
Im Leben geht Eines ins Andere, nur der Gesammteindruck

---

[1] „Der Schuß von der Kanzel".

[2] „Macalda, Trauerspiel" von H. Lingg. Rezension — unterzeichnet Ferdinand Meyer — in der „Neuen Zürcher Zeitung" vom
5. Juli 1877.

bleibt: die Großheit Ihrer Anlage u. Dichtung ist unantastbar u. unvergänglich.

Paul Heyse hat einen schweren Verlust erlitten. Versichern Sie ihn meiner Theilnahme.

In alter Bewunderung u. Teilnahme

Ihr   C. F. M.

Kilchberg 28 Juni 1877.

Verehrter Freund,

Wahrhaftig wenn ich bange mache, ist es, weil mir bange u. am Ende haben wir Beide keinen Grund bange zu sein.

Die Sache ist diese: ich finde: Mehr als ein Charakter in der Macalda ist schwer fest zu halten. Da ich meinem Urtheile nicht traute, habe ich das Stück drei Freunden zu lesen gegeben, mir von jedem ein umständliches schriftliches Urteil erbittend. Alle bewunderten die Großheit der Anlage, die Schönheit der Ausführung, alle theilten mehr oder weniger meinen Eindruck über das Rätselhafte einiger Charaktere. Nun, Sie werden sehen, wie ich mir das zurecht legte. Die Bühnenfähigkeit der Macalda habe ich nicht im Geringsten bezweifelt, im Gegenteil! Und über den Ton des Ganzen können Sie nicht im Zweifel sein.

Sobald die Kritik (in der N. Z. Ztg.) erscheint, sende ich sie Ihnen. — Befriedigt Sie dieselbe nicht, nun so ist die Schweizer Ztg im Reich nicht so gelesen u mein Name nicht so bekannt, daß daraus ein Uutheil entstehen könnte. —

Heute wird mir das reparaturbedürftige Dach über dem Kopfe abgedeckt.

Vae possidentibus!

In großer Liebe und Verehrung

Ihr

C. F. Meyer

Kilchberg 5 Juli 1877.

Hier, verehrtester Freund, die Besprechung Ihrer „Ma=
calba" deren Abdruck ich mit einer kräftigen Zuschrift an
die Red. beschleunigt habe. Versichern Sie mich mit einer
Zeile daß Sie nicht allzu unzufrieden damit sind.

Hier wird noch einen Monat lang gehämmert, gepocht
u. gegraben.

Ihr l. Besuch würde mich sehr glücklich machen. Garten
u. Zimmer sind völlig frei.

Ich sehne mich mit wahrer Inbrunst nach ruhigen
Stunden, es reift so manches.

In alter Liebe

Ihr

C. F. M

Kilchberg b. Zürich 13 August 1877.

Es ist mir ein wahres Geschenk verehrter Freund daß
Sie meine gute Treue in der Besprechung der Macalba an=
erkennen. Hätte ich mehr Muße gehabt als mir nicht zu
Gebote stand, ich hätte wohl noch etwas Besseres geschrieben.
Um Reminiscenzen, erwiesene oder problematische, dürfen Sie
sich gar nicht kümmern. Fällt mir gelegentlich ein für die
Situation durchaus passendes Bild ein aus Homer oder So=
phokles oder H. Lingg, so wende ich es resolut an. Was
will ein Metapherchen heißen gegen den Eindruck des Ganzen
auf welchen allein Alles ankommt.

Ueberhaupt, das Fertige, Vollendete ist unvollkommen,
das Werdende allein kann uns mit dem Schein der Voll=
endung täuschen u beseeligen.

Nach Romanshorn zu gehen ist mir, so gerne ich Sie
de facie ad faciem begrüßen würde, unmöglich da ich heute
meinen Verleger erwarte, u. rebus bene oder male gestis, mit
meinem Weibchen einige Tage auf das Gut ihres Bruders
(Steinegg im Thurgau) verreisen werde, um sie dort in dem
alten Burgneste u. den anliegenden Wäldern in vollständiger

Einsamkeit zu verbringen. Ich verzichte wahrlich ungerne, Sie diesen Sommer de facie ad faciem zu begrüßen bei der großen Liebe und Verehrung, die ich Ihnen widme. — Vielleicht findet sich im Frühwinter nach der Lese Rath. — Ich habe, da Sie so gütig sind Nachfrage zu halten, für einen hiesigen städtischen Almanach eine kleine Novelle beendigt „Der Schuß von der Kanzel", tolles Zeug, das mir eigentlich gar nicht zu Gesichte steht, doch bis Mai 1878 werde ich etwas Tüchtiges unternehmen.

Meine Grüße u Empfehlungen an das Fräulein u den Herrn Bruder.

Unter tausend Unterbrechungen

C. F. Meyer

Kilchberg bei Zürich 13 Juni 1878

Mein verehrter Freund,

Eine Zeile des Dankes für die Ihrigen. Es freut mich herzlich, daß Sie sich wohl befinden u. mich nicht vergessen.

Von dem Finale, so weit ich mir dasselbe vergegenwärtige, augurire ich sehr günstig.

An der Stelle Ihres Briefes: „das Geisterroß[1]) ist so ganz in Ihrer eigenen Art" haben Sie sich offenbar verschrieben, es mußte heißen: in der mir (Hermann Lingg) eigenen Art.

Und einmal auf dem Boden der Lesarten — denken Sie sich — meine Frau, mir über die Schulter blickend, hat da wo Sie mich „wohl u. schaffensfroh" wünschen, gelesen „wohl u. gattenfroh" u. sie wollte es sich zuerst gar nicht ausreden lassen.

Wiedersehen würde ich Sie unendlich gerne, aber nicht raptim, sondern kühl u. bequem. Wir hätten über tausend Dinge zu plaudern. Wie würe es, wenn Sie von Lindau abends hier anlangten, um entweder bei mir oder, wenn Sie

---

[1]) „Gedichte" S. 206, vorher.

lieber frei sind in dem ganz nahen geräumigen Nidelbad zu
nächtigen. Ich garantire Ihnen einen stillen Abend in Garten
oder Wald, sehr gute Luft, schönen Ausblick, ein Glas Rhein-
wein oder Veltliner u. ein ruhiges Lager. Doch müßte es
in der ersten Hälfte Juli sein, da wir zweite Hälfte und
erste August einen Aufenthalt im Engadin im Auge haben.

Wissen Sie etwas von Meißner? Ich bin ganz ohne
Nachrichten u. beunruhige mich.

In Liebe u. Verehrg

Ihr   CFM.

Kilchberg bei Zürich, 1 Oct. 1878

Mein verehrter Freund,

ich komme mit einem kl inen Anliegen.

Einem von Ihnen mitunterzeichneten Circular, einer
Einladung nach Leipzig (6 Oct) kann ich unmöglich Folge
geben, interessire mich aber für die Sache und die bezeichneten
Hauptpunkte der Verhandlung lebhaft.

Da ich annehme, daß Sie den Weg nach Leipzig machen
werden, wage ich, verehrter Freund, die Bitte, mich hernach
mit einer Zeile darüber orientiren zu wollen, was zu Stande
gekommen ist.

Constituirt sich die Gesellschaft in befriedigender Weise,
so würde es mich freuen, wenn Sie, als mein Meister, gleich
meinen Beitritt erklären oder meine Aufnahme bewerkstelligen
wollten.

Meine Schwester u. ich haben an Ihrer letzten Ballade
unsere große Freude gehabt. Der „Ring der Fastrada"[1] vereinigt mit Ihrem alten Mark u. Feuer eine künstlerische u.
zugleich populäre Klarheit, eine schöne, langsame Entwickelung u. einen eben so unerwarteten als rein-menschlichen,

---

[1] „Lyrisches". Neue Gedichte von Hermann Lingg. S. 96.

durchaus befriedigenden u. sympathischen Schluß. Ich stelle die Ballade, unter Ihren Sachen, sehr hoch u. gratulire von Herzen.

Sie wissen wohl, daß es der Frau unseres Freundes Alfred Meißner nicht gut geht? Ich kann Ihnen nicht sagen, wie er mich dauert! Ist keine Rettung möglich, dann hat er eine schwere Krise zu überwinden.

Mit dem Jahre hoffe ich meine neue Novelle zu beendigen. Sie heißt: „Ein Heiliger, wie Hans der Armbruster ihn kannte."

In alter Verehrung u. Liebe

Ihr
C. F. Meyer

———————

Mein verehrter Freund,

Meine letzten Zeilen[1]) besagten wohl nur, anders lese sich ein Poet nach persönlicher Bekanntschaft als zuvor.[2]) Ihre Sammlung[3]) steht mir höher als jede frühere. Ich warf einiges darüber auf das Papier, fand es aber ungenügend. Auch wollte ich Keller, der in diesen Tagen Leuthold (kurz aber mit großem Verstande) in der Neuen Zürcherin[4]) besprach, den Vortritt lassen. Vor Jahresende hoffe ich mich aber noch öffentlich vernehmen zu lassen. — Obwohl dieselbe vergrößert, macht die Photographie von Frl. Malchen meiner Frau viel Vergnügen.

Ich denke oft an Sie u. bin allerwege vergnügt hier in meinem Schnee, auch bequem-fleißig.

Gott erhalte Sie, verehrter Freund, u. mich gesund u. thätig, in herzlicher Ehrerbietung

Ihr
C.F.M.

Kilchberg bei Zürich, 14 Dec. 1878.

———————

[1]) Sind nicht vorhanden.
[2]) Mitte Oktober hatte ein Wiedersehen in Zürich stattgefunden.
[3]) „Schlußsteine".
[4]) 12. Dezember 1878.

Kilchberg (bei Zürich) 11 Apr. 1879.

Mein verehrter Freund,

eine Zeile. Zuerst bitte ich um Vergebung, Jenatsch
ed. 2. noch nicht gesendet zu haben. Das für Sie bereite
Exemplar wurde mir von I. Hand abgebettelt. Sie erhalten
später eines von Leipzig, mit dem „Heiligen".

Ihre „Schlußsteine" sind unerschöpflich, kein Tag ver=
geht ohne daß ich hineinblicke. Nur hat mich ein bißchen
geärgert, daß Sie der I. Meißner, der Sie wohl inzwischen
in München aufgesucht haben wird, in seinem Artikel in
der N. Fr. Pr. als einen Unmuthvollen in Anspruch nimmt.
Was will er damit? Sie ein Unmuthvoller? Nichtsweniger!

In „Leuthold" ziehe ich persönlich das Liederartige der
geschliffenen Cristallwaare der Sonnette vor u. finde im Ganzen
wie bei Platen den Gehalt etwas gering. Aber Tiefe u.
Formklarheit sind fast unvereinbar u. unsere charakteristischen
Vorzüge eben auch unsere Grenzen.

Wann kommen die „byzantinischen Geschichten"?

Der „Heilige" ist fertig bis auf die letzten Lichter, u.
in Wahrheit nicht übel gerathen, wie ich meine, obwol der
Eindruck des Ganzen in keinem Verhältnisse steht mit den
verwendeten Mitteln.

Eine fatale Geschichte ist, daß ich mich nicht entschließen
kann, denselben — was für mich eine Ehre wäre u. ich über=
dieß versprochen habe, in die „Rundschau" zu geben.[1] Es
ist mir dieß innerlich unmöglich. Sehr bedauern wird es
Rodenberg nicht, wie ich mich u. mein Können anschlage,
aber ich wollte doch — wegen des verfluchten Nichtwort=
haltens — den Brief an ihn schon geschrieben haben!

Übrigens wende ich mit dieser Arbeit dem Hoch=Mittel=
alter, d. h. die Ritter u. Pfaffenzeit, das ich eigentlich nicht
leiden kann, ja hasse, den Rücken u. tauche mich in meiner
nächsten Composition,[2] die ziemlich große Proportionen an=

---

[1] Der Heilige erschien dann doch in der Deutschen Rundschau.
[2] Wohl der Comtur.

nehmen will u. auf die ich mich freue wie ein Kind, in die volle Renaissance.

Machen Sie mir die Freude, mir zu sagen, nur mit einer Zeile, wie Sie leben. P. Heyse lasse ich recht herzlich grüßen. Ich las neulich seine Leopardi=Novelle, die „Nerine" wieder. Ein schönes Ding!

Mir hier geht es ganz leiblich: ich wünschte nichts als die Fortdauer meines gegenwärtigen mäßigen Besitzes von Gesundheit u. Freiheit.

In alter Liebe u. Verehrung,

Ihr   C. F. Meyer

Kilchberg b. Zürich 7 Mai 1879.

Verehrtester Freund!

Ihre Zeilen vom 16 April hätte ich früher beantwortet, wenn ich nicht durch die letzte Durchsicht meiner Novelle, immer eine peinliche Sache, wer kann hier genug thun? — u. dann auch durch mehrere Erkrankungen in meiner Familie in An= spruch genommen wäre. —

Das Unwolsein von Frl. Malchen die ich hier so glücklich u. blühend gesehen hatte, hat mich überrascht u. betrübt, u. ich vereinige meine Wünsche mit den Ihrigen für die rasche u. völlige Genesung des l. Mädchens. Unterlassen Sie ja nicht zu berichten, wie sie sich befindet u. ob Sie mit ihr in unsere Nähe kommen werden. In diesem Falle würde ich mich unendlich freuen, sie Beide wiederzusehen.

Lassen Sie sich X's Rec. ja nicht anfechten, dieser Mensch, dessen Sachen lauter falsche Steine sind hat gar nicht das Recht, unter Ihren Diamanten einen Kiesel hervorzuheben. Ich habe mich übrigens nicht entschließen können, auf dem Museum nach den „Blättern" zu langen! Lassen Sie sich dagegen sagen, was Dr. Adolf Frey, ein junger begabter Mensch, der mich etwa besuchte u. der jetzt in Leipzig studiert, über Ihre Schlußsteine[1]) geäußert hat: Es stehen herrliche Sachen darin! sagte er mit Feuer u. Ueberzeugung.

Stellen Sie sich vor, daß ich nun doch den „Heiligen" wenigstens zur Einsicht an Rodenberg, der gegen mich immer charmant war, absende. Die entgegengesetzten Gründe (oh thörichtes Menschenherz!) schreckten mich anfangs davon ab, die Besorgniß, in eine verbreitete Zeitschrift etwas Mangel= haftes mich Compromittirendes zu geben u. gleicherweise die andere entgegengesetzte Besorgniß durch eine Novelle in der Rundschau bekannter werden zu können, als mir, einem Stillen im Lande, lieb sein kann. Und am Ende sind beide Besorgnisse gleich unnütz.

Grüßen Sie mir Heyse. Keller hat mir von seinem (Heyses) Lustspiel erzählt. G. Keller war, bei meinem letzten Besuche auf dem Bürgli — so heißt seine Wohnung, ganz liebenswürdig, ja heimlich, kurz, „bon prince" u. erkundigte sich angelegentlich nach Ihnen.

Von Leuthold keine guten Nachrichten.

Ich hoffe diese Zeilen finden Sie Ihrer großen Sorge ledig u. Sie haben mir von Frl. Malchen gute Nachrichten zu geben. Auch Frau u. Schwester nehmen herzlichen Anteil.

Ihr

C. F. Meyer

————

Kilchberg 18 Juli 1879

Verehrter l. Freund,

Meine l. Frau u. ich grüßen Frl. Malchen freundlich u. wünschen von Herzen beschleunigte u. vollständige Ge= nesnng. Es scheint ihr, auch nach einer Zeile Meißners

—————

[1]) „Schlußsteine". Grote'sche Sammlung von Werken zeit= genössischer Schriftsteller. Berlin, 1878. Rezension — unterzeichnet Ferdinand Meyer — in der „Neuen Zürcher Zeitung" vom 23. Dez. 1878.

zu urteilen, jetzt recht gut zu gehen. — Die beiliegenden
„Benſey" gezeichneten Zeilen verſuchen es, Ihrer Dichtung
die Zukunft zu prophezeien. Solche Prognoſtika ſind immerhin
bemerkenswerth. Der „Heilige" erſcheint in No 1 u. 2 oder
2 u. 3 des neuen Jahrganges der Rundſchau. Vier andere
Novellen ſollen mit b. Heiligen Gruppe bilden. Ihre ſchöne
Ausſtellung werde ich kaum beſuchen können. Ich komme hier
nicht los, zwei Auguſt oder Sept. Wochen im Engadin aus=
genommen.

Ihr
Cd. F. M

(undatirt).[1] Zweites Blatt.[2]

Lieber würde ich von Ihnen vernehmen, was Sie auf
dem Webſtuhl haben. Wann erſcheinen die „Byzantiniſchen
Novellen"? Und noch lieber Ihnen wieder einmal in die
Augen ſchauen.

Ich habe zwei ſehr hübſche Novellenſtoffe. Möge es
mir gelingen, dieſelben mit höchſtem Vigor auszuführen! Ich
möchte mir ein Amulet kaufen, ſo ſehr glaube ich den vom
„morgen" bedroht, dem es halbweg erträglich geht!

Ungefähr vor 1½ Monaten hat mir die Zürcher Uni=
verſität, nach Erſcheinung des „Heiligen", den Dr. philos.
honoris causa gegeben, ganz ohne mein Vorwiſſen oder Zu=
thun, aber ich habe Mühe, meinen Titel zu behaupten.
Zuerſt hat mir meine Frau rundweg erklärt, ſie wolle nicht
„Frau Dr." heißen. Die Bauern hier erkundigen ſich, ob
ich mich als Arzt aufthue u. mein Freund Hermann Lingg,
für den ich in mein letztes Briefcouvert den Ausſchnitt eines
Abdruckes des Diploms geſchoben habe, hat das Papier=
ſetzchen nur gar nicht beachtet.

---

[1] Da die Erteilung des Ehrendoktors am 17. Januar 1880
ſtattfand, ſo muß der Brief etwa den 1. März geſchrieben ſein.
[2] Das erſte fehlt.

Vanitas. Vanitatum vanitas! Allerdings hat mir die Kälte gut bekommen.

In Treuen

Ihr M.

Jetzt können Sie am Ende diesen Brief nicht lesen wegen undeutlicher Handschrift u. erfahren wieder nicht, daß ich Dr. bin.

———

2 Mai 1880.

Andeutungen über den Heiligen.

Was gibt der geschichtliche Rohstoff? Ein normännischer König überhäuft einen sächsischen Günstling und macht ihn aus politischen Gründen zu seinem Primas. Dieser wendet sich plötzlich gegen ihn, und es entsteht zwischen König und Bischof ein entsetzliches Ringen. Der König hat sich also gründlich und furchtbar in seinem Günstling getäuscht. Wie habe ich das motivirt?

I. Charakter von Th. Becket: 1. Orientalisches Blut (Benutzung der Legende) 2. Höchste Bildung und gründliche Verachtung seiner rohen Zeit. 3. Überlegene Ruhe, höchster Verstand, aber (als Sachse oder Orientale) ein Unterdrückter, daher durch und durch Diplomat. 4. Human, sittlich rein, eine vornehme Natur. 5. Ein Zug von Ehrgeiz oder vielmehr ein Gefühl enormer geistiger Überlegenheit. 6. Orientalisch nachtragend, ich will nicht sagen: rachsüchtig, aber doch (gegen Laster und Gewaltthat) fein-grausam. Er spielt mit dem König von Anfang bis Ende wie die Katze mit der Maus. Alle diese Züge sind, trotz der Bekehrung des Thomas, von Anfang bis zu Ende streng festgehalten.

II. Charakter des Königs das gerade Gegentheil: starkes Temperament, gutmüthig, durchaus naiv, dabei gründlich unsittlich (in der Geschichte verbrach er noch Schlimmeres als die von mir erfundene Zerstörung Graces). Er kennt seinen Kanzler stellenweise nicht übel, obwohl er sich immerwährend in ihm täuscht.

III. Der Konflikt. Der König verdirbt in fürstlichem Leichtsinn Th. Beckets Kind. Ich lasse das Kind gleich sterben,

weil es ja doch einmal ruinirt ist. Er hat, als Autokrat, kein
Gefühl von der Schwere seiner That und kennt überdies den
„feigen" (wie Herr Rollo sagt) Charakter des Becket, von
dem er (König Heinrich) keine Rache fürchtet. Wie sollte er
auch? Aber der sanfte Becket unter seiner ruhigen Miene
ist unversöhnlich, und auch der erzählende Armbruster,
der den gesunden Menschenverstand personificirt, nennt
die That eine Todsünde, wie sie auch, für den Vater
wenigstens, sein muß.

Problem: Rächt sich Thomas Becket und wie? Er
ist zu vorsichtig und vielleicht zu edel, um seinen König auf
gewöhnliche Weise zu verraten. Er verhält sich passiv 1. aus
Frömmigkeit, die aus dem Gefühl seines Elends entspringt.
2. aus Klugheit und Fatalismus zugleich, 3. aus der unbe=
stimmten Ahnung, die Stunde der Rache werde kommen.
Aber er schwebt über dem König wie ein Geier. Da gibt ihm
dieser eine furchtbare Waffe in die Hand, „den Primat".
Becket erschrickt, er braucht nur ein „wahrer Bischof" zu
werden, so identificiert er seine Sache mit der göttlichen
Gerechtigkeit (die damals gleich Kirche war). In dem Akt
seiner Bekehrung durchdringen sich Rachsucht und Fröm=
migkeit auf eine unheimliche Weise. Dann verzweifelter
Kampf des brutalen Königs mit dem überlegenen Kopf (Löwe
und Schlange). Versuch einer Versöhnung, absolute Un=
möglichkeit. Bischöflicher Zug des Ehrgeizes in Thomas
Becket. Endlich Zorn des Königs und Martyrium. Große
Scenen! Das Lächeln Beckets auf seinem Grabmal ist reine
Phantasie. Becket ist ja tot! Die Einrahmung mit dem
Armbruster nothwendig: 1. als Idylle, das Schreckliche mil=
dernd, 2. als Angabe des Kostüms, 3. als naiver Augen=
zeuge eines einzigartigen Charakters (Thomas). Reichthum
der Nebenfiguren. Dramatischer Gang. Großer Stil.

Ich schließe ohne zu überlesen.

Es ist eine eigene Sache, sich selbst zu erklären und
zu rühmen.
                              1000 Grüße
                                            C. F. M.

Kilchberg bei Zürich, 9 Mai 1880.

Verehrter Freund,

es thut mir aufrichtig leid, daß ich Sie mit meiner Angelegenheit noch einmal beläſtigen muß. Eine Zeile von F. Dahn benachrichtigt mich, daß er in der „Deutſchen Revue" den Heiligen beſpricht. Mein junger hieſiger Freund will es bei der „Gegenwart" verſuchen. — Haben Sie den von mir erbetenen Freundes= u. Frohndienſt ſchon gethan, ſo bitte ich freundl, Ihren Artikel in ein drittes Blatt (weder Gegenwart noch Deutſche Revue noch auch Allg. Zeitg, wo ſchon ein Artikel liegt) zu ſenden, er wird mir, mit Ihrem Namen gezeichnet, ein liebes Geſchenk ſein! Haben Sie aber noch nicht begonnen, was ich Ihnen wahrlich nicht verübeln würde, ſo laſſen Sie es. Ihren treuen u. guten Freundes= willen kenne ich u. Sie haben wahrlich beſſeres zu thun als Rezenſionen zu ſchreiben. Alſo machen Sie etwas, ſehr gut u. willkommen; wo nicht, auch gut!

Ich bin gewiß, Ihre Reiſe hat Sie mit 1000 Eindrücken bereichert u. wohl auch erheitert! Mir geht es ganz erträglich.

In alter Verehrung

Ihr

M.

Ich öffne das Couvert wieder, um Sie noch einmal zu bitten, mich ja nicht zu mißverſtehen! Jede Zeile von Ihnen über mich iſt mir wert u. theuer! Aber während ich von dem ſchnell= u. leichtſchreibenden Dahn einen Freundesdienſt gern annehme, der ihn wenig koſtete, ſo mache ich mir faſt ein Ge= wiſſen daraus, einen Mann, wie Sie, zu Beurtheilung eines Productes, das große Mängel hat (wie niemand beſſer weiß als ich) anzuſpannen.

Ihr   M.

Neujahrsnacht 1880—81
g. f. f. f. s.

Verehrter Freund,

Ein Zeilchen. Ich freue mich daß Sie Volkszähler und
Schützenpräsident sind; dazu werde ich es nie bringen. Irre
ich oder lebt Ihr Bruder diesen Winter in München? In
diesem Falle grüßen Sie mir ihn herzlich. Es ist mir heute
so gemütlich in meinem Dörfchen. Bald beginnt das Ge=
läute. Ich sende Ihnen zwei Separatabbrücke[1]) (den einen
ganz gelegentlich an Heyse zu bestellen). Ein Nichts,
Lokalgeschichte, aber ein Lebenszeichen. Die „Gedanken des
Königs René"[2]) in der Halle hat Eckstein aus einer alten
Mappe hervorgewühlt. Das Product ist einige Jahre alt.
Der Schluß ist entsetzlich gemein u. sieht mir auch gar nicht
gleich. Aber eines ins andere gerechnet! Das ist mein Spruch.

　　　　　　　　　　　　Ihr　　　　C. F. M.

14 März 1881.

Verehrter Freund,

ein Herr Hermann Friedrichs, ein artiger, literarisch sich
bethätigender junger Mann (Rheinländer) wird mit Kinkel
München über 8 oder 15 Tage besuchen und wünscht dort
„Hermann Lingg" kennen zu lernen. Da Sie u. Kinkel
Bekannte sind, wäre Dieser des jungen Reisenden natürlicher
Einführer. Doch H. Friedrich wünscht Ihnen auch meine
Grüße zu überbringen. Also sei er Ihrem Wohlwollen emp=
fohlen u. ich empfehle mich demselben auch gleich ein bischen
mit. Das ist nicht unnötig, denn Sie scheinen Ihren treusten
Verehrer ganz gemütlich zu vergessen.

Hier wird schon wacker gebaut. Ich bewohne inzwischen
das Nebenhaus. Otto Jante, welcher mich hier besuchte, sprach

---

[1]) „Kleinstadt und Dorf um die Mitte des vorigen Jahrhunderts".
[2]) Deutsche Dichterhalle 1880, S. 84. Die letzte Strophe lautet:

Ich werd' sie schon erwerben, das Erben ist mein Sach —
Madame de la Garde, wend ab das Ungemach!
Sonst geht's mit meinen Dingen, wie hier auf Erden, dort,
Und kaum bin ich im Himmel, nimmt mich der Teufel fort.

mir von dem bevorstehenden Erscheinen Ihrer Byzantiner-
Novellen, auf welche ich begierig bin. Ihre drei neusten
Sachen in der Halle: Nero, Sturmwind u. Tauben sind
sehr schön.

Treuergeben

C. F. Meyer

———

Eine fliegende Zeile, verehrter l. Freund. Ich sende
Ihnen im Voraus mein Gegenstück zu Ihrem Infanterie-
Prolog,[1] wovon ein Exemplar an P. Heyse. Der zugesendete
Prolog[2] wurde von keiner Schauspielerin, sondern von einem
kecken großen Fräulein als erste Leistung ganz mutig in die
Menschenmenge hineingesprochen. Sie war als „Lied" costü-
mirt. Natürlich ist alle diese Symbolik u. Allegorik nichts
wert u. rangirt mit den alleg. Figuren in der Architektur.
Haben Sie den einen der Ihnen im Jan. zugesendeten Se-
parat-Abdrücke aus dem Züricher Taschenbuche: Kleinstadt
u. Dorf in der Mitte des vorigen Jahrhunderts an Heyse
gegeben? Oder die Sendung nicht erhalten? Es ist eine
Kleinigkeit, deren Verlust nichts zu sagen hätte.

In die „Deutsche" u. manche andere Revue hätte ich
längst etwas geben sollen, aber — ich baue, rechne, empfange
Besuche etc. Obwol ich mit der Red. der N. Zürcher Z. auf
keinem Fuße mehr stehe, möchte ich doch die Byz. Novellen
gerne besprechen, irgendwo, wir werden sehen. Der Tod des
Kaisers[3] ist mir menschlich nahe gegangen; überdieß bin
ich rechtes Centrum oder rechts, natürlich mit aller Humanität.
Über M. Jokay stelle ich Kraszewsky, welchen ich vergangenen

———

[1] Prolog zur Festvorstellung beim Jubiläum des k. bayrischen
1. Inf.-Reg. „König". („Lyrisches", S. 214.)

[2] „Zur Heim-Feier. Dichtung von C. Ferdinand Meyer". Zürich,
Druck von Orell Füßli & Co. 1881. Die Feier fand 6. III. 81 statt.

[3] Kaiser Alexander II. von Rußland starb 13. III. 1881. Danach kann dieser Brief nicht vor dem 14. März geschrieben sein.

Spätherbst in Dresden persönlich kennen lernte und —
àpropos Romane, kennen Sie ein älteres Buch Immer=
manns „Epigonen"? Das ist geradezu ein Meisterstück.

Spät u. in Eile

Ihr treuer

C. F. M.

Charfreitag 1881.

Liebster Freund,

Kinkel hat eines der zwei Ex. erhalten. Nur mit Be=
schämung lege ich das unbedeutende Artikelchen[1]) in der N.
Z. Z. bei. Da ich mit dem Redacteur Dr. Baechtold auf
einem undefinirbaren Fuße stehe .., brennt mir, wann ich
in die N. Zürcherin schreibe, immer der Boden unter den
Füßen u. ich mache es so kurz als möglich.

Mein Urteil über die Byz. Nov. ist folgendes. Genialität
in Erfindung u. Motiven, aber letztere nicht völlig ausge=
beutet. Rascher Gang, kräftige Entfaltung ächt novellistisch!
Composition und Charactere nicht immer durchgebildet.
Immerhin imponirende Fülle u. Großartigkeit der Einbil=
dungskraft. Vollständige Originalität. Dabei kurzweilig. Er=
folg wahrscheinlich.

.. In der Wiener Presse, Beilage (9 April oder einen
Tag vorher oder nachher, ich erinnere mich nicht mehr genau)
hat ein gescheites Männchen meinen „Heiligen" herunter=
gerissen. Mein Hausbau ist ganz nur auf Bequemlichkeit u.
ein paar hohe Räume berechnet. Alles Musenhafte reservire
ich für meine Lyrica, welche mich nichts kosten. Daß mich
Ihr Besuch allezeit beglückt, wissen Sie. Ohne Umstände.

Treuergeben

Ihr

C. F. M.

---

1) Wenige nichtige Zeilen in der Neuen Zürcher Zeitung vom
15. April 1881 über Linggs „Byzantinische Novellen". Gezeichnet
sind sie mit R.

Kilchberg bei Zürich. 1 Oct. 1881.

Mein verehrter Freund,

seit Monaten bin ich ohne Nachricht von Ihnen u. erhalte
eben eine Zeile von G. Kinkel, welcher Ihnen auf Geratewol
nach München geschrieben hat (wie ich Ihnen auf Geratewol
nach Lindau schreibe) und der sich angelegentlich nach Ihnen
bei mir erkundigt.

Kommen Sie wirklich nach oder durch Zürich, würden
Sie mich mit einem leicht auszuführenden Besuche glücklich
machen. Abfahrt von Zürich 2.20, Rückfahrt nach Zürich
6,47 und neun Uhr. Mein Neubau ist quasi vollendet (sehr
einfach, aber genügend u. nicht ohne Character). Ich be=
wohne inzwischen das von mir gemietete Nachbarhaus, wo
ein bescheidenes Zimmer für Gäste stets disponibel ist.

Sehr rasch verging mein Sommer unter Arbeit und
Bausachen und wurde mit einer Fußwanderung in das mittlere
Gebirge (Schwyz Zug) abgeschlossen, von welcher ich gestern
spät hierher zurückgekehrt bin,

Unverändert in treuster Ergebenheit

Ihr   C. F. Meyer

Kilchberg bei Zürich, 9 Oct. 1881.

Mein verehrter Freund,

Ihre Zeilen waren mir sehr willkommen. Dieselben haben
einen heitern Ton, welcher mich gefreut hat. Der Auftrag
an Kinkel ist besorgt. Im nächsten Spätjahr also sitzen wir
— Deo volente — in meinem neuen dreigiebligen Cottage
zusammen. Mich soll es unendlich freuen.

Wenn Sie noch etwas von Ihren heurigen Gelegenheits=
gedichten (Schützenfest, Regiments=Saecularfeier, Cantate
Agrippina) vorrätig haben, könnten Sie mir damit eine gute
Stunde machen. Ich habe m. Verleger angewiesen, Ihnen
meinen neuen, i. e. gründlich umgebildeten Hutten zu senden.
Ich habe den „Ritter" jetzt ganz realistisch gefaßt. Nächstens

erhalten Sie auch den Separat=Abdruck eines Novellchens[1]) (D. Rundschau), das zwar nicht viel zu bedeuten hat, aber solid gebaut ist. (Schweizerstyl).

Ja freilich, wer ginge jetzt nicht gerne für einige Tage nach „München", ein gutes Bier zu trinken, ein gutes Stück — Komödie oder Leinwand — zu sehen und — das Beste, einen guten Freund zu begrüßen? Doch auch hier ist dies die schönste Jahreszeit und — dann der Bau und die Lese!

Von W. Hertz kenne ich nur wenige Lyrica welche mir aber einen festen u. feinen Eindruck gemacht haben.

Stets der Ihrige,

M.

18 Mai 1882.

Verehrtester Freund,

ich muß Ihnen doch sagen, wie mich der „Manlius"[2]) in der Halle überrascht hat. Es ist eines der schönsten Ge= dichte, die ich kenne. Unendlich wahr! Auf die Fortsetzg der „Bregenzer=Klause" bin ich begierig. Mir scheint: Sie sind im besten Zuge! Ich gab Auftrag, Ihnen noch einige manu= scripte Balladen zu senden. Verfahren Sie damit ganz nach Belieben, aufnehmend, zurücklegend, ganz wie Sie wollen.

Ihr   M.

3 Aug 1882

Lieber, verehrter Freund!

Der Grund meines Schweigens war — neben viel Ar= beit — das Leiden meines Schwiegervaters, des Obersten Ziegler (der Verlust dieses ausgezeichneten Mannes würde mir großes Leid u. viel Geschäfte verursachen) welcher wahr= haft qualvolle Tage verbringt. Er liegt an der Brust= wassersucht. —

---

1) Das Brigittchen von Trogen (Plautus im Nonnenkloster).
2) Manlius („Lyrisches", S. 88).

Ihre zwei Prologe haben mir beide sehr wohl gefallen, bes. der über die edle Buchdruckerkunst.[1] Auf Ihre Balladen=sammlung freue ich mich ganz besonders. Meine neuen Räume machen mir den Sommer sehr angenehm, da dieselben Luft u. Kühle bieten. Eine Schlangenbrut (freil. höchst unschäd=liche Nattern) in dem Strohdach einer Gartenhütte, welche sich dann auch in das Haus einschlich, hat uns zu schaffen gegeben. Das Gerücht davon muß sich sehr rasch verbreitet haben, denn wie ich neulich ein Buch=Paket von C. Schmidt öffne, liegt obenauf ein — Schlangenbuch mit illuminirten Kupfern. —

Viel Besuch anläßlich der Liszt=Anwesenheit u. des Musik=festes. — Für die Rundschau habe ich einen Pagen Leubel=fing geschrieben, (der mit Gust. Adolf fiel, also auch 30.jährg. Krieg) u. für das Zürcher Taschenbuch das Portrait einer Freundin[2] meiner sel. Mutter (Pietätssache). — Die Gedichte (vollständige Sammlung) werden schon pag. 350 erreichen.

Ihr   C. F. M.

Letzten Aug. 1882. Kilchberg bei Zürich.

Längst, verehrtester Freund, hätte ich Ihnen wieder mal einen ordentl. Brief geschrieben, wenn ich ein Briefschreiber wäre u. wenn ich nicht wüßte, daß Sie ebenfalls keiner sind.

Ihre Epigramme in der letzten Halle haben mich be=lustigt, sie sind etwas bitter aber vollkommen wahr. Die Folge Ihrer Nov. (30jähriger Krieg) habe ich nicht erhalten und ich will sie auch lieber als Buch fertig lesen. So weit sich urteilen läßt, ist es ein phantasie= und kraftvolles Product u. eine glückliche Fabel.

Auf meinen Pagen Leubelfing (Oct. Rundschau) (Kardinal Richelieu französirt den Namen in seinen Memoiren gar nicht

---

[1] Prolog zum Gutenberg=Jubiläum. („Lyrisches", S. 252.)
[2] Mathilde Escher.

übel: „Léobfingue") lege ich weniger Wert als auf meine
gegenwärtige Novelle: „Magna peccatrix" (Hohenstaufen=
zeit).

In den Gedichten bin ich im Druck bis pag. 200 gekom=
men (das Ganze wird pag. 300 wenig überschreiten) und
vollende sorgfältig, da die Sächelchen in der Tat nur durch
einen Schein von Vollendg erträglich werden.

Der Tod meines Schwiegervaters ist mir nahe gegangen.
Er war nicht nur ein patriotischer, verdienter und hilfreicher,
sondern auch ein tactvoller u. höchst angenehmer Mann. Die
Einzelnheiten der Agonie und der Bestattg (Grabreden etc.)
haben mir einen realistisch bittern Mund gemacht.

Meine neue Behausg (b. h. zur Hälfte neu) ist gut ge=
raten u. der Wechsel hoher u. niedriger Räume originell
und bequem für alle Jahreszeiten.

Ich habe allerhand Pläne, hange aber sehr von äußern
Umständen u. innern Zuständen ab. Hab ich mein Heute ge=
nützt, muß ich schon zufrieden sein. Grüßen Sie mir die
Ihrigen u. Paul Heyse. Unverändert

Ihr   C. F. M.

Kilchberg 6 November 1883.

Verehrter lieber Freund,

nach langer Unterbrechg unsres briefl. Verkehrs komme
ich ohne ein eigentliches Anliegen mit der Bitte um ein Wort
über Ihr Befinden, kurz um ein Lebenszeichen. Ihre letzten
Zeilen waren aus einem Kurorte wohin Sie Frl. Malchen
begleitet hatten: wie geht es dem l. Mädchen? Die mir
zugesagte Liebig=Cantate[1]) habe ich nicht erhalten u. zu Ihrer
Münchner Ausstellung (so schön u. complett dieselbe sein
mochte) bin ich nicht gegangen, weil ich meine Sommer=

---

[1]) Festchor zur Enthüllung des Liebig=Denkmals („Lyrisches",
S. 217).

frische am Liebsten hier genieße. Jetzt, im Frühwinter bis
Neujahr führe ich vielleicht, aber nur vielleicht (unterlaſſen
Sie eine freundliche Beantwortung dieſer Zeilen nicht deß=
wegen, dieſelben werden mir prompt nachgeſchickt) meine Frau,
um ſie für ihre muſtergültige Beſorgung von Haus u. Hof
zu belohnen, ein bischen nach Paris, wo ich ein angenehmes,
ſtilles Gaſthöfchen weiß. —

Ich bin neugierig was Sie Neues u. Schönes auf den
Weihnachtsmarkt bringen. Von mir kommen Gedichte u. ein
Novellchen: Das Leiden eines Knaben, u. eine größere[1]) in
der Rundſchau Dez—Jan.

Ich ſende die erſtere in Buchform, die letztere wohl im
Separat=Abdrucke. Auch an Heyſe welchen ich bitte meine
Sachen freundlich aufzunehmen. H. wollte den Pagen Leubl=
fing f. ſ. Novellenſchatz u. mein Verleger der alte Sonderling,
deſſen Eigentum der Page iſt, wollte dieſen nur nicht her=
geben. Ich weiß nun nicht ob Heyſe unter ſeinen feinen
Formen doch nicht ein bischen empfindlich geworden iſt — —
aber die Sache iſt wahrlich für ihn unbedeutend u. dann
büſſe ich der Unſchuldige es allein, der ich ſo gerne in der
kl. Notiz mein Lob geleſen hätte, während der alte verhärtete
Haeſſel durchaus keine Reue zeigt. Reden Sie mir, lieber
Freund, zu Beſt, hier u. überall. Ich habe es nötig: denn
meine Neigung, mich zu iſoliren iſt groß, durchaus nicht aus
Timons Launen, ſondern aus reiner Liebe zu meinen IV
Pfählen.

Ihr   C. F. Meyer

Kilchberg 28 Nov. 1883.

Mein verehrter l. Freund,

 allerherzlichſten Dank für die V Novellen[2]) von welchen
ich „Sirmio" u. die Br. Klauſe ſchon kenne u. voll würdige!

---

[1]) „Die Hochzeit des Mönchs".
[2]) „Die Bregenzer Klauſe".

Sobald die Zeit es erlaubt, werde ich die übrigen 3 kosten, welchen Sie — das habe ich vom bloßen Hineinschauen — Ihre gewaltige Marke deutlich eingeprägt haben. Ich bin zeither sehr gejagt, da ich jetzt auch als „Lokaldichter" häufig in Anspruch genommen werde, daß Gott erbarm!

Doch hoffe ich vor Neujahr wohl etwas (ein Novellchen)[1] zu vollenden. —

Hier der verbesserte „Page".

Ihr

C. F. Meyer

Kilchberg 14 Novbr. 1884

Liebster Freund,

ich kann es mir nicht erklären, daß der „Mönch" bei Ihnen ausgeblieben ist. Sie standen auf der meinem Ver=leger zugestellten Liste obenan. Nun sende ich Ihnen gleich direkt eines meiner eigenen Exemplare. — Auf den neuen Band Gedichte freue ich von ganzem Herzen mich. —

Mein Roman[2] beschäftigt mich sehr angenehm. Er wird in der Rundschau nach dem Kellers, welcher voraussichtlich Januar bis Mai fällt, also kaum vor Juni oder Juli er=scheinen. Ich werde zu thun haben um auf diesen Termin fertig zu werden. Meine Frau u. meine Schwester grüßen Sie u. die Ihrigen in bester Erinnerung.

Ihr treuer

C. F. Meyer

Kilchberg 9 Dez. 1884

Ich kann nur wiederholen, liebster Freund, daß Sie auf der Liste der Schenkexemplare des Mönches obenan stunden, es sind übrigens in Leipzig noch andere Vergessen

---

[1] „Das Leiden eines Knaben".
[2] „Die Richterin".

vorgekommen, keines aber war mir unleidlicher. Was Sie
mir vom Ursprunge Hoegnis[1]) schreiben, interessirt mich höch=
lich wie alles Ihre „Bahn" betreffende u. wegen der Auf=
nahme der neuen Sammlung bangen Sie ja nicht! Ich nahm
letzten Sommer Gelegenheit mit verschiedenen, bedeutenden
Leuten, Begegnungen u. Besuchen, von Ihnen zu sprechen u.
alle waren einstimmig darüber, daß Ihr Kern u. Wesen ganz
unangreifbar u. unzerstörlich sei. Einzelnes aber fällt immer,
u. bei uns Allen, der Kritik anheim.

Von Meißner habe ich einige Zeilen erhalten, welche
mich freuten. Seine neue Ritterschaft macht ihm Vergnügen
u. er hat ganz recht, sich für geehrt zu halten. Heyse entfaltet
ja eine merkwürdige Thätigkeit: Allen Respekt vor der wunder=
baren Elastizität dieser Natur. Durchaus ohne ihm die tra=
gische Maske zu weigern finde ich, daß er mit dem seinen
Lustspiele (vide getrennte Welten) eine große Lücke füllt,
denn er hat viel Grazie u. deutsche Grazie. — Doch ich
wollte nur Ihren lieben Festwunsch erwiedern.

Herzlich

Ihr　　　M.

------

19 März 1885

Verehrter lieber Freund,

nun ist es an mir, leise zu klagen, daß ich Ihre neueste
Sammlung, von welcher ich ringsum reden höre, durch eine
Ungunst des Zufalles nicht erhalten habe. Wenn es zu spät
ist, u. Sie mir dieselbe nicht mehr senden können, werde ich
sie mir auf dem gewöhnlichsten Wege verschaffen, denn es
ist ja ganz unmöglich, lieber Freund, daß ich Etwas von
Ihnen ungelesen lasse.

Herzlichst　　　Ihr

C. F. M.

------

1) Högnis letzte Heerfahrt. Drama. 1884.

Verehrter Freund,

Sie zweifeln nicht an meiner u. der Frau Theilnahme mit Ihrem schweren Loose, das Leben eines Sohnes bedroht zu sehen. Möge das Vaterhaus u. ein warmer Frühsommer das Beste thun! Daß sich dafür Frl· Malchens Gesundheit gut hält, ist uns eine liebe Beruhigung.

Für „Lyrisches"[1]) danke ich sehr herzlich. Ich weiß nicht liegt 'es z. Th. an meiner eigenen Stimmung, aber nach dem ersten Eindruck stelle ich „Lyrisches" höher als Alles was ich bisher an Sammlungen von Ihnen besitze. Unter bewährter Pracht u. Größe spielt hier ein ungemein sympathischer Herzenston, etwas Mildes u. Weiches, oder auch Ruhig=Verklärtes. Kurz „Lyrisches" — da bin ich gewiß — wird unbestritten u. überall gefeiert seinen Weg gehen u. Ihnen lauter Freude machen. — Einzelnes hebe ich nicht hervor, nur sagen will ich daß mir „Manlius" als ein Lingg par excellence erscheint. —

Was meine Sachen betrifft, so liegt allerlei da, der Vollendung am Nächsten eine Novelle, die „Richterin". In der Rundschau habe ich meinen Kopf darauf gesetzt Keller den Vortritt zu geben. Dieser aber zögert mit seinem Roman.

Die Heimkehr eines Jugendfreundes[2]) (schon pensionirter k. k. Generalmajor) zieht mich zeither mehr als sonst in Gesellschaft. Ich habe zuweilen den Eindruck schon 3 oder 4 mal gelebt zu haben. Noch einmal Gott befohlen, auch für den Sohn.

In herzlicher Verehrung

Ihr

C. F. Meyer.

----

[1]) „Lyrisches. Neue Gedichte" von Hermann Lingg. Wien und Teschen. Verlag der k. k. Hofbuchhandlung Karl Prochaska.

[2]) Conrad Nüscheler.

Kilchberg 21. Juni 1885

Eben, verehrter Freund, habe ich Ihren schönen Nachruf an Meißner gelesen und Lust bekommen, ein bißchen mit Ihnen zu plaudern. Darf ich?

Auch mir ist sein Tod nahe gegangen, obwol ich in der letzten Zeit wenig Beziehung mehr zu ihm hatte, einzelne Briefe deren letzter ein trüber war, ausgenommen. Er sagte mir einst: „ich bin nie kränkelnd, wenn ich aber einmal erkranke, werde ich rasch machen."

Ihr eigener Verlust, lieber Freund, wird Ihnen schwer anliegen und wohl lange noch nicht verwunden sein. Wenn Sie mir gelegentlich etwas Näheres über das Ende Ihres sel. Sohnes sagen, wird es mich herzlich interessiren wie alles, was Sie angeht. Es hat mich gefreut, daß das öffentliche Urteil — so weit ich es kenne — mein sehr unmaßgebliches über Ihr „Lyrisches" ratificirt hat. Nach meinem Gefühl hat diese letzte Sammlung etwas Reifes u. Süßes ohne das geringste Nachlassen der ursprünglichen Kräfte. Ich möchte wohl wissen, was Sie jetzt auf dem Webstuhle haben.

Hier in Kilchberg war so ziemlich Stillstand und ich habe meinen letzten Winter mit Lektüre u. Geselligkeit verschlissen. Jetzt aber im Genusse der freien Luft (trotz einem Umbau u. einem verwünschten, doch notwendigen Hauskauf zur Vermeidung eines Wirtshauses u. einer Metzgerei in meiner Nähe — trotz alledem habe ich wieder Arbeitslust und strenge mich sogar an um bald u. kraftvoll fertig zu werden, befinde mich aber dabei viel wohler als während winterlichen Halb-Müßigganges u. der vielen dazu gerauchten, starken Cigarren.

Sie kennen ja aber eigentlich mein neues Kilchberg noch gar nicht. Es hat sich sehr verschönert, auch der Garten, der nun dichte Schatten bietet. Wie geht es Fräulein Malchen? Ich habe lange nichts mehr von ihr gehört.

Und nun, behüte Sie Gott, verehrter Freund

Ihr

C. F. Meyer

Kilchberg 20 Oct 1885.

Verehrter lieber Freund,

ich weiß, wie es geht. Wenn nicht meine kl. Milly*)
mit so großen Augen in jede neue Gegend blickte, würde auch
ich mein Heim, wo mir wohl ist, die paar Athemzüge Ge-
birgsluft im Hochsommer abgerechnet, selten verlassen. Wenn
Sie sich aber in Lindau bleibend setzen (und das ist doch ausgemacht oder?) wird es sich von selbst geben, daß wir häufiger zusammenkommen.

Ich bitte Sie um die Gunst, meine Richterin erst in
der bald erscheinenden Buchform lesen zu wollen. Manches
ist gebessert u. Sie werden das erste Exemplar erhalten.
Ich habe die ersonnene Fabel erst in Sicilien u. unter
Friedrich II spielen lassen wollen, dann aber — es ist eine
Gewissensgeschichte — um eines strengeren Hintergrundes
willen — in das Gebirg u. unter Charlemagne versetzt.

Ich begreife nicht, daß Franzos aus meinem Ballädchen[1]
ein Wesen machen kann. Ich schrieb es, um Wort zu halten,
ich hatte Franzos etwas versprochen, u. enthob das Motiv
einer Seite der Schweizergeschichte Johannes von Müllers
u. der Stoffmasse meines neuen Romans, welcher in der
Zeit des Concils von Constanz spielt.[2]

Den Gelimer[3] habe ich noch nicht gelesen, dagegen mich
an den Fastnachtspielen meines Landsmannes Edmund Dorer[4]
(von Baden im Aargau) desselben, welcher — wie Sie sich

*) In Lugano sagte sie diesen Sommer: „Hier wollen
wir bleiben, Papa!"

---

[1] Vielleicht „König Siegmunds Ende". Steht nicht, wie Lingg an-
gibt, in der von Franzos redigierten „Neuen Ill. Zeitg." (Gütige Mitteilung von Prof. R. F. Arnold.)

[2] „Der Dynast".

[3] Roman von Felix Dahn. 1885.

[4] Edmund Dorer, „Fastnachtspiele" (15 Hefte) im Kommis-
sionsverlag bei v. Zahn-Jänsch. Dresden 1884—85. Zehn von diesen
fünfzehn meist auf spanischen Vorbildern aufgebauten kleinen Schöpfungen hat Graf Schack im ersten Bande von Edm. Dorers nach-
gelassenen Schriften wieder abgedruckt.

vielleicht erinnern — den Calderon-Preis erhalten hat —
herzlich ergötzt. Es sind lustige u. dabei harmlose Dinger;
wenn die blauen Heftchen Ihnen leicht erreichbar sind, blicken
Sie sie doch an.

Wir haben hier gestern unsre Lese beendigt bei dem
herrlichsten Wetter, während es jetzt trostlos regnet. Quan=
tität groß, Qualität gering. Der September-Schneefall vor
ein paar Wochen hat dieser noch geschadet, doch er hat schlim=
meres angerichtet, Bäume zerrissen, Äste geknickt. Ich bin noch
so leidlich weggekommen.

Schreiben wir uns ja zuweilen eine Zeile.

        Herzlich   Ihr   Meyer

Das alberne Gerücht, Ihr König werde die Glyptothek
verkaufen, macht mir nicht bange.

---

                                   30 Dez. 1885.

Lieber verehrter Freund,

es war mir ein gutes Omen, zum Jahresschlusse ein
paar Zeilen von Ihnen zu erhalten. Möge das neue Jahr
Ihnen milder sein als dieses endende! Bewahren Sie mir
Ihre Freundschaft, welche wir hoffentlich 1886 durch eine
persönliche Begegnung auffrischen werden.

Haben Sie Neues auf dem Webstuhle? Ich allerhand,
doch muß Kraft u. Wohlbefinden ausreichen u. das liegt
nicht in meiner Hand. Wünschen wir uns u. unsern Häusern
das Beste!

Unsere Zürcher, welche sonst sehr fürsichtig und züchtig
sind, haben an der Richterin keinen Anstoß genommen,
weil strenge Gerechtigkeit geübt wird, wovon sie ebenfalls
große Liebhaber sind. Übrigens gehe ich ruhig meinen Weg,
ohne umzublicken: das habe ich in meinen 60 Jahren gelernt.

Grüßen Sie mir P. Heyse recht herzlich u. im eigenen
Hause Frl. Malchen sehr freundlich.

                          Ihr alter   M.

---

10 Febr. 1886.

Verehrter Freund,

unter meinen heutigen Briefen u. Zeitungen verbarg sich ein Zeitungsausschnittchen unter Kreuzband mit zwei Gedichten: Abend im Walde[1]) u. Frage, welches mir augenscheinlich Einer oder Eine aus dem Reiche zusendete, die wußte, wie ich Ihre Muse liebe. Wie heimlich mutete mich diese wohlbekannte u. so eigentümliche, mit nichts zu verwechselnde Lyrik an, ja sie stimmte mich sofort auch wieder einmal ein lyrisches Stücklein zu entwerfen. Das heißt doch Wirkg in die Ferne.

Herzlich

Ihr

C. F. Meyer.

Kilchberg 4 November 1886

Mein lieber Freund,

Ihr hübsches u. heimliches Goethegedicht[2]) hat mir den angenehmsten Eindruck gemacht, besonders auch durch sein überquellendes Behagen, welches doch wohl einen glücklichen Dichter (u. Menschen) voraussetzt. Illga (das Produkt Ihrer Freundin) ist soweit ich gelesen habe u. ich werde sicherlich zu Ende lesen, meiner Treu! eine unvermutet hübsche Geschichte. Wir werden ja sehen, wie sie endet.

Wie befinden Sie sich lieber Freund? Ich denke vorzüglich in diesem gesunden Vorwinter. Ich habe ein heftiges rheumatisches Fieber bestanden, bin aber jetzt wieder gesund u. thätig.

Verehrungsvoll u. herzl

C. F. Meyer

---

[1]) Wohl „Abend" in Lyrisches, S. 38.
[2]) Findet sich in keiner Sammlung der Linggschen Gedichte. Denn schwerlich ist gemeint: „An Goethes Todestag", Lyrisches, S. 222.

Kilchberg 28 November 1886.

Verehrter, lieber Freund,

ich sage Ihnen doch mit einer Zeile, warum ich Engel=
berg Frl. Malchen zugeschrieben habe. Diese kleine Dich=
tung war lange schon vergriffen und ich selbst dachte und
redete auch — unnötigerweise — gering von derselben. Doch
wurde sie noch verlangt und, nachdem ich die 2. Auflage
absichtlich jahrelang verschleppt hatte, erbarmte sich schließlich
mein väterliches Eingeweide über dem Geschöpfe. Ich retou=
schirte ein bischen, bes. das Ende, welches gewonnen hat.
Dennoch habe ich Engelberg nur der weibl. Sippe meiner
Bekannten zugeeignet, für diese selbst es zu gering haltend
u. auf weibl. Nachsicht u. Güte vertrauend. Ich weiß aber
nicht, ob diese Symbolik überall richtig verstanden werden
wird. Erklären Sie dieselbe, bitte, gelegentlich Paul Heyse,
welchen ich auf's Beste grüßen lasse. Ich freue mich, l. Freund,
so oft ich an Sie denke, daß Sie jetzt den Nimbus allgemeiner
Verehrung tragen!

Herzlich

Ihr

C. F. Meyer.

Kilchberg 9 Mai 1887

Liebster Freund,

Da ich meine lyr. Sammlung gründlich in Angriff ge=
nommen habe u. einen Schreiber beschäftige, kann ich ohne
Mühe noch einige (Ihnen wohl noch unbekannte) Balladen
senden. Venedig ist mir zu gemalt. Schicken Sie Ihre
Novelle, ich bitte sehr. Alles Ihrige ist mir ein Fest. Ich
bin zeither sehr thätig — relativ glücklich. Doch in der
Familie (meiner Frau) war ein schwerer Trauerfall, etc.

Ihr

C. F. M

25 Juni 1887

Lieber, verehrter Freund!

Ich muß Ihnen doch gleich in einer Zeile sagen wie sehr
mir Ihre vier Gedichte in der neuesten D. Dichtung[1]) ge=
fallen haben, am beßten der Oelwald. Auch hat es mir
Freude gemacht dort mein Urteil bestätigt zu finden, daß
eine Art Läuterung u. Verklärung Ihr jetziges Dichten über
das frühere, oder wenigstens ebenbürtig an die Seite
stellt. — Sie leben ein schönes Alter u. das mag ich Ihnen
so herzlich gönnen. Sagen Sie mir mit einer gelegentlichen
Zeile wie es mit Ihnen u. den Ihrigen steht, so bin ich
Ihnen dafür dankbar. — Ich denke Sie fahren fort sich
wohl zu befinden, aus dem Ausdrucke von Kraft zu schließen,
welchen Sie mir gemacht haben, da Sie mich mit Ihrem
letzten Besuche überraschten.

Was mich betrifft, so habe ich einen guten Winter ge=
habt, bis auf einen Spätkatarrh, welchen erst die mir wohl=
thätige Sommerwärme beendigt hat. Eine größere Novelle[2])
naht der Vollendung. Der Stoff war sehr widerspänstig
u. ich ebenso hartnäckig, ihn zu bewältigen. Ich wollte wohl,
Sie träten bald wieder in mein Zimmer, ebenso unvermutet,
wie d. letzte Mal.

In herzlicher Ehrerbietung

C. F. Meyer

2 November 1887.

Lieber, verehrter Freund!

ich danke aufs allerbeste für die junge feurige Mozart=
stanze,[3]) die ich ein bischen erwartet habe u. auch für den
früheren Gruß, aus Lindau durch Frl. Schindler. Freilich

---

[1]) Deutsche Dichtung, 2. Band, April=September 1887. S. 190:
„Im Ölwald".

[2]) „Versuchung des Pescara".

[3]) Zur Don Juan=Säkularfeier („Jahresringe", S. 413).

Ihr bei dieser Gelegenheit halb versprochener Besuch ist aus=
geblieben. Hauptfrage: wie geht es Frl. Malchen? ich hoffe
von Herzen: gut. Mein jetzt achtjähriges ziemlich zartes
Mädchen hat sich diesen Sommer mit den Eltern in Beaten=
berg u. auf Mürren (beides im Berner Oberland) gestärkt.
Daß Sie kräftig und thätig sind, bezeugen Ihre Verse. Auch
hier ist Gottlob Alles wohl (bis auf Vorübergehendes) —

Meine Versuchung des Pescara in Buchform wird
Monatende bei Ihnen anlangen. Ich hoffe, Sie sind nicht
enttäuscht, wie es einige weibliche Gesichter hier waren, wenn
Sie vernehmen, daß es sich um eine politische Versuchung
handelt.

Gegenwärtig bin ich eher von zu viel Gedanken besucht,
auf lange hinaus, doch ich werde nicht übermütig, denn ich
bedenke meine Jahre. Grüßen Sie mir Heyse ganz herzlich.
Sein Schreiben an Baron Perfall habe ich con amore ge=
lesen, mir war: ich höre Heyse reden. —

Hier haben wir gute Concertmusik, das einzige Welt=
vergnügen, woran ich zuweilen teilnehme. Aber viel, viel
Brahms — o das süße Feuer Mozarts, süßer u. berau=
schender, je mehr die eigene Blutwärme abnimmt. —

Damit Sie sehen, daß Sie nicht der einzige begehrte
Gelegenheitsdichter sind, will ich Ihnen doch noch erzählen,
daß ich unter den Briefen der eben anlangenden Posttasche
die Bitte eines Tischlers um ein Verschen auf das Vor=
hängelchen eines Kindesbettes finde.[1]

In freundlicher Verehrung

Ihr C. F. Meyer

---

[1] Ein Möbelschreiner aus Horgen, der im November 1887 in
C. F. Meyers Hauses arbeitete, richtete die Bitte um ein auf eine
Wiegendecke zu stickendes Verschen an ihn. Der Dichter schrieb
ihm folgende vier Gedichtchen zur Auswahl:

1. O du sel'ge Kinderzeit,
   Ohne Schmerz und Kummer,
   Heller Jubel, flüchtig Leid
   Und ein tiefer Schlummer.

Verehrter lieber Freund.

Ihren Besuch vor Ende Frühjahr hätte ich nicht emp=
fangen können, denn ich war sehr leidend, an den Athemwegen
erkrankt, und erst jetzt, nach beinahe jahrelangem Unwohl=
sein, und nachdem ich mich den ganzen Sommer auf dem
Landsitz meines Schwagers stille verhalten, glaube ich zu ge=
nesen.

Ihre Novelle[1]) in D. Dichtg u. Heyse, den ich freund=
lich zu grüßen bitte, Weltuntergang haben mir wieder
Vergnügen gemacht. Es war eine schwere Zeit.

Möge Gesundheit und Schaffenslust Ihnen treu bleiben
u. mir zurückkehren.

Herzlich

Ihr

C. F. Meyer

Kilchberg 19 Nov. 1888.

Daß Sie es sind, verehrter lieber Freund, der mich in
Vorschlag gebracht hat,[2]) verdoppelt für mich den Wert
der Auszeichng.

2. Kind, es ist die höchste Zeit,
Komm, ich stehe längst bereit!
Sag' der Mutter gute Nacht,
Komm, dein Bettlein ist gemacht.

3. Schließe, Kind, die Äuglein zu!
Siehst die grüne Wiese du
Schimmern mit den vielen
Kindern, welche spielen?

4. Schlummre, Kindlein! Gute Nacht
Auf dem kleinen Bette!
Treue Mutterliebe wacht
An der Schlummerstätte.

(Mitgeteilt von Sekundarlehrer W. Streuli in Horgen.)

[1]) Am Lago d'Averno.
[2]) Für die Verleihung des bayrischen Maximiliansordens, die
am 26. November 1888 erfolgte.

Laſſen Sie uns, sans phrase, als treue Freunde, fort=
leben, was uns zu leben bleibt. Hoffentlich bringt uns das
nächſte Jahr für ein paar Stunden zuſammen. Nehmen
Sie für daſſelbe meine beſten Wünſche, Sie und die Ihrigen,
u., bitte, vergeſſen Sie mich auch nicht bei Heyſe.

Stets   Ihr   CFMeyer.

Kilchberg 27 Dec, ſpät.

Kilchberg 20 Apr. 1889

Verehrter Freund,

eben las ich die etwas äußerliche, aber würdige Beſprechg
der Furchen¹) in der Allgem. Den Preis verdient, nach mir,
die eigenthümliche Schönheit von Lago d'Averno. In: Nur
einmal²) würde mir mit der Streichg von nur 5 Worten
geholfen: ja, ich hatte es vergeſſen. Es hieße dann pag 53
1 6 von oben: Nur einmal, wiederholte Dominika, faſt ton=
los, nur einmal. . . .

Ja wohl iſt der Hirte mit dem Todtenbein³) recht
manirirt, aber wirkgsvoll. Unſer Meißner mochte Greif u.
dieſer ſoll ja auch ſein Brod mit der Feder verdienen. Sie
wiſſen, ich bin ein Freund des Läßlichen, um ſo mehr, da
ich mich ſelbſt als einen Dilettanten betrachte, freilich einen
der beſten Sorte. Übrigens, dem gerechten Endurtheil ent=
geht Keiner!

Gewiß brüte ich über Neuem und ſogar Gewagtem, doch
ſein behutſam u. ſozuſagen hinterliſtig, da ich, nach meinem
ſchweren 1888, die Lebensſicherheit noch nicht völlig gewonnen
habe, doch geht es jetzt wirklich beſſer.

Was haben wir für herrliches Oſterwetter! Leider iſt
wenige Schritte von mir Graf Plater (der Wittwer der Karo=

---

¹) Hermann Lingg, „Furchen“. Neue Novellen. 1889.
²) Furchen, S. 1—60.
³) „Das klagende Lied“, Gedicht von Martin Greif.

line Bauer, Schauspielerin) sterbend. So wenig ich diese
leiden konnte, so lieb war mir, alles genommen, der Graf,
eine langjährige freundliche Gewohnheit.

Im Mai bin ich wohl noch hier u. freue mich groß,
Sie wiederzusehen. Sagen Sie aber ja sich an u. recht=
zeitig, ich fliege oft aus.

Sehr herzlich

Ihr

C. F. Meyer.

Kilchberg 5 Dec. 1889 (spät).

Lieber verehrter Freund,

wie überraschte mich, unter den heutigen Eingängen:
Jahresringe[1]) — ich weiß nicht, warum ich dieses Jahr
nichts Neues von Ihnen erwartete — und voran das Bild
Lenbachs, das ich nicht genug betrachten kann — über alles
Lob! freilich Ihr Kopf u. eine Meisterhand, da muß schon
etwas Gutes werden — besonders diese Augen! An den Ge=
dichten habe ich mich gleich ein Stündchen gefreut, alles gut,
auch die Mischung der verschiedenen Gattungen u. Stim=
mungen, wenigstens so gut als das Frühere, keine Spur
von Alter! einiges sehr schön, dabei, schon in den Motti,
ein gewisser bescheidener Triumphton, ein Jubiläumsprae=
ludium, das ich so gerne von Ihnen höre u. wo ich mich mit=
frene, während ich das Grollen nie an Ihnen — weder an
Ihnen noch an Irgendjemand — mochte. Sie dürfen sich
nun getrost sagen, daß Sie Wünschbares erreicht haben u.
wer weiß, was Ihnen bis zum 22.[2]) noch alles zu theil wird,
wenigstens der Adel denke ich, der — in einem monarchischen
Staate — Ihnen gebührt u. den ich Ihnen — wäre ich der
Prinz=Regent — gerade deßhalb geben würde, weil Sie —
in idealem Sinne — ein Freiheitsdichter sind. Welch ein

---

[1]) Jahresringe, Gedichte, 1889.
[2]) Der 22. Januar 1820 ist Linggs Geburtstag.

Gegensatz mit dem armen Meißner, deſſen Ende — nach Byr[1]) — ein ſo peinliches war u. deſſen Name nicht ganz leicht wiederherzuſtellen ſein wird. Was denken Sie dazu, der ihm näher ſtand?

Gegenwärtig befinde ich mich ganz leiblich, ohne Gefühl weder von Lebensſicherheit noch vom Gegentheil, u. verfolge in der angenehmen Winterſtille — übrigens ganz bequem u. ſachte — Ziele, die ich nicht erreichen werde, aber welche mich reizen u. im höchſten Grade intereſſieren.

Vielleicht würde aus dem Spiele noch Ernſt, wären nur meine 64 Kerzen nicht — Pardon ich wollte ſagen meine 64 Jahre, wir haben heute den 10. Geburtstag meiner kleinen Milly mit 10 Kerzchen auf einem Kuchen gefeiert u. das gefiel mir ſo. Grüßen Sie mir Fräulein Malchen, die ſich hoffentlich wohl befindet.

Mit viel Liebe

Ihr   C. F. Meyer

4 März 1890

Verehrter lieber Freund!

Ich war ein bißchen beſtürzt, daß mir Ihre 2te Karte die Hoffnung Ihres Beſuches ebenſo unerwartet wegnahm, als mir ſie die erſte gegeben hatte. Herr Borſinger irrt: ich mache keine Kur in Baden, derer ich Gottlob nicht bedürftig bin, dazu könnte ich jetzt nicht wol Kilchberg verlaſſen. Doch verzweifle ich noch nicht daran, Sie wenn die ſchöne Witterung anhält in Kilchberg zu ſehen — wir ſpeiſen 2 Uhr — und Sie ſetzen ſich mit uns zu Tiſch, oder zu jeder andern Stunde ſtets „gewünſcht u. willkommen!"

Ich würde ſo gerne das Einzelne der ſchönen Feier aus Ihrem eigenen Munde vernehmen.

In herzl. Ehrerbietung

Ihr   C. F. Meyer.

---

[1]) Meißners Schwager.

Kilchberg 22 März 1890

Mein lieber und adeliger Freund,

Eine Standeserhöhung zieht die andere nach sich. Eben
sehe ich mit Vergnügen, daß ich in dem Verzeichniß Ihrer
Verehrer als Consul Ferdinand Meyer aufgeführt bin. Nun
haben Sie mich — beides — zum Max. Ritter[1]) u. zum
Konsul erhoben. — Auch die Aussage Vorsingers über mein
Kommen nach Baden ist nun aufgeklärt. Es war eine Ver=
wechslung mit Meyer von Knonau,[2]) einem feinen Mann,
der allerdings eine Kur im Verenahof macht, Sie aber dort
zu seinem Leidwesen nicht mehr gefunden hat. Er erzählte
es mir gestern an einem Fest wozu ich nach Zürich kam u.
woran ich gleichfalls mich beteiligte. Nun l. Freund, noch
einmal meinen Glückwunsch u. auf Wiedersehen im Mai.
Keller geht es ordentlich.

Ihr Sie liebender

C. F. Meyer.

Kilchberg 17. Mai 1890.

Lieber, verehrter Freund,

Ich lese eben von dem Ihnen zu Theil gewordenen
Tiedge=Preis u. freue mich mit Ihnen, daß jetzt die Ernte
eine reichliche ist. — Heller war hier und hat mir von
Ihrem Feste[3]) erzählt, doch möchte ich es gerne noch aus
Ihrem eigenen Munde hören u. will mich freundlich zu
einem Besuch empfohlen haben, wenn Sie in diesem Mo=
nat nach Baden gehen. Auch Frl. Malchen wäre meiner
Frau u. meiner jetzt 10jährigen und (wenigstens mit dem
Vater) sehr aufgeweckten Camilla herzlich willkommen.

---

[1]) Meyer war Inhaber des bayr. Maximiliansordens seit 1888.
Vergl. den Brief Linggs in August Langmesser, „C. F. Meyer“,
2. Auflage, S. 158 ff.

[2]) Professor Gerold Meyer v. Knonau.

[3]) Feier des 70. Geburtstages.

Sie werden sich sagen, daß ich vielleicht Sie in Baden aufsuchen könnte, aber da hätte ich wenig Freude: im Gast= haus u. Sie mit Andern theilen müssend. Meine Freunde müssen mir hier schon etwas einräumen, meiner Gesundheit willen, über die ich übrigens jetzt nicht klagen darf. — Sie werden mir gern glauben: es ist nicht Mangel an schuldigem Respekt sondern der Umstand, daß mir eigentlich nur in Kilchberg oder noch höher in den Bergen völlig wohl ist u. mir das Herumziehen in dem warmen Baden u. öffentlichen Lokalen mißbehagt. —

Also Nachsicht mit einer Eigentümlichkeit rein physi= scher Natur, in Betracht meiner Liebe u. Treue zu Ihnen. —

G. Ebers war hier, sehr liebenswürdig u. ehrwürdig durch die Heiterkeit womit er leidet. Schreiben Sie mir eine Zeile zum Beweis, daß Sie nicht zürnen

Ihrem

C. F. Meyer.

---

27 Mai 1890.

Lieber verehrter Freund,

so hat es denn nicht sein sollen, doch bin ich ganz ge= tröstet, daß nichts als Land zwischen uns liegt. —

Pfingsten Sie in Baden zu besuchen ging nicht an, da ich selbst hier den Wirt zu machen hatte, u. überdies von mehreren Stadtfahrten müde war. Dazu war ich in fataler Stimmung. Unter den Msc. nemlich, die bei mir liegen, wurde ein Drama von nicht unbedeutender Hand das ich begutachten sollte, zurückgefordert u. die Handschrift war ver= legt. Die Sache wurde von Tag zu Tag peinlicher. Nun endlich heute hat sich das Manuscpt. gefunden u. ich bin der Glücklichste der Sterblichen. Die Mückenstiche eines Z. dürften Sie nicht fühlen. Seltsam, während mich die Erkältung eines Freundes quasi krank machen kann, ist es mir rein unmög=

lich — auch wenn ich den beſten Willen dazu hätte, mich über
eine lit. Verunglimpfung oder Verkleinerung im Geringſten
zu ärgern, es geht eben nicht.

Herzlichſt Ihr

C. F. Meyer.

1 Auguſt 1890.
Kilchberg

Lieber verehrter Freund!

Sie machen mir eine beſondere Freude mit der Nach=
richt von Ihrem Bau. Nur recht hohe Zimmer I. Freund,
nicht unter 12'! Quod f. f. fq. sit! D. D.[1]) verſpricht von
Ihnen eine erzählende Dichtung mit einem kurioſen Titel,
worauf ich mich freue. — Grüßen Sie mir doch gelegentlich
u. angelegentlich Heyſe, der eine ſo wunderbare Novelle (Dry=
ade) geſchrieben haben ſoll.

Hier bin ich alſo wieder, nachdem ich wochenlang tägl.
mit mehr als 100 Menſchen geſpeiſt u. wenig anmutiger
Geſellſchaft nicht ausweichen konnte — in meiner lieben,
reinlichen Einſamkeit. In dieſer kleinen Gaſthauswelt habe
ich meine Uhr wieder nach der Wirklichkeit des Weltweſens
gerichtet u. darf mich nun ſchon wieder getroſt ein bischen
ins Reich der Phantaſie verlieren. Ich bin an meiner No=
velle u. (Gottlob u. unberufen) wieder tüchtig. — Obgleich
ich wie Sie wiſſen mit Keller auf gar keinem Fuße ſtand,
mangelt er mir doch u. betraure ich ihn mehr als mir eigent=
lich bei der Seltenheit unſeres Umganges erlaubt iſt, ja
ich habe mir beikommen laſſen, etwas über ihn aufzuzeichnen,
mit Vorſicht, von unſerer letzten Unterredung (ich ſaß zwiſchen
März u. April einmal noch mehrere Stunden an ſeinem Bette)
erzählend, mehreres noch mit Genuß verſchweigend. — Sein
Ende war eigentlich traurig, ein langſames Abſterben u.
hernach wollten ſeine Verwandten, die Bauern, noch ſein

---

[1]) Deutſche Dichtung, herausgegeben von K. E. Franzos.

patriotiſches Teſtament anfechten, was ihnen aber hoffent=
lich nicht gelingt. Er war ein wunderlicher u. genialer Menſch
u. gar nicht ſo einfach, oder ſicher nicht ſo leicht zu kennen.
Es iſt wohl möglich, daß in ſeinem Nachlaß noch irgend
etwas Ungenehmes für mich zu Tage tritt: es ſei ihm zum
Voraus vergeben um alle der Freude willen, die mir ſeine
Schriften noch tägl. machen. Dieſer ſoll viele dramatiſche
Fragmente enthalten; da bin ich denn doch begierig. Es iſt
doch gut verehrter Freund daß Sie das Jubiläum das ſo
Manchen begräbt glücklich beſtanden haben. Vor Kurzem
beſuchte mich der Schwager Meißners, Rittmeiſter Bayer,
mit ſeiner Frau und den beiden Kindern Meißners. Ein
braver Rieſe, von deſſen Soldatennatur unſer ſel. Freund
nur ein Theilchen hätte beſitzen ſollen, dann wäre es ihm
wohl beſſer ergangen. — In Lindau, lieber Herr, beſitze ich
außer einem Freund, den mir Gott noch lang erhalte keines=
wegs 2 Nichten, ſondern 2 Couſinen, die Töchter einer
Schweſter meiner Schwiegermutter mit welcher wichtigen Rich=
tigſtellung u. der Entbietung des herzl. Grußes ich verbleibe

Ihr treuer

C. F. Meyer.

An

Paul Heyse.

An

Paul Heyse.

—————————

Mein verehrter Freund,

Noch einmal ein paar Zeilen von dem braven Meister Gottfried,[1]) der sich die Sache wahrlich angelegen sein läßt.

Nun aber, glaube ich, dürfen wir uns alle Drei beruhigen. C'était une fausse alarme.

Setzen Sie mich übrigens nur in Bewegung, wo es sich um etwas Gutes handelt, ich danke Ihnen dafür.

Arbeiten Sie nicht zu viel, verehrter Freund, und behalten Sie ein wenig lieb

Ihren

CF Meyer

Kilchberg 6 Jan. 1879.

————————

Weihnachten 1881.

es ist mir, mein Freund, ein großes Vergnügen, wenn ich Ihnen ein kleines mit Hutten IV machen konnte. Ich schreibe das meinem Verleger, dessen zartes Leipzigergemüth ich mit meiner Kühle gegen die „Prachtausgabe"[2]) froissirt habe. An Derlei und Ähnlichem habe ich einmal keine Freude. Eine große dagegen an den Troubadournovellen[3]) welche unter Ihren vielen schönen Sachen — oder spielt da meine Vor-

————

[1]) Vom 5. Januar 1879. Meyers Zeilen stehen auf dem leeren Blatte des Kellerschen Briefes.

[2]) Der vierten Auflage des Hutten.

[3]) Troubadour-Novellen. Berlin 1882.

liebe für geschichtliche Rohstoffe und Hintergründe mit? —
mir — spreche ich es aus? — obenan zu stehn scheinen. Eine
sehr subjective Wertung! Wünsche zur Jahreswende von Haus
zu Haus, dann gelegentlich an Geibel; in München an den
l. Lingg, Hertz, Scherer und den talentvollen Laistner.

Ihr   M.

(Postkarte.)   · · 24 Oct. 1882
Kilchberg (Zürich).

Brahms Essay über P. H. welchen er (Brahm) mir eben
zusendet, mahnt mich daran, meinen „Gedichten", die Sie
erhalten haben oder bald erhalten werden, einen kleinen Ge=
leitschein auszustellen. Sie sind nicht viel werth, aber —
das ist das Gute daran — sie sind ein Abschluß, über den
man suchen muß hinauszukommen.

Ihr   CF Meyer.

Kilchberg 24 Oct. 1882.

Verehrter Freund,

Ihre mit den meinigen sich kreuzenden Zeilen haben
mir durch ihre Verve Freude gemacht: da muß man sich
nicht erst bei Ihnen nach der Gesundheit erkundigen.

Wollten Sie mir als Gegengeschenk meiner Lyrica den
Alcibiades[1]) oder sonst etwas Dramatisches von Ihnen senden?
Ich möchte Sie doch gern einmal auf den Dramatiker an=
sehen.

Mir geht es hier wie ich es gerne habe: Genuß und
Verdruß. Der Spätherbst mit den ganz nahe, sozusagen vor
meinen Fenstern auf den Wiesen weidenden und läutenden
Kühen ist hier hübsch, die Lese nicht übel, aber daneben ist

---

[1]) Alkibiades, Trauerspiel, 1883.

mein blaues Schieferdach ganz liederlich gebaut und ich werde
mir Recht schaffen müssen.

Ihr herzl. ergebener

CFM.

Kilchberg 11 Dec. 1882.

Verehrter Freund,

„Unvergeßbare Worte[1]) etc.", für welche ich herzlich danke,
haben mich sehr gefreut. 1 und 3 war mir neu und haben
es mir mit dem alten Zauber*) angetan.

Sie schreiben sehr freundlich von den „Gedichten" und
ich danke auch dafür. An eine Verbreitung über meine kleine
Gemeinde hinaus habe ich nie gedacht, ja es wäre für mich
ein zweifelhaftes Vergnügen, da doch manches Intime darin
steht.

Mein Verleger bittet um die Erlaubniß, Ihnen ein merkwürdiges Buch[2]) (von einem Landsmanne von mir) zuzusenden. Nicht wahr, er darf?

Nun, verehrter Freund, beste Grüße und Wünsche! Auch
an Hermann Lingg, der mir seine neuen Novellen zusendete.
Gelegentlich auch an Laistner, Prof. Scherer und Wilhelm
Herz, dem ich für die Zusendung seines „Bruder Rausch"[3])
noch ganz besonders danke.

Ihr   CFMeyer

*) ja wohl Zauber!

(Visitenkarte.)   15 Juni 1884.

Verehrter Freund,

für das 2. „Buch der Freundschaft"[4]) danke ich aufs
allerfreundlichste. Ohne Muße, wie ich gegenwärtig bin, habe

---

[1]) Unvergeßbare Worte und andere Novellen. Berlin 1883.
[2]) Carl Spittelers „Extramundana".
[3]) Wilhelm Herz, „Bruder Rausch. Ein Klostermärchen".
[4]) „Buch der Freundschaft". Neue Folge. Berlin 1884. Darin
S. 1—91 „Siechentrost".

ich erst das sehr feine Lustspiel[1]) gelesen, d. h. vorgelesen und
freue mich, der ich Ihre Sachen nur in reiner Stimmung
und lernenshalber sehr aufmerksam, Wort für Wort betrachte,
besonders auf „Siechentrost", über welchen ich schon vielfach
habe reden hören. Von Herzen

                                    Ihr   M.

Zuerst, Herr und Freund, meinen Glückwunsch zu dem
wohl verdienten dramatischen Preis, meinen Dank für die
Lyrica[2]) und noch einen, wiederholten, für „Siechentrost",
den ich gar nicht vergessen kann.

Und jetzt zur einfachen Beantwortung Ihrer Frage:
Mein Dante am Herde[3]) ist nicht von ferne der große Dichter,
welchen ich in Ehrfurcht unberührt lasse, sondern eine
typische Figur und bedeutet einfach: Mittelalter. Er dient,
den Leser mit einem Schlage in eine ihm fremde Welt zu
versetzen, wo ein Mönch z. B. etwas ganz anderes vorstellt,
als im letzten Jahrhundert. Er dient ferner dazu, das Thema
herrisch zu formuliren, woran mir, dieses Mal, liegen mußte.
Wenn nun einer aus Dantes Rede auch noch eine Warnung
an Ezzelin vor Astrologie und Grausamkeit und seiner kleinen
Freundin vor Schlag oder Stich herausliest, so steht es ihm
frei. Einem persönlichen alten Gefühle: Dante habe sein
Florenz über das Maß grausam behandelt, Luft zu machen,
verführte dann die Gelegenheit.

Über die „modernsten Palettenkünste", lieber Freund,
habe ich aufrichtig hier oben in Kilchberg ein bischen gelacht.
Von wem hätte ich das hier in meiner Stille gelernt!

Die Neigung zum Rahmen dann ist bei mir ganz in=
stinctiv. Ich halte mir den Gegenstand gerne vom Leibe oder
richtiger gerne so weit als möglich vom Auge und dann will
mir scheinen, das Indirecte der Erzählung (und selbst die

----

[1]) Paul Hehse weiß nicht zu sagen, worauf sich diese Äußerung
C. F. Meyers bezieht.

[2]) Gedichte von Paul Hehse. Dritte Auflage. Berlin 1885.

[3]) In der „Hochzeit des Mönchs".

Unterbrechungen) mildern die Härte der Fabel. Hier freilich wird der Verschlingung von Fabel und Hörer zu viel, die Sache wird entschieden mühsam. ein non plus ultra! M'en voilà guéri!

Sie sehen, ich werde gegen Gewohnheit eifrig. Es ist aber auch ganz hübsch, von Paul Heyse zur Rede gestellt zu werden![1])

Kilchberg 12 Nov. 1884.

Herzlich C F Meyer

Mein lieber Freund,

ich bin Ihrer Meinung: Page Leubelfing tönt besser, aber lassen Sie beileibe: Gustav Adolfs Page stehen, sonst gäbe es eine Verwirrung.

Und noch Eines: Sie sagen „einen Revers brauchts nicht." Da muß ich mich in meinen letzten eiligen Zeilen

---

[1]) „Es sind so höchst neuartige Motive und die Figuren von Ihrem eigensten Gepräge, die Verschlingung der Leidenschaften unentrinnbar, die Farben ganz gesättigt mit südlichem Gold und Feuer. Daß ich's aber offen heraussage: in die Form habe ich mich nicht hineingefunden. Schon im „Leiden eines Knaben" schien mir die Aufgabe, aus dem Munde des Arztes die Details zu vernehmen, kaum günstig für die Unmittelbarkeit des Eindrucks, abgesehen von der Überstilisirung durch das „Du", das diesem Könige doch anstößiger als irgend einem sein mußte. Nun haben Sie es gar gewagt, den größten Epiker zum Erzähler zu wählen, dessen Weise uns so vertraut und doch ewig fremd ist, und lassen ihn neben archaistischen Wendungen sich der modernsten Palettenkünste bedienen, während wir in der vita nuova ein Exempel haben, wie er und seine Zeitgenossen sich betrugen, wenn sie mit der deutlich ausgesprochenen Absicht, zu erzählen, an eine Geschichte gingen. Ich wäre sehr begierig, zu hören, was Sie zu dem barocken Rahmen um das gewaltige Bild verführt hat, was mit dem rätselhaften Scherz der gleichen Namengebung — in Bild und Rahmen — bezweckt ist, und warum Ihnen überhaupt der direkte Vortrag nicht angemessener schien, da ja eine persönliche Beziehung gerade dieses Erzählers zu dem Stoffe nicht einleuchten will."

München, 10. XI. 84. Paul Heyse.

verschrieben haben. Gewiß braucht es keinen von Haessel an Oldenburg, sondern einen von Oldenburg an Haessel des Inhalts: daß ersterer das Verlagsrecht des letzteren förmlich anerkennt und zweitens, daß der Page[1]) nur in dem Novellenschatz erscheinen darf. An die Ausstellung eines solchen Reverses hat H. Haessel seine Autorisation aus= drücklich geknüpft. Also, bitte, beordern Sie Oldenburg zur Beruhigung meines sehr pünktlichen Verlegers diesen Revers ohne Zögerung auszustellen. Zwischen uns wäre solches wahr= lich nicht notwendig, aber unter Geschäftsleuten ist es de rigueur und dann — Lebens und Sterbens halber.

„Lebens und Sterbens" bringt mich darauf, daß ich am 12. 60 Jahre alt geworden bin. Da der gute Lamartine 60 zählte, schrieb er: „Jetzt da ich in der Mitte meines Lebens anlange". Ich zähle nach und finde, daß nur ¹/₄chen bleibt.

Wir sind hier mitten in der Lese d. h. Weinlese bei wahrhaft südlichem Wetter.

Grüße von Haus zu Haus.

Herzlich   Ihr   C F Meyer

Kilchberg 16 Oct. 1885.

(Visitenkarte).

Verehrter Freund,

eben schreibt man mir: „Keller hat immer noch nicht sterben können. Jeden Tag, jede Stunde wird sein Heim= gang erwartet, doch kann er am Ende noch 14 Tage[2]) leben, wie mir gestern gemeldet wurde." Als einem alten und nahen Freunde Kellers mußte ich es Ihnen mittheilen.

Herzlich   Ihr   CFM

21 Mai 1890.

---

1) Der Page erschien im „Neuen deutschen Novellenschatz", 1886.
2) Er lebte noch acht Wochen.

(Visitenkarte.)

Eben, Herr und Freund, haben mir die Damen Jakoby Ihr l. Briefchen gebracht, das mir eine große Sehnsucht erregte, wieder einmal ein bischen mit Ihnen zu plaudern. ich hoffe, Sie haben sich wieder völlig hergestellt! Freilich bin ich im Begriff wieder etwas[1]) zu vollenden, mit getheilten Gefühlen, einem Gefühl der Freude, aber auch der Schüchternheit nach so langem Schweigen. Ohne ein bischen Stottern wird es nicht abgehen.

Sehr herzlich

Ihr   M.

(Kilchberg) 2 Juli 1891.

---

[1]) Angela Borgia.

An

Betty Paoli.

An

Betty Paoli.

Verehrte Frau,

Haeffel hat mir Ihre Zeilen mitgetheilt u. Ihre Sympathie hat mir sehr wohl gethan, wenn ich auch das Lob in dieser Ausdehng natürl. zurückweisen muß.

Ich kann es nicht unterlassen, Ihnen in Kürze zu sagen, was durch die Einrahmg der Novelle wie mir scheint, gewonnen wurde, freilich um den Preis der Unwahrscheinlichkeit einer circa 3 Stunden langen Sitzung, obwol sich sagen läßt, daß zwei Alte lange beim Wein sitzen können.

1. Ein idyllischer Rahmen für eine harte u. grausame Geschichte.

2. Energische Angabe des Kostüms durch ein lebendiges Stück Mittelalter, ich meine den Armbruster mit seinem Vorleben u. seinen Raisonnements.

3. Schiebung der von mir an der Geschichte verübten Frevel auf das schwache Gedächtniß eines alten Mannes.

4. Die Hauptsache, Beglaubigung durch einen Augenzeugen des rein aus meinem Gemüte gehobenen u. in der Wirklichkeit schwer ein Analogon findenden Characters des Heiligen.

Grüßen Sie mir Laube, den ich langeher sehr hoch halte, ja geradezu lieb habe, ohne ihn zu kennen.

Und empfangen Sie noch einmal meinen Dank für Ihre Güte.

Kilchberg bei Zürich
19 Apr. 1880   Ihr

C Ferd. Meyer.

Verehrteste Frau,

für das gewünschte Geschenk Ihrer Dichtung danke ich
aufs herzlichste. Ich werde langsam u. in Stimmung lesen.
Beim ersten Hineinblicken etwas Schönes gefunden (ein Braut=
paar). Auch in die Jugendgedichte habe ich geblickt — ich
bitte Sie diese sind in ihrer leidenschaftl. Befangenheit ja
gerade die schönsten. Ich schreibe Ihnen wohl bald eine Zeile
über das Ganze, wie ich es vermag.

Ich wünsche völlige Genesung.

Der Ihrige

CFMeyer

Pfingsten 1883.

(Kärtchen.)   25 Mai 1883.

Verehrtes Fräulein.

Jetzt, nach Sonnenuntergang unter den Bäumen, lesen
sich Ihr. Gedichte sehr gut. Das Anziehendste, den indivi=
duellen Zug vorbehalten, führen mich die Ihrigen in
die Tage Herweghs, Lenau's, Becks zurück, welche ich ja auch
erlebt habe. Mir ist überhaupt: ich hätte schon mehrmals
gelebt.

In diesem Leben

verehrungsvoll

CFM.

Kilchberg 9 Apr. 1884.

Verehrte Frau,

keinen Augenblick verschiebe ich, Ihnen herzlich für die
zugesendete Photogr. zu danken. Ich weiß nicht, verehrte
Frau, was Sie mir gegenüber sich vorzuwerfen hätten, kein
Mensch ist weniger förmlich als ich. Wo ich ehre und traue,
das bleibt u. besteht, mit u. ohne Briefe.

Ihr Bild — ist es jünger, steht es der Verfasserin Ihrer
Gedichte näher und dann gehört uns doch wahrlich sub specie
aeterni das jüngere so gut als das ältere Gesicht — gefällt
mir sehr u. nicht viel anders habe ich Sie zwischen den Zeilen
Ihrer Gedichte blicken sehen. Wenn aber gelegentlich ein
actuelles Bild verfertigt würde, wäre ich auch für dessen
Mitteilung sehr dankbar. Die Vergleichung beider wäre interessant u. gewiß ehrenvoll.

Zeither lebe ich innerlich still mit manchen bürgerlichen
u. geselligen Beziehungen, welche mich aber nicht tiefer berühren, auf meinem Landsitzchen, das mir lieb ist, in mäßiger
Arbeit u. die Geberden des lit. Marktes, wie ich denselben
aus der Ferne in den Zeitungen sehe, verwirren mich nicht
u. belehren mich nicht. Ich gehe meinen natürlichen Weg
ohne Voreingenommenheit, Absicht u. Schule — wären die
körperlichen Warnzeichen nicht, ich wüßte mir kein schöneres
Alter als — das Alter, welches für mich nach der Natur
bald beginnen wird. Nicht wahr, verehrte Freundin?

Ich habe neulich meinen, von Ihnen beanstandeten Heiligen wieder gelesen. Verbrennen Sie, bitte, was ich Ihnen
in einer schlimmen Stunde Exegetisches darüber geschrieben
habe. Es war lauter dummes, nachträglich ersonnenes Zeug.
Die Wahrheit ist, daß ich den Thomas so sah. Damit gut.

Ich erwarte heute stündlich Frau u. Kind (die 4jährige
Milly) aus dem Süden zurück.

Herzliche Grüße an Laube von Ihrem

CFMeyer

An

Hermann Friedrichs.

An

Hermann Friedrichs.

Der Dichter Hermann Friedrichs in St. Goar am Rhein (geb. 1854) verkehrte mit Conrad Ferd. Meyer persönlich und schriftlich 1880 bis 1883 und dann, nach einem Bruch von sieben Jahren, von 1890 bis 1892. Über diesen Verkehr hat er einläßlich berichtet in seinem interessanten Essay „C. F. Meyer" („Deutsche Zeitschrift", herausgegeben von Ernst Wachler, Verlag von Gose & Tetzlaff, Berlin. Juli und August 1901).

———

Kilchberg bei Zürich.
5 Jan. 1881.

Lieber Herr,

es ist mir sehr angenehm, daß Proelß' Auftrag einer mir sympathischen Persönlichkeit gegeben wurde.

Am kürzesten ist es wohl, Sie besuchen mich nächstens einmal — nächsten Sonntag z. B. — hier und speisen mit uns (gegen zwei). Hernach erledigen wir die Sache münd= lich. Mir wäre lieb, Ihnen ein paar Hauptpunkte nahe zu legen — daß Sie die Freiheit der Appreciation behalten, versteht sich von selbst.

Grüßen Sie mir herzlichst G. Kinkel. Um eine Zeile Antwort ersuchend

Ihr

Cf. Meyer

Der Ritterhaus=Artikel hat mir gefallen.

———

(Über den Heiligen).[1]

. . Die Legende zeigt uns den geistig bedeutenden, aber durchaus gefügigen Kanzler eines mittelalterlichen Despoten, der, von diesem aus politischen Gründen zum Primas erhoben, sich plötzlich, ohne äußern Anlaß, sobald er das geistliche Gewand angezogen hat, gegen seinen ehemaligen Herrn wendet und von einem Verteidiger der Staatsmacht zu einem leiden= schaftlichen Anhänger der Kirche, ja zum Märtyrer wird.

Diesen seltsamen Vorgang, der in der Legende einfach eine Verherrlichung der magischen Macht der Kirche ist, mensch= lich zu motiviren, war die Aufgabe des Dichters.

Er läßt nun den naiv aufgefaßten gewaltthätigen König (Heinrich II von England) einen durchaus unsühnbaren Frevel an seinem Kanzler (Thomas Becket) begehen. Dieser, eine geistig überlegene, fast modern humane, aber der Roheit des Mittelalters gegenüber wehrlose Natur, bedient sich, ohne gläubig zu sein — die Legende und der Dichter geben ihm orientalisches Blut — der Kirche als einer Waffe, um die ihm sonst unmögliche, aber durch die Schwere des an ihm begangenen Frevels notwendig geforderte Rache voll= ziehen zu können. Inwiefern diese eine beabsichtigte oder eine durch die Verkettung der Umstände herbeigeführte ist, darüber kann das Gefühl des Lesers schwanken. Wie im „Hamlet" wird hier eine mittelalterliche Geschichte vergeistigt und ein mittelalterlicher Character vertieft und verfeinert.

———

Kilchberg 20 Jan. 1881.

Lieber Herr,

eben schreibt mir mein Verleger, daß im nächsten Herbst Aufl. 3 von Huttens letzte Tage erscheinen wird. Dies „hero= ische Idyll", wie es J. Scherr betitelt, hat große Compo=

---

[1] Aus einem nicht mehr auffindbaren Briefe C. F. Meyers an Hermann Friedrichs, von diesem abgedruckt in Heft 21 (August 1901) des 14. Jahrgangs von „Deutsche Zeitschrift".

sitionsfehler, ist aber unstreitig, was demselben das Leben
sichert, aus der Tiefe des Gemütes hervorgegangen. Wollen
Sie so freundlich sein, da Sie sich einmal mit dem Gegen=
stande beschäftigen, dieser 3. Auflage mit einer Hinweisung
auf die relative Popularität der Dichtg, welcher, wie ich hoffe,
ein paar beigefügte Striche wohl thun werden, u. deren Ur=
sachen den Weg zu bereiten.

Ihr   C. F. Meyer.

(Die nachstehenden Zeilen stehen auf den Rändern S. 81 und 82
der „Neuen Alpenpost", Bd. 13, Nummer 11, Zürich 12. III. 81. Auf
diesen beiden Seiten ist C. F. Meyers „Zur Heimfeier" abgedruckt.)

Werter Herr, hier die Empfehlungen, einfache Karten,
da ich gleichzeitig an die Beiden geschrieben u. sie auf Ihren
Besuch vorbereitet habe. An G. Kinkel meine allerherzlichsten
Grüße u. Reisewünsche! Ihre beste Empfehlung überall wird
Ihre Reisegesellschaft sein. G. Kinkels Lessing=Prolog im
Züricher Theater würde ich doch gerne lesen, wenu derselbe
gedruckt u. erhältlich ist. Mit dem Art. in der Lit. Corresp
eilt es doch wahrlich nicht. Hier beginnt der Bau in den
nächsten Tagen. Ist er einmal überstanden, werde ich, D.V.
ganz hübsch wohnen.

14 März 1881

Ihr   M.

Sagen Sie G. Kinkel, daß Fritz Krauß (der Shakespear=
Krauß) nicht ungefährlich daniederlag, jetzt aber — wenn auch
langsam — sich erhohlt. Ich hätte ihn schwer entbehrt.

22 März 1881

Werter Herr,

eben las ich Ihren Art. in der lit. Corr. u. finde dens.
stichhaltig. Goethe sagt mit Recht: ältere und junge Leute
sind auf einander angewiesen. Sagen Sie Kinkel, er dürfe

es ja nicht unterlassen, Heyse zu besuchen. Es ist ein ganz bedeutender Mann auch in seiner persönlichen Erscheinung u. sehr liebenswürdig, nur nicht mehr von ganz fester Gesundheit. Dabei seelengut u. loyal durch u. durch. Gute Reise also!

Ihr

CF. M.

Sie sind bei Heyse angekündigt u. Kinkel selbstverständlich ein ehrender Besuch.

Poststempel: Kilchberg 22. VII. 1881.

Werter Herr,

Ja, kommen Sie nächsten Sonntag (und jedenfalls noch einmal vor Ihrer Abreise). Ich bin allein, da meine I. Frau auf Besuch bei ihrem Bruder in Steinegg ist.

Kinkel hat im Ganzen ein sicheres Urteil u. so darf ich Ihnen voraus Glück wünschen. Ich bin zeither trotz der Hitze gottlob wohl auf. Näheres mündlich.

Ihr

M.

Kilchberg bei Zürich, 6 Aug. 1881

Lieber Herr,

so will ich denn mein Glück bei O. Janke versuchen. Am besten ist: ich schreibe ihm gleich und übersende Ihnen dann seine Antwort.

Die Facezie des Poggio ist mit dem P. . . . schon abgegangen, der „Hutten" wird sehr gemütlich corrigirt, ich ändere noch auf jedem Bogen und erhalte jeden zu zweimaliger Durchsicht. Wir sind erst zu Ende des 1. Drittels. Immer noch früh genug für die Weihnachtsmesse.

Doch ist mir lieb, wenu Sie sich bei Proels, den ich zu grüßen bitte, ein ganzes Feuilleton sichern; ich will Ihuen auch gerne später einige Andeutungen geben über den Gehalt u. den Schlüssel des „Hutten". So wenig ich mich für die Verbreitg meiner Sachen umthue, so wichtig ist mir, wenigstens Ein Feuilleton zu inspiriren, welches meinen Standpunkt feststelle, natürlich mit vollkommener Freiheit des Ihrigen, wie Sie es in dem Art. der Lit. Corr. gehalten haben.

Mir geht es vortrefflich. Die Hitze thut mir — gegen Erwarten — sehr gut. Wenn ich nach Bünden gehe, so scude ich Ihnen meine Abreße.

Schicken Sie mir doch eine Photogr. des väterlichen Baues in St. Goar.

Ihr

M.

Dank für Ihre Photographie, die vortrefflich ist.

(Visitenkarte.)   14 Aug. 1881

Lieber Herr,

Die Facezie erscheint im Nov. Heft der R. Sch. Die Quart=Ausgabe des Huttens ist wie ein Druck des 16 Jahrh. Ich vergrößere auch den Styl, wo es noch angeht. Erzwingen ließe es sich vielleicht mit der R. Z., wenu ich ein Novellchen in die D. Revue gäbe; doch ist es beßer, Ihr Roman erzwinge sich Eingang durch seinen eigenen Wert. Feilen Sie tüchtig. Im letzten Notfalle versuchen wir es mit dem Opfer eines Novellchens für die Revue. Böse Welt!   Ihr

M.

(Postkarte.) 10 Sept. 1881.

Lieber Herr,

mir geht es ganz gut u. ich zweifle daß ich meinen Sitz,
wo es im Herbst am schönsten ist, verlasse. Grüßen Sie mir
in Wien, was zu grüßen ist. Dr. Zolling (Red. der Gegenwart),
Laube, Betty Paoli, Proels u. Dr. Eckstein etc.

Ich hoffe, Janke wird Ihre Nov. verlegen. Wille's
Urteil hat mich beunruhigt. R(odenberg) wird es nicht zugeben, daß ich eine Nov. außerhalb der R(undschau) ver-
öffentliche. Alles Liebe und Gute.

M.

(Postkarte.) 13 Sept. 1881.

Ihrer freundlichen Einladg nach St. Goar Folge zu
geben, dürfte dieses Jahr, wegen meines Baues, unmöglich
sein. Dr. Zolling wohnt im Grand Hôtel. Dr. Wille verreist
übermorgen nach Wien. „Ein fröhliches Fest! Es lebe der
deutsche Schriftsteller=Verband!" Bei Laube können Sie sich
allenfalls in meinem Namen einführen. Vergessen Sie ja
nicht, mir Betty Paoli recht herzlich zu grüßen. Auf ein
glückl. Wiedersehen hier in Kilchberg.

Ihr   M.

(Adresse: Herrn Hermann Friedrichs von St. Goar, Mitglied des Allg. Deutschen Schriftstellerverbandes. „Concordia-
Club (Festcomité). Wallnerstraße 2 Wien.)

(Postkarte.) Poststempel: 14 X 81 Kilchberg.

Lieber Herr, lassen Sie sich die fragl. Widerwärtigkeiten
nicht anfechten, sondern genießen Sie für einmal Ihre Ferien.
Im Nov., wenn Sie hierher zurückgekehrt sind, wollen wir
dann zusammen Rat schlagen. Auch über Hutten, welchen
ich Ihnen senden ließ und Sie werden erhalten haben. Lieb
wäre es mir, wenn Sie sich bei Proels in der Fr. Z. eines
Feuilletons in einer Nov. Nummer versicherten, aber be-

ginnen Sie ja die Rec. nicht bevor ich die schon erschienenen Kritiken Ihnen mitgetheilt habe. Dadurch wird die Ihrige vollständiger werden. Auf baldiges Wiedersehn und inzwischen alles Gute.

Ihr

M.

·17 Oct. 1881.

Lieber Herr,

sehn Sie wohl: nun ist schon das 2. Gedicht untergebracht. Es ist am Ende ein Glück, daß Ihr R. nicht bei dem frag= würdigen O..., welchen ich trotz seiner Jahre u. seiner keuschen Bedenken für einen Anfänger oder Stümper in der Ethik halte, erscheinen wird. Auch ist das Urteil Willes welcher feiner ist als Kinkel und es sicherlich gut mit Ihnen meint, aller Über= legung wert. Mich, wie ich mich kenne, hat mein Wohlwollen leicht bestechen können.

Die andere Frage betreffend, wäre mir das· Liebste 1) Sie versichern sich definitiv eines ganzen Feuilletons für Anfang December wo es sei, Neue Freie, Frankfurterin oder Fremdenblatt (der politische Inhalt des Hutten ist dabei ins Auge zu fassen, als mögl. Hinderniß in österr. oder demo= cratischen Blättern) 2) Wir sprechen das Thema zusammen gründlich durch, ehe Sie schreiben.

Meine Lese ist beendigt. Glück zu der Ihrigen.

Ihr

M.

Lieber Herr Friedrich,

lassen Sie mich Ihnen noch einmal gute Reise wünschen u. zugleich eine freundschaftl. Bitte vorlegen.

Schenken Sie forthin Ihr Vertrauen in lit. Sachen ganz und ungetheilt, Einer Persönlichkeit und einer bedeutenderen als ich nicht bin, z. B. Keller oder Kinkel, welche Beide Ihnen zugethan sind und nach außen unvergleichlich mehr Autorität besitzen. Hundert Erfahrungen haben mich belehrt, in wie hohem Grade mein lit. Urteil ein arbiträres ist und in wie wenig Fällen es von der inappellabeln Instanz der öffent= lichen Meinung ratifizirt wird. Ich kann mit gutem Ge= wissen die, wenigstens ethische, Verantwortlichkeit, welche mit einem lit. Urteile verbunden ist, nicht übernehmen.

Selbstverständlich sind Sie hier jederzeit herzlich will= kommen, und daß es niemandem mehr als mir Freude macht, wenn Sie in Ihren Bestrebungen rasch vorrücken — das trauen Sie wohl zu Ihrem CFM.

12 Apr. 1882.

Lieber Herr,

ich bin schrecklich überhäuft, da ich das Msc. meiner Lyrika so bald als mögl. absenden soll. Wollen Sie mir vielleicht an einem der Pfingsttage 3 Uhr einen kl. Besuch machen? Ich würde mich gern mit Ihnen über die Emp= fehlungen besprechen, welche Sie von mir nach Genf wünschen.

27 Mai 1882 Ihr CFM.

(Empfehlungsbrief für Hermann Friedrichs.)

Monsieur le Dr. Henri Brocher de la Fléchère, Pro- fesseur à l'université de Genève.

Kilchberg (Zürich).
4 Juin 1882.

Monsieur et cher ami,

Un jeune homme, Monsieur Hermann Friedrichs de St. Goar (Prusse Rhénane), qui a passé quelque temps ici et qui se voue à la carrière littéraire, se proposant de voyager et voir un peu le monde et commençant son tour par Genève — cela va sans dire — me demande de le recommander à Genève à un homme de distinction qui puisse le renseigner, lui donner quelques conseils de voyage et autres peut-être bref qui lui soit de bon secours. Monsieur Ernest Naville étant un peu trop solennel pour cet office, j'ai pensé à Vous et vous serais très reconnaissant si vous aviez la bonté d'en avoir quelques-unes pour notre voyageur qui finira par vous plaire, j'en suis certain.

Étant occupé plus que de raison, je n'ai pas encore trouvé le temps de lire posément votre tom II. dont je me réserve d'ailleurs la lecture et une lecture très à fond pour le besoin d'un mien roman politique (époque du concile de Constance) que je rumine depuis longtemps.

Veuillez me rappeler au souvenir de Madame et me croire votre dévoué

Conr. Ferdinand Meyer.

Eben von einer kl. Reise heimgekehrt, will ich Ihnen doch gleich Glück wünschen zu Ihrem Entschlusse, nach Neapel zu gehen. Dort wird es Ihnen gefallen. (Vernachlässigen Sie aber unterweges die kleineren italien. Städte nicht: jede verdient einen Tag!) Die Gedichte werden Sie — denke ich — noch zu Hause treffen. Die Widmung Ihres M. v. A.[1]) wird mir als ein fr. Andenken unserer Sonntag-Nachmittage lieb u. wert sein.

Ihr   M

10 Oct. 1882.

(Postkarte.)   Datum des Poststempels 27. XII. 82.

Es freut mich, lieber Herr, Sie bei diesem Sturmwetter in Neapel zu wissen, wenn toutefois es in Neapel nicht auch regnet. Die Briefe von K. welche allerliebst sind werde ich — Sie erlauben es — mit äußerster Discretion für einen kl.

---

[1] „Das Mädchen von Antiochia", zuerst 1883 in der „Deutschen Revue", dann mit andern Novellen im Band „Liebeskämpfe" 1888. Es war ursprünglich beabsichtigt, die Erzählung in einem Bande für sich erscheinen zu lassen, und dafür hatte C. F. Meyer die Widmung angenommen.

Artikel über Kinkel, den ich nicht ausweichen konnte noch
eigentlich wollte, benutzen. Ich werde bei H. wirken, sobald
das Journal-Heft vorliegt. Die Elberfelderin habe ich nicht
erhalten. Befolgen Sie inzwischen Kinkels Räte. Leben Sie!
u. leben Sie wohl. Buon capo d'anno

Ihr   CFM.

---

19 Jan. 1883

Erst jetzt, lieber Herr, beruhigt sich hier der Trubel der
Jahreswende u. ich darf mich zeitweilig mit der M. Peccatrix
beschäftigen. Den Pagen wollen sie in Wien dramatisiren (ein
H. Max v. Mélow). Den Druck Ihrer Nov. in der Fleischer'-
schen Revue warten wir doch wohl ab, bevor ich mit Haessel
rede, am besten mündl. bei seinem jährl. Sommerausflug
in die Schweiz. Caden grüßen Sie mir collegialisch. Sein
Wesen war mir durch seine Heiterkeit sehr sympathisch. Da
haben Sie ja einen guten Gesellen. Beiliegend die Briefe,
die ich discret benützt habe. Der Art. ging eben erst ab.
Schreiben Sie mir, wie Ihnen Neapel bekommt! Man empfängt gern Briefe aus dem Süden

Ihr
C. F. M.

Kilchberg 25 Febr. 1883

Lieber Herr Friedrich,

ein Aufenthalt bei meinem erkrankten, jetzt aber genesen-
den Schwager in Steinegg, das Verlöbniß eines zweiten Schwagers, dazu allerlei Rechngsgeschäfte haben mich zeither derart
in Anspruch genommen, daß ich erst Ende Febr dazu komme,
Ihre lieben Zeilen aus dem Anfang des Monats zu beantworten. So bin ich seit Monatsfrist — einige gestohlene
Augenblicke abgerechnet — den lit. Dingen ziemlich fremd
geblieben u. habe überhaupt jede Hast verschworen, überall

abgeschrieben, wo etwas von mir erwartet wurde, um ein
bischen mir selbst zu leben. Dasselbe möchte ich Ihnen raten.
Ich bin gewiß, gewännen Sie es über sich, ein Jahr nur
der Wanderung, durch die 100 Städte von Italien, dem
Studium, am liebsten dem praktischen, der ital. Sprache u.
der Kunstgeschichte d. h. der anschauenden in den Galerien zu
leben, Sie vermöchten dann als ein doppelt reicher Mensch
aufzutreten. Sie sollten nicht gleich bei allem denken: wie
kann ich das verwerten? sondern einfach genießen oder stu=
diren, bis eine ganz starke Stimmg sie überwältigte. Der
„Archimedes"[1]) ist formell vorzüglich, aber, obgleich Sie sich
sichtlich darüber erwärmt haben, doch kein Balladenstoff.
Warm! Einfach! aus etwas Erlebtem hervorgehend! Rück=
sichtslos und imperatorisch, als wäre das fragliche Gefühl
allein auf der Welt — sehen Sie — Sie sollten zuerst Ihre
eigene Existenz vergrößern u. bereichern, dann würden Ihre
Erzeugnisse von selbst einen größeren Schnitt bekommen. Alles
Ihr redliches Bestreben u. das Erworbene bringe ich in
Rechng, aber das läuft Ihnen ja nicht fort, wenn Sie jetzt
einige Jahre leben statt zu schreiben.

Ich werde weggerufen — meinen freundlichsten Dank
für Ihre Besprechg in der Elberfelderin u. meine Emp=
fehlungen an Kaden.

                    Treu ergeben
                                Ihr
                                        C. F. Meyer

                    Kilchberg Zürich 31 März 1883.

        Lieber Herr Friedrichs,

    ich benützte eine Sonnabend=Stunde, um Ihre Zeilen
vom 24 zu beantworten. Zeither hat mich meine Familie
ausgiebig beschäftigt. . . Morgen abend haben wir die
R. Wagner=Gesellschaft in der Tonhalle. Für die Eröffnung

-----

[1]) In „Erloschene Sterne". Leipzig 1885.

der Landes-Ausstellg durfte u. wollte ich dann auch ein Festgedicht nicht verweigern. U. — die Hauptsache — ich arbeite
an meiner Jahres- (1883) Aufgabe, welche ich — ernsteste
Hindernisse vorbehalten — bis Aug. vollenden möchte. Überall
— auch bei der Rundschau — habe ich abgeschrieben, um dafür
freie Hand zu bekommen. Aus Aberglauben eher als aus
Vorsicht verschweige ich den Inhalt.

Von Ihren 2 Gedichten gebe ich der Schachpartie Con-
radins den Vorzug, obwohl die Priesterin in Herculanum[1]
auch recht hübsch gemalt ist. Im Ganzen vervollkommnet
sich Ihre Technik sichtlich. Es handelt sich darum, die Form
zu füllen, etwas zu erleben, durch ein tiefes Gefühl die geschichtl. Stoffe zu individualisiren — doch das sind Worte —.
Warum reisten Sie nicht gleich nach Catania? Da gab es
gewiß, neben der großen Szene manches hübsche Genrebild zu
sehen. Oder sind Sie etwa dort, während ich dieses schreibe?

Es ist doch schrecklich, wie überall verdrängt und speculirt
wird. M. schrieb mir von Ihrem Talente mit Hochachtung
— aber, I. Herr Friedr. habe ich Ihnen nicht erzählt, daß
die Gebrüder Paetel sich alle Verse verbeten haben, selbst
die von Paul Heyse, alle Verse, ohne Ausnahme. Das ist
authentisch. Überdieß habe ich — wie gesagt — meine Beziehungen überall absichtlich eher gelockert als fester geknüpft,
um vollständige Freiheit der Bewegung zu gewinnen. Ich
habe die lit. Sclaverei (Schluß fehlt).

(Auf die Ränder des „Carmen eines uralten Zieglers" u. s. w.
[Langmesser S. 519] geschrieben.)

Mein lieber Herr,   24 Apr. 1883.

Sie müssen es schon für etwas halten, daß ich, nur um
ein Lebenszeichen zu geben, Ihnen eine solche Kleinigkeit
wie dieses Carmen zusende. Das Beste daran ist, daß —
denken Sie sich — ich mir habe beigehen lassen dasselbe in

----

[1] „Schach dem König" und „Die Verheißung der Venuspriesterin"
(in „Erloschene Sterne").

einer Molièreperücke und einem roten Sammtrock, selbst=
eigen u., wie mir die Schmeichler sagen, gar nicht übel an
der Hochzeittafel vorzutragen. Über das Ausstellungsgedicht[1])
sind Sie in Ihren Zeilen vom 19. im Irrthum. Dasselbe
wird erst am Eröffnungstage — 1 Mai — erscheinen u. dann
sollen Sie auch dieses erhalten. Es sind eben beides Gelegen=
heitsgedichte, die keine Kritik ertragen und einfach Freude
machen wollen. Genießen Sie Ihr Neapel!

Der Ihrige

CFM.

(Visitenkarte.)

(Dr. Conrad Ferdinand Meyer),

der Herrn Hermann Friedrichs ein gutes Andenken bewahrt
wird ihn sehr gerne morgen Sonnabend 5 Juli 3 Uhr oder
auch Sonntag zu derselben Stunde (aber dann nicht allein)
bei sich begrüßen

Freundlichst.

4 Juli 1890.[2])

---

[1]) S. S. 165.

[2]) Hermann Friedrichs hatte, nach seiner gef. Mitteilung, im Mai 1883
das ihm von C. F. Meyer zugesandte „Festgedicht zur Eröffnung der
Schweiz. Landesausstellung" scharf beurteilt, worauf ihm der Dichter einen
Absagebrief schrieb, den Friedrichs in der Aufregung zerriß, für dessen
Wortlaut er sich jedoch ziemlich genau glaubt verbürgen zu können:
„Geehrter Herr, ich wollte, Sie könnten mir ins Herz schauen, um zu
sehen, daß ich diese Zeilen innerlich genau so ruhig an Sie richte,
wie die Buchstaben hier auf dem Papier stehen. Ihre Kritik meiner
Ausstellungsoktaven sagt mir aber, daß ein weiterer Verkehr zwischen
uns untunlich geworden ist und da ich von uns beiden der Geber
gewesen bin, so nehme ich für mich das Recht in Anspruch, unsern
Verkehr hiermit ein für alle Mal abzubrechen. Ich bezweifle im
Grunde genommen nicht, daß Sie es gut gemeint haben, doch durften
Sie mich nicht wie einen Schulbuben abkanzeln. Möge es Ihnen im
übrigen gut gehn. Ohne Groll C. F. M."
Die oben mitgeteilte Visitenkarte war die Antwort auf Friedrichs
Versuch, den Verkehr wieder aufzunehmen.

(Postkarte.)   Poststempel: Kilchberg 10 VII 90.

Ehe ich verreise (Rigischeidegg) will ich Ihnen mit einer
Zeile sagen, daß ich a. d. Pforte der Zukunft[1]) noch näher
betrachten muß. (Lebensbilder[2]) habe ich nicht erhalten, dafür
2 Pforten), daß mir dagegen die Novellen ungemein ge=
fallen haben: scharfe Charakteristik, einfache Handlg, klares
u. kurzweiliges Erzählen. Am besten: das Kreuz der Liebe[3]).
ich kann vorläufig nicht genug zur Cultivirung der kurzen
Novelle à la Mérimée rathen.

Freundlichst

C. F. Meyer

(Ansichtspostkarte von Rigi=Scheidegg.)   18 August 1890.

Geehrtester Herr,

Nein unmöglich, hier oben Ihre Werke zu studiren, da
ich, nach ärztlicher Vorschrift, mein Brod im Schweiße meines
Angesichts, d. h. mit müden Füßen essen u. dazu noch etwas
Eigenes absolviren mußte. Aber gleich nach der Heimkehr.
Bravo Drama!

Freundlichst   C F M.

---

21 Aug. 1890, Kilchberg bei Zürich.

Geehrtester Herr,

Da bin ich wieder, nach einem heißen Reisetag durch
Luzern u. seine Fremdenbevölkerung — jetzt ein unglaub=
licher Tumult — und bin gerne wieder in meiner Stille,
zu Zweien zu Tische statt zu Zweihunderten.

Also ich nehme an. Ihre älteren Sachen lese ich still=
schweigend, das neue Drama aber besichtige u. beurtheile

---

[1]) „An der Pforte der Zukunft", Dicht. 1889.

[2]) „Lebensbilder", Dicht. 1887.

[3]) „Das Kreuz der Liebe", eine sizilianische Novelle, zuerst 1886
in „Nord und Süd", dann in der Sammlung „Liebeskämpfe".

ich gründlich; nur unter der Bedingung, daß ich, um mir die Packerei u. Plackerei der Zurücksendg zu ersparen, das Msc. nebst meinem Brief Schabelitz[1]) zustellen darf.

Pescara — Kaden habe ich nicht gesehen u. werde mich nun wohl hüten, es zu thun; mein Portrait im Aug. Heft dagegen hat mich belustigt.

Da ich bei unserer ersten Bekanntschaft einmal auf Ihr Talent wie auf eine Nummer gesetzt habe, gebe ich das Spiel noch lange nicht verloren.

Natürlich geben Sie mir Zeit, ich werde von Ihrer Geduld keinen Mißbrauch machen.

Eine Einsprache von Kellers Verwandten gegen sein Testament ist höchst unwahrscheinlich — sie beschränken sich auf einen Zeitgsartikel — u. würde jedenfalls völlig resultatlos bleiben.

Freundlichst,

C. F. Meyer.

(Postkarte.) Poststempel: Rigi-Scheideck 6. VIII. 90.

Geehrtester Herr, Vergeben Sie, daß ich hier, viel gehend u. mit Menschen umgehend, nicht die Sammlg finden kann, Ihre Werke, die ich nun mit Freuden vollständig besitze, im Zusammenhange zu lesen; wieder im Thal, werde ich die= selben gründlich betrachten. Eine gelegentliche Betheiligung an „Moderne Dichtg" habe ich durchaus keinen Grund zu verreden, aber es ist für mich denn doch das Beste, hier oben rein meiner Erhohlung zu leben, um dann meine jetzige Arbeit kräftig schließen zu können. Später also und in= zwischen

Ihr C. F. M.

(Postkarte.) 22 Sept. 90

Sie setzen mich wahrlich — trotz meiner Gelassenheit — in eine gewisse Ungeduld, bis ich die Sicilianerin betrachten

---

[1]) Buchhändler und Verleger in Zürich.

kann. Zählen Sie übrigens durchaus auf meine Dienstwillig=
keit, nur schreiben Sie mir keinen größeren Einfluß, bef. auf
H(aeffel) zu, als ich besitze. Und zählen auf meine Loyalität.

Ihr   M.

28 Sept. 1890

Geehrtester Herr,

Ihr Stück hat mich durch seine Tugenden, einheitliche
Handlg, starke Situationen und dramatischen Vortrag sehr
befriedigt u. durchaus in dem Gedanken befestigt, daß —
nach angestrengter Arbeit — ein sehr guter Dramatiker aus
Ihnen werden kann u. werden wird, wie ich hoffe; eine
gewisse Hitze und Hartnäckigkeit des Charakters, welche Sie
besitzen, versprechen ebenfalls eine dramatische Zukunft —
was aber das vorliegende Stück betrifft, so wage ich nicht
zu entscheiden, ob es Erfolg haben wird. Der Hauptheld
krankt zwischen den 3 Weibern, Mutter, Elisabeta und An=
nunziata (eines mehr als in Goethe's Stella) an bedenklicher
Schwäche u. wenn er im 3 Act sein Quasiweib nach Sicilien
mitnimmt, ohne Not mitnimmt, fehlt auch der gewöhnlichste
Verstand. Diese Elisabet, die noch am meisten sympathische
Person im Stücke, streift mit ihrem plötzlichen sinnlichen
Raptus nach 3—4 jähriger Enthaltsamkeit — darf ich es
sagen? — ans Komische. Dieser Raptus könte vielleicht
wahr sein, der 4 jährige Coelibat in der Ehe ist schon unwahr=
scheinlicher, beides aber wirkt unangenehm — und das ist
doch jedenfalls richtig, daß der Dichter jeder seiner Figuren,
auch den schwachen, lasterhaften oder leidenschaftlich ver=
rückten, sogar den harten oder pedantischen einen gewissen
geheimen Zauber geben muß. Der dritte Act ist in der
1) Version barbarisch, aber im Costüm, leider allerdings
unaufführbar, die untreue auch ihrerseits untreue Annunziata
in der 2. Version dagegen scheint mir sich selbst aufzuheben.
Der impetuose Styl ist höchst löblich u. vielversprechend,
aber sündigt mitunter noch gegen den Geschmack (die stete

Wiederholung des Wortes „Herz" z. B. in der pathetischen Szene).

Dennoch rathe ich zuzufahren, selbst auf Gefahr des Schiffbruchs. Das Stück hat doch starke Seiten, es ist etwas Hitziges darin, das mir gefällt u. gespielt wird es sich ohne Zweifel besser machen als gelesen.

ich denke, geehrter Herr, meine freudige Anerkenng Ihres starken Talentes entschädigt Sie für meine Kritik u. Sie rechnen mir meine Aufrichtigkeit hoch an.

Ihr   C. F. M.

Die Exposition durch die „Friese" ist zwar sehr augen= fällig, aber doch auch sehr primitiv.

28 Sept. 1890

P. Sc.

indem ich den Brief laufen lasse, möchte ich Sie vor meinem Urteil warnen, ich bin zeither strenger, allzu streng geworden, gegen mich u. die andern. Es gibt aber gar kein vollendetes Drama, sondern, auch bei den Meistern, nur ein überwiegen der Vorzüge über die Mängel u. starke Eindrücke. Vielleicht brächte Ihr Stück einen solchen hervor. Es wäre ungemein gut, wenn Sie eine Aufführg in Berührung mit dem Publikum setzte u. Sie Erfahrung bekämen.

ich muß jetzt tüchtig arbeiten, um auf der Höhe zu bleiben u. bin tausendmal härter gegen mich als gegen Sie.

Unter tausend Unterbrechungen

Freundlichst

M.

---

11 Oct. 1890.

Theurer Herr,

Bravo! So ist es recht geredet. Da wir uns wieder fanden, sagte ich mir: fortan scrupulöseste Loyalität. Ver= nehmen Sie meinen ganzen Gedanken:

Troß vielen Bedenken hat mir das Stück in gewissem
Sinn als Kraft imponirt, an Haessel aber habe ich über
Sie nur geschrieben, Sie erscheinen mir als zukunftsvoll,
ohne die Verlagssache mit einer Zeile zu berühren, wie er
nicht gegen mich, wenn ich mich recht erinnere.

Mein Bedenken in der Widmgssache war ein zwiefaches.

Einerseits sagte ich mir, Friedrichs verspricht sich mehr
von deinem Namen als ihm dieser geben kann.

Anderseits: Du gehörst chronologisch zu den Alten. Zwar
findest du es gerecht, daß den Jungen Raum geschafft werde,
hast auch im Stillen heine Freude daran, wie an jeder Ent=
wickelung und Erneuerung, aber dein Gebiet ist ein anderes,
dein Verfahren ebenfalls, als das ihrige, du gehörst zu
keiner Schule, u. stünde dein Name auf einem Werke, das
ein Manifest ist, so könnte die böse Welt sagen, du habest mit
den Jungen Kartell geschlossen, wie die Streber — doch
ich nenne keine Namen, was deiner völlig unwürdig wäre.

Jedennoch hätte ich Ihren Wunsch nicht abgeschlagen,
weil ich Ihnen aufrichtig wohl will — so aber ist es mir
lieber! Sie werden sehen, daß Sie, auch ohne Widmg, bei
mir stets ein festes Wohlwollen finden werden.

Herzlich Ihr heute das 66 Lebensjahr antretende

C. F. Meyer.

25 Oct. 1890.

Wohlan, lieber Herr! Jetzt, bei der hoppelten Publicität
(Pierson u. Mod. D.) werden Sie nicht todtgeschwiegen werden,
so Gott will. Bei Haessel, ihn kennend, sah ich natürlich
alles voraus, schrieb ihm aber: „u. es wird doch etwas aus
Fr." Denn diesen Glauben habe ich. Auch Henkell (troß
seinem Sansculottismus) bin ich gar nicht abhold. Es wird
sich schon geben. Aber, aufrichtig, es ist mir lieber, wenn
die Jungen auf mich schimpfen, als mich loben, denn den
leichtesten Argwohn eines Calculs in meinem Wohlwollen
ertrage ich nicht, vous savez!

Noch etwas möchte ich Ihnen ans Herz legen. Frl. Dr. Helene Druscovich (oder vitz) in Dresden, Struvestr. 16, die als Schriftstellerin im Essay einen Namen hat, hat sich im Lustspiel versucht (4 Lustspielchen, Selbstverlag) ich glaube — ja ich stehe dafür ein — sie ist vollbegabt für das Character= lustspiel! Darauf dürfte die Moderne Dichtg ein Auge werfen!

———

(Postkarte.) 1 Nov. 1890

. . . . Für Ihr Stück interessire ich mich, bis zur Un= geduld! wir werden ja wohl bald ein öffentl. Urteil erfahren! ich wette auf Sie, doch nicht schon auf die Sicilianerin.

Freundlichst C F M.

———

Poststempel: Kilchberg 29. XII. 1890.

Geehrtester Herr,

ein wahrer Wirbelwind von Geschäften dazu die tägliche Sorge u. Spanng um einen todtkranken Schwager ließen mich Ihre Sizilianerin erst jetzt wieder lesen, mit demselben (schon meinem ersten) Eindruck einer entschiedenen, ja großen dramatischen Begabung u. eines fragwürdigen Stückes, — ich dürste nach öffentlichem Urteil, eventuell nach der hier allein entscheidenden Aufführg. Nur diese kann uns orien= tiren.

Inzwischen lasse ich das Jahr nicht enden, ohne Ihnen meinen freundl. Gruß u. meine treuen Wünsche entboten zu haben.

Stets Ihr C. F. Meyer

———

(Postkarte.) Neujahrsnacht 1891

es ist mir gar nicht recht, daß Sie unwohl sind, doch wol aus Überarbeitg oder Aufregung über das Loos der

24*

„Sizilianerin". Bitte, schlagen Sie sich das aus dem Kopf
u. glauben Sie fest, ich verbürge mich dafür, daß Sie doppelt
so viel Talent haben, als es braucht, durchzudringen. Nur
Geduld! Gutes 1891!

Ihr   M.

Werter Herr,
21 Febr. 1891.

Nein, Gottlob, befinde ich mich wohl u. beschäftige mich
mit der Redaction einer Erzählg, die ich vor Sommerhöhe
vollenden möchte. Die Sic. sollte jetzt in der That beurtheilt
werden. Rückt die „Moderne" nicht dafür ins Feld? ich
habe mein Ex. jüngst an Wille gesendet, von dem ich durch
die höchst langweilig werdende, die Schiffahrt aufhebende
Seegefrörne — wie das landesübliche Wort lautet — ge-
trennt bin. — Ein Freund zu mir sah neulich in Deutsch-
laud Sudermanns Ehre u. mußte mir sorgfältig berichten. Er
hatte einen starken Eindruck empfangen. Hier führt offenbar ein Weg. An der Berlineranekdote scheint etwas Wahres
zu sein, d. h. daß von mir die Rede war.[1] Das Übrige ist
wohl Erfindg. Also irgendwie wieder reisen?

Herzlich   Ihr   M.

Lieber Herr,
Poststempel 27. II. 91.

inliegenden Brief von Wille, der mich seines Anfangs[2]
wegen immens freut, sende ich Ihnen gleich nach Empfang.
Es wird ja alles noch gut kommen.

Ihr

M.

---

[1] Wegen Erteilung des Schillerpreises.
[2] Wille schreibt: „Sie haben ganz recht, mein vielwerther
Freund, an Friedrichs „Sicilianerin" ist dramatische Kraft, mit Aus-
merzung einiger Geschmacklosigkeiten wäre ein aufführbares Drama
draus zu machen."

(Postkarte.)

Theurer Herr, ich muß Ihnen doch umgehend sagen, wie gerne ich Sie in Venedig weiß u. zwar wohl unfern meiner weiland Wohng Hôtel Laguna an der Riva. Nun wohlan, werfen Sie alle Partei u. Theorie hinter sich u. machen Sie, was Ihnen gefällt, in Venetia muß es gelingen. An Wille will ich es bestellen. Mit L. thut es mir leid! Geben Sie bald wieder ein Lebenszeichen Ihrem

17 März 1891.   C.F M.   Kilchberg

(Postkarte.)   Poststempel: Kilchberg 28. III. 91.

Wenn Sie, wertester Herr, dies erhalten, sind Sie hoffentlich im Sonnenschein!

An Ihrer Stelle würde ich jetzt die Sicilianerin ruhig — bis auf weiteres — zurücklegen u. ein venetianisches Dramolett schreiben, etwas Modernes versteht sich z. B. irgend einen Silvio Pellico (miei prigioni) unter den Bleidächern, in Verzweiflg über seinen carcere duro, u. durch irgend ein menschliches Ereigniß (Mitleid einer Gefangenwärterin) getröstet. Etwas Liebenswürdiges!

(Postkarte.)   5 Apr. 1891

wenn es so steht, I. Herr, so ist gewiß das allein Richtige, Sie überlassen Ihr Stück seinem Schicksal, gut oder schlimm. Nicht Flicken; denn der Stoff könnte ein inneres vizio haben, woran alles scheitert. Dagegen etwas neues beginnen mit einem wiederum tragischen Stoff, aber ohne alle Praeoccupation der Schule, menschlich überzeugenden Conflicten, mit einfachen, doch starken Leidenschaften, wie Sie es können und Characteren, die trotz ihres leidenschaftlichen Handelns irgend etwas Liebenswürdiges haben, denn Lust muß auch das Tragische erwecken wie alle Poesie.

Ihr   M.

Historische Stoffe nicht ausschließen! Carmagnola?

(Postkarte.) Poststempel: Kilchberg. 17. XI. 91.

Nehmen Sie, theurer Herr, meine wärmsten Wünsche
für Freitag oder Sonnabend! Ihr Hochzeitsgeschenk liegt
Ihnen bereit, aber Sie werden warten müssen, wie auf
die Braut, denn vor Dezemberanfang darf — der Rund=
schau wegen — kein Ex. ausgegeben werden u. es wäre ein
böses Omen, mit einem Treubruch voranzugehen, aber was
mehr ist als ein Buch: wärmsten Antheil!   Ihr   M.

———

(Postkarte.)

Jetzt, da sich bei mir selbst Bedenken gegen meine No=
velle zu regen beginnen, erfahre ich gerne, daß dieselbe Ihnen
in der Hauptsache gefällt.

Bitte, theurer Herr, wenn Sie kämen, wollen Sie sich,
in dieser ausnahmsweise beschäftigten Zeit mit einer Zeile
ansagen.

Freundlichst   Ihr   M.
7 Dez. 1891

———

(Postkarte.) 16 Dec. 1891
Theurer Herr,

Sie sind hier jederzeit, doch allerdings bequemer im
neuen Jahr willkommen. ich war doch sehr froh für Ihre
freundliche Anerkennung, denn sei es das Augenrheuma, sei
es die Witterung, ich bin ein bischen gedrückt, wenn auch
nur par moments. Innerlich ist es hell. Freuen Sie sich
Ihrer Flitterwochen! ich muß mich doch nach Frau Elisa
erkundigen. Leben Sie wohl
       Ihr   M.

An

Otto Brahm.

10 Mai 1881. (Kilchberg).

Besten Dank für Ihre mich vielfach interessirende Zu=
sendg. ich fürchte nur, Ihr Besuch bei K. in Baden wird
unter die Beweismittel des Testamentsanfechters geraten.
Nächsten Sonnabend bin ich als Zeuge vorgeladen und kann
kräftig reden, da ich Keller in der ersten Woche Febr. besucht
und völlig hell getroffen habe.

Herzlich.

Übrigens halte ich ein Umstoßen des Testamentes für
unmöglich.

---

24 Oct. 1882.

Sehr geehrter Herr,

für die Zusendung der Art. Heyse und Rud. Lindau danke
ich freundlich. Dieselben sind fein, gescheidt, sorgfältig, mit
den Anzeichen einer sich bildenden scharfen eigentüml.
kritischen Methode. Ich sende Ihnen meine „Gedichte"; viel=
leicht sagen Sie darüber ein öffentliches Wort? Ganz sans
façon! Ich ertrag's schon.

Ihr   C F M.

12 Dec. 1882 Kilchberg bei Zürich.

Verehrter Herr,

Die Rec. in der Vossischen hat mir Freude gemacht, gerade weil dies. direct aus dem Publicum kommt. Mein Verleger sendet Ihnen ein Buch[1]) von einem Landsmann von mir, für den Kritiker schon als ἅπαξ λεγόμενον merkwürdig.

Denken Sie sich an! Was ich Ihnen bei Ihrem Besuche hier ein bischen phantastisch vormachte, daraus wird Ernst: ich versuche es mit dem Drama· Ich werde hier in der Land= und Seeluft und bei einem ziemlichen Seelenfrieden entschieden zu dick. Nun sagt mir P. Heyse: die Drama=Leidenschaft sei aufreibend. Die muß ich doch noch versuchen, da kein anderes Mittel gegen meine Corpulenz anschlagen will.[2])

5 Februar 1883. Kilchberg=Zürich.

Geehrtester Herr,

meinen besten Dank für Ihre 2 Zusendungen!

Ihr — (pardon!) etwas vorsichtiger Art. deutet mehr an als er eingeht. Ich vertröste mich auf die· Frankfurterin.[3]) Ein so zeitloser jungalter Poet und ein Winkelpoet (wenn auch im schönsten Erdenwinkel) muß Fühlung halten u. die Augen offen. So hat denn mein Blick lange auf den beiden kleinen Zeitungsausschnitten gehaftet.

Zuerst nun wohl noch eine Novelle! Im Spätherbst — wenn der Jahrgang gut ist — dann noch etwas, das keine Novelle ist.[4]) Die Poesie ist in letzter Linie eine Macht=frage u. die Machtfrage ist eine Zeitfrage: nach dem ersten

---

[1]) C. Spitteler, „Extramundana“.
[2]) Schluß, wohl bloß Unterschrift, fehlt.
[3]) Otto Brahm, „C. F. Meyer, ein deutscher Dichter der Schweiz“. Frankf. Zeitung. 15. März 1883, Morgenblatt.
[4]) Wohl Heinrich V., den er damals zu bramatisieren begann.

Entwurfe muß man ein paar Monate die Natur wirken lassen, [das Unbewußte — um kürzehalber ein Modewort zu gebrauchen][1] die tut das Beste.

So schlendere ich freiwillig — aber auch an unerwünschten Abhaltungen fehlt es mir keineswegs, ein Junggeselle hat es schon gut! Doch ich will nicht klagen. Im Ganzen wünsche ich nichts als daß das Morgen dem Heute gleiche.

Ich möchte doch gerne diesen Sommer wieder ein Stünd=chen mit Ihnen plaudern. Kommen Sie?

Ihr   M.

Ich adressire „Vossische Z." nach dem Kürschnerschen Literaturkalender.

---

13 Febr. 1883.

Eine Zeile des Dankes für Ihre Zusendung,[2] verehrter Herr! (Ich bin sehr beschäftigt mit Familiensachen). Das Büchlein hat mir gefallen, muß ich sagen und mich auch über manches aufgeklärt. Gefallen hat mir die herzl. Ehr=erbietung für Meister Gottfried, welcher sie auch verdient. Daß Sie, Deutlichkeit halber, ein paar etwas harte Linien durch ein lebendiges Leben gezogen haben, nun — das ist Ihr Beruf. Behalten Sie mich in gutem Gedenken.

Ihr
M.

Kilchberg bei Zürich 13 Juli 1884.

Verehrter Freund,

Ihr „Kleist"[3] hat mich schon durch sein schmuckes Äußere aufs Angenehmste berührt. Ich danke herzlich. Eigentlich

---

[1] Das Eingeklammerte ist durchstrichen.

[2] Otto Brahm, „Gottfried Keller. Ein literarischer Essay". Berlin. Verlag von A. B. Auerbach. 1883.

[3] Otto Brahm, „Heinrich von Kleist". Gekrönt mit dem ersten Preise des Vereins für Deutsche Literatur. Berlin 1884.

dachte ich, das Buch erst später zu lesen, nur das über Penthe=
silea suchte ich, um mir die Fabel klar zu machen, griff dann
aber vorwärts und rückwärts und werde zu dem Buche viel
zurückkehren.

Auch wer mit dem zu wissenschaftlichen Verfahren
nicht einverstanden wäre und die Intuition Vischers vorzöge,
wird sagen müssen: Hier lernt man etwas, man trägt etwas
heim.

Der — Leben und Kunstrichtung — unendlich interessante
Gegenstand ist vollständig ergriffen, im Ganzen gewiß richtig
gesehen und im einzelnen oft geistreich behandelt.

Ich habe eben Hutten ed. 5 besorgt und manches in
einem Geiste populärer Klarheit berichtigt. Jetzt eben führe
ich den Mönch sehr sorgfältig aus. Die „Richterin" geht
ziemlich tief und ich setze den Fuß vorsichtig.

Behalten Sie mich ein bischen lieb, ich bin Ihnen eigent=
lich recht zugethan.

Ihr

C. F. Meyer.

noch einmal meinen Dank!

---

22 Oct. 1884 Kilchberg.

Verehrter Freund,

Mönch und Hutten werden Sie erhalten haben. Den
jetzt schnörkelfreien Hutten möchte ich Ihnen besonders
nahe legen. Trotz seiner Formlosigkeit glaube ich ihn lebens=
fähig. Eben lese ich im Vorwort des Spemannischen Sal.
Geßner,[1]) Gervinus habe Napoleon auf St. Helena u. Karl V
in St. Just moderne Idyllenstoffe genannt. Stimmt das nicht
seltsam mit Hutten auf Ufenau?

Herzlichst   Ihr   M.

---

[1]) „Geßners Werke. Auswahl". Herausgegeben von A. Frey,
Berlin und Stuttgart, Verlag von W. Spemann. (Deutsche National=
Literatur, herausgegeben von Joseph Kürschner.)

Kilchberg=Zürich 5 Dec. 1884.

Daß Sie jetzt Kleiststraße 1 wohnen, ist hübsch und auch leicht zu behalten — und das Gute, welches Ihnen über Ihren Kleist gesagt wird, nur recht und billig.

Die Tante[1]) spricht über den Mönch ganz magistral. Der Himmel bescheert's wunderlich. Meine früheren Recensenten fand ich liederlich, jetzt werden mir die Taschen untersucht, daß es eine Art hat.

Ihre blauen Augen Juliende hier verfehlt zu haben war mir verdrüßlich, doch sie kehren wieder,

Ich bin eben ein bischen krank gewesen: Muskelkrämpfe und starke Fieber infolge unbesonnener Erkältung, fühle mich aber jetzt wieder wohl und eher gestärkt.

Über den Mönch, der eine aufregende Eigenschaft zu be=sitzen scheint, haben mir Heyse, Vischer u. Kraszewski (forte-resse Magdebourg) ganz interessant geschrieben. Mit der „Manier" haben Sie recht, doch das war der kostende Preis. Ich werde fortan jede „Manier" ferne zu halten suchen, be=sonders jetzt da ich in der Mitte des Lebens [stehe, wie Lamar=tine von][2]) sich schrieb, da er 60 zählte.

Die „Richterin" habe ich zurückgelegt, weil sie noch nicht genug Substanz hatte. Mein jetziger Stoff (übrigens, wie alle meinigen 10 bis 20 Jahre alt) ist unendlich ergiebig. Ich muß nur sehen, daß ich ihn ganz ausbeute! Inzwischen kommt die Richterin von selbst zu Kräften.

Meine besten Grüße an Rodenberg!

[Unterschrift abgerissen].

Daß Sie sich dreifach um den Mönch gekümmert haben, ist gar lieb!

----

[1]) Tante Voß.

[2]) Die eingeklammerten Worte sind abgerissen und von Otto Brahm ergänzt.

Christabend 1885.

Mein verehrter Freund,

ich lasse das Jahr nicht enden, ohne Ihnen für das Wohlwollen und die Gerechtigkeit gedankt zu haben, welche Sie
mir angedeihen lassen. Auch Ihr Urteil wieder über die
Richterin hat mir wohl gethan. Wenn Sie fortfahren,
mit Ihrem selbständigen u. verläßlichen Urtheile mir zur
Seite zu stehen, so bin ich guten Mutes! Seien Sie herzlich gegrüßt von
						Ihrem
								m.

_____

Kilchberg bei Zürich 21 November 1886.

Verehrter Freund,

ich sende Ihnen gewissermaßen confidentiell die 2. Auflage eines verschollenen Jugendgedichtes (Jugend relativ genommen), das längst vergriffen war und welches ich am liebsten
in den Limben[1]) gelassen hätte. Doch das Büchlein wurde
zuweilen verlangt u. mein väterliches Eingeweide erbarmte
sich. Ich habe es (das Büchlein) leicht retouchirt, ohne jedoch
die kindlichen Grundlinien zu zerstören. Sehen Sie es doch
darauf an, ob es so völlig nichtig ist, wie es mir selbst lange
Zeit erschien.

Grüßen Sie mir Rodenberg und sagen Sie ihm, daß ich
lustig an meiner neuen Novelle arbeite, die ich für lebensfähig halte, und guten Mutes bin.

Rückt Ihr Schiller[2]) vor? Wenn Sie die Zeit finden,
schreiben Sie wohl gelegentlich eine Zeile
						Ihrem
								CFMeyer.

Ihr „Henric Ibsen" in der Rundschau beschäftigt mich.

_____

1) Gemeint ist „Engelberg". Limbus ist der, nach den Anschauungen
der katholischen Kirche, den ohne Taufe verstorbenen Unmündigen
bis zur Himmelfahrt Christi angewiesene Ort in der Unterwelt.
2) Otto Brahm, „Schiller". Erster Band. Berlin 1888. Zweiter
Band, erste Hälfte 1892.

Kilchberg, 6 Dec. 1891.

Willkomm, der wieder um einen guten Schritt geförderte
Schiller! Solche Bücher ſind nun meine liebſte Lec=
türe! ich möchte Sie wohl ein Stündchen bei mir haben,
damit Sie mir eine Notion von Ihren Beſtrebungen gäben.
Wäre nur einer da, von dem Sie ſagen könnten ecce homo
novus! Da wäre man bald orientirt! Eine intenſere u.
wahrere Dichtung wollen wir aber doch wohl Alle!

Beſten Dank noch einmal für Ihren Schiller, der mich
freut.

An
Hugo Blümner.

An

Hugo Blümner.

Verehrter Herr Professor,

für die Zusendung der Laokoon-Studien 2.[1] meinen freundlichsten Dank. Ich kann Ihnen versichern, daß — wenn ich mehr Muße hätte — ich mir geradezu keine edlere und angenehmere wüßte als einem Ihrer feinen Vorträge oder scharfsinnigen Untersuchungen zu folgen. Die Stimmung wird sich finden in welcher ich „den fruchtbaren Moment und das Transitorische" mir gründlich beschauen werde. Ich reciprocire mit einem Dinge[2], das gar keine Stimmung verlangt. Eigentlich wollte ich Ihnen „den Plautus im Nonnenkloster" senden (verfüge aber gegenwärtig über kein Exemplar), schon um des in der Buchform vertilgten barbarischen Schnitzers: ließ aulularia statt aulularius willen.

Es ist unerträglich daß mein Landleben mir den Besuch der Antiquarischen verunmöglicht, freilich hat es daneben seine Genüsse und Vorteile.

Genehmigen Sie, Herr Professor, mit meinem Danke meine Wünsche für 1883!

Ihr   CFMeyer.

Kilchberg bei Zürich   19 Dec. 1882

---

[1] H. Blümner. „Laokoon-Studien". Heft 1: Über den Gebrauch der Allegorie in den bildenden Künsten. Heft 2: Über den fruchtbaren Moment und das Transitorische in den bildenden Künsten. Freiburg i. B. 1881 und 1882.

[2] „Gustav Adolfs Page".

Kilchberg 30 Oct. 1886.

Verehrter Herr,

nicht leicht hätten Sie mir ein größeres Vergnügen machen können als durch die Zusendung der von Ihnen commentirten antiquarischen Briefe[1] etc. Besonders bei der Lesung dieser glänzenden polemischen Stücke wird von dem Laien die Notwendigkeit eines Commentars empfunden, da er oft unschlüssig ist über die Berechtigung gewisser Fechtarten Lessings. Ich werde lesen und mit größerer Sicherheit als zuvor.

Leider kann ich morgen nicht theilnehmen. ich darf mich dem Herbstnebel nicht aussetzen, umsoweniger als ich bis Neujahr ein Versprechen zu halten habe und mir die nur noch kurze Zeit keine neue Unbäßlichkeit erlaubt. Es ist einmal so und könnte ja weit schlimmer sein.

Sehr herzlich

Ihr

CFMeyer.

————

Verehrter Herr,

Das Comité der Versammlung deutscher Philologen hat mir die Ehre erwiesen, mich zur Theilnahme an dem bevorstehenden Feste[2] einzuladen.

Sie wissen, Herr und Freund, daß ich gesundheitshalber auf manches Wünschenswerte verzichten muß, wie ich denn seit Jahren mich jeder Festlichkeit enthalten habe. In diesem Falle aber bedaure ich die mir gebotene Abstinenz mehr als

————

[1] „Antiquarische Briefe. Wie die Alten den Tod gebildet. Kleine Schriften und Nachlaß antiquarisch-archäologischen Inhalts". Herausgegeben von Prof. Dr. H. Blümner. Band 66. Zweite Abteilung der Deutschen National-Literatur. Herausgegeben von Joseph Kürschner. Berlin und Stuttgart. Verlag von W. Spemann.

[2] In Zürich.

gewöhnlich und fühle das Bedürfniß, Ihnen, als dem mir
aus deutschem Kreise Zugänglichsten, zu sagen, warum.

Sie wissen, wie viel ich Deutschland, woher mir so viele
Ermuthigungen, und stets zur rechten Stunde, gekommen
sind, zu danken habe. Solches gelegentlich zu bezeugen hat
mir stets Freude gemacht. Aber auch ganz abgesehen von
meinem persönlichen Verhältnisse zur deutschen Literatur, habe
ich die allgemeine Überzeugung, daß Zusammenhang und An=
schluß an das große deutsche Leben für uns Schweizer etwas
Selbstverständliches und Notwendiges ist. Ja, ich habe die
Stärkung dieses Bedürfnisses stets als den genauen Grad=
messer gründlicher Bildung betrachtet. Es ist, nach meiner
Überzeugung, ein unermeßliches Gut, daß wir, unbeschadet
unserer Eigenthümlichkeit, einem weiten sprachlichen Gebiete
und einer großen nationalen Cultur angehören und uns nicht,
wie etwa die Holländer, in einem engen particularen Kreise
bewegen.

In diesem Sinne hat mich die Verlegung des Festes auf
Schweizerboden von Anfang an gefreut und ich wünsche dem=
selben von Herzen das beste Gelingen!

Entschuldigen Sie, verehrter Herr, diesen kurzen Erguß,
und behalten Sie in gutem Andenken

Ihren

Conrad Ferdinand Meyer.

Kilchberg 26 Sept 1887.

---

es ist sehr schön von Ihnen, mein lieber und verehrter
Herr Professor, daß Sie diesen Stoff[1]) gewählt haben. Kein
Liebhaber des Deutschen, der nicht mitunter von der Origi=
nalität und selbst Schönheit der Bism. Gleichnisse betroffen

---

[1]) H. Blümner, „Der bildliche Ausdruck in den Reden des Fürsten
Bismarck". Leipzig 1891.

worden wäre und sich danu wohl eine ähnliche Schrift, wie die jetzt aus so guter Hand kommende gewünscht hätte.

Nur — im Vorwort — durften Sie nicht gegen Kritiker kämpfen, die ja erst kommen sollen — und kommen dieselben, würde ich ihnen erst recht nicht antworten!

Herzlich, wie immer

Ihr   C. F Meyer.

Kilchberg=Zürich 27 Oct 1891.

An

Auguste Bender.

An

Auguste Bender.

―――――――

Kilchberg bei Zürich 7 Febr. 1883.

Verehrtes Fräulein,

nach Ihrem Wunsche sende ich Ihnen heute Ihre Msc.
zurück, mit welchen ich mich übrigens vertraut gemacht habe,
so weit es meine sehr beschränkte Zeit erlaubte.

Meine Meinung ist, daß dieselben Verstand, feste Zeich=
nung u. Leidenschaft, doch eben so sehr eine höchst mangel=
hafte aesthetische Bildung u. im Grunde wenig Phantasie
bezeugen, welche letztere am Ende in jeder Art von Poesie
doch das Beste tnt. Immerhin mit einem langen künstleri=
schen Bildungsgang ließe sich etwas zu Stande bringen —
aber in Ihrer Lage, wie Sie mir dieselbe nahe legen, scheint
mir jeder andere Erwerbszweig lohnender und rettender. Ich
rate Ihuen, wie ich mir selbst in ähnlicher Lage unbarmherzig
raten würde u. vielleicht in jüngeren Tagen selbst in Tat u.
Wahrheit geraten habe, sich Ihres kräftigen Verstandes u.
Ihrer Kenntnisse zu bedienen, um irgendwie (selbst mit der
bescheidensten Arbeit, das hat gar nichts Demütigendes) —
Zeit gewonnen, alles gewonnen — über die Gegenwart hinweg
zu kommen. Für einen klugen Kopf, ein festes Herz u. ein ge=

schmeidiges Betragen — selbst bei mangelnder Gesundheit, gibt es unendliche Resourcen.

Ich hatte den Gedanken, die Reiterkäthe[1]) meinem Verleger zu senden, der ein durchaus selbständiges Urteil hat. Doch ist es wohl besser, dieses zu unterlassen, da ein ablehnender Bescheid $9/_{10}$ Wahrscheinlichkeit hat u. Sie nur mehr verbittern würde.

　　　In aufrichtiger Sympathie

　　　　　　　　　　　　Ihr

　　　　　　　　　　　　　CF. Meyer

---

[1]) Roman von A. Bender.

An

Emil Milan.

An

Emil Milan.

Verehrter Herr,

Ihren Art. in 131 Allgem. Zeitg habe ich mit großer Aufmerksamkeit gelesen u. habe meine Freude gehabt an seinem Wohlwollen u. seiner Gründlichkeit. Es ist eine heikle Sache, schon Veröffentlichtes umzubilden u. wenn die Mehrzahl dieser Neugüsse sich gegen das Ursprüngliche hält, darf man schon zufrieden sein. Eine neue Auflage, die im Begriff ist zu erscheinen, enthält etwa 20 neue Gedichte u. dieser Flug ist wiederum weit sanfter, als die schroffen Sachen der 2. Manier. Das hängt wohl mit den Altersstufen des Dichters zusammen.

Wenn Sie im Spätsommer einen Ausflug in die Schweiz unternehmen bitte ich, mich ja rechtzeitig hierher nach Kilchberg zu berichten. ich bringe nämlich dieses Jahr, wenn nichts dazwischen fällt, einige Zeit auf einem Familiengut im Ct. Thurgau (Schloß Steinegg bei Frauenfeld) zu. Sie dürfen mich nicht verfehlen. Meine Empfehlungen Ihrer Frl. Braut.

Sehr herzlich

C. F. Meyer

Kilchberg bei Zürich 21 Juni 1891

---

24 Juli 1891.

Verehrter Herr,

im Augenblick meiner Abreise danke ich Ihnen noch aufs allerfreundlichste für Ihren Brief vom 20, worin Sie mir so viel Gutes melden. Ihr Besuch wird mir allezeit und

überall willkommen sein, am meisten aber in Kilchberg bei
Zürich u. zwar Septembermitte, wann ich von dem ziemlich
abgelegenen Schloß Steinegg bei Frauenfeld (Ct. Thurgau),
das meiner Schwiegermutter gehört u. wohin ich heute verreise, in Kilchberg zurück sein werde.

ich bin mit dem Abschluß meiner Novelle für die D.
Rundschau beschäftigt, die mir unglaublich zu thun gibt.
In ihrer Mitte steht die berüchtigte Lucrezia Borgia, die ich
glaube — wenn ich so reden darf — den Professoren (Gregorovius etc) aus den Händen genommen zu haben.

Freundlichst

C. F. Meyer

Kilchberg 30 Aug. 1891.

Theurer Herr,

empfangen Sie meinen Dank für die Besprechg in der
Allg, die mir außerordentlich gefällt. Es mag wohl das Beste
sein, was — in dieser Kürze wenigstens — über diese Gedichte geschrieben ist. Denn es gibt nicht nur äußerlich von
denselben den besten Begriff, sondern berührt auch — andeutend — das Innerste.

Nun bin ich wieder in meinem l. Kilchberg, nachdem ich
auf Steinegg, das meiner Schwiegermutter gehört, in Ruhe
meine heurige Novelle für die D. Rundschau vollendet (Oct
u. Nov. Buchform Dec.) Ein schwerer Gegenstand: Keine
Geringere — noch Bessere — als Lucrezia Borgia mit dem
Pendant einer anders gesinnten Verwandten [zu wenig und
zu viel Gewissen]

Bitte, geehrtester Herr, sagen Sie sich hier recht genau
und rechtzeitig an. Es sind neulich hier ein paar Mißver-
ständnisse u. Verfehlungen begegnet. Zwar habe ich vor, den
ganzen Sept — hier der schönste Monat — in Kilchberg
zuzubringen, aber es kommt so viel Unvorhergesehenes u.
es wäre mir recht unlieb, Ihren Besuch zu verfehlen.

Ihr   C. F. Meyer.

Anhang.

Die Rezensionen und vermischten Aufsätze
Conrad Ferdinand Meyers.

Rezensionen.

Gedichte von Felix Dahn.[1] (Beilage zur Allgemeinen Zeitung Sonntag, 13. Juli 1873.)

cfm. Seit Felix Dahn uns eine erste Sammlung seiner Gedichte bot[2], ist eine Reihe von Jahren verflossen. Daß ihm unterdessen der Quell der Poesie nicht versiegte, davon gab manches einzeln Veröffentlichte Zeugniß; wir nennen nur seine patriotischen Lieder aus den Jahren 1870 und 1871, welche in ganz Deutschland ein sympathisches Echo erweckten; daß sich aber in diesem Zeitraum so glänzende Schätze gehäuft wie sie das vorliegende Buch vor uns ausschüttet, das setzt uns in freudiges Erstaunen. Im Angesicht dieser reichen Gabe ist es sicherlich angemessener und dankbarer den Leser zu unbefangenem Genuß einzuladen, als ihn mit ästhetischen oder kritischen Betrachtungen aufzuhalten, und das thun wir am wirksamsten wenn wir ihn mit dem Dichter unmittelbar durch dessen eigene Gebilde bekannt machen.

Der eben erschienene Band ist zur größern Hälfte mit Romanzen, Balladen, historischen Bildern, zur kleinern mit lyrischen Gedichten gefüllt.

Der gedrängte epische Reigen blendet den Blick durch den Wechsel und die Farbenpracht seiner allen Völkern und allen Zeiten angehörenden Gestalten. Um einen Standpunkt zur Ueberschau zu gewinnen, und dem Dichter zuerst da gerecht zu werden wo er sein eigenstes Wesen und seine höchste Kraft entfaltet, treten wir in die Mitte zu den alten deutschen Heldenbildern der Nibelungen. Da fesselt uns vor allem in einer dem verehrten Meister Emanuel Geibel zugeeigneten Ballade die Rächerin Krimhilde — eine imponirende, ergreifende Gestalt. Sie steht auf dem Söller der

---

[1] Zweite Sammlung. Erste Abteilung. Stuttgart, Cotta 1873.
[2] Berlin, Herbig 1857.

Hunnenburg und sieht die dem Untergang geweihten Bur-
gundengäste einziehen:

>				Sieh, es scheuet, König Gunther,
>				Hoch dein Hengst vor meiner Brück'!
>				Klopfe nur den Hals ihm munter —
>				Niemals trägt er dich zurück.

Da kommt Hagen:

>				Magst dein Haupt so hoch du tragen
>				Wie die höchste Tann' im Hag:
>				Diese Hand soll's niederschlagen,
>				Die auf Siegfrieds Herzen lag.

Zuletzt Giselher:

>				O mein Bruder, mild von Sitten,
>				Mit den Wangen weiß und roth,
>			· O was bist du mitgeritten
>				Zu Krimhildens Gastgebot?

Endlich sind sie alle eingeritten:

>				Dumpf hat sich das Thor geschlossen,
>				Alle, alle sind sie mein!

Die Parallelbewegung des Einzuges und der leidenschaftlichen Regungen Krimhildens ist von eigenthümlicher
Schönheit. Das darauf folgende Sterbelied Hagens hat einen
ebenso großartigen Gang. Seine harte Hand hat die Fiedel
Volkers, des todten Spielmanns, ergriffen:

>				Vier Saiten sind zersprungen,
>				Drei haften noch daran!
>				Ich habe nie gesungen,
>				Ich bin kein Fiedelmann.

>				Doch treibt mich's zu versuchen
>				Wie Hagens Weise geht;
>				Ich denk', ein gutes Fluchen
>				Ist auch kein schlecht Gebet!

Er singt ein Lied von Haß und Mannestrotz:

>				Die Reue ist des Narren!
>				Nur das ist Athmens werth:

Im Tod noch auszuharren
Beim Groll, beim Stolz, beim Schwert.

— — —

Und käm', der Welt Entzücken,
Ein zweiter Siegfried her,
Ich stieß ihm in den Rücken
Zum zweitenmal den Speer! . . .

Wie hier auf Krimhildens verderbenbringendem Antlitz
noch ein rührender Zug ursprünglicher Huld unverwischt geblieben ist, der an Siegfrieds liebendes Weib erinnert, wie
dieser jahrelang brennende Rachedurst aus zerstörtem Liebes-
glück entsprang, so ist es überhaupt — das mag hier schon
gesagt werden — die Leidenschaft der Liebe in allen Formen
und Verhältnissen, von ihren zartesten Anfängen bis zur
glühenden Hingebung und zur todverachtenden Aufopferung,
die Dahns Gestalten aus allen Zonen und Zeiten — den
heitern wie den tragischen — Reiz und Wärme gibt.

Da es uns unmöglich ist hier alle schönen Blumen dieses
üppigen Kranzes hervorzuheben, so begnügen wir uns mit
wenigen, ohne damit die andern zurücksetzen zu wollen.

Aus der deutschen Gruppe erwähnen wir das im höfi-
schen Versmaß wunderlieblich gedichtete „Märchen von Herlindis," deren Vater, ihre Schönheit unvorsichtig mit der
einer Fee vergleichend, das Schicksal Dornröschens auf sie
herabbeschwört:

Herlindis lag und schlief und schlief
Unendlich süß, unendlich tief.
Nur manchmal flog ein Vögelein
Zu ihr durchs offne Fenster ein
Und sang ihr leise, leise
In halb verlorner Weise,
Da spielte wohl um Mund und Kinn
Ein wunderselig Lächeln hin,
Als ob um ihre Träume
Sie gern die Welt versäume.

26*

Unter den zahlreich vertretenen englisch=schottischen Sagen wendet sich unsere Vorliebe dem melancholisch volkthümlichen Liede von „Rosamunde" und der gespenstischen Ballade „Lady Angus und sung Kenneth" zu.

Die spanisch=navarresische Gruppe, der ein berauschender Hauch südlicher Leidenschaft entströmt (Doña Cava, La Co= rona, Jolanthe von Navarra — imagines voragines) wird geadelt durch die in Form und Inhalt krystallreine „Königin von Aragon."

„Bianca Vendramin" von Ravenna, das einzige italie= nische Romanzen=Motiv, hätte, will uns scheinen, um zu voller Wirkung zu gelangen, knapper, kräftiger und voraus in einem andern Metrum behandelt werden müssen. Der lyrische Ton der spanischen Trochäen will zu der rücksichtslosen Kühnheit der Italienerin nicht stimmen.

Aber auch Liebe zum Vaterlande, Sinn für historische Größe sind die schenkenden Musen, die Dahn manches herr= liche Gedicht eingaben.

Der Leichenzug Otto's III fordert zur Vergleichung auf mit Platens classischer Ballade. Ist hier das verfehlte Leben des jugendlichen Kaisers zu einem Klagelied von ruhiger Schönheit verklärt, so spiegelt sich in Dahns flammenerleuch= tetem Gedichte das historische Moment unruhiger, aber wahr= heitsgetreuer.

> Ihr Wälschen, weicht und gebt uns Raum
> Und scheut die grimmen Streiche:
> Wir tragen einen Kaisertraum
> Und eine Kaiserleiche.

> Er ruhte nicht bis er aufs neu
> Ihr stolzes Reich gestiftet —
> Die Römer schworen ew'ge Treu
> Und haben ihn vergiftet.

> Und als sein Herz litt Sterbensqual,
> Begann es, dentsch zu schlagen —
> Das war das erst= und letztemal
> In allen seinen Tagen.

Und als er hob zum letztenmal
Das Haupt in goldnen Locken,
Da heulten dröhnend in den Saal
Zum Sturm die röm'schen Glocken.

Und als sein Blick den Glanz verlor,
Da stand das Haus in Flammen;
Wir aber brachen aus dem Thor
Und hieben sie zusammen.

Einen rührenden Eindruck macht der durch die Alpen=
thäler nieder seinem Todesloos entgegenziehende „Konradin,"
während das unmittelbar darauf folgende „Lied Walthers
von der Vogelweide" wie ein heller Wächterruf in die Gegen=
wart hineinklingt:

Wer zagt daß er des Himmels fehle,
Der beuge sich des Bannes Streich: —
Mir ist nicht bang um meine Seele,
Steh' ich zum Kaiser und zum Reich.

Unter den Gedichten von antiker Weltanschauung zeichnet
sich der „Gesang der Legionen" durch sein schreitendes Tempo
und das Selbstbewußtsein des culturbringenden Eroberers aus.

„Weltuntergangserwartung" und die „Kreuzfahrerlieder"
veranschaulichen den Einfluß einer historischen Strömung auf
eine Reihe mittelalterlicher Charaktere mit glänzender Lebens=
frische. Die Kreuzfahrer sind Victor Scheffel zugeeignet, den
sie durch manchen humoristischen Zug verwandtschaftlich an=
muthen werden.

Die zwei Dialogen „Lucifer und Atala" und „Fausts Er=
lösung" haben es mit dem Geiste „der stets verneint" zu thun,
der jedoch, im Gegensatze zu der Rolle die er noch heute in der
Welt — auch in der literarischen — spielt, im einen Gedicht
nach unserm Gefühl zu liebenswürdig erscheint, im andern
mit erstaunlich wenig Selbstbewußtsein auftritt. Freilich hat
er sich hier in die Werkstätte des Optikers Spinoza verirrt,
der ihm das Dasein bestreitet.

Wenn die erzählenden Gedichte von einer Fülle von Phantasie und einer seltenen Gestaltungskraft Zeugniß ab= legen, so fesseln uns die lyrischen, die übrigens mit jenen den klaren Umriß und die kunstverständige Entfaltung des Motivs gemein haben, durch das volle Ausklingen warmen Gefühles. Kein verbitterter, kein ironischer Mißklang stört die Harmonie dieses ebenso tapfern als liebenswürdigen Gemüths.

In den „Aus der Jugendzeit" überschriebenen Blättern bezeichnen wir „Das stille Lied," das den verborgenen Puls= schlag der Poesie bedeutet, und die Strophen an eine „sehr Verständige," welche sich des Träumens entwöhnt hat; in „Leben und Streben" die in dem Maß von „Befiehl du deine Wege" gedichteten „Erhebe dich vom Grunde, Erhebe dich, mein Herz!" und „die lieben alten Lieder erwachen wunderbar, —" das erste von fast feierlichem Klang und das zweite von großer Innigkeit.

Aus dem „Beschauliches" benannten Abschnitt heben wir neben dem „ersten Schnee" die Begrüßung der „Arbeit," als einer segnenden Göttin, hervor:

> . . . Du aber wardst uns treue Hausgenossin,
> Hast abgelegt den Schimmer des Olympos,
> Und deine Glieder, die ambrosischen,
> Hast du gehüllt in braune Werktagskleider:
> Du trittst in unsere Thür gleich einer Magd;
> Erst wenu du scheidest, spürt der Mensch, am Segen
> Den sie gebracht, daß eine Göttin nah war. —

Unter den „vermischten Gedichten" ist der formvollendete Hymnus „an unsere Sprache" ein ebenbürtiges Gegenstück zu der berühmten Schlußparabase des romantischen Oedipus, „Meran" ein sonniges Landschaftsbild, und das letzte Gedicht „An *" das schönste von allen.

Nachdem wir so viel schönes hervorgehoben und auf so viel schönes hingewiesen haben, dürfen wir es billig dem Leser überlassen sich über Felix Dahns Werth und Stellung in der deutschen Literatur klar zu werden.

Gedichte von Felix Dahn. Zweite Sammlung. Erste Abteilung.
Cotta 1873. (Neue Zürcher Zeitung 15. Juli 1873.)

Die lieben alten Lieder erwachen wunderbar,
Ein Sänger bin ich wieder, der lang ein Fröhner war.
Manchorts mag sich gewöhnen mein Herz als Wandergast,
Doch nur im Reich des Schönen genießt es Heimatrast.

Nach langem Unterbruch tritt Felix Dahn mit einer
Sammlung seiner neuern Gedichte hervor. Ob er uns auch
längst durch einzeln Erschienenes bekannt und lieb geworden
ist, stehen wir doch erstaunt wie vor etwas Neuem, wenn er
hier seinen ganzen Reichthum vor uns ausschüttet.

Der vorliegende die Ernten mancher Jahre aufspeichernde
Band, der zu zwei Dritteln mit „Romanzen, Balladen, Dialogen und historischen Bildern" gefüllt ist, hat beim ersten
Einblick etwas Blendendes sowohl durch den über Alles aus-
gegossenen Farbenglanz, als durch die Mannigfaltigkeit der
rasch wechselnden Gegenstände. Wir betreten einen Zauber-
garten, wo neben Lorbeer und üppigen Granatengebüschen
schlanke Palmen aufschießen und den eine hohe kräftige Schaar
nordischer Eichen beherrschend überragt.

Dieser gedrängte Wuchs historisch-romantischer Dichtung
gruppirt sich nach Zeit und Ländern, eine Ordnung, die durch
einen Erdgeist, eine Nixe oder durch fahrende Sänger zuweilen
anmuthig unterbrochen wird. Wir bleiben bei den einzelnen
Gruppen stehen, um unsere Lieblinge hervorzuheben.

In der griechisch-römischen Reihe gebührt der erste Rang
dem „Gesang der Legionen", deren ehernen Tritt man glaubt
über der eroberten Erde erklingen zu hören. Formvollendete
antikisirende Gedichte werden den Gebildeten immer ansprechen
und insbesondere wenn sie wie „Herakles", durch eine Blut-
welle modernen Bewußtseins erwärmt sind.

Der orientalisch-spanischen Gruppe mit ihrer glühenden
Färbung und schwülen Liebesatmosphäre versprechen wir die
ungetheilte Bewunderung des jugendlichen Lesers. Auf diesem
heißsonnigen Grunde hebt sich die mit fast Uhland'scher Schlicht-
heit erzählte herzinnige „Königin von Arragon" in reinen
einfachen Umrissen ab.

Die einzige italienische Ballade „Bianca Bendramin," ein schönes Motiv, würde durch kühnere Behandlung vielleicht noch gewinnen.

„Das Lied vom Sturm" verweht den Orangenduft und wir athmen freier auf in kühlern Lüften. Wunderlieblich ist die den Frühling symbolisirende Ballade „Der Fremdling" und in dem „Königsbronn in Dunsadal" tritt uns das nordische Kraftgefühl erquicklich entgegen.

In der schottischen Gruppe freuen wir uns in „List und Liebe" einer glücklichen Julia zu begegnen, die, den Tod heuchelnd, heroisch nicht mit der Wimper zuckt, da ihr von der bösen Stiefmutter heißes Wachs auf die Brust geträufelt wird. „Lady Angus und Jung Kenneth" ist eine vortrefflich erzählte Geistergeschichte von ergreifender Wirkung.

Auf germanischem Boden werden wir mit einem jubelnden Ostergesang empfangen. Wir stehen bei den im Mittelpunkt der Sammlung wurzelnden Eichen. „Krimhilde" und „Hagens Sterbelied" sind Meisterstücke von gewiß unvergänglichem Werth, Balladen mit lyrischem Ton, aber von rascher kräftiger Bewegung; und Bewegung, sei es der unaufhaltsame lyrische Herzensdrang, sei es der epische Wanderschritt, sei es das sturmbewegte Segel dramatischer Leidenschaft — ist und bleibt die wesentliche Schönheit aller Dichtung. In der „Weltuntergangserwartung" reiht sich, nach Vorzeichnung des Todtentanzes, ein Kreis von nach Alter, Stand und Geschlecht verschiedenen Personen um ein großes historisches Motiv, neben der rührenden steht die humoristische Figur und auch der Skeptiker ist drastisch vertreten durch den Kellermeister Supso. In den „Kreuzfahrerliedern" spricht eine Reihe von Kreuzrittern ihre Stimmung im Abendland vor dem Aufbruch und dann in scharfem Kontrast, ihre Stimmung nach der Ankunft im Morgenland aus. Ergötzlich ist der Gesinnungswechsel des Herebrandt von Meißen, der im Occident die Weiber nach gemachten Erfahrungen gründlich verschwört und dessen orientalische Bekenntnisse mit dem entzückten Ausruf: „Du schönste Tochter Ismael" beginnen. Ein merkwürdiges Gegenstück zu Platen's wehmütigem Marmor-

bild ist Dahn's unruhig wilder Leichenzug Otto III. Die
Schlacht von Sempach, wohl eine Jugendarbeit, hat einen
schönen Glockenton.

> Da war's Herr Arnold Winkelried — Gott lohnt ihm jetzt
> im Himmel —
> Der sterbend auseinander schied der Speere dicht Gewimmel,
> Und in die Lücke, wo er fiel, sprang kühn vorauf uns Allen
> Herr Ammann Sigetrost von Biel, — den preist das Land
> mit Schallen.

Gar löblich ist das Lied Herrn Walther's von der
Vogelweide. Welcher gute Deutsche sänge heute nicht von
Herzen mit:

> „Wer zagt, daß er des Himmels fehle,
> Der beuge sich des Bannes Streich; —
> Mir ist nicht bang um meine Seele,
> Steh' ich zum Kaiser und zum Reich.

Hätte uns Dahn doch noch einen Heinrich IV., einen
Friedrich II. geben wollen, jetzt da diese altergrauen Gestalten
sich im Lichte der Gegenwart neu beleben, dazu irgend eine
volksthümliche, kernige Ballade aus der Reformationszeit,
oder eine düstere aus dem dreißigjährigen Krieg! Wir hätten
— wenn auch ungern — eine Orientalin dafür geopfert.

In dieser ganzen epischen Schaar wüßten wir kein Gedicht, das nicht lebensfähige überzeugende Motive und eine
gewinnende, ja bestechende Form hätte; kein unbedeutendes,
unklares, unfertiges ist darunter. Das will etwas heißen.
Dahn's epischer Styl ist ein Gestalten aus dem Vollen, ein
klares Entwickeln, ein warmes Erzählen; nirgends stechen die
Knochen hervor, Alles ist runde Bewegung, keine Spur von
Kälte oder Dürftigkeit. Wir sprechen nicht von der Technik
im engern Sinn, die selbstverständlich eine makellose ist.

Das letzte Drittel des Bandes enthält Landschaftliches
und lyrische Präludien. Das ganze volltönige Orgelspiel der
Dahn'schen Lyrik soll uns erst die zweite Abtheilung bringen,
wo wir auch die schönen patriotischen Lieder, voraus den herr-

lichen Barbablanca und nach dem Schilfgeflüster des Chiem=
sees, die lang sich ausrollende Meereswoge erwarten.

Die epischen Gedichte zeigen uns Dahns Gestaltungs=
gabe, die lyrischen enthüllen uns reichlich seine liebenswürdig
und glücklich angelegte Natur. Wir sehen ihn die Konflikte
des Lebens tapfer überwinden durch befreiende Thätigkeit:

> „Dich preis ich hoch vor allen Göttinnen
> Dich heil'ge Arbeit, Spenderin des Friedens!"

und durch den Glauben an seinen guten Stern:

> „Erhebe dich vom Grunde, erhebe dich mein Herz!
> Dir heilet jede Wunde, und dich erdrückt kein Schmerz.
> Nie konntest du erbulden was du erbuldet hast,
> Trug nicht in großen Hulden ein Gott mit dir die Last."

Von der Biegsamkeit und dem Goldklang der Dahn'schen
Rede gibt der Hymnus „An unsere Sprache" ein glänzendes
Zeugniß; aber wir verzichten auf weitere Citate, da das Buch
bald in allen Händen sein wird.   C. Ferd. Meyer.

Histoire des Beaux-Arts en Suisse,[1]) par M. Rodolphe
Rahn, Professeur à l'Université de Zurich. (Journal de Genève
août 1873.)

En 1853, un architecte genevois, M. Blavignac, publia
un ouvrage intitulé: Histoire de l'architecture sacrée du
quatrième au dixième siècle dans les anciens évêchés de
Lausanne, Genève et Sion. Cette étude fit connaître, pour
la première fois, tout un groupe de monuments suisses et
révéla des richesses jusqu'alors à peine soupçonnées. Une
telle initiative paraissait devoir déterminer sur ce terrain
un développement énergique et provoquer rapidement la
publication d'études analogues sur les monuments du reste
de la Suisse. Cependant cette prévision ne s'est point
justifiée. Vingt ans s'étaient écoulés sans que l'impulsion

---

[1]) Premier volume, première partie, avec gravures sur bois
insérées dans le texte. Zurich, chez Hans Staub, 1873; Genève,
librairie Georg.

donnée par M. Blavignac eût été suivie d'importants résultats, quand l'ouvrage que nous annonçons est venu enfin élargir le cadre où s'était renfermé l'écrivain genevois. Tous les monuments artistiques des régions comprises dans la Suisse actuelle y sont soumis à une étude approfondie, tous ils sont décrits avec un soin jaloux, en même temps que s'y trouve marquée la place à laquelle ils ont droit dans l'histoire générale de l'art.

C'est avec un sérieux enthousiasme que M. Rahn a conçu le plan de son travail et en a commencé l'exécution. Déjà plusieurs publications avaient fait connaître le sens critique, la délicatesse de goût artistique, la persévérance dans le travail qui le rendaient particulièrement propre à la tâche qu'il a entrepris. Rappelons deux monographies remarquables sur les constructions des ordres de Cluny et de Citeaux dans la Suisse romande et une étude sur la cathédrale de Genève, qui, rectifiant d'anciennes erreurs, a permis d'établir la vraie date de l'origine de cette cathédrale.

L'infatigable travailleur n'a épargné ni son temps ni sa peine; le mètre et le crayon à la main, il a, de Bâle à Côme et des rives du lac de Genève au Munsterthal, dans les Grisons, parcouru la Suisse dans tous les sens, rencontrant, comme c'est le sort des explorateurs ici un succès, là une déception. Plus d'une fois des découvertes inattendues sont venues le réjouir. Rarement les renseignements fournis par les écrivains locaux se sont trouvés confirmés par les faits. Des promesses pompeuses aboutissaient à des trouvailles sans valeur, tandis que des monuments importants avaient à peine été signalés. Tel jour, une clef, arrachée à grand renfort d'éloquence aux mains d'un sacristain défiant ne servit qu'à ouvrir une chapelle de montagne qui ne contenait absolument rien; tel autre jour une excursion que les connaisseurs des lieux déconseillaient comme inutile, eut pour notre investigateur les plus féconds résultats.

Ces matériaux réunis, M. Rahn nous donne aujourd'hui

deux cents pages, la première partie d'un premier volume.
Ce tome premier qui doit nous conduire des temps pré-
historiques à la fin du moyen âge, paraîtra tout entier
dans le cours de cette année; la partie que nous avons
sous les yeux nous amène au treizième siècle.

Point encore d'art suisse dans le sens que nous don-
nons à ce mot. Ce sont les origines que nous racontent
les premiers chapitres. M. Rahn traite sommairement des
âges celtique et romain. Il lui suffit d'avoir nettement
caractérisé les constructions lacustres et d'avoir, de main
de maître, signalé la grandeur et la puissance de la cul-
ture artistique des Romains; il sait ne s'arrêter sur ces
âges qu'autant que cela est nécessaire pour faire com-
prendre quelle a été leur influence sur ceux qui les ont
suivis.

Quatre chapitres sont consacrés à l'étude de l'art dans
les premiers siècles du christianisme.

Le premier explique la symbolique de l'art chrétien
primitif.   ·

Le second nous apprend à connaître les débuts des
Alemans et des Burgondes. M. Rahn utilise, pour ce but,
les sources historiques, les rares débris de murailles trouvés à Genève et à St-Maurice, et les richesses des musées
de Lausanne, de Berne et de Zurich, en agrafes, baudriers
et boucles de ceinturons.

Un troisième chapitre expose, avec une précision scientifique et une parfaite clarté, les origines et le développement de l'architecture chrétienne dans notre pays.

Dans le quatrième, notre auteur suit ce développement
à travers la période carlovingienne. Il dit les agrandisse-
ments rendus indispensables par les nécessités du culte;
la crypte s'étend, le transsept se dessine; le clocher appa-
raît, contenant souvent à ses étages supérieurs des cha-
pelles dédiées aux archanges.

Un document capital de cette période est le plan du
cloître de St-Gall, conservé dans la bibliotbèque du cha-
pitrè, et dont les travaux les plus récents fixent la date

à l'an 830. Ce plan nous est représenté en détail dans une reconstruction qui nous en donne la vue à vol d'oiseau.

Enfin, la sculpture et la peinture de ce temps sont mises sous nos yeux grâce aux travaux en ivoire et aux miniatures provenants de l'industrie des cloîtres. M. Rahn nous initie à ces travaux dans des pages charmantes et pleines de vie. Il nous montre les moines de St-Gall et d'Einsiedeln, occupés à tracer le labyrinthe de leurs initiales; il les fait revivre à nos yeux; soit, lorsque, dans leurs moments de zèle, ils s'appliquaient à exprimer leurs pieuses fantaisies au moyen de couleurs harmonieuses et de figures quelquefois étranges, soit que, dans leurs heures de lassitude, ils témoignaient, par une note marginale, de leur secret désir de voir arriver, avec la nuit, la fin du travail et le verre de vin accoutumé. Nous suivons ainsi toutes les phases de cet art fin et délicat, depuis les premières productions, l'œuvre des immigrés irlandais, jusqu'à un point culminant et jusqu'à sa décadence marquée par l'invasion de l'influence byzantine.

La livraison que nous avons sous les yeux se termine par deux premiers chapitres traitant de l'architecture romane. L'un d'entre eux expose les principes de ce style et l'autre commence à retracer les basiliques romanes de la Suisse allemande. C'est l'art antique qui renaît, mais sous une inspiration nouvelle et sous le souffle de la liberté moderne. La seconde partie du premier volume retracera les grandes constructions à voûte de Zurich et de Bâle, ainsi que des monuments romans soit de la Suisse Occidentale, soit de la Suisse Méridionale; il se termine par la description des monuments gothiques.

Le style de M. Rahn est individuel, sincère et dégagé de tout élément conventionnel ou doctrinaire. Il s'adapte admirablement à la franche et vivante expression d'une œuvre qui est bien vraiment à la fois le fruit d'un travail rigoureusement scientifique et un livre populaire, consacré à la patrie.

La Suisse est jalouse de la place qu'elle occupe comme nation, mais cette place, ce n'est pas au seul développement de ses forces matérielles qu'elle la doit, c'est, à un point de vue plus élevé, à l'indépendance déployée dans le monde des esprits.

Comment n'accueillerait-elle pas avec joie une entreprise commencée dans une pensée de sacrifice et poursuivie avec un généreux dévouement?

König Roderich, Trauerspiel von Felix Dahn.[1]) (Allgemeine Zeitung 11. Januar 1875.)

cfm. Dieses jüngste Werk des reichbegabten und mit vollen Händen spendenden Dichters ist ein für die Bühne geschaffenes Drama, und besitzt unzweifelhaft Eigenschaften die ihm dort eine sympathische Aufnahme und einen bedeutenden Erfolg versprechen. Indeß machen sich auf jenem heißen Boden Einflüsse geltend die schwer vorauszusehen und zu berechnen sind. Es sei uns darum vergönnt „König Roderich," nachdem wir ihn mit feinstem Verständniß vortragen gehört, unter diesem ersten Eindruck zu besprechen, bevor er über die schicksalsvollen Bretter geht.

Von Dahns Gedichten ist wohl eines der schönsten die Romanze von König Roderich und Doña Cava. Sie erzählt wie das spanische Gothenreich durch eine verhängnißvolle Liebe seines letzten Königs zerstört wurde. Einen wie dankbaren Balladenstoff die Romantik dieser Sage biete, sie genügt nicht um den Untergang eines mächtigen Reiches zu erklären, selbst für jene Zeit nicht wo die Leidenschaften des Einzelnen mächtiger in die Geschichte eines Volkes eingreifen mochten als in der unsrigen. Dießmal hat uns Dahn mit einem größeren Motiv, wie es die unter ein schärferes Urtheil fallenden Verhältnisse des Drama's erfordern, von der Nothwendigkeit jener Katastrophe überzeugt. Er läßt sie hervorgehen aus einem den Widerstand gegen die maurische In-

---

[1]) Leipzig, 1875. J. F. Hartknoch.

vasion im voraus vereitelnden Kampf auf Leben und Tod
zwischen dem Königthum und dem Klerus des Westgothen=
reichs, und diese historisch kaum zu begründende Deutung
stellt sich uns sofort als plausibel dar, weil sie aus einer all=
gemein bekannten geschichtlichen Thatsache herausgebildet ist.
Ein unverhältnißmäßiges Vorwiegen der klerikalen über die
weltlichen Elemente war ja die verhängnißvolle Eigenthüm=
lichkeit, der unterscheidende historische Charakterzug des spa=
nischen Gothenreiches. Warum sollte da nicht der Dichter
einen weltlichen Gothen am Vorabend der maurischen Ueber=
fluthung den patriotischen Versuch machen lassen eine die
Wehrkraft des Landes schwächende Priesterherrschaft zu brechen
und allen Widerstand desselben in starker Königshand zu
sammeln? Warum sollte er den Kühnen nicht seinen ge=
fährlichen geistlichen Gegnern mehr noch als den Mauren
unterliegen lassen?

Also Kampf zwischen Kirche und Staat. Diese beiden
streitbaren, sich von altersher oft befehdenden und immer
mißtrauisch messenden Mächte sind in zwei groß angelegten
Gestalten personificirt, in König Roderich und dem Erzbischof
Sindred. Jenem ist der Haß gegen den geistlichen Druck
zum Lebensathem geworden. Auch nach Jahren des Ruhms,
und jetzt die tapfere Hand nach der Krone ausstreckend, kann
er es den Priestern nicht vergessen was sie seiner Jugend
angethan haben.

> „Sie haben unsres Hauses Grund zerstört,
> Sie haben schwarz der Mutter Geist umfinstert,
> Sie haben auf der Schuld des Vaters Blut,
> Sie haben einer süßen Schwester Herz,
> Die ich, ach! zärtlich liebte, mir entfremdet,
> Sie haben meine Kindheit mir gestohlen,
> Sie wollten brechen Willen mir und Geist:
> Nicht ihr Verdienst ist daß ich Mann geworden.
> Und, da ich ihre Ketten mit Gewalt
> Zerriß aus dumpfen Klostermauern flüchtend,
> Da haben sie so lange mich gehetzt,

Bis ich, verkauft als Sklav' auf fremder Küste,
Aufschreiend warf mein Haupt, verzweiflungsvoll,
Den Tod erflehend, in den Sand der Wüste."

Will aber Roderich König werden, so muß er die Krone aus der Hand des Erzbischofs empfangen, muß er vorher die Privilegien der die Mehrheit der Königswähler bildenden Geistlichkeit beschwören. Er hilft sich und dem Lande mit einer mittelalterlichen Zweideutigkeit, feierlich gelobend:

„Nicht eher nehm' ich
Aus Sindreds Hand die Gothenkrone
Bis ich den Eid, den er verlangt, geschworen."

Doch, einmal gewählt, läßt er die Pforten der Basilica weit öffnen, und ergreift, von dem hereinströmenden Volke nach altem Gothenrecht auf den Schild gehoben, die auf einem hohen, pfeilerartigen Altar ruhende Krone mit eigener Hand — eine hinreißende gewaltige Scene.

Doch Sindred gibt den Eigenmächtigen nicht auf. Noch verfügt er über ein Band der Liebe, um ihn zu fesseln. Doña Cava, die schöne Befreierin Roderichs, deren Vater, Graf Julian, die afrikanische Gothenfestung Ceuta beherrscht, hat ihrem Beichtiger, dem mächtigen Erzbischof, ihre Liebe zu dem geretteten Sklaven nicht verhehlt, und verlangt jetzt, mit einem verhaßten Ehebunde bedroht, von Sindred eine Freistätte. Er öffnet ihr die Pforte eines Frauenklosters in Toledo. Entweder wird dem König, so rechnet der Priester, das geliebte Weib von mir gewährt, und er fällt dadurch in meine Gewalt, oder er entweiht den heiligen Raum durch einen Nonnenraub und erliegt dem Bannfluch und dem Volks= haß. Roderich indeß, der Namen und Herkunft seiner Retterin nicht kennt und bei welchem Graf Julian sein väterliches Recht auf Doña Cava gegen den Erzbischof geltend macht, läßt durch seine Königsknappen die Klosterpforten sprengen, nimmt der heraustretenden Nonne, um sie der Welt und ihrem Vater zurückzugeben, den Schleier vom Haupt, erkennt seine unvergessene Befreierin und bietet ihr Hand und Krone an. Der Vater erhebt Einspruch, aber die Nachricht von der Ueber=

gabe der Festung Ceuta ist angelangt, und Graf Julian wird als Verräther verhaftet. Die Erkennungsscene zwischen den Liebenden ist knapp und vielleicht um so wirkungsreicher behandelt — eine Selbstbeschränkung, die dem schwungvollen Lyriker hoch anzurechnen ist.

Jetzt anf der Höhe der Handlung treten sich Sindred und Roderich noch einmal anscheinend versöhnlich entgegen. Der König weiß es durch eine geschmeidige Haltung so zu wenden, daß der Priester ihm unverhüllt um den Preis der Fügsamkeit die Nonne zur Gemahlin anbietet, und ihm seine gefährlichen geistlichen Waffen und deren Handhabung zeigt und rühmt. Dieses Zwiegespräch ist, was der Bischof nicht ahnt, ein öffentliches. Vermittelst einer vom König getroffenen Anordnung wird es von vielen Zeugen hinter Vorhängen, die plötzlich sinken, belauscht, und vor dem versammelten Hofe beschwört der von einem Schlauern entlarvte Priester die Rache des Himmels auf Roderich herab.

Nachdem in dieser Weise der Zwiespalt zwischen König und Kirche unheilbar geworden ist, geht ein Riß durch das Gothenvolk. Roderich und Sindred eilen beide dem Untergang entgegen. Der Priester schließt ein ruchloses, ihn selbst verderbendes, Bündniß mit den Ungläubigen; der König aber, durch feigen Verrath und versuchten Meuchelmord gereizt, läßt sich zu einer Reihe von Rechtsverletzungen hinreißen, und zerhaut endlich mit einem Schwerthieb das die kirchlichen Privilegien bekräftigende Pergament. Eine dritte Macht tritt auf: das Todesschicksal des Gothenreiches, verkörpert in der stolz gemessenen Erscheinung des Maurenfeldherrn Tarek.

Die mit ein paar kühnen Strichen entworfene Schlacht von Xeres de la Frontera schließt das Stück. Roderich, von den unter die Waffen gerufenen Hörigen der Kirche im Stiche gelassen, fällt im entscheidenden Moment des Kampfes durch Meuchelmord. Doña Cava folgt dem Geliebten in den Tod.

Dieß sind die Hauptmomente der rasch und ebenmäßig fortschreitenden Handlung. Manche feinere Schönheit der Wechselbeziehung und des Contrastes kann hier kaum flüchtig angedeutet werden. Wir begnügen uns auf den milden Freund des Helden und dessen Verhältniß zu Roderichs frommer Schwester, sowie auf die erquickliche Gestalt des patriotischen Bischofs Gundemar hinzuweisen.

Der Repräsentant des kirchlichen Ehrgeizes, Erzbischof Sindred, ist mit derben Meisterstrichen hingestellt. Neben diesem kräftigen Charakterkopf scheint der trotz seiner schlauen Wildheit im ganzen ideal und etwas typisch gehaltene Held bisweilen zu erblassen. Warum begeht er nicht im geeigneten Augenblick eine kecke Frevelthat! Seine tragische Schuld vertheilt sich auf eine Reihe gewaltthätiger Handlungen, von welchen sich jehe, leichter als dramatisch wünschbar ist, rechtfertigen läßt. Auch der Bau des Stückes hätte vielleicht durch ein schärferes Hervortreten der tragischen Wendung nur gewonnen.

Daß sich in diesen mittelalterlichen Kämpfen gewisse Züge der Gegenwart oft bis ins Detail spiegeln — wer könnte das dem lebenswarmen Dichter zum Vorwurf machen! Er hat ein Tendenzstück geschrieben; aber wenn er in „König Roderich" ein Schwert geschliffen, so trägt er es, wie Harmodios und Aristogeiton, in Myrten.

Ein neues Trauerspiel von Felix Dahn[1]) (Allg. Augsb. Zeitung, Beilage 21. August 1875).

cfm. Die Besprechung des „Roderich", welche vor geraumer Zeit in diesen Blättern erschienen ist, enthielt zwischen den Zeilen den verborgenen Wunsch: Felix Dahn möchte auf jenes wirkungsreiche, aber das unverkennbare Gepräge der Tagestendenzen tragende Drama, ein zweites folgen lassen, das in keinem andern Dienst stehe als in dem edlen der Schönheit. Nun, diesen Wunsch erfüllt uns „Rüdeger von Bechelaren".

Man kann eine von den Kämpfen und Parteiungen der Gegenwart bewegte Dichtung für ästhetisch zulässig und berechtigt halten, man kann in diesen Tagesfragen den Standpunkt des Verfassers vollständig, ja mit Begeisterung teilen,

---

[1]) Markgraf Rüdeger von Bechelaren. Trauerspiel von Felix Dahn. Leipzig, Breitkopf & Härtel 1875.

und sich dennoch erquickt und erleichtert fühlen, wenn der
Dichter aus dem Staube des Ringplatzes wieder in die Höhen-
luft der uneigennützigen großen Kunst zurückkehrt.

Einen reinen Genuß verbürgt uns schon der Name des
Helden, der, wenn er die Handlung nicht führt, doch in die
Mitte derselben gestellt ist, der Name des Markgrafen Rüdeger,
welcher Lehenstreue und Herzensmilde bedeutet. Wir haben
es mit den festumschriebenen Gestalten unsrer Heldensage zu
thun, wir sind jedes Zweifels an der innern Wahrheit der
Charaktere enthoben und können unsere volle frische Theilnahme dem tragischen Conflict zuwenden.

Dieser Conflict ist ein rührender, ein menschlich einfacher.
Das ist nicht genug zu rühmen. In Markgraf Rüdeger kämpft
die Vaterliebe gegen die unverbrüchliche Lehenstreue. Die
schnellentstandene junge Neigung zwischen seinem Kinde Gotlind und dem Nibelung Giselher wird schuldlos hineingerissen
in ein unabwendbares, seinem Ziel unaufhaltsam zuschreiten-
des Familien- und Völkerverhängniß. Die Tragik dieses un-
verschuldeten Unterganges ergreift uns ohne unser Gefühl zu
beleidigen, denn wir wissen — und wenn wir es nicht wüßten,
belehrte uns die Geschichte auf jedem ihrer Blätter — daß
Völker- und Familienschicksal über dem Schicksal des Einzelnen
steht und dessen blühendstes Glück zertreten darf.

Freilich sehen wir hier nicht in Shakespearischer Weise
die Gestalten wachsen, sich enträthseln und zerstören, sondern
wir stehen festen, schönen, beredten Typen gegenüber, die uns
eher, wenn die Zusammenstellung gestattet ist, an die consequente
Haltung und den sichern Gestus der classischen französischen
Bühne, der Helden Corneille's und Racine's, erinnern. Die
Charaktere sind sich kräftig entgegengesetzt, und innerhalb
dieser Gegensätze frappiren sie uns durch seltsame Ähnlich-
keiten: Etzel und König Gunter, sonst sich so ungleich, sind
beide müde Zauberer. Der dämonische Hagen und der treuherzige Rüdeger fallen beide als Opfer bedingungsloser Lehenstreue. Nur der das leidenschaftliche Thun der andern über-
ragende und die Handlung zum Schlusse führende Dietrich
von Bern steht als symbolische Figur in einsamer Höhe.

Auch die Sprache hat ein classisches Gepräge, jenen Dahn'schen Goldton, den wir in den Balladen des Dichters bewundern. Möglich daß sie, etwas ungestümer und zerrissener, an dramatischer Wirkung gewinnen würde.

Der Aufbau des Stückes ist einfach, schlank, sehr theatralisch. In wenigen Zeilen lassen sich seine Grundzüge wiedergeben. Auf die Burg Bechelaren zu Markgraf Rüdeger und seinem lieblichen Kinde Gotlind kommt mit den an Etzels Hoflager ziehenden Burgunden der junge Giselher und gewinnt die Liebe des Mädchens. Gleichzeitig aber erscheint nächtlicher Weile, um ihre Opfer zu zählen, die Herrin der Gränzveste, die rachedurstige Krimhilde. Hier hat Dahn eines seiner schönsten Balladenmotive zu einem Actschlusse verarbeitet, welcher der effectvollen Schlußscene des ersten Actes im „Roderich“ an großartiger Wirkung nicht nachsteht. Rüdeger, von Dietrich gewarnt, treibt das Liebespaar zur Flucht. Mit ihnen entrinnt Hagen, aber er und Giselher kehren in Ahnung der Katastrophe treuen Herzens zu den inzwischen auf der Etzelburg angelangten Nibelungen zurück, Hagen nachdem er einen gefeiten Schild erbeutet. Das Morden beginnt, und Rüdeger wird von seiner Lehensherrin gezwungen mit seinem Eidam Giselher zu fechten, worüber der zu Vater und Bräutigam herbeigeeilten Gotlind das Herz bricht. Die Todten liegen wie Garben auf dem Felde, nur Gunter und Hagen bleiben übrig, die Dietrich von Bern überwindet und gefesselt der Rache Krimhildens anheimgibt unter der Bedingung, daß Etzel hinfort den germanischen Boden meide.

So schreitet neben der zartesten Idylle die grausamste Rache, sie nähern, berühren und durchkreuzen sich. Wahrlich, Furcht und Mitleid erregt diese Tragödie, und das ist die Hauptsache.

Der „**Schweizerische Miniatur-Almanach**“ auf das Jahr 1877.
   (Neue Zürcher Zeitung 27. Januar 1877.)
— Der „Schweizerische Miniatur-Almanach“ auf das Jahr 1877, von Rud. Buri, dessen bisher in keinem zürcherischen Blatte Erwähnung geschah, verdient eine nach-

trägliche Zeile der Anerkennung. Neben einer Novelle und einer Biographie bringt das Büchlein, in welchem uns — ein seltener Kasus — die Poesie besser vertreten scheint als die Prosa, einige ganz vorzügliche Gedichte. Das Kalendarium begleiten zwölf Lieder von G. Keller, alte, liebe Lieder, vom Dichter wieder durchgesehen. Da ist „Winternacht" und „Am Wasser", so verschieden als möglich gestimmt und jedes in seiner Art vollkommen. In: „Erster Schnee" ändert der Meister — es kostet ihm ein paar Federzüge — vielleicht noch die zwei Schlußzeilen für seine endgültige Sammlung. Eine entschiedene Begabung beweist Adolf Frey. Die „Lieder eines Freiharstbuben aus den Burgunderkriegen" treten brav und frisch und doch in keiner Weise renommistisch auf; auch unter seinen übrigen Gedichten finden sich glückliche Motive, z. B. das: „Oh, wir wissen, was du denkest." Ein junges Talent reizt die Neugierde. Wird es gegen sich selbst strenge sein? Wird es zu seinem Kerne durchdringen? — Viktor Widmann giebt diesesmal nur ein paar gefühlte Strophen: „Am Grabe J. Frey's." Was ist aus der schönen epischen Dichtung in Oktaven geworden, deren ersten Gesang uns der Jahrgang 1875 mittheilte? Von den beigegebenen Holzschnitten gefällt uns „der gefährdete Blumenstrauß" am besten, auch die poetische Deutung desselben von R. O. Ziegler ist ganz hübsch.   M.

Macalda, Trauerspiel von H. Lingg. 1877. (Neue Zürcher Zeitung 5. Juli 1877.)

> Um König Manfred weinen
> Sizilien und Tarent,
> Es ragt ein Mal von Steinen
> An der Brücke von Benevent.

> Ein Held, wie größer keinen
> Der Ruhm Italiens kennt,
> Ruht unter dem Mal von Steinen
> An der Brücke von Benevent.

So .lang die Sterne scheinen
Und die Sonne am Firmament,
Schreit Rache das Mal von Steinen
An der Brücke von Benevent.

Die vorstehende Ballade wird den Franzosen mit drohen=
dem Hohne vorgesungen wenige Augenblicke vor dem Be=
ginne der sizilianischen Vesper. Ueder ihren Autor können
wir nicht im Zweifel sein: mit so tiefem Gefühle, kurz,
bis zur Schroffheit, concis wie eine Inschrift, dichtet nur
Hermann Lingg und die Ballade ist in sein eben erschienenes
Trauerspiel „Macalda" eingefügt, das wir an dieser Stelle
in Kürze, mehr andeutend als ausführlich besprechen wollen.

Die Personengruppe der „Macalda", ungefähr wie sie in
den letzten, die Lösung bringenden Scenen erscheint, ist fol=
gende: Im Vordergrund links ein gemeuchelter Franzose,
rechts ein gefesselter sizilianischer Räuber. In der Mitte zwei
große Gestalten, ein Weib, eine Sizilianerin und ein deutscher
Ritter, beide den Tod im Antlitz. Zwischen ihnen an der
Erde ein geleerter Giftbecher. Im Hintergrunde ein König
mit schönen, kalten, etwas falschen Zügen, der einem jungen
Mädchen zögernd die Krone aufs Haupt setzt.

Versuchen wir es, die Fundamente der Dichtung mit
vorsichtiger Hand bloßzulegen. Ein Volk, das sizilianische,
wirft das Joch einer fremden, der französischen Herrschaft ab.
Es befreit sich aber durch eine unerhörte grausame Blutthat.
Diese Blutthat ist die eigentliche tragische Schuld des Dramas.
Wer wird der Erbe der Revolution sein? Zwei Elemente haben
dabei gehandelt: der großartige, aber unstäte, reizbare, rach=
süchtige sizilianische Volksgeist und der ungesühnte Schatten
des von Karl Anjou hingerichteten Konradin. Diese zwei
aus der Geschichte aufsteigenden Dämonen gewinnen Gestalt,
der eine in der Sizilianerin Macalda, der andere in dem
deutschen Ritter Fulko, und, um diese Geister gänzlich zu ver=
körpern, gab ihnen der Dichter, in merkwürdigem Parallelis=
mus, ein dem Hasse, von welchem sie besessen sind, geradezu
widersprechendes menschliches Gefühl. Fulko nämlich, der den

letzten Athemzug Konradins belauscht und eingesogen hat,
wird von Liebe berührt zu der Tochter des mörderischen Anjou,
die er zuerst, durch eine seltsame aber nicht unmotivirte Ver=
wechselung für seine Lehnsherrin, die letzte Staufin hält und
von welcher er auch nach erkanntem Irrthum nicht lassen
kann. Macalda hinwieder, die glühende Patriotin, wird unselig
verzaubert und geblendet von dem neuen fremden Unter=
drücker ihrer Heimatsinsel, dem Könige Aragon. Dieser König
ist nicht leicht zu enträthseln. Wenn wir ihn richtig fassen,
verbirgt er unter einem gleißenden Aeußern jene Seelen=
kälte, welche der Scharfblick Macchiavelli's später an den
Fürsten der Renaissance beobachtete. Fulko und Macalda
zerstören sich durch den Widerspruch von Haß und Liebe.
Aber auch der schlaue Aragonier wagt die Herrschaft nicht
zu behalten, er gibt sie der letzten Hohenstaufin, deren un=
schuldiges Haupt die aus dem Blute der sizilianischen Vesper
gehobene Krone entsündigt.

So ungefähr laufen die Grundlinien des Spieles. Von
diesem selbst mag sich der Leser und, wann das Stück über
die Bretter geht, der Schauer fesseln und hinreißen lassen.
Die Handlung ist ungemein rasch und kräftig geführt, die
Gestalten sind kühn entworfen, mehr als eine derselben aber
behält etwas Räthselhaftes, das ist nicht zu leugnen; sei es daß
sie tief angelegt, aber nicht völlig herausgearbeitet sind, sei
es daß der Dichter den Forderungen und Wirkungen der mo=
dernen Bühne zu lieb die jeweilige Situation so rücksichtslos
und vehement ausbeutet und erschöpft, daß der Umriß der
Charaktere dadurch vorübergehend erschüttert wird und in
ein Schwanken geräth. Nun, das gibt der Kritik zu schaffen,
das bietet der Deutung und Auslegung Spielraum.

Wir können uns nicht enthalten, noch einen überraschend
schönen Detailzug hervorzuheben. Wohl die mächtigste Scene
der „Macalda“, mit kecker Bravour hingeworfen, ist die der
sizilianischen Vesper selbst. Die freche Geberde, welche sie
zum Ausbruch brachte, ist geschichtlich. Der Dichter mußte
sich fragen: darf ich das auf die Bühne bringen? Er hat es
gewagt. Aber durch wen läßt er den Franzosen niederstechen

neben der beschimpften Sizilianerin? Durch einen von ihr
zurückgewiesenen Liebhaber, dem sie, als letzte und einzige
Gunst, gerade an diesem verhängnißvollen Abend einen keuschen
Kuß auf ihre Stirn gewähren will. Ist das nicht ein genialer
Zug? und es ist nicht der einzige. An Detailschönheiten,
schlagenden Worten, schönen schroffen Wendungen, gewaltigen
und auch lieblichen Bildern ist die Macalda reich bis zum
Ueberfluß.   Ferdinand Meyer.

Hermann Lingg. Schlußsteine, Berlin 1878. (Neue Zürcher
  Zeitung 23. Dezember 1878.)

Die Lyrik Hermann Lingg's, der bald feierliche, bald
wilde, zuweilen fast michelangeleske Schwung, mit welchem
sie die schaffenden und zerstörenden Kräfte, den „Kampf"
in dem kosmischen und in dem geschichtlichen Leben ver=
herrlicht, finden sich in jeder Literaturgeschichte charakterisirt,
und da die rühmenden und die tadelnden Voten für den
Einsichtigen im Grunde dasselbe Bild eines sehr mächtigen
und eigenthümlichen Dichters ergeben, kann es hier nicht
darum sich handeln, Bekanntes zu wiederholen, sondern nur
darum, in Kürze das Verhältniß dieser neuen Sammlung
zu den drei vorangegangenen anzudeuten.

Den Hauptwerth der „Schlußsteine" legen wir nicht auf
die überwältigende Fülle ihres Inhaltes, sondern auf einen
andern Punkt. Sagen wir es mit einem Worte: Hermann
Lingg tritt uns hier individueller, vertrauter und darum
auch lyrischer als früher entgegen. Er zahlt, ohne zu kargen,
mit seiner Persönlichkeit. Er führt uns in dieser männlichen,
durch das Leben begleitenden Lyrik im Spiegel seines Vor=
bildes durch alle Stimmungen eines tüchtigen mit dem Dasein
kämpfenden Menschen, die Verwundungen, die Entmuthigun=
gen, die Ermannungen, kurz durch alle Ringerstellungen des
Geistes und der Seele. Er zeigt sich uns selbst, wie er leidet
und kämpft, tapfer, schwer verletzt, zornig aufflammend gegen
das Schlechte, Feige, Gemeine, mitleidig mit den Unterlie=
genden, scheu und ehrfürchtig den waltenden Mächten gegen=

über, durch die Erfahrung furchtlos geworden und sich aus=
streckend nach dem Kranze — nicht nach dem papierenen der
Journalistik, sondern nach jenem unverwelklichen, von welchem
Goethe sagt:

> Es rufen von drüben
> Die Stimmen der Geister,
> Die Stimmen der Meister:
> Versäumt nicht zu üben
> Die Kräfte des Guten!
>
> Hier winden sich Kronen
> In ewiger Stille,
> Die sollen mit Fülle
> Die Thätigen lohnen! . . .

Wir gestehen, daß wir, in gewissen Stimmungen wenig=
stens, diese persönliche Lyrik jener kosmischen und symbolischen,
die Lingg's Ruf gegründet hat, vorziehen.

Daneben läßt ihn eine wachsende Heiterkeit, die Frucht
unverdrossenen Kampfes, mehr Raum und Lust als früher
gewinnen für jene harmlosen und anmuthigen Gestaltungen,
die wir als „Genre" ansprechen können. Eine unbedeutende
Realität beschäftigt Auge oder Ohr des Dichters, was weiß
ich, ein murmelnder Brunnen, ein mit den Trauben in die
Kufe gestampftes Bienchen, zwei Riesenkamine einer Fabrik
im Morgennebel, ein Kindergesicht hinter einer Fensterscheibe,
der Pfiff des ersten Bahnzuges als erfreuliches Morgengeräusch
für einen Schlummerlosen u. f. w. Aus einem solchen Nichts
entsteht im Handumdrehen eine starke Stimmung, ein lieb=
liches Gefühl, ein schwermüthiger oder schwerwiegender Ge=
danke. Und dieses leichte Spiel bewegt sich mit großem Reiz
auf dem Hintergrunde einer ernsten und sorgenden Seele.

Reich vertreten ist die Ballade, welche Lingg bekanntlich
mit Meisterschaft behandelt. Neben makellosen Gedichten dieser
Gattung (darunter die flott hingeworfenen „Schweizer und
Landsknechte") stehen andere, die eingedunkelten Bildern gleichen
und vielleicht für den Liebhaber noch mehr Anziehungskraft

besitzen. Beim ersten Anblick erkennt man nur irgend eine energische Geberde, wenu man aber die Linien verfolgt, treten nach und nach großartige Gestalten hervor. Hier nennen wir eine „Beatrice Cenci." Es ist eine originelle Idee, daß in dieser Ballade das gegen die Schuldig-Unschuldige ausge= sprochene Todesurtheil des Pabstes die Hölle aufregt und die Rechtsbegriffe der Dämonen und Verdammten über den Haufen wirft. Die Balladen=Abtheilung der „Schlußsteine" noch einmal durchblätternd, bedauern wir, daß Lingg den „Ring der Fastrada", der bei seinem ersten Erscheinen in einer Zeitschrift großes Lob erntete, wahrscheinlich als zu „klassisch" unterdrückt hat, und begegnen dem aus derselben Zeitschrift schon bekannten fragwürdigen „John Hawkwood" — ein echter „Lingg", bei welchem wir, mit der Erlaubniß des Lesers, noch einen Augenblick verweilen.

Eine Soldateska plündert ein in Flammen stehendes Kloster. In der Kapelle desselben machen sich zwei dieser Verthierten eine junge Nonne streitig. Die Verzweifelnde ruft St. Georg an.

> Durch's Fenster flammt ein Feuerschein,
> Ein hoher Ritter tritt herein

und stößt ihr den Dolch durch die Brust. Es ist der durch seine Grausamkeit verrufene Condottiere Hawkwood, welcher auf diese Weise den Zank seiner Leute beendigt. Wo liegt in dieser Schlächterei das poetische Motiv? Darin, daß die Nonne stirbt, bevor sie sich recht bewußt wird, ob der himmlische Retter oder ein Mörder vor ihr steht. Wer weiß, ob Lingg selbst dieses wunderschöne Motiv klar erkannt hat? Wenig= stens hat er es nicht herausgearbeitet. Ein Anderer aber, vielleicht einer seiner Leser, hat es klar erkannt und geschmack= voller verwerthet.

In einem namhaften historischen Romane neueren Da= tums finden wir ungefähr folgende Episode. In einer be= lagerten Stadt lebt, neben dem Thore, eine Wittwe, die sich halb blind geweint hat über einen im Jünglingsalter ver= lorenen Sohn, welcher sich vor Jahren in einen am Thore

ausmündenden halbverschütteten Aquäduft hinunterwagte.
Dort sitzt sie und erwartet seine Wiederkehr. Durch diesen
selben Aquäduft bringt der Belagerer in die Stadt und sie
glaubt in dem ersten aus der Tiefe aufsteigenden Feinde,
einem jungen Manne, den Sohn zu erkennen. Der Krieger
stößt sie nieder, bevor sie ihren Irrthum gewahr wird. Vor=
trefflich!

Von großer Schönheit sind in den „Schlußsteinen" die
Naturlieder. Hier verschmelzen Landschaft und Menschenseele
vollständig und diese Landschaft ist die unsrige: der Bodensee
und die Hochgebirge. Denn Hermann Lingg zieht sich all=
mälig von den egyptischen Pyramiden und aus den römischen
Ruinen in die Heimat zurück, wo er sich in seiner Vaterstadt
Lindau diis volentibus sein Haus bauen wird. Wir begrüßen
ihn zum Voraus als einen lieben und geehrten Nachbar.

Ferdinand Meyer.

Albrecht von Haller und seine Bedeutung für die deutsche Literatur.
Von Adolf Frey. (Deutsche Rundschau Oktober 1880.)

Eine solide und substantielle Arbeit, welche den Reichthum
ihres Inhaltes eher versteckt, als zur Schau legt! Sie er=
innert uns an jene bequemen Gebäude, wie sie unsere Vor=
eltern zu errichten pflegten, mit einer langen Flucht von
Wohnräumen und Vorrathskammern, doch ohne Prunkzimmer.
Viel reifes Wissen und gesundes Urtheil ist in diesem Buche
aufgespeichert, aber gänzlich fehlen die flunkernden Theorien
und blendenden Aperçüs.

In einer Reihe von durchschnittlich kurzen Capiteln wird
uns die Stellung Haller's in der deutschen Literatur gründlich
klar gemacht. Zeitatmosphäre, Bildungsgang, Beeinflussung
(Stärkung und Beschränkung) eines großen, aber nur in
jugendlichen Jahren und in Mußestunden geübten Talentes
durch Gelehrsamkeit, republikanischen Patriotismus und eine
strenge, ja starre Orthodoxie, Erfolg, Ansehen, Popularität,
die zeitgenössische Kritik (Gottsched und die Schweizer), die
Nachahmer und schließlich Haller's Verhältniß zu unseren
Classikern, das Alles wird uns bequem und schrittweise nähe

gelegt. In der Mitte des Buches steht das reichhaltige, sorg=
fältig gearbeitete, für den Fachmann ohne Zweifel inter=
essanteste Capitel: Ueber Haller's Sprache.

Das kurzgefaßte Urtheil wird dem berühmten Berner,
nach unserem Dafürhalten, völlig und endgültig gerecht. In
die zur leeren Reimerei entartete deutsche Poesie, so lautet
es ungefähr, brachte Haller wieder einen Gehalt, indem er
würdige, seiner Zeit zusagende, obwol an sich unkünstlerische
Stoffe behandelte. Mit den Zeitgenossen im Irrthum über
das Wesen der Poesie, gab er dieselbe in den Dienst der Moral.
So blieb er Didaktiker — einige warme Stellen seiner lyrischen
Gedichte und seine Ode über die Ewigkeit ausgenommen —
und cultivirte, dem Geschmacke seiner Zeit gemäß, das Lehr=
gedicht, die descriptive Poesie, die Satire, die Fabel, den
historischen Tendenzroman. Wenn Haller dennoch einer echten
Kunst Bahn brechen half, so that er es durch die Großheit und
Bestimmtheit seiner Natur, die in einer wahren und starken
Diction ihren Ausdruck fand.

Es ist viel interessantes Detail in diesem Buche. So
figurirt z. B. unter den Nachahmern Haller's ein fast völlig
unbekannter Poet, Grimm von Burgdorf, dessen Gedichte
(1762) hin und wieder ganz auffallend auf das moderne
Stimmungsbild hinweisen.

Zwei Punkte aber haben uns ganz besonders interessirt.

Zuerst Haller's ästhetische Theorien, wie er dieselben in
seinem, zehn Jahre nach seinem Tode veröffentlichten, Tage=
buche niedergelegt hat. Diese erscheinen uns ganz erstaunlich,
obwol sie ohne Zweifel von der großen Mehrzahl seiner
Zeitgenossen getheilt wurden. Da wird die Sittlichkeit des
sophokleïschen Oedipus bezweifelt, mehr als ein aristotelischer
Satz verneint und die dramatische Tauglichkeit ganz guter
und ganz schlechter Charaktere behauptet, Molière's komische
Kraft und Grausamkeit „widerwärtig" genannt, pins Aeneas
mit dem Schemen Ossian's weit über die homerischen Ge=
stalten gehoben, kurz, das ästhetische Moment überall unbarm=
herzig und principiell dem ethischen Moment oder dem, was
dafür gelten muß, geopfert. Heutzutage freilich haben wir

dieſe Vorurtheile gründlich überwunden und die Selbſtherr=
lichkeit der Poeſie muß nach einer ganz anderen Seite hin
vertheidigt werden.

Dann das Verhältniß Haller's zu Schiller. Es iſt
geradezu überraſchend, wie viele, oft wörtliche Reminiscenzen
aus Haller ſich bei unſerem großen Schiller finden. Er muß
die Gedichte des Berners faſt auswendig gewußt haben. Dieſes
Nachklingen, zuſammengehalten mit dem auffallend günſtigen
Urtheile, welches der große, ſonſt ſo ſcharfe Kritiker in ſeiner
Abhandlung „Ueber naive und ſentimentale Poeſie‟ über
den Berner fällt, deutet, wie Frey hübſch bemerkt, auf einen
dem ſchweizeriſchen Didaktiker und dem deutſchen Claſſiker
gemeinſamen philoſophiſch pathetiſchen Zug, und wir
können dem Autor nicht Unrecht geben, wenn er Schiller's
philoſophiſche Gedichte „den künſtleriſch vollendeten und ver=
klärten Ausſluß und zugleich den Schlußſtein des eigent=
lichen Lehrgedichtes‟ und Schiller ſelbſt — nach dieſer Seite
hin — den fortgeſchrittenen Nachfolger Haller's zu nennen
wagt.

Shelley. Percy Byſhe Shelley. Von H. Druskowitz. Berlin, Oppen=
heim 1884. (Das Magazin für die Litteratur des In= und Aus=
landes. 1884. Nr. 6. S. 85.)

Wenn die Verfaſſerin des vorliegenden Eſſay über Shelley
in ihrem Vorworte behauptet, dieſer ſei unter den Deutſchen
der Gegenwart faſt ein Fremdling, ſo iſt er es wahrlich vor
einem Menſchenalter nicht geweſen. Davon legt das bekannte
ſchöne Sonett Herweghs Zeugniß ab, und auch wir Jüngeren
laſen Shelley noch mit vieler Andacht. Seither haben ſich
freilich nicht nur die äußeren Verhältniſſe der Welt geklärt,
ſondern auch manche Ideenkreiſe, und man dürfte ſich nicht
wundern, wenn ein weltflüchtiger, viſionärer, durch und durch
ſubjektiver Poet nicht mehr unſer täglicher Begleiter ſein
könnte. Doch ebenſowenig wird Shelley unter uns der Ver=
geſſenheit anheimfallen, denn er iſt ein großartiger Lyriker,
und wenn ihn die Verfaſſerin den größten Englands nennt,
wollen wir nicht widerſprechen.

Shelley ist ein Idealist. Das Recht der Wirklichkeit ver-
kennt er vollständig oder sie ist für ihn einfach nicht vorhanden, aber er bildet sich eine neue, seine eigne Welt aus
den Eigenschaften seiner Seele.

Die Grundzüge seines Wesens sind: ein anerborner Edelmut, ein tiefer Haß und eine hartnäckige Auflehnung gegen
jeden Zwang, gegen jede Überlieferung des Staates und selbst
der Sitte, und da er sich früh aus dem Kampf mit der Welt
zurückzog und die Einsamkeit suchte — er liebte das weite
Meer und die öde Küste — eine Vertrautheit mit den Natur-
geistern und ein kindlicher Optimismus. Daraus entwickelten
sich drei Sätze, in ihrer Allgemeinheit einer unwahrer als
der andere, welche unter dem verschwenderischen Blumenwerk
seiner Dichtung stets wiederkehren und sich leicht erkennen
lassen: der Glaube an die ursprüngliche Güte des Menschen,
an die absolute Schlechtigkeit der Gesellschaft, und ich weiß
nicht an welche nahe bevorstehende Erlösung und ein unfernes
glückseliges Millennium. Wer an eine langsame Arbeit, an
einen mühsamen Fortschritt des Menschengeschlechtes und an
ferne, nur annähernd erreichbare Ziele glaubt, befindet sich bei
Shelley nicht nur im Reiche der Phantasie, sondern in dem
des Irrthums.

Dennoch behält auch für diesen Shelleys Poesie ihren
Wert. Sie läßt uns außerhalb unseres Tagewerkes dunkle
elementare Kräfte, Tugenden außerhalb der Sitte und eine
Gerechtigkeit außerhalb des Staates ahnen. So ungefähr
sagt auch H. Taine, wenn ich nicht irre.

Immer spielt Shelley mit diesen drei Karten. Sein
Erstling, die „Königin Mab“, eher ein Manifest als eine
Dichtung, enthält schon alle diese Züge. Es ist eine Lehr-
stunde, welche die Fee einem toten oder scheinbar toten Mädchen gibt, ein Unterricht über das Wesen der Weltseele, eine
leidenschaftliche Verdammung der Priester, der Staatsmänner,
der stehenden Heere, des Handels, der Ehe und eine Predigt
des Vegetarianismus. In einer Reihe poetischer Erzählungen
strebt der junge Dichter dann das dogmatische Element wo nicht
auszustoßen, doch zu verklären, ohne daß es ihm jedoch ge-

länge, statt seiner Phantome wirkliche Wesen zu schaffen.
Seine Wellen und seine Wolken sind wahrer als seine Men=
schen. Schon der Fünfundzwanzigjährige erreicht die Höhe
seiner Dichtung mit dem „entfesselten Prometheus" und den
„Cenci". Die vier Akte, ich hätte fast gesagt, die vier Decken=
gemälde des „Prometheus" endigen in einen prächtigen Freu=
densturm der Elementargeister über den Sturz des „Usur=
pators", aber Prometheus selbst, der Befreier der Erde, ist
mit schwankenden Umrissen gezeichnet. In dem unvergleich=
lichen und unsterblichen Drama der „Cenci" sind die zwei
Hauptfiguren, der lasterhafte Alte und die unselige Beatrice,
ins Kolossale übertrieben und dadurch ästhetisch möglich ge=
macht. Der alte Cenci erscheint als der Inbegriff aller Ge=
waltthat und Grausamkeit, so daß sich Beatrice mit vollem
Rechte gegen die erste aller Autoritäten, die väterliche, auf=
lehnt. Die Nebenfiguren dagegen sind schwach und verzeichnet,
zum giltigen Beweise, daß Shelley keinen Blick für das
Charakteristische und an der Mannigfaltigkeit menschlichen
Wesens keine künstlerische Freude hatte. Sein letztes, selt=
sames, wohl unvollendetes Werk, die „Der Triumph des
Lebens" überschriebenen schönen Terzinen, hat eine pessi=
mistische Färbung.

Das von uns mit ein paar Strichen aufs Geratewohl
skizzierte Bild Shelleys führt der vorliegende Essay mit Liebe
und Sorgfalt ins Einzelne aus. Wer ihn aufmerksam liest
— und er liest sich leicht und angenehm — wird mit uns in
das Lob des Buches einstimmen. Es ist eine grundehrliche
und gewissenhafte Arbeit, man sieht, die Verfasserin hat einen
hohen Begriff von der Umsicht und Wahrheitsliebe, mit welcher
das Leben eines außerordentlichen Menschen erzählt sein will.
Sie gibt die Thatsachen und läßt das Urtheil des Lesers frei.
Die Werke des Dichters bespricht sie nach ihrer Entstehung
und Vollendung jedes an seiner rechten Stelle. Sie analysiert
dieselben sorgfältig, aber mit einer leichten Hand, welche das
ästhetische und philosophische Werkzeug ganz schulgerecht hand=
habt. Die Analyse der „Cenci" z. B., weche wir zweimal
gelesen haben, erklärt den Bau, betont die Größe und berührt

die Mängel des Stückes bescheiden, aber durchaus befriedi=
gend. Möge die Verfasserin, auf der betretenen Bahn be=
harrend, eine zweite glückliche Wahl treffen!

Kilchberg bei Zürich. Konrad Ferdinand Meyer.

Graf Dürckheims Erinnerungen.[1]) (Deutsche Rundschau. De= zember 1887.)

Ein interessantes und liebenswürdiges Buch, interessant
für die Zeitgeschichte und liebenswürdig durch die Lebendigkeit
der Erzählung und eine aus jeder Zeile redende Lauterkeit
des Wesens. Der Verfasser nimmt uns gastfreundlich an der
Hand und führt uns in raschem Schritte durch ein reiches
und langes Dasein, das Selbsterlebte in leichten Linien mit
den öffentlichen Ereignissen verbindend. Juli=Regime und
zweites Kaiserreich sind vollständig in seinem Buche enthalten.

Es ist Zusammenhang und Fortschritt in diesem Lebens=
gange: eine Entwicklung aus harmlosen Anfängen und be=
scheidenen Aufgaben zu immer höheren Stellungen und ver=
antwortungsvolleren Entscheidungen, bis zu den höchsten und
ernstesten: der Wahl zwischen Heimathen und Bürgerrechten.
Dieser sittliche Gehalt ist aber verkleidet in die heitere Form
einer offenherzigen, oft witzigen Plauderei und beflügelt durch
den Schwung einer höchst lebendigen Einbildungskraft. Es
ist ein Optimismus der besten Art, der uns hier in dem
Beispiel eines „freudvoll und leidvoll" bewegten, aber stets
beherrschten Lebens das Menschenleben überhaupt als ein
werthvolles Gut erscheinen läßt. Von starkem Gefühl und
doch nicht mehr als recht ist mit sich selbst beschäftigt, behält
der Verfasser offene und helle Augen für seine Mitwelt, be=
theiligt sich regen Geistes an verschiedenen Diensten des öffent=
lichen Lebens, mit Staatstreue und Pflichtgefühl, aber doch
mit den Vorbehalten eines unabhängigen Charakters, der
nach einem tüchtigen Handeln und oft heftigem Wollen rasch
bereit ist, zurückzutreten in die Freiheit und in die betrach=
tende Muße.

---

[1]) Erinnerungen aus alter und neuer Zeit. Von Ferdinand Graf
Eckbrecht Dürckheim. Stuttgart, Metzler. 1887. Zwei Bände.

Ferdinand Graf Dürckheim wurde geboren im Sommer des Schicksalsjahres 1812 zu Thürnhofen in Bayern auf dem Gute seines Vaters, des weiland württembergischen Ministers in Holland, der dann mit ihm 1814 ins Elsaß zurückwanderte, wo dem Emigranten der unveräußert gebliebene Theil seiner Stammgüter zurückgestellt wurde. Aber schon nach wenigen Jahren kehrt der Knabe mit der Mutter und den jüngern Geschwistern nach Thürnhofen zurück und wächst dort in ländlicher Freiheit auf, bis ihn der Vater nach Straßburg in das Lyceum bringt. In derselben Stadt durchläuft er dann die Akademie und später seine administrativen Lehrjahre als Secretär des Präfecten. Die vollblütigen Freuden und unschuldigen Irrthümer einer gesunden Jugend werden anmuthig erzählt, mit hübschen Ausblicken auf die elsässische Landschaft und Geschichte. Den Abschluß macht ein warmes Liebesidyll, auf das ein Schimmer aus „Wahrheit und Dichtung" fällt, denn die Braut des Grafen ist eine Enkelin Lili's.

Nach einer jungen Vermählung beginnt eine, nur von einigen Aufenthalten in Paris unterbrochene, lange Wanderung durch eine Reihe von Unterpräfekturen: Espalion im Rouergue, Nantua an der savoyischen Grenze, Weißenburg im Elsaß, Peronne und endlich Provins, wo den Grafen die zweite französische Republik überrascht. Unter der Präsidentschaft wird er Präfekt in Colmar, und da er in Folge eines Mißverständnisses mit Persigny seine Entlassung verlangt, ernennt ihn der ihm gewogene Kaiser Napoleon zum Generalinspector der Telegraphenverwaltung, eine bedeutende Stellung, die den Reiselustigen bis nach Corsica und Tunis führt. Ein großer Reiz des Buches liegt in den mannigfaltigen landschaftlichen Skizzen und reichen Kostümbildern, die uns der Graf aus den Gegenden mitbringt, die er verwaltete oder bereiste.

Von geschichtlichem Werthe sind besonders zwei Stellen: die wahrhaft classische Schilderung der Verderbniß, welche in die strengen administrativen Traditionen des ersten Napoleon unter Louis Philipp durch die sog. parlamentarischen Notwendigkeiten eindrang, d. h. durch die, bei rasch wechselnden Ministerien, dem Unterpräfecten obliegende Inscenirung der

Kammerwahlen. So konnte es z. B. begegnen — auch dem
Grafen ist dies widerfahren — daß ein Unterpräfect auf Be=
fehl einem Candidaten der Opposition entgegenarbeitete, der
dann, gewählt, in Paris mit der Regierung Frieden schloß
unter der Bedingung, daß der gehorsame Unterpräfect, der
sich ihm unangenehm gemacht hatte, zur Strafe versetzt werde.
Dieser zerstörende Mißbrauch gipfelt in dem cynischen Worte
Duchatel's: La province nous est indifférente; c'est la
chambre des députés seule, qu'il nous importe de gouverner."
      Und noch eine spätere Situation: Die Lage des Präsi=
denten der Republik zwischen seiner Wahl und dem Staats=
streiche. Sie wird durch den Besuch illustrirt, welchen Louis
Napoleon im Elsaß machte, wo ihn der Graf als Präfect von
Colmar empfing und begleitete. Die Schilderung dieses Be=
suches mit seinen unheimlichen oder komischen Einzelheiten
ist ein Meisterstück. Sagen wir noch, daß der Präfect von
Colmar zwar dem Staatsstreich beitrat, daneben die beab=
sichtigte Deportation einiger unschädlicher Republikaner mit
muthiger Entschlossenheit verhinderte.
      Aus den vielen, mit ein paar geistreichen Strichen ge=
zeichneten Gesichtern, mit welchen uns Graf Dürckheim be=
kannt macht, treten zwei ausgeführte Portraits hervor, beide
sehr ähnlich, ohne Zweifel, wenn auch das eine mit Abneigung
aufgefaßt, das andere in freundliche Beleuchtung gestellt. Louis
Philipp macht einen herzlich unangenehmen Eindruck: vulgär,
absprechend, „cassant", wie die Franzosen sagen, kurz, so
unköniglich als möglich, während Louis Napoleon uns aus
seinen schläfrigen Augen mit gewinnenden Zügen anschaut.
Als zeitweiliger Unterpräfect von Peronne hatte der Graf den
Prinzen in seinem Gefängnisse zu Ham besucht, und sie hatten
sich nicht mißfallen. Das gute und dankbare Gedächtniß des
Kaisers ist bekannt. Er bewahrte dem Grafen seine Gunst
bis ans Ende, und dieser vergilt sie hier mit einem sorg=
fältigen und gerechten Urtheil.
      Ergreifend schließt das Buch mit dem französisch=deutschen
Kriege, der dem Verfasser schwere Zeiten und den Verlust
eines Sohnes brachte. Hier sind besonders zwei Momente

auszuzeichnen: die wahrhaft heroische Haltung der Gräfin —
der zweiten Frau des Grafen, einer Schwester der ersten —
nach der Schlacht bei Wörth auf Schloß Froschweiler, wo sie
allein zurückgeblieben war, während Dürckheim die französische
Feldtelegraphie befehligte — und dann die Erwägungen des
Grafen nach dem Friedensschlusse. Er hat Recht: Die aus
Montesquieu angeführte Stelle über die Heiligkeit der Ver=
träge ist die richtige Lösung solcher Conflicte. Freilich wurde
dem Grafen sein rascher und entschiedener Schritt auf die
deutsche Seite erleichtert durch seine Traditionen — die Dürck=
heime sind von Alters her mit dem Reiche verwachsen — und
durch seine stete und starke Fühlung mit dem geistigen Leben
der Nation.

Was er uns auf den letzten Seiten seines Buches von
der Gestaltung der Dinge in dem wieder deutsch gewordenen
Elsaß in höchst würdigem Tone sagt, das zu beurtheilen, über=
lassen wir der Geschichte.

C. F. M.

J. Gaudenz von Salis=Seewis.[1]) Von Adolf Frey. (Deutsche
Rundschau Oktober 1890.)

Ein Dichter, der sich eine bescheidene, doch gesicherte
Stellung in der Literatur erwirbt, hat damit auch seinen
gerechten Anspruch gewonnen auf eine rechtschaffene Biogra=
phie als nöthige Erläuterung seiner literarischen Gestalt. Unser
Salis mußte lange warten, hat nun aber, was ihm gebührte,
zur kaum verfrühten Säcularfeier seines ersten Auftretens
(1793) in treuer und liebevoller und endgültiger Weise er=
halten.

Das Ende des letzten Jahrhunderts sehnte sich aus seiner
Verbildung und Gährung heraus nach „Natur", wie es sie
verstand — es verstand sie freilich anders als unser Jahr=
hundertende — und der dreißigjährige Salis befriedigte dieses

---

[1]) J. Gaudenz v. Salis=Seewis. Von Adolf Frey. Mit Salis'
Bildnis und einer Ansicht des Familiensitzes Bothmar. Frauenfeld,
Verlag von J. Huber, 1889.

Bedürfniß für sich und seinen Kreis mit einer Handvoll Lieder.
Am meisten Verwandtschaft hat er wohl — um von seinem
weniger echten Mitstrebenden und Freunde Matthison abzu-
sehen — mit Hölty; nur daß das frühe erlöschende Mitglied
des Hainbundes uns, trotz seiner Todesahnungen, ein lachendes
Kindergesicht zeigt, während der Bündner männliche und fast
schwermüthige Züge trägt. Herbststimmung, ländlicher Friede,
Abendschatten, einsame Gänge, „Entzogenheit", verhüllte Zu-
knuft, verklärte Kindheit, bekämpfte verstohlene Thränen, ja
Tod und Grab, Alles aber durchaus wahr empfunden und mit
schlichtem Wohllaut ausgesprochen, das ist der stille Reiz und
der noch heute verlockende Inhalt der Dichtung eines liebenswürdigen und reinen Menschen von melancholischer Anlage.

Brav und ehrlich übertreibt Frey nicht um eine Linie den
poetischen Werth unseres Landsmannes und bemerkt treu-
herzig, Salis habe im Geiste seiner Zeit an der „ländlichen
Einfalt in den Hütten" festgehalten, und doch, auf dem Lande
lebend, wissen müssen, welche Bewandtniß es gemeiniglich
damit hat. Ich möchte noch über etwas Anderes erstaunen,
was aber gleichfalls der Zeitgeschmack verschuldete, daß nämlich
der Bündner, Bach und Hain aufsuchend, für die herrliche
Wildheit seiner eigenen Gebirge unempfänglich bleibt, die er
doch kannte, da er mehrmals St. Moritz besucht hat. Aber
jedes Jahrhundert hat seine Fictionen und geliebten Unwahr-
heiten, über welche künftige Zeiten lächeln werden.

Spätere Gedichte unseres Bündner's, mehr philoso-
pischer Art und unter dem Einfluß Schiller's stehend, können
natürlich neben dem frischen Jugendschusse nicht aufkommen,
und so hätte sich, zur Darlegung des Grundes und Bodens,
worin dieser wurzelt, der Biograph mit der Erzählung der
Jugend — übrigens einer sehr schönen Jugend — begnügen
können; aber mit Recht erzählt er uns, aus den besten häuslichen Quellen schöpfend, und mit einem sichtlichen Wohlgefallen an seinem Helden, nach dem Dichter auch noch den
Bürger, der seinem Lande nicht minder hohe Ehre macht.
Salis gehörte zu den Vielerfahrenen, deren Leben durch die
Scheide des letzten und unseres Jahrhunderts in Hälften

getheilt wurde, in deren erster sie sich mit rückhaltloser Be=
geisterung den Zeitideen hingaben, um sich dann in der
zweiten, nach hergestellter Ordnung, in bürgerlicher Pflicht=
treue zu beruhigen. Von Salis ist zu sagen, daß seine weit=
gehende Sympathie mit der Revolution eher auf den edeln
Impulsen eines angeborenen Gerechtigkeitssinnes als auf
großer Vertrautheit mit den Zeitideen fußte, am wenigsten
auf religiösem Boden, den er kaum je verließ; sonst hätte er
sich nicht an Schiller's „Göttern Griechenlands" so sehr stoßen
können, wie er that (1790). Zuerst erzählt uns Frey das
merkwürdige alte Bünden — nach meinem Geschmack hätte er
es noch ausgiebiger thun dürfen — die Eltern des Dichters,
seine glückliche Jugendzeit, den frühen Beginn des Dienstes
in der Garde zu Paris, die Kameraden, seine Garnisonen (in
deren einer, in Arras, das Bündnerregiment Salis=Samaden
von dem dortigen Stadtpoeten besungen wird, dem damaligen
Anakreontiker Robespierre blutigen Andenkens). Wir erfahren,
auf einem Urlaub, seine erste und einzige, sehr schöne Liebe
zu der Bündnerin Pestalozza, nach einem früheren flüchtigen
Liebeswetterleuchten in Lausanne, seine Bildungsreise durch
Holland und Deutschland zu den damaligen literarischen
Größen, die er durch seine edle Bescheidenheit für sich ein=
nimmt. Dann kommt die Revolution, der Eintritt unseres
Bündners in das national=französische Heer, die Heimkehr,
der heimische Kriegsdienst, lange Jahre bürgerlicher Pflichten,
das Alter, das Ende.

Dies Leben von beneidenswerther Makellosigkeit, in dem
der Sprößling eines der ältesten heimischen Geschlechter in
seinem offen vor uns liegenden Thun und Lassen, in That
und Wort, ja in jedem Gedanken den Edelmann verwirklicht,
ein so erbauliches Leben hat uns Frey erzählt, scheinbar mit
einer gewissen liebenswürdigen Sorglosigkeit, aber im Grunde
mit der genauesten Sachkenntniß, bequem, ausgiebig und doch
kurz gefaßt und überall kurzweilig.

Eines noch! Die Verse, die Freiligrath unserem Salis
widmet, hätten wir denn doch gerne im Buche selbst gelesen,
statt sie nachschlagen zu müssen.

Der Verleger hat sein Buch con amore ausgestattet, mit
dem Bildniß des Dichters von Quenedey (Paris 1790) und
einem Bilde seines Stammsitzes „Bothmar", unfern von Chur,
nach einem Aquarell von Leonhard Steiner. Auf die Buch=
decke hat er zu unserem Vergnügen das Wappen der Salis ein=
gepreßt, die Weide (salice), die der Wanderer in Bünden noch
heutzutage (sowie die Bärensohle der Planta), auf manchem
stattlichen Schloß oder zerfallenden Burgstall betrachtet.

Conrad Ferdinand Meyer.

Offener Brief.

Gegenwart. IV. Band (1873). S. 206.

Geehrter Herr!

Gestatten Sie mir, aus einem abgelegenen Bergdorfe, wo mich Ihr Blatt wöchentlich auffindet, einige Zeilen an Sie zu richten.

In No 36 der „Gegenwart" vermuthet H. Hopfen den Ursprung des geflügelten Wortes: daß ein langer Brief leichter zu schreiben ist als ein kurzer, in einem Briefe Boileaus an Racine. Nun ist aber die betreffende Stelle offenbar einer in der 16. Provinciale enthaltenen Wendung nachgeahmt, die folgendermaßen lautet: Je n'ai fait celle-ci (die 16. Provinciale) plus longue que parceque je n'ai pas eu le loisir de la faire plus courte.

Möglich, daß das Wort damals schon ein „geflügeltes" war; möglich aber auch, daß Pascal es erfunden hat. Er war — Sie werden mir beipflichten — der Mann dazu.

Ihr ganz ergebener

C. Ferd. Meyer

Sedrun in Bünden, 15. Sept. 1873.

Autobiographische Skizze.

J. J. Honegger, Die poetische Nationalliteratur der Schweiz. 1876. IV. Band, S. 106—7.

Conrad (Ferdinand) Meyer, geboren den 12. Oktober 1825 in Zürich, Sohn des Regierungsrathes Dr. Ferdinand Meyer, hat nach Abrede mit einem zweiten, gleichen Familien- und Vornamen tragenden schweizerischen Dichter,

um die beſtändige Verwechslung zu vermeiden, dem eigenen
Vornamen den des Vaters beigeſetzt. Den Vater verlor er
ſchon 1840 und wurde durch eine faſt überzarte Mutter von
ſeltener Liebenswürdigkeit und Begabung erzogen, durchlief
dann das Gymnaſium ſeiner Vaterſtadt, wo das Fach der
deutſchen Literatur durch Friedrich Haupt und den gewiſſen=
haften Ettmüller vertreten war, welche beide Meyers Freunde
geblieben ſind. Hierauf verlebte er ein glückliches Jahr in
Lauſanne, froh, das ihm wenig zuſagende Studium der Juris=
prudenz, das als Lebensberuf für ihn vorgeſehen war, ſo
lang als möglich hinauszuſchieben. Dann, nach beſtandenem
Maturitätsexamen, machte er ſich auf der zürcheriſchen Uni=
verſität an das Studium der Pandekten, entdeckte aber bald,
daß er dazu keinen Beruf habe, und überließ ſich, da ſich ihm
unter den damaligen Umſtänden und bei ſeiner einſeitig künſt=
leriſchen Anlage keine andere lohnende Lebensausſicht darbot,
und bei einem gewiſſen Mangel an ſelbſtbeſtimmender Initia=
tive, einer faſt gänzlichen Muthloſigkeit. Lange Jahre brachte
er in iſolierten Privatſtudien zu, bildete ſeine Kenntniſſe in den
alten Sprachen und der Geſchichte aus, zeichnete und machte
poetiſche Verſuche, die aber aus Mangel an Berührung mit
Vorbildern und Mitſtrebenden bei vielleicht glücklichen Mo=
tiven in der Ausführung etwas Willkürliches und Unvoll=
endetes behielten. Dieſe lange Abgeſchloſſenheit begann zuletzt
trotz einer übrigens glücklichen und elaſtiſchen Konſtitution
ungünſtig auf ſeine Nerven zu wirken. Der Rath eines Arztes
entriß ihn dieſer Lebensweiſe und den heimiſchen Verhält=
niſſen. Hier iſt der Wendepunkt ſeines Lebens. Die leichtere
Atmoſphäre in Lauſanne und Genf, wohin er ſich zunächſt
zu den Freunden ſeiner Familie wandte, und die faſt väter=
liche Aufnahme, die er in dem gaſtfreien Hauſe des Geſchicht=
ſchreibers Ludwig Vulliemin fand, ließen ihn aufthauen. Der
raſchere Austauſch der Gedanken und die neuen geſelligen Be=
ziehungen lehrten ihn Seiten ſeines Weſens kennen, die ihm
bis jetzt verborgen geblieben waren. Hier hat er die fran=
zöſiſche Sprache und Literatur mit Vorliebe ſtudiert, Thierry's
récits des temps mérovingiens und Anderes in's Deutſche

übersetzt und seine ersten Balladen gedichtet. Dabei verlor er aber etwas vom Gefühl seiner in ihrer Fülle der französischen Knappheit entgegengesetzten Muttersprache, und die Balladen in ihrer ersten Gestalt tragen die Spur dieser zeitweisen Entfremdung an sich. Auch ein längerer Aufenthalt in Paris fällt in diese Zeit.

Die Schönheit der Form ging ihm eigentlich erst später auf, als er, in seine Vaterstadt zurückgekehrt, mit deutschen Freunden in nahe Beziehung trat, sowie durch wiederholte Reisen nach Italien. Das Jahr 1870, unter dessen Inspiration er „Huttens letzte Tage" schrieb, hat ihn den deutschen Schriftstellern eingereiht.

Ludwig Vulliemin.
Feuilleton der Neuen Zürcher Zeitung. 16. und 18. März 1879.

Längst hätten wir gerne das neueste Werk des Nestors unserer heimischen Geschichtschreiber, die „Histoire de la Confédération suisse" von Ludwig Vulliemin mit ein paar öffentlichen Worten besprochen. Kompetentere sind uns zuvorgekommen, aber wir revanchiren uns, indem wir einen Blick werfen auf das ganze schriftstellerische Wirken des verehrten Mannes, das sich sehr schön und organisch um drei den verschiedenen Lebensaltern angehörige Hauptwerke gruppirt. Für das mitunterlaufende Biographische haben wir eine gute Quelle. Vor sieben Jahren nämlich, schon im hohen Alter, hat Ludwig Vulliemin die größere Hälfte seines Lebens selbst erzählt, „seinen Enkeln", wie es auf dem Titelblatte des nur unter die Bekannten vertheilten, nicht dem Buchhandel übergebenen Bandes heißt. Neben diese vor uns aufgeschlagenen „Erinnerungen" legen wir die Photographie eines Oelgemäldes von Glaire[1]), welches den markanten Kopf des Geschichtschreibers mit dem ganz vergeistigten Ausdrucke und dem unbeschreiblich freundlichen Blicke in leichter Idealisirung wiedergibt.

„Wer sich gute Freunde erwerben will, der gehe nach

---

[1]) Gemeint ist Charles Gabriel Gleyre (1806—1874).

Zürich", dieſen Rat des Dekan Bridel hat Vulliemin von früh an befolgt und ihn — ſo verſichert er — probehaltig gefunden. In der That, wie viele unter uns haben ihn hier gekannt und geliebt und wiederum an ſeinem gaſtlichen Herde bei Lauſanne aufgeſucht, ſchon Hottinger, dann die um die Wende des Jahrhunderts geborenen Zeitgenoſſen, dann die Söhne und Enkel derſelben. Auch der Verfaſſer dieſer Zeilen hat das Gaſtrecht in Mornex — ſo heißt das kleine Landhaus des Geſchichtſchreibers — von ſeinem Vater geerbt. Vulliemin iſt der unſrige. Er kennt ſein Zürich wie nicht Einer und es finden ſich z. B. in ſeinen Aufzeichnungen ein paar gelegent= lich hingeworfene Worte über die geſellſchaftlichen Verhält= niſſe und Wandlungen unſerer Vaterſtadt, die von auffallender Wahrheit ſind.

Die Heimat unſeres Freundes iſt die Waadt, die, als ſelbſtſtändiger Kanton, ungefähr gleichzeitig mit ihm auf die Welt gekommen iſt. Vulliemin erinnert ſich mit Vorliebe eines Wortes, das ihm ſein Vater, ein vormaliger Beamter der Excellenzen von Bern, auf den Lebensweg mitgegeben hat. „Liebes Kind," ſagte der Alte, „ſei Du unſerm neuen Kanton Waadt von Herzen anhänglich, aber thue mir den Gefallen und läſtere nie auf unſere alten Herren von Bern, denn ich bin ihnen Dank ſchuldig." Das war das Wort eines Edelmannes (den Ausdruck im geiſtigen Sinne genommen) und daneben die dem künftigen Geſchichtſchreiber unbewußt ertheilte väterliche Weihe. Ein Sohn ſeiner Zeit zu ſein und zugleich die vergangene, der wir alle viel ſchuldig ſind, zu begreifen und zu ehren, das iſt ja der Boden aller ge= ſchichtlichen Bildung.

Vulliemin's Jugend war eine glückliche. Viel Gutes be= günſtigte dieſelbe: geachtete und liebevolle Eltern, von Reich= thum und Armuth gleich weit entfernte Verhältniſſe, be= gabte, zum Theil ausgezeichnete Kameraden — wir nennen nur Alexander Vinet —, ein erfreulicher, wenn auch nicht ganz vollſtändiger Bildungsgang, wie ihn eben die Heimat bieten konnte, der neu gegründete Zofingerverein und jene ideale Strömung, die damals, nach den Freiheitskriegen, die

jungen Köpfe beherrschte und die uns so fremd und wohl=
thuend berührt, wenn es uns einfällt, die vergilbten Papiere
einer Jugendkorrespondenz aus der Zeit unserer Väter zu
durchblättern.

Der junge Mann dachte sich der Kanzel zu widmen,
aber er mußte sich darein schicken, daß ihm die Aerzte, seiner
schwachen Stimme wegen, dieselbe untersagten. Aus seinen
theologischen Studien lernte er Gehalt und Form unter=
scheiden, ohne sie von einander zu trennen, und aus den An=
fängen eines treu geübten evangelischen Amtes schöpfte er
den Glauben an die sittliche Macht des Christenthums, den
er zeitlebens festgehalten hat.

Jenem krankhaften Uebergangszustand, den Göthe die
Jugenddumpfheit nennt, konnte auch Vulliemin nicht ganz
entgehen. Seine Gesundheit litt darunter, aber er überwand
ihn durch spezifische Heilmittel, die Erkenntniß seines wahren
Berufes und seiner wahren Liebe. Dieselbe Frau hat seine
Jugend begeistert, seine Mannesjahre beglückt und erhellt
ihm jetzt das äußerste Alter. Ich habe ihre geistvollen Augen
nur unter den weißen Brauen der Matrone leuchten sehen,
aber in ihrer Jugend muß sie anmuthig gewesen sein, wie
wenige.

Der Geschichtschreiber seines Volkes zu werden, dieser
Gedanke hatte schon früh in Vulliemin gedämmert und ich
glaube, daß dabei, neben dem Rufe der Begabung und dem
jugendlichen Enthusiasmus, auch das Selbstgefühl des eman=
zipirten Waadtländers mitgespielt hat, der es gerecht fand,
daß auch ein französischer Schweizer mitschreibe an den
Annalen des gemeinsamen Vaterlandes, und den es verdrießen
mochte, eine wie stiefmütterliche Behandlung in unsern frühern
Geschichtsbüchern die romanische Schweiz gefunden hatte. Der
junge Mann eröffnete sich dann über sein Vorhaben gegen
unsern Kaspar v. Orelli, der ihn gleich herzhaft darin be=
stärkte. Vulliemin hat uns in seinen Aufzeichnungen mit
liebevoller Pietät, aber nicht ohne stillen Humor ein Schreiben
des berühmten Philologen aufbewahrt, in welchem ihm dieser
einen grandiosen, in solchem Umfang aber unmöglich zu ver-

wirklichenden Studienplan entwirft und das mit der originellen Wendung schließt: „Dieses schreibe ich Ihnen, damit
Sie sich nicht zersplittern."

Es kommt die Zeit der Studien und der Versuche. Vulliemin liest Hottinger's eben erschienene Fortsetzung der „Müller'-
schen Schweizergeschichte", jenes unter ungewöhnlichen und
wechselnden Bedingungen entstandenen Werkes, wo jetzt ein
Todter die Feder fallen läßt, jetzt ein Lebender sie seinem
Nachfolger in die Hand gibt. Er übersetzt das deutsche Buch
auf seinen weißen Rändern mit dem Stift in's Französische
und begibt sich dann mit der Reinschrift nach Zürich. Hottinger, dessen warmes Wesen den jungen Waadtländer sofort
einnimmt, fordert ihn auf, weiter zu erzählen. „Die Reformation der romanischen Schweiz und ihr Eintritt in die Eid-
genossenschaft wollen von einem französischen Schweizer behandelt werden", so meint und ermuntert der freundliche
Zürcher.

Vulliemin beginnt die geschichtlichen Dokumente dieser
Epoche zu sammeln, findet aber bald, daß die Vereinigung
des vollständigen Materials die Kräfte des Einzelnen über-
steige. Er schlägt die Gründung einer geschichtsforschenden
Gesellschaft der romanischen Schweiz vor, welche auch, wenig
später, zu Stande kommt, deren Statuten in Vulliemin's
Wohnung unterzeichnet werden und deren geehrter Senior
er bis heute geblieben ist.

Um inzwischen mit der Veröffentlichung der Dokumente
einen Anfang zu machen, geräth er auf einen hübschen Gedanken. Er gründet mit vierzig Aktien von je hundert Franken
ein Journal, das zweimal monatlich erscheint und während
der Jahre 1835 und 1836 in Leitartikel, Tagesbericht und
Feuilleton der modernen Welt die sich gerade dreihundert-
mal verjährenden Ereignisse wie Mitlebenden aus den besten
Quellen berichtet. Diese alte Zeitung in modernem Gewande
liest sich ganz angenehm, ist überdieß eine werthvolle Doku-
mentensammlung, nimmt sich aber doch ein bischen wunderlich aus, und man begreift, wie es sich begeben konnte, daß
eines Tages in einer kleinen waadtländischen Stadt die Damen-

welt in Thränen zerfloß über die Verbrennungen der Pro=
testanten in Paris, ohne in der Jahreszahl des aus der Presse
kommenden Blattes die Fünfe statt der Achte zu bemerken.

In dieses fleißige Stillleben kommt auf einmal eine
treibende Bewegung. Karl Monnard wird an die Akademie
von Lausanne berufen. Voll Feuer und Initiative wie er
ist, hat er nicht genug an seinem Lehrstuhl, an seinen Staats=
geschäften, er will sich auch literarisch bethätigen und die
schwierigste Aufgabe ist ihm gerade die rechte. Die große
Müller'sche Schweizergeschichte soll nun einmal beendigt,
Müller und Glutz in's Französische übersetzt, Vulliemin's
Uebersetzung von Hottinger eingeschoben und das Uebrige
in derselben Sprache von den zwei Waadtländern Vulliemin
und Monnard hinzuerzählt werden. Ein Buchhändler zeigt
sich. Die Rollen werden vertheilt: da wo die selbstständige
Arbeit beginnt, wird Vulliemin die lange Strecke von Calvin
bis zum zweiten Villmergerkriege, Monnard das achtzehnte
Jahrhundert bewältigen. Unser Freund steht vor einer großen,
so rasch als möglich und in dem vorgeschriebenen Raume von
drei Bänden zu lösenden Aufgabe.

Zuerst aber, und noch vor den Archiven, will er Land und
Leute kennen lernen. Er durchzieht die Schweiz und es ist
eine Lust, ihn in seinen „Erinnerungen" von diesen glücklichen
Wandertagen reden zu hören. Da er mit frischen Augen und
einem jungen Herzen reist, findet er überall guten Empfang,
auf den Fußwegen, auf der Landstraße, in der Hütte, im
Salon, an der Gasttafel der neuen Tagherren in Luzern,
auch bei den alten Herren in Bern, die er nie gelästert hatte.
Einer von diesen, ein Zeuge alter Tage, erzählt dem an=
gehenden Geschichtsschreiber von dem gewaltigen Eindrucke,
den, zu Ende des vorigen Jahrhunderts, das Erscheinen des
ersten Bandes der Müller'schen Schweizergeschichte in Deutsch=
land machte. „Ich studierte", sagt ihm der greise Berner,
„mit andern Schweizern auf einer deutschen Universität. Der
Schweizername war damals im Auslande so wenig geachtet
und wir selbst hatten ein so niederdrückendes Gefühl unserer
Schwäche und Zerrissenheit, daß mehrere unter uns es vor=

zogen, ſich für Deutſche auszugeben. Das änderte ſich mit
einem Schlage, wie Müller's Buch erſchien. Wir ſahen
uns plötzlich geachtet und glaubten wieder an unſer Vaterland."

Jetzt unternimmt Vulliemin drei größere Studienreiſen
ins Ausland, nach Turin, Mailand und Paris. Nur in
Mailand, wohin der öſterreichiſche Geſandte in der Schweiz
ihn empfohlen hatte, bleiben ihm die Archive verſchloſſen
und die einzige Berückſichtigung, die er findet, iſt ein dis=
kretes kaiſerlich=königliches Begleit, das ihn auf keinem ſeiner
Ausgänge verläßt. In den drei Städten lernt der Reiſende
eine Reihe bedeutender Leute kennen, eine große Mannig=
faltigkeit der Menſchennatur, ſo — um nur den ſchroffſten
Gegenſatz hervorzuheben — in Paris den lebenskräftigen queck=
ſilbernen Thiers und in Turin den armen edeln Silvio Pellico,
den er aus dem Spielberge losgekommen, aber in ſeine Vor=
urtheile eingeſperrt und in dem ſchou damals freiſinnigen
Turin iſolirter findet, als in dem öſterreichiſchen Kerker. Es
koſtet uns Ueberwindung, Vulliemin nicht ſelbſt erzählen zu
laſſen, wie er mit ſeiner feinen und heitern Art dem ängſt=
lichen Asketen und dem ehrgeizigen Staatsmanne, die ihm
beide bis an ihr Lebensende gewogen blieben, in gleicher
Weiſe gerecht zu werden wußte und wir begnügen uns an=
zudeuten, einer wie gründlich humanen und liebenswürdigen
Natur es dazu bedurfte. Dieſer gaſtfreie Zug in Vulliemins
Weſen hat ihm ſpäter, da er Namen bekam, manchen Fremden
von Auszeichnung zugeführt und es beluſtigt mich zuweilen,
die bedeutenden Menſchen, die im Laufe der Jahre an dem
beſcheidenen Herde des proteſtantiſchen Geiſtlichen geſeſſen
haben, mir in eine Geſellſchaft zuſammenzudenken, den ſchwär=
meriſchen Mickiewicz, den raffinirten Sainte = Beube, den
frommen Montalembert, den naiven Michelet und ſo manchen
Andern, den er bewirthet und überlebt hat. Wenn ich mich
dann erinnere, wie mitd, wie gerecht, wie ſcharfblickend er
ſie alle beurtheilt, bewundere ich die vollſtändige, aber un=
ſchuldig erworbene Menſchenkenntniß des waadtländiſchen
Hiſtorikers. Doch kehren wir zu dem jungen Manne zurück.

Nachdem dieſer das Heimgebrachte geſichtet hatte, ging

es an die Komposition, die in verhältnißmäßig kurzer Zeit
vollendet wurde. Die drei Bände erschienen in Jahresfrist
(1841, 1842), wenig später eine deutsche Uebersetzung. Und
nicht lange blieb Vulliemin über den Erfolg im Unklaren.
Die gewissenhafte Quellenforschung, die kräftige Verarbeitung,
der lebensvolle Vortrag, der das Werk beseelende, aber keines=
wegs blinde oder nur befangene Patriotismus wurden all=
gemein anerkannt und· gerühmt. Ueber die Stylfrage aber
war Meinungsverschiedenheit. Eine Kritik nannte die Schreib=
art wildgewachsen, alterthümlich, gedrängt, als hätte es die
Wette gegolten, so viel als möglich auf ein Blatt zu bringen.
Vulliemin vertheidigt sich in seinen „Aufzeichnungen" lebhaft
gegen den Vorwurf, Johannes v. Müller nachgeahmt zu haben.
Sicherlich hat er das nicht mit Bewußtsein gethan, aber unter
dem Einfluß dieses großartigen Manieristen ist er doch wohl
nicht weniger gestanden, als alle andern Fortsetzer des Müller'=
schen Werkes, und es ist im Grunde ganz natürlich daß, wer
an einem weitläufigen Gebäude fortarbeitet, den Styl des
ersten Architekten nicht unberücksichtigt lassen kann. Dem
sei, wie ihm wolle, die seiner Natur entsprechenden leichten
und raschen Bewegungen hat Vulliemin erst später gelernt.
Es braucht schon viel Bildung, um das Einfache am Schönsten
zu finden.

Es ist nicht thunlich, aus dem Reichthume dieser zwei
Jahrhunderte umfassenden Erzählung, die uns manchen merk=
würdigen, aber nur einen weltbewegenden Menschen, den genfe=
rischen Reformator vorführt, etwas Einzelnes hervorzuheben,
aber gerade über Vulliemins Calvin erinnern wir uns eines
Urtheiles, das wir uns nicht enthalten können anzuführen.
Ein guter Kenner sagte uns: Es wurde in der neuesten Zeit
viel Nachtheiliges und zum Theil Gehässiges über Calvin aus
den Archiven hervorgeholt, aber die Hauptzüge seines Bild=
nisses, wie Vulliemin dasselbe entworfen hat, bleiben uner=
schüttert. Er hat eben die durch keine Makel zu beeinträchti=
gende Seelengröße des Reformators empfunden, wie sie aus
jeder hinterlassenen Briefzeile desselben redet.

Und noch eines wollen wir hervorheben, eine seltene, nicht

zu unterſchätzende Mitgift, die künſtleriſche Begabung unſeres
Hiſtorikers. Man ſehe nur, wie er die bündneriſchen Unab=
hängigkeitskämpfe in der erſten Hälfte des ſiebzehnten Jahr=
hunderts zu erzählen verſteht.

In dieſen drei Bänden hatte Bulliemin keinen dankbaren
Stoff behandelt: Schöne Details, die große Rolle Genfs und
die tragiſchen Schickſale Bündens im deutſchen Kriege, aber
eine wechſelnde Szene, keine einheitliche Handlung, ein Zu=
rücktreten aus dem großen politiſchen Leben, zwei obſkure
Bürgerkriege, der traurige Bauernkrieg, die fremden Kriegs=
dienſte! Begreiflicher Weiſe ſehnt er ſich nach einer größeren
Szene, nach einem Stoffe von allgemeinem Intereſſe. Ohne
den heimiſchen Boden zu verlaſſen, ſchreitet er auf demſelben
in die Jahrhunderte zurück, wo dieſer noch an den allge=
meinen Schickſalen theilnahm und hier erblickt er an der
Scheide zweier Zeiten das Bild Karls des Großen in ſeiner
impoſanten Vereinſamung. Die Heldenfigur verlockt die bil=
denden und das ziemlich vollſtändige und zugängliche, aber
der Sichtung bedürftige und deutungsfähige Material die
kritiſchen Kräfte unſeres Geſchichtſchreibers. Beſonders eine
Szene läßt ihn nicht los: Die Kaiſerkrönung in Rom. War
ſie mit dem Papſte verabredet? Oder war Karl, wo nicht
der Ueberraſchte, doch der Nachgebende? Die Logik gewiſſer
Geſchichtſchreiber iſt oft ſehr verſchieden von der Logik der
Geſchichte, ſo ſagt ſich Bulliemin und ſein hiſtoriſcher Inſtinkt
läßt ihm die zweite dieſer Auffaſſungen als die der Wahrheit
nähere erſcheinen. Immer mehr vertieft er ſich in die Fragen
und Räthſel dieſer großen Studie, als er — nun als er zu
zweifeln beginnt, ob ſeine Kräfte reichen. Das Leben in
einem kleinen Staate, ſo quält er ſich — mit wie viel Recht,
laſſen wir dahingeſtellt — iſt keine Schule, in welcher man
weltgeſchichtliche Motive und große Menſchen unbefangen be=
urtheilen lernt, ich muß reiſen, in Hauptſtädten, in intellek=
tuellen Mittelpunkten leben, meinen Horizont erweitern, aber
ich bin von zartem Gewebe und liebe meinen Herd — in Wahr=
heit, meine Beſtimmung iſt nicht Meere zu befahren, ſondern
den blauen Leman.

Ein in ehrlichem Kampfe verlorenes Schwert aber findet sich wieder, wie weiland das Cäsars in jenem gallischen Tempel. Aus Vulliemins Karlsstudien entsteht, in engerem Rahmen, sein nach unserer Schätzung bestes und eigenthümlichstes Buch: „Chillon". Es war ein kunstvoller und doch naheliegender Gedanke, vier imponirende Figuren aus verschiedenen Zeitaltern, den Comes Wala, Peter von Savoyen, Bonivard und Lord Byron in den Gewölben des alten Seeschlosses zu versammeln, das sie alle Vier bewohnt oder betreten hatten. Auch die Darstellung ist hier natürlicher, einfacher und doch individueller, passionirter, als in der großen Schweizergeschichte. Sie hat einen wohl aus dem Karlsplane gebliebenen freien, rein menschlichen Zug und ist völlig unberührt von jenem Pathos, an welchem unser Johannes v. Müller zuweilen leidet und das uns heutzutage als unwahr entschieden widersteht.

Die folgenden dreißig Jahre verflossen unserm Freunde nur zu schnell in Erfüllung der mannigfaltigsten bürgerlichen und privaten Pflichten. Wie alle tüchtigen und hilfreichen Menschen wurde er überall und über das Maß hinaus in Anspruch genommen. Auch an den kirchlichen Fragen und Neubildungen seiner Heimat betheiligte er sich lebhaft, doch wir haben es hier nur mit dem Schriftsteller zu thun. Eine Reihe von gehaltvollen und vorzüglich geschriebenen Essays meist historisch-kritischen Inhaltes, die in diesem Zeitraume in verschiedenen Zeitschriften, besonders in der Bibliothèque universelle erschienen, verdienen eine Sammlung und dürfen nicht mit jenen verflattern. Dann sind zwei sehr hübsche Biographien zu nennen, die eines bescheidenen Vorläufers und die eines treuen Schülers, des witzigen, in der heimischen Geschichte und Anekdote bewanderten Dekan Bridel und des jung gestorbenen streitbaren, aber dabei herzensguten Journalisten Aimé Steinlen. Hier ist Vulliemin vermöge der Elastizität seines Geistes und vermöge seiner natürlichen Begabung für die Causerie ein Meister. Die Hand ist ihm durch die strenge Arbeit nicht schwer geworden, er spielt mit seiner Aufgabe, man sieht die Feder über das Papier laufen und doch erreicht

er eine Aehnlichkeit und Lebenswahrheit, neben welcher manche
berühmte Biographie zum ſteifen Conterfei wird.

Als aber Bulliemin ſiebenundſiebzig Jahre zählte, kehrte
er zu ſeiner Jugendliebe zurück und begann, zuerſt faſt un=
willkürlich (presque sans m'en douter), dann aber bald plan=
voll und mit wachſendem Eifer eine vollſtändige Schweizer=
geſchichte in mäßigen Proportionen zu entwerfen, die uns
jetzt im franzöſiſchen Originale und in einer ganz tüchtigen
deutſchen Ueberſetzung vorliegt. Ich glaube, die zwei nicht
großen Bände ſind hoch anzuſchlagen. Der rüſtige, gleich=
mäßige Wanderſchritt, die durchſichtige Klarheit und geiſt=
reiche Kürze, mit welchen hier unſere Geſchichte ſich entwickelt,
gewähren das lebhafteſte Vergnügen. Wir umfaſſen ohne Mühe
mit einem Blicke die kl inen Anfänge, das heroiſche Zeitalter,
die Ueberkraft, weche burch die nothwendige ſittliche That
der Reformation gebrochen wird, die Zerſplitterung, die Ohn=
macht, und bann, in dieſem Jahrhundert, eine neue Entwicke=
lung, weche ſich noch nicht endgültig beurtheilen läßt. Und
wir fühlen uns ergriffen, daß uns ein patriotiſcher Greis
unſere alten Schickſale erzählt zu einer Zeit, wo die Schweiz,
in der Mitte von neuen energiſch in nationalem Sinne ſich
entwickelnden Staatenbildungen offenbar in eine Kriſe tritt,
die das Maß ihrer jetzigen Lebenskräfte geben wird. Wo wir
das Buch aufſchlagen, haben wir ein angenehmes Gefühl der
Sicherheit, daß wir nirgends einer gelehrten Caprice, einer
perſönlichen Verbiſſenheit, einem verſteckten Haſſe gegen ge=
wiſſe Zeiten und Menſchen begegnen werden; überall finden
wir Bewältigung des Stoffes, Reife des Urtheils, Gerechtig=
keit, Humanität, kurz alles, was die Geſchichte zu einer Muſe
macht gegenüber der einfältigen oder unehrlichen Fratze des
Parteiurtheiles.

Am liebſten endigen wir mit einem charakteriſtiſchen
Worte Bulliemins über ſich ſelbſt. Wir erinnern uns einer
Stelle in ſeinen Aufzeichnungen, wo er ſich im Vorbeigehen
über einen ſeiner Kritiker ein Bischen luſtig macht, der „unter
dem Schriftſteller den Menſchen ſuchte.“ „Mein Kritiker,“
ſagt er, „beklagt ſich, daß er in meiner Natur allerhand Gegen=

sätze finde: Treuherzigkeit neben Weltkenntniß, Ueberzeugun=
gen neben Vorurtheilslosigkeit, Begeisterung neben gesundem
Verstande und — das Schlimmste — unter einer ehrwürdigen
Miene den feinen Schalk. Er entschuldigt mich dann aber
und findet schließlich einen Menschen doch nicht so übel, dessen
Geist sich ausgereift hat, aber dessen Herz jung geblieben ist."

Kleinstadt und Dorf
um die Mitte des vorigen Jahrhunderts.
Nach einem Manuscripte von Edmund Dorer
mitgetheilt von C. Ferdinand Meyer.

Zürcher Taschenbuch auf das Jahr 1881 S. 43—75.

Mein Freund Edmund Dorer hat mir die Handschrift
einer zu zwei Dritteln ausgeführten Biographie von J. G.
Zimmermann von Brugg (1728—1795), mit welcher er sich
seit geraumer Zeit beschäftigt und deren Vollendung in Aus=
sicht steht, zu freier Verfügung gestellt.

Die Züge Zimmermanns, wie die Lavaters, hat Göthe's
Hand spielend und genial entworfen, über keinen von beiden
aber besitzen wir eine den Forderungen der Gegenwart ent=
sprechende Biographie. Während Dorer aus einem unendlichen
biographischen Material und einem sorgfältigen Studium der
hinterlassenen Werke das lebensgroße Bild Zimmermanns zu=
sammenarbeitet, benützen wir eines seiner Studienblätter, um
von dem Werthe und Umfange des noch im Bau begriffenen
Werkes eine Idee zu geben.

Zwischen drei Kapiteln ist uns die Wahl schwer geworden.

Das erste erzählt uns Zimmermanns Anfänge und akade=
mische Jahre im Hause und unter den Augen Hallers in
Göttingen. Ein anderes ist überschrieben: „Das Erdbeben
von Lissabon". Es durchgeht, bei der Gelegenheit einer
Dichtung Zimmermanns über diesen Gegenstand, die meta=
physischen Betrachtungen und metrischen Uebungen, zu welchen
das Naturereigniß die guten Köpfe jener Zeit anregte, und
beginnt mit dem Eindrucke, welchen der sechsjährige Göthe

und der vierzehnjährige Lavater auf der Schulbank davon empfingen. Aus einem culturhistorischen eher als literarischen Standpunkte haben wir uns für ein drittes Kapitel entschieden. Dieses handelt von dem langjährigen Zerwürfnisse Zimmermanns mit seinen kleinstädtischen Mitbürgern.

Wenn wir an dem Prophetenstädtchen mit dem Bahnzuge vorübereilen, erinnert sich wohl Mancher, daß dort ein Freund Geßners und Lavaters wohnte, aber Wenige wissen, ein wie qualvolles Leben Zimmermann in diesem Städtchen geführt hat, welches sich dem Vorbeifahrenden oder von der Habsburg auf dasselbe Hinabblickenden so heimlich darstellt. Vierzehn Jahre — 1754 war der in Göttingen und Bern an eine bedeutendere Umgebung gewöhnte, erst sechsundzwanzigjährige Mann einem Rufe als Stadtphysikus in seine Vaterstadt gefolgt — vierzehn lange Jahre verbrachte er dort in so widrigen und gespannten Verhältnissen, daß er dieselben, auch in ganz andere Zustände versetzt, bis an das Ende seiner Tage nicht vergessen konnte, so wenig als die Persönlichkeiten, welche, wie er glaubte, ihm den Aufenthalt in Brugg verbittert hatten. Seine Galle fließt über bei der flüchtigsten Erinnerung an das dort in der Wirklichkeit und in der Einbildung Erlittene.

Bringen wir nun auch das reizbare, ja gefährliche Naturell des früh berühmten Mannes, seine Ruhmsucht und Eitelkeit oder was seinen Mitbürgern als solche erschien*) in volle Rechnung und halten wir die Schuld, wie sie es auch war, für eine getheilte, so bleibt doch noch genug übrig, um uns eine Vorstellung zu geben, wie eng und gering zu jener Zeit das Dasein in einer Kleinstadt war und wie ein dazu verurtheilter bedeutender Mensch darunter leiden konnte.

Wir Leute des zu Ende gehenden neunzehnten Jahrhun-

---

*) Göthe hat Zimmermann in „Wahrheit und Dichtung" — zwischen Ernst und Scherz — gegen den Vorwurf der Eitelkeit vertheidigt. Als Tissot Zimmermann eine Abhandlung widmete mit der Dedication: „celeberrimo nobilissimo etc.", schrieb der Brugger seinem Lausanner Freunde: „Warum nicht einfach „Zimmermann zugeeignet"? Das ist eher Stolz als Eitelkeit.

derts, die wir nicht an der Scholle haften, wundern uns über
diesen eben so schmerzlichen als unfruchtbaren Kampf Zimmermanns gegen seine Mitbürger, welche er absolut zur Anerkennung von Verdiensten zwingen wollte, die außerhalb ihres
Horizontes lagen. Aber die Zustände des Prophetenstädtchens
nach der Mitte des vorigen Jahrhunderts hat er in seinen
Schriften und Briefen nun einmal verewigt und uns Epigonen dadurch in den Stand gesetzt, dieselben mit mehr Humor
zu betrachten, als dem hypochondrischen Verfasser des Werkes
„Ueber die Einsamkeit" damals möglich war.

Auf die Beschreibung der erbärmlichen Zustände einer
Kleinstadt im vorigen Jahrhundert lassen wir dann das idyl-
lische Gegenstück eines Dorflebens am Zürichersee in derselben Epoche folgen, welches wir ebenfalls der energischen
Feder Zimmermanns verdanken. Dergestalt wird der Leser
nicht unter einem pessimistischen Eindrucke bleiben und auf
der andern Seite ist kaum zu befürchten, daß er daraus den
irrigen Schluß ziehe, vor hundert Jahren sei Brugg eine
Hölle, Richterswyl der Himmel gewesen.

Im Frühling (März) 1766 veröffentlichte der in Zürich
erscheinende und von Lavater redigirte „Erinnerer" einen
merkwürdigen Artikel, eine leidenschaftliche, für den damaligen Stand der deutschen Literatur meisterhaft geschriebene
Diatribe, welche betitelt war: Vorschlag zu einem Kleinstädter Katechismus. Der mit einem G. unterzeichnete
Artikel war datirt W. — 22. Februar 1766 und enthielt die
schärfsten Ausfälle gegen Kleinstädterei. Begreiflicher Weise
wirkte das ungewöhnliche Produkt aufregend und die erste
Frage ging weder nach seinem literarischen noch nach seinem
ethischen Werthe, sondern war natürlich die: „Wer damit
gemeint sein?" Das W. und die Satire wurden auf Winterthur bezogen, und — merkwürdig — zu den hier gezeichneten
Gesichtern fanden sich ohne Mühe in Winterthur die Originale. Es wird erzählt, daß der Herausgeber des „Erinnerers",
der junge Lavater, Gefahr lief, von den sich verspottet Glau-
benden thätlich mißhandelt zu werden. So unentwickelt waren
damals die Sitten.

Schließlich blieb man aber doch im Ungewiſſen über den Verfaſſer der Satire und die authentiſche Zielſcheibe ihrer Pfeile.

Nur die Brugger konnten, inſoweit ſie von dem „Er= innerer" Kenntniß nahmen, weder über den Urheber dieſer öffentlichen Züchtigung noch über die von ihr Getroffenen im Zweifel ſchweben; denn ſie erkannten aufs Deutlichſte ſowohl ihre Stadtgeſchichten als ihre Charakterköpfe und ſie wußten, daß ſie etwas auf dem Kerbholze hatten bei einem ihrer Mitbürger, welcher der Feder auf eine ungewöhnliche Weiſe mächtig war. Ihre Liebe zu Zimmermann mag nicht ge= wachſen ſein.

Der fragliche Artikel iſt in dem aufgeregten Tone ge= ſchrieben, welcher Zimmermann kennzeichnet, übrigens mit Nachdruck und Feuer. Er verdient mitgetheilt zu werden, mit einigen Kürzungen natürlich; denn er enthält für ein auf= merkſames Auge das Geheimniß der Begabung, mit welcher Zimmermann ſchon in ganz jungen Jahren ſich einen ſchrift= ſtelleriſchen Namen erſten Ranges erward, die eigenthümliche Miſchung nämlich einer kaum beherrſchbaren Vehemenz und eines kalten, ſchneidenden Verſtandes.

„Mein Herr Erinnerer!"

„Wir leben in unſern kleinen Landſtädten noch immer in den mittlern Zeiten. Die Philoſophie unſeres Jahrhunderts wird unendlich ſpäter zu uns kommen, als die franzöſiſchen Moden deſſelben, der griechiſche Kopfzeug und die Recht= mäßigkeit der Ehebrüche. Mir deucht ſie müſſen daher mit uns ordentlich wie mit Kindern zu den erſten Anfangsgründen zurückgehen. Kurz und gut, mein Lieblingswunſch iſt, daß Sie einen moraliſchen Katechismus für kleine Städte ſchreiben."

„Vorgreifen will ich Ihnen eben bei dieſem gemein= nützigen Werke nicht. Aber doch möchte ich Sie bloß an einige Puukte erinnern, auf die Sie in Ihrem Katechismus mehr oder weniger zu ſehen haben. Freilich werde ich vieles ohne die

Ausnahmen sagen, die aller Orten zu machen sind und auch vorzüglich in kleinen Städten gemacht werden müssen. Doch darauf können Sie immer zählen, daß ich nicht nöthig habe, Jemand zu verläumden."

„Sie müssen uns in Ihrem Katechismus sagen, daß eine kleine Stadt nicht die Welt ist, daß man in einer kleinen Stadt etwas für groß, für wahr, für schön, für erlaubt halten kann, welches, außerhalb der kleinen Stadt, die ganze Welt für klein, falsch, läppisch, häßlich und verdammungswürdig hält."

„Sie müssen uns in Ihrem Katechismus sagen, daß eine wohlweise Rathsversammlung einer kleinen Stadt zwar eine sehr hochansehnliche und aller Ehren würdige Gesellschaft an ihrem Orte ausmacht, aber daß doch noch zwischen diesen meinen hochgeehrten Herren und dem englischen Parlament ein Unterschied ist."

„Sie müssen uns in Ihrem Katechismus sagen, daß unsern großen Matronen vergönnt sei, groß in ihrer kleinen Stadt zu sein, daß sie sich als Prinzessinnen brüsten, als Prinzessinnen schnöde bezeigen, als Prinzessinnen ungnädig thun, als Prinzessinnen befehlen und sich einbilden können, durchaus innerhalb ihres Geschäftskreises alles zu handhaben, zu bedeuten, zu lenken, zu wirken, allen Ansehen, Ehre, Leben, das Sein und Nichtsein zu geben und zu nehmen, aber daß sie sich außerhalb ihrem Miste stillschweigend, demüthig und be= scheiden aufführen, aus Furcht, man verweise sie, aller ihrer Diamäntchen ungeachtet, in ein Narrenhaus."

„Sie müssen uns in Ihrem Katechismus sagen, daß man auf den Kanzeln kleiner Städte nicht von den „Großen dieser Erde" übel reden soll, wenn man blos zur Erbauung der christlichen Gemeinde diesen oder jenen Rathsherrn auf den Schädel treffen will."

„Sie müssen uns in Ihrem Katechismus sagen, daß man in einer kleinen Stadt verachtet, verläumdet, verfolgt, ge= schändet, verschmäht und verabscheut sein kann, während man von einer Menge auswärtiger, vornehmer Herrn, (ist diese Form des Selbstlobes nicht auch eine kleinstädtische Sünde gegen den guten Geschmack?) großer Geister und verdienstvoller

Männer ganz das Gegentheil erfährt, und daß man auch in
dieſem Falle noch kein krätziger Hund iſt, wenu man bei einem
dummen Landvogt oder noch wichtigeren Herren im Vater=
laube kein Anſehen hat."

„Sie müſſen uns in Ihrem Katechismus ſagen, daß
allen unſern Notariatspedanten, Advokaten, Zungendreſchern,
Richtern, Rechtſprechern und Rechthabern nur innerhalb ihrer
kleinen Stadt oder höchſtens in einem Bauernwirthshaus
erlaubt ſein ſoll, die geſunde Vernunft zu „Recht" zu ſetzen
und ſodann zu verdammen, allem, was unleugbar iſt, zu wider=
ſprechen; alles, was dumm und abgeſchmackt iſt, zu erhärten,
aus allem, was in der Converſation vorkömmt, einen Prozeß
zu machen, und von allem, was die größten moraliſchen Be=
obachter und ſcharfſinnigſten Menſchenkenner für unumſtöß=
lich wahr halten würden, nichts anzunehmen, oder man könne
es vor Gericht beſcheinen."

„Sie müſſen uns in Ihrem Katechismus ſagen, daß der
König in Preußen oder der Herzog Ferdinand von Braun=
ſchweig darum noch kein Idiot in der Kriegskunſt iſt, wenu er
ſchon bei dieſer oder jener Gelegenheit nicht dahin marſchirte,
wohin ein Miliz=Lieutnant oder Rathsherr aus einer kleinen
Stadt an ſeiner Stelle marſchirt wäre."

„Sie müſſen uns in Ihrem Katechismus ſagen, daß eine
Jungfer darum nicht ſchön iſt, wenu ſie ſich ihre Backen alle
zwei Stunden des Tags ſo derbe mit Flanell reibt, daß ſie
zuletzt blau werden wie der Hals eines calecutiſchen Hahns,
wenn ſie ihren Schönpfläſterchen die Geſtalt von Sonne,
Mond und Sternen gibt."

„Sie müſſen uns in Ihrem Katechismus ſagen, daß es
in einem Lande der Freiheit und Gleichheit höchſt ſchändlich
iſt, vor Leuten die über uns ſind zu kriechen und ſich ſodann
für dieſe erbärmliche Unterwürfigkeit mit dem raſendſten De=
ſpotismus an Leuten zu erholen, die wir unter uns glauben.
Daß man ohne eben eine Million zu beſitzen oder ein bettel=
hafter Bürger der Hauptſtadt zu ſein, den Geiſt haben kann,
der ſich allein vor Gott, vor den Geſetzen, vor den Talenten,
vor der Tugend, vor dem Verdienſte beugt, und der uns in

einem freien Lande nicht zum Sklaven eines einzelnen Menschen, sondern zum Unterthanen der ganzen Republik und
ihrer Gesetze macht; der es uns gleichgültig sein läßt, wenn
uns gewisse im Lande hin und her wohnende Herrn ein
geringschätziges Gesicht machen oder uns beim Eintritt in
ihr Audienzzimmer mit einem tief in die Stirne gedrückten
Hute bewillkommen oder uns Predigern nur vom Fenster
herab Audienz geben, weil wir ohnedem gewohnt sind, von
Ferne zu reden."

„Sie müssen uns in Ihrem Katechismus sagen, daß
man in kleinen Städten die Leute wechselsweise für un-
wissend und gelehrt, für hassenswerth und tugendhaft, für
geistreich und für dumm ausschreit, daß man sich heute unter-
einander beschimpft und morgen umarmt, daß man sehr oft
nicht den geringsten Begriff von einem edlen Charakter und
einem großmüthigen aber ungewöhnlichen Betragen zu haben
scheint, während man ganze Vipern und halbe Teufel für gute
Christinnen hält, weil man sehr oft jeden Menschen und jede
Handlung da bloß nach dem Grade der Verwandtschaft oder
nach einem geringen vorübergehenden Interesse oder nach
jeder kleinen schimpflichen Leidenschaft beurtheilt und nicht
nach festen und der Natur gemäßen Grundsätzen."

„Sie müssen uns in Ihrem Katechismus sagen, daß die
Fertigkeit, nur kleinere, unbedeutende und in die stumpferen
Sinne eines jeden Dummkopfs fallende Fehler zu sehen, zu
der bedauernswürdigen Unfähigkeit führt, an seinen Mit-
menschen jemals das Gute zu entdecken, und daß eine solche
Unfähigkeit allemal ganz gewiß in diesen krebsartigen Ge-
müthern den aus der untersten Hölle stammenden Kitzel pflanzt,
auch von den besten Leuten niemals zu reden als um sie zu
verläumden."

„Sie müssen uns in Ihrem Katechismus sagen, daß
nicht nur bloß die Geschäfte wichtig sind, die in liliputische
Sinne fallen, sondern daß in einer unendlich größern Aus-
breitung auch mitten in einer kleinen Stadt gedacht und gehandelt werden kann, wenn der Nachbar glaubt, man sitze
nach der wohlhergebrachten Manier müßig zu Hause und

gähne; oder, welches man in kleinen Städten für weit un=
edler hält, man studiere oder, welches man wenigstens bei
uns als das charakteristische Zeichen eines dummen Narren
ansieht, man schreibe Bücher."

„Sie müssen uns in Ihrem Katechismus sagen, daß der
bald auf feste Zähne, bald auf einen guten Magen, bald auf
einen dicken Schädel, bald auf einen breiten Hintern, bald
auf kleine oder große Rathsstellen und tausend andere nichts
bedeutende Dinge dieser Art sich beziehende Familienstolz in
kleinen Städten bei der großen Welt kein Aufsehen macht."

„Sie müssen uns in Ihrem Katechismus sagen, daß es
eben kein Beweis des Witzes ist, wenn man immer lacht oder
wenn man einem das Schnupftuch aus der Tasche nimmt,
ohne daß er es merkt, oder ihm den Stuhl unter dem Leibe
wegzieht, wenn er sitzen will."*)

„Sie müssen uns in Ihrem Katechismus sagen, daß es
in einer kleinen Stadt eigentlich, beim klaren Lichte betrachtet,
keine vornehmen Leute gibt und daß darum jene Weiber, die
sich einbilden solche zu sein, doch in der Gefahr sind, lächerlich
zu werden, wenn sie ohne Ende mit schiefem Gesichte von
gemeinen Leuten sprechen."

„Sie müssen uns in Ihrem Katechismus sagen, daß die
in kleinen Städten äußerst grausame Schmähsucht ganz allein
aus dem Mangel von fremden Ideen herrührt, bei welchem
Mangel man allerdings genöthigt ist, seine Blicke in seines
Nachbars Haus zu werfen, um sich mit diesem oder jenem
unerheblichen und nichtsbedeutenden Fehler in seiner Haus=
haltung die Zeit zu verkürzen, bei welchem Mangel man ge=
nöthigt ist, die schandbarsten Lügen zu erdenken, um in ehr=
baren, aber ganz gedankenlosen Gesellschaften willkommen zu
sein; und sagen müssen Sie, daß man weder an kleinstädtischen

---

*) Dieser Liebhaber kleinstädtischer geselliger Künste, wohl eine Art
Stadt=Spaßvogel, der Sohn eines Rathsherrn, ist Zimmermann unver=
geßlich geblieben. Noch in der lange nach seinem Bruggerleiden erschienenen
Ausgabe in vier Bänden seines Hauptwerkes „über die Einsamkeit" läßt
er ihn mit seinen Kunststücken auftreten. Er nennt ihn dort den „Sohn
eines Volksführers".

Klatschereien und Streithändeln ein Vergnügen findet, noch
sich bei seines Nachbars Hühnern und Gänsen aufhält, wenn
man mit erhitzter Brust in dem Reiche der Wissenschaften
fortgeht und hoch über den Pfeilen der Verläumdung die
Gluth der Sonne trinkt."

Eine erste Bemerkung drängt sich auf. Mögen uns auch
manche Paragraphen dieses groben Katechismus mitten in
die Gasse einer Kleinstadt, auf die Klatschbank vor der Haus=
thüre, in die Trinkstube, in das Rathszimmer versetzen, so sind
andere doch von weit ausgedehnterer Anwendung. Neid, Un=
bescheidenheit, Schmähsucht sind, wenn auch in wechselnden
Formen, allgemein menschliche Eigenschaften. Blaise Pascal
schrieb auf ein Sudelblatt seiner „Provinzialen", in welchen
er die unsittliche Casuistik der Jesuiten brandmarkte: Omnis
homo jesuita! Zimmermann hätte an den Rand der Hand=
schrift seines Kleinstädter=Katechismus schreiben dürfen: Jeder
Mensch ist ein Brugger!

Dann ist es merkwürdig, wie sich der Verfasser der
Satire verlarvt und doch gleich aus seiner Rolle fällt. „Uns
Predigern" sagt er an einer Stelle und spricht dann an einer
andern von seinem Ansehen „bei einer Menge auswärtiger,
vornehmer Herrn, großen Geistern etc.", um sich schließlich
zu rühmen, „er trinke, hoch über den Pfeilen der Verläum=
dung, die Gluth der Sonne"; was alles auf einen einfachen
Geistlichen nicht anwendbar ist. In einem Punkte aber hat
Zimmermann, und es ist ihm sicherlich schwer gefallen, ein
strenges Incognito beobachtet: er hat sich, so nahe es ihm
liegen mochte, keinen Ausfall gegen den Unverstand der Klein=
städter in ärztlichen Dingen erlaubt.

Und doch mögen bittere Erfahrungen auf diesem seinem
eigensten Gebiete das schlimmste Kapitel der Brugger Leidens=
geschichte gewesen sein. Hier werden wir darüber kurz weg=
gehen, und diesen Punkt erledigen, bevor wir den Artikel des
„Erinnerers" mit den biographischen Thatsachen zusammen=
halten.

Es scheint, daß sich der junge Stadtphysikus mit seinem
Collegen und Rivalen Dr. Vätterli in kein Verhältniß setzen

kounte; daß der Stadtschreiber Wetzel, um die Ankunft eines
werthen Verwandten, des Apothekers Wetzel, vorzubereiten,
Zimmermanns Ruf systematisch zu untergraben suchte und
den Schüler Hallers, wo sich die Gelegenheit bot, folgender-
weise zu charakterisiren pflegte: „Er cha nüt, er weiß nüt,
er verstoht nüt, ich will ims is Gsicht säge."

Unter seinen Collegen waren es die sogenannten Em-
piriker, welche sein Wirken mit der Behauptung erschwerten,
man sei, bei der Verschiedenheit der Klimate, zu der Aus-
übung der Arzneikunst in der Schweiz nicht befähigt, wenn
man die Anfangsgründe derselben nicht ebenhier gelegt habe.
Sie wiesen dabei hohnlächelnd auf die englische Perrücke,
welche Zimmermann von Göttingen gebracht hatte.

Auch wurde ihm vorgeworfen, es mangle ihm Beobachtung und Aufmerksamkeit, er unterlasse den Kalender zu
berathen und ein gewisses Glas zu schütteln.

Aber — nicht genug am Neide und der Feindschaft seiner
Collegen — auch bei dem Publikum brachten ihn einige Todes-
fälle in den Ruf eines unglücklichen oder ungeschickten Arztes,
und, wie es zu geschehen pflegt, die einmal in Gang und
Lauf gekommene öffentliche Meinung steigerte sich bis ins
Ungeheure und Phantastische. Zimmermann wurde von den
städtischen Klatschbasen, natürlich nur unter der Hand, aus
den nichtigsten Ursachen und mit den lächerlichsten Gründen
beschuldigt — so behauptet er wenigstens — Gift gemischt
und ein Kindlein lebendig zergliedert zu haben. Aber nicht
nur die Lebenden, auch die Todten klagten in ihrer Weise
den Stadtphysikus an und eine von Zimmermann behandelte
Bruggerin erschien nach ihrem Ableben mit seinen Medi-
zinen in der Hand ihrer besten Freundin, um derselben
warnend mitzutheilen, diese Arzneien seien an ihrem Tode
Schuld.

Ueber diese plumpen und grausamen Vorurtheile der
Kleinstädter gegen einen streng geschulten und berühmten Arzt
wird man sich übrigens weniger wundern, wenn man sich ver-
gegenwärtigt, daß es damals draußen auf dem Lande noch
weit schlimmer stand. Der Bauer hielt den Satz aufrecht, ein

freier Mann dürfe sich die Haut gerben lassen von wem er
wolle, behandelte sich demgemäß in fast allen Fällen mit
Wein, Gewürz und Käse, oder ließ sich von einem Charlatan
mißhandeln, der am Sonntag in demselben Augenblick, da
der Pfarrer Amen sagte und von der Kanzel stieg, seinen
Kram vor die Kirchenthüre und die Trompete an den Mund
setzte, der vorüberströmenden Gemeinde verkündigend, er habe
schon ein Dutzend Todte auferweckt.

Zimmermann entschädigte sich, wie er im Kleinstädter-
Katechismus andeutet, für die Mißachtung seiner Mitbürger
durch den schriftlichen Verkehr mit den bedeutendsten Zeitgenossen, und auch auf dem Gebiete seiner eigenen Kunst bot
ihm das Schicksal, gütig und mannigfaltig wie es ist, für
die Feindschaft seiner Collegen einen vollen Ersatz. Der ausgezeichnete Lausanner Arzt Tissot hatte ihm seine Vertheidigung der Schutzpocken zugesendet. Daran knüpfte sich ein
Briefwechsel und dann eine wahre und warme Freundschaft,
weche bis zu Zimmermanns Lebensende vorhielt.

. Dorer citirt manche Stelle dieser interessanten Korrespondenz, unter Anderm ein Wort Tissot's, welches wir vor-
greifend anführen, da es ein scharfes Licht auf Zimmermanns
Charakter wirft und eine zerstörende Eigenschaft desselben
kennzeichnet, die er freilich als einen Grundzug der Epoche,
mit manchem Zeitgenossen gemein hatte. Ich meine einen
gewissen Zug von Unersättlichkeit. Der Franzose bezeichnet
diese faustische Eigenschaft kurzweg als Untugend und vergleicht sie mit dem Benehmen ungezogener Kinder, die, wenn
sie nicht alle die Spielsachen haben können, nach welchen
sie langen, sich auch nicht mehr mit denen beschäftigen,
die man ihnen läßt, und welche, um des Genusses willen
der ihnen fehlt, denjenigen vernichten, der ihnen dargeboten
wird.

Es ist Thatsache, daß es Zimmermann in Kurzem nicht
nur mit seinen Kollegen, sondern auch auf dem bürgerlichen
und geselligen Boden mit den Regierenden und Tonangebenden
gründlich verdarb, sogar mit den Bruggerinnen, welche ihn
haßten und die er dann in seinem Katechismus so unritterlich

behandelte. Und doch war er ein schöner Mann von sichern Umgangsformen, der ihnen überdies keinen Anlaß zu Herzens= angelegenheiten und daraus entstehender Eiferfucht gab. Zim= mermann hatte ein zärtlich geliebtes Weib nach Brugg ge= bracht, eine Bernerin und Haller's Verwandte, eine ver= wittwete Steck, welche dem Ruhelosen Sanftmuth und Gleich= maß der Stimmung als werthvollste Mitgift zubrachte*).

Wenn wir uns Zimmermann vergegenwärtigen, wie er durch die reinliche Hauptstraße von Brugg und über die alterthümliche Brücke schritt, so war es eine vornehme Er= scheinung vom Bernerschlage, ein großer und starkgebauter Herr, von Naturell heftig und gerade vor sich hin, doch sein Aeußeres und sein Betragen vollständig beherrschend. Ein schöner, leicht von den Blattern markirter Kopf, ein geistvolles blitzendes Auge mit einem durchdringenden Blicke, eine ge= winnende Stimme, ein fester und leichter Gang, kurz ein imponirendes Wesen zeichnete ihn — mit Lavater zu reden — vor Zehntausenden aus. Aber dieser Gestalt fehlte die natürliche Anmut; sie bewegte sich mit weltmännischer Ge= wandtheit, doch ohne Freiheit und Harmonie. Zimmermanns Gesundheit war von jung an eine bedrohte und wenn er von seinem Lieblinge, J. J. Rousseau, sagt, daß fürchterliche Keime von Hypochondrie und Melancholie seit früher Jugend in seinen Eingeweiden und Nerven lagen, so mag er auch an sich selbst gedacht haben.

Ich glaube, daß Zimmermann nur selten jenes leichte, schmerzlose Dasein genoß, welches allein den Namen Leben verdient und daß seine gewaltsame Selbstbeherrschung, die übrigens nur eine äußerliche war — denn sein eigentliches Wesen zu bändigen ist ihm nie gelungen — sich an seiner Gesundheit rächte. Lavater verräth uns, daß Zimmermanns Stimmungen in der Intimität auf eine erschreckende Weise wechselten und in ihr Gegentheil umschlugen, Kälte in Thränen, Zärtlichkeit in Härte, Rücksichtslosigkeit in Unterwürfigkeit, Empfindsamkeit in Satire und so weiter und daß bei ihm

---

*) Er verlor sie bald nach seiner Uebersiedelung nach Hannover und gewann dort eine zweite ebenso liebenswürdige und aufopfernde Frau.

die mittlern Zustände, Wärme, Wohlwollen, Bescheidenheit,
Humor fast gänzlich fehlten. So nennt er ihn einen „frag=
mentarischen Charakter, der in einem Augenblick alle mög=
liche, im andern gar keine Herrschaft über sich besaß, der im
intimen Umgange von beleidigender Kälte zur Liebeshitze
und umgekehrt überging, einen herzregierenden Mann, den
jedoch ein Kind leiten konnte, wenn es ihn kannte (was
Zimmermanns Glück in der Ehe erklärt), dazu gebildet, keinem
Menschen Langeweile zu machen, aber oft Langeweile mit
Todesangst zu erdulden.“

Letzteres ist für einen in der Kleinstadt Lebenden eine
gefährliche Anlage und wenn man hinzunimmt, daß Zim=
mermanns Geist offenbar an gewissen Tagen mit gezogenem
Schwerte erwachte und mit einem nicht zurückzudrängenden
Bedürfnisse nach Polemik, ja nach Satire und Invektive,
so fühlt man heraus, daß beide Theile, Zimmermann und
seine Brugger, zugleich Beleidigte und Beleidiger waren.

Vor allem verdroß es Zimmermann, daß ihm von den
örtlichen Gewalthabern die schuldigen Rücksichten — er war
schon in ganz jungen Jahren eine wissenschaftliche und schrift=
stellerische Persönlichkeit — hartnäckig verweigert und er von
denselben nicht nach den gültigen Gesetzen der guten Lebensart
behandelt wurde.

Der „Empfang mit tief in die Stirne gedrücktem Hute“
und die „den Predigern durch das Fenster ertheilte Audienz“,
von welchen im Katechismus die Rede ist, beziehen sich auf
zwei verschiedene Lokalgrößen, auf den Stadtschultheißen
Zimmermann „im obern Hanse“ und auf den Hofmeister zu
Königsfelden.

Der erstere Herr scheint der richtige Stadtmagnat und
daneben ein prinzipieller Konservativer gewesen zu sein, der
in Zimmermann den „Stürmer und Dränger“ witterte. Das
stattliche Rathhaus von Brugg war seine Welt, da saß er
chez soi mit bedecktem Haupte — vielleicht war er gegen die
Zugluft empfindlich — zwischen Gültbriefen, sortirte Gold
und Silber und verzeichnete die Korn= und Weinzehnten.
Sein privater Silberkasten soll bei den Stadtwahlen, deren

Modus wir kennen lernen werden, manchen Zuwachs er=
halten haben. Die Brugger hielten große Stücke auf ihn und
als Zimmermann in einem Gedichte drucken ließ:

O du verwöhntes Volk der Großen dieſer Erde . . . . .
behaupteten ſie einſtimmig, er habe damit auf ihren Schult=
heißen, ſeinen Namensvetter „im obern Hauſe", gezielt.

Ein wirkliches Perſonnage war der die Staatsregierung
vertretende Hofmeiſter zu Königsfelden*), natürlich ein
Bernerpatrizier. Er genoß ein fürſtliches Einkommen und
unterhielt eine zahlreiche Dienerſchaft, welche er — ſo erzählt
die Brugger Stadtgeſchichte — ausgiebig Thee zu trinken
befahl und alle Monate die Ader ſchlagen ließ, weil es ma=
jeſtätiſch laſſe, wenu um einen Vornehmen alles blaß aus=
ſehe. Dieſer Herr beleidigte zwar den Stadtarzt von Brugg
in keiner Weiſe perſönlich, ſondern er ignorirte ihn einfach,
und lud ihn nicht „zu Hoſe", was freilich für einen jungen
Ehrgeizigen die ſchlimmſte Beleidigung war.

Dagegen mit einem Vorgänger dieſes mit den Geiſt=
lichen ſeines Amtes nur durch das Fenſter verkehrenden Edel=
mannes ſcheint der junge Schriftſteller auf gutem Fuße ge=
ſtanden zu haben. Wenigſtens iſt das 1756 bei Heidegger in
Zürich erſchienene und jetzt ſehr ſelten gewordene Büchlein
„Betrachtungen über die Einſamkeit", das, beiläufig geſagt,
ſofort in mehrere Sprachen überſetzt wurde und aus welchem
im Laufe der Jahre Zimmermanns gleichnamiges Haupt=
werk ſich herausgebildet hat, einem Emanuel Tſcharner, Hof=
meiſter zu Königsfelden, zugeeignet. Dieſe Dedikation nimmt
eine durch ihre Miſchung von Schmeichelei und Menſchen=
feindſchaft merkwürdige, auch ſtyliſtiſch ächt zimmermanniſche
Wendung.

„Ich bin ſo frei", ſchreibt der Verfaſſer, „gegenwärtigen
Blättern Dero erlauchten Namen vorzuſetzen."

„Ich würde mir ſchmeicheln, eine Art von Ueberzeugung
bei einigen Leſern zu wege zu bringen, wenu ich mir die
Denkungsart der größern Anzahl von Menſchen ſo leicht an=

*) Der Narr in Königsfelden, ſo nennt ihn Zimmermann anderswo,
der jeden hinauswerfen läßt, welcher ihn nicht mit „Durchlaucht" tractirt.

gewöhnen könnte, als ich mich mit leichterer Mühe von der=
selben zu entfernen gewohnt bin. Sollten aber Ew. Wohl=
edelgeboren einen gütigen Blick auf die Arbeit werfen, die
ich Ihnen anzubieten die Ehre habe, so würde mein Gemüth
die Beruhigung empfinden, die ein mächtiger Trost für jenen
Griechen war, da alle seine Zuhörer ihn verließen und nur
Plato blieb."

Einen ganz besondern Abscheu hatte Zimmermann gegen
die Brugger Rechtssachen. Kalt wie in der Todesstunde floß
ihm der Schweiß aus allen Gliedern, sagt er uns, sobald er
von gerichtlichen Händeln sprechen hörte. So empfand er
denn einen unüberwindlichen Widerwillen gegen den streit=
süchtigen Stadtadvokaten, obgleich dieser auch ein Freund der
Einsamkeit war.

Zimmermann schildert uns diesen Brugger als einen
„fürchterlichen Menschenfeind, der zu Hause immer Pandekten=
gift kochte." Ihm war beständig „als ob er Schlangen aus
dessen wilder, ungekämmter Perrücke wirbeln sähe." „Rother
und blauer Aussatz deckte des Mannes Gesicht. Der liebreichste
Blick aus seinen buschigen Augenbrauen war ein Blick aus
der Hölle. Bei jedem Worte hängte er euch einen Prozeß an
den Hals. Er weidete sich an allem Bösen, wie ein Esel am
Feigenbaum oder ein Herbstdieb am Weinstock. Sein Haus
war die immer offene Zuflucht aller Poltergeister (sic) im
Lande und aller Feinde der bürgerlichen Ruhe. Er vertheidigte
jede Ungerechtigkeit, verfolgte alle biedern Leute, liebkoste
jeden Bösewicht, bewirthete jeden Verläumder, registrirte alle
Verläumdungen, protokollirte alle Lügen, advokatisirte für
den Teufel und war der Vater einer Furie." Das heißt,
gelassen gesprochen: der Stadtadvokat hatte eine Tochter und
das Mädchen zeichnete sich nicht durch Sanftmuth aus.

Dieser helvetische Timon, schließt Zimmermann, befand
sich dabei vortrefflich. Er machte sich täglich jene kleinen
menschenfeindlichen Freuden im Stillen und lebte in seiner
Einsamkeit zufrieden und glücklich.

Offen gestanden, ich möchte die Aehnlichkeit dieses Bild=
nisses nicht verbürgen. Zu deutlich tritt aus demselben die

übertreibende Verve des Schriftstellers hervor, welcher um
jeden Preis ein Portrait à la Labruyère liefern will.

Auch auf dem politiſchen Boden, wo der Schweizer ſich
ſo heimiſch fühlt, konnte es der junge Stadtarzt zu nichts
bringen.

Edmund Dorer gibt uns hier aus den beſten Quellen
ein Bild der ſtädtiſchen Verfaſſung von Brugg, welches aufbewahrt zu werden verdient.

Brugg beſaß — ſoweit die Dokumente zurückreichen —
zwei Schultheißen, den Amtsſchultheißen und den Altſchult-
heißen, die je das zweite Jahr mit einander wechſelten und
einen kleinen Rath von ſieben Gliedern, die Schultheißen
eingeſchloſſen, welche ebenfalls abwechſelnd, die verſchiedenen
Verwaltungszweige, die ſogenannten Pflegen, beſorgten; dann
eine die Stadtrechnung kontrolirende Behörde, die Zwölfer,
und — als unterſte Stufe — eine „Kleinglocke“ von zweiund-
dreißig Mitgliedern. Die Vakanzen dieſer Kleinglocke aber
wurden von dem kleinen Rathe beſetzt — jeder Rathsherr
ernannte aus den in weißen Strümpfen bei ihm kandibirenden
Bürgern einen Kleinglöckner. Man ſieht, der kleine Rath
von Brugg beſaß das im vorigen Jahrhundert ſo geprieſene
Arcanum: „ſich ſelbſt wiederzugebären“, er ernannte die
Kleinglöckner, die Kleinglöckner ernannten die Zwölfer, aus
den Zwölfern erſtand der kleine Rath ſelbſt wieder, wie der
Phönix aus der Aſche.

Die Rathsherrnſtellen waren gut dotirt, mit einem Gehalte von 500 bis 800 Gulden, zwölf Klafter Holz, einem
Quantum Getreide und acht jährlichen Mahlzeiten auf Staats-
koſten. Der Gewählte wurde von der ganzen geputzten Stadt
beglückwünſcht und bewirthete dieſelbe reichlich. Dafür wurde
er als ein Weſen höherer Art betrachtet und ein ausgebildetes
Ceremoniell entſprach ſeiner Würde.

Es war ein imponirender Anblick, wenn ſich Meine
Herren von Brugg im Rathhauſe oder ſonntäglich in der
Kirche verſammelten. In letzterer ſaßen ſie in folgender Ord-
nung: zuhinterſt die Schultheißen und der kleine Rath in
Mantel, Rabat und Degen, vor ihnen der Groß- und der

Kleinweibel in den Mänteln mit der Stadtfarbe und mit den Stäben, die zwei Stadtboten, der Hochwächter, die Nacht=wächter und der Küster. Vor dem kleinen Rathe nahmen die Zwölfer Platz, ebenfalls in Mantel, Rabat und Degen, und zuvorderst die Kleinglocke in Mantel und Degen, ohne Rabat.

Es ist ein Faktum: der schon weltberühmte Zimmer=mann brachte es in Brugg zu keiner Rathsstelle, nicht einmal zum Zwölfer und zum Rabat, sondern blieb schmählich in der Kleinglocke, welche er präsidirte, und vor der Kanzel sitzen. Wer über solche Zurücksetzungen nicht lachen kann, muß sich nothwendig darüber ärgern und so kam es, daß sich Zimmermann von den Gastereien und Spieltischen seiner Mitbürger allmälig in die Einsamkeit seines Hauses zurück=zog, wodurch er sie wieder gründlich kränkte.

Es ist anzunehmen, daß die Brugger, wenn sie von seinen wissenschaftlichen und schriftstellerischen Erfolgen wie von einem Märchen reden hörten, sich noch mehr gegen ihn verhärteten und das republikanische ne quis emineat! doppelt strenge geltend machten. Man verbiß sich gegenseitig und diese ein=bildischen und bornirten Spießbürger mögen sich wirkliche Un=gezogenheiten und Rohheiten gegen ihn erlaubt haben. Er aber war nicht ruhig und innerlich groß genug, um in diesen Fällen das zugleich milde und strenge göthesche Wort in An=wendung zu bringen: „das Gemeine muß man nicht rügen, denn das bleibt sich immer gleich.‟

So gänzlich verlassen übrigens war Zimmermann nicht. Er besaß in Brugg einige gute Freunde, die Prediger Stapfer und Rengger und den Rathsherren Schmid, einen Verwandten, der ein sehr braver Mann gewesen sein muß. Diesen blieb er bis an sein Lebensende unwandelbar verpflichtet. Seine Freundestreue und seine Dankbarkeit werden einstimmig ge=rühmt.

Von seiner exemplarischen Frau wurde der Widerspruchs=volle verstanden und herzlich geliebt*); sie machte ihm das Flämmchen seines häuslichen Herdes anmuthig. Auf seine

---

*) Ihr letztes Wort auf dem Sterbebette war: „Wer wird dich, armer Zimmermann, verstehen, wenn ich nicht mehr da bin?‟

zwei Kinder dagegen — und das iſt die tragiſche Seite ſeiner
Hypochondrie — färbte ſeine Ruhmſucht und ſeine Verſtim=
mung gegen die kleine Vaterſtadt nur allzubald ab. Das
Herz zieht ſich zuſammen, wenn man den Vater ſelbſt er=
zählen hört, wie der fünfjährige Knabe, welchem die Bio=
graphien Plutarchs in die Hand gegeben wurden, die Frage
thut: „Wird man denn dereinſt mein Leben auch beſchreiben?"
und wie die kleine Katharina, im Dialekt „Gattüngi" ge=
heißen, ſich beklagt: „Mutter, Mutter, ich weiß nirgends hin,
ich habe gar erſchrecklich lange Zeit, das Leben iſt ſo einförmig
('s Lebe iſt ſo glich)!" Aus dieſer „Gattüngi" wurde das arme
Mädchen, von dem Göthe erzählt, und der frühreife Knabe,
der fragte, ob man ſein Leben beſchreiben werde, erloſch in
der Dunkelheit des Wahnſinnes. Ich will Göthe reden laſſen,
welcher der Tochter Zimmermanns in ſeinem Vaterhauſe be=
gegnete:

„Eine Tochter, die mit Zimmermann reiſte, war, als
er ſich in der Nachbarſchaft umſah, bei uns geblieben. Sie
konnte etwa ſechszehn Jahre alt ſein. Schlank und wohl=
gewachſen, trat ſie auf ohne Zierlichkeit, ihr regelmäßiges
Geſicht wäre angenehm geweſen, wenn ſich ein Zug von
Theilnahme darin aufgethan hätte; aber ſie ſah immer ruhig
aus wie ein Bild; ſie äußerte ſich ſelten, in der Gegenwart
ihres Vaters nie. Kaum aber war ſie einige Tage mit meiner
Mutter allein und hatte die heitere, liebevolle Gegenwart
dieſer theilnehmenden Frau in ſich aufgenommen, als ſie ſich
ihr mit aufgeſchloſſenem Herzen zu Füßen warf und unter
tauſend Thränen bat, ſie dazubehalten. Mit dem leiden=
ſchaftlichſten Ausdruck erklärte ſie, als Magd, als Sklavin
wolle ſie zeitlebens im Hauſe bleiben, nur um nicht zu ihrem
Vater zurückzukehren, von deſſen Härte und Thrannei man
ſich keinen Begriff machen könne. Ihr Bruder ſei über dieſe
Behandlung wahnſinnig geworden, ſie habe es mit Noth ſo
lange getragen, weil ſie geglaubt, es ſei in jeder Familie
nicht anders oder nicht viel beſſer; da ſie nun aber eine ſo
liebevolle, heitere, zwangloſe Behandlung erfahren, ſo werde
ihr Zuſtand zu einer wahren Hölle . . . . Meine Mutter gab

sich viele Mühe mit dem guten Kinde, aber es ward dadurch nur immer unglücklicher. Man fand zuletzt noch einen Aus= weg, sie in eine Pension zu thun. Sie hat übrigens ihr Leben nicht hoch gebracht."

Das ist nicht heiter. Aber so stand es um Zimmermann noch nicht, als er in Brugg lebte, sondern erst zehn Jahre später wurde die Härte des Vaters gegen seine Kinder unter den Zeitgenossen als eine bekannte Sache besprochen.

Es ist nicht wahrscheinlich, daß Göthe den Auftritt zwischen der Frau Rath und der „Gattüngi" wesentlich über= trieben habe. Merkwürdig aber ist, wie diese „Gattüngi" ihrem Vater äußerlich und innerlich geglichen haben muß. Wie er, besaß sie einen schlanken Wuchs und regelmäßige Züge ohne Anmuth und Wärme; wie bei ihm schlug ihre Selbstbeherr= schung und anscheinende Kälte ohne Mittelstufe in Verzweif= lung und strömende Thränen um.

Unter Zimmermanns vielen Aufzeichnungen befindet sich eine an den Lavaterschen „Erinnerer" gerichtete, worin er, zu einem bestimmten physiologischen Zwecke, der uns hier nichts angeht, eine seiner Tagesordnungen in Brugg bis ins Einzelne beschreibt. Es sei uns erlaubt, diesen übrigens un= bedeutenden Tagesverlauf mitzutheilen, nur um den Beweis zu erbringen, daß bei Zimmermann auch ganz erträgliche und lebbare, ja glückliche Tage den Druck der Bruggerver= hältnisse und des eigenen schwierigen Naturells unterbrochen haben.

„5. November 1765. Den ganzen Morgen hindurch war mein Kopf ungemein helle, ich erfand den Plan zu einem ganz in die ausübende Arzneikunst einschlagenden Buche; eine Menge dahin gehörender Ideen drängten sich herbei, ich schrieb alles auf und ging verjüngt zu meiner Mittagsmahlzeit. Nach Tische schrieb ich etwas ganz Mechanisches. Ich ging hierauf in Gesellschaft, wo ich ein paar Augenblicke sehr aufgeweckt war und die übrige Zeit bald mit einigen Frauen tändelte, bald in mich selbst zurückging und an mein Buch dachte. Von diesem Orte ward ich durch Berufsgeschäfte weg= geführt und mit diesen brachte ich die ganze Zeit bis um acht Uhr des Abends zu. Meine Nachtmahlzeit war mäßig, ich aß einen Bissen von einem Rebhuhn und trank nach meiner Gewohnheit ein paar Gläser Wein. Bei Tische sprach ich aus meinem Herzensgrunde mit meiner Familie von der mir so seltenen Heiterkeit meines Geistes, die mir Gott in diesem dunkeln Monat schenkte. Um zehn Uhr legte ich mich, ohne die geringste Beklemmung in meinem Leibe oder in meiner Seele zu spüren, ganz heiter und friedsam zu Bette. Ich richtete nach meiner Gewohnheit mein Herz zu Gott und schlief ein."

Der Glücklichste unter uns möchte sich kaum einen andern Tag wünschen!

Auch eine gütige schöne Freundin besaß Zimmermann in Brugg: die das Städtchen umgebende Natur. Wenn er hinaus= wandelte, ging er — wie Edmund Dorer hübsch sagt — in doppeltem Sinne ins Freie. Er hatte diese bei Melancholikern einen unglaublichen Grad von Intensität erreichende Natur= liebe mit Jean Jaques gemein, dessen Neigung für englische Parke er gleichfalls theilte, aus seinem Eigenen den deutsch= romantischen Geschmack an Schloß= und Klosterruinen bei= fügend, die er schon als Knabe zu besuchen liebte.

Dorer begleitete Zimmermann auf einem seiner ein= samen Spaziergänge.

„Der Verbitterte genoß", sagt er uns, „die stille Natur und empfand nichts als die Seelenfreude. Oft blickte er im Gefühle dieser sanften Lust, im Frühjahr, in das herrliche Heimatthal hinab, da wo die Trümmer des Wohnsitzes Ru= dolfs von Habsburg auf dem Rücken eines waldigen Berges unter allem möglichen Grün sich erheben. Da sah er, wie die Aar bald unter hohen Ufern in einem weiten Bette herab= strömt, bald durch enge Felsen sich stürzt und dann wieder ruhig und langsam sich schlängelt, während ihr die Reuß und die Limmat zueilen, friedlich mit ihr sich vereinigend. In dem schönen Vorgrund sah er die königliche Einsamkeit, wo die Gebeine der Habsburger und der von den Schweizern bei Sempach Erschlagenen in klösterlicher Stille ruhten. Weit umher breitete sich vor ihm das lange Thal, wo die große

Stadt Vindonissa gestanden und die Ruinen lagen, auf wel=
chen er so oft in stiller Betrachtung über die Vergänglichkeit
menschlicher Größe saß. Im fernsten Gesichtskreise erhoben
sich über anmuthigen Hügeln die lichten Hochgebirge und
mitten unter diesen Szenen fiel sein Blick vom hohen Walde,
wo er stand, über die Weinberge hinab tief zu seinen Füßen
auf seine kleine, reinliche Vaterstadt, auf jedes Haus und
auf jedes Fenster. Dies alles sehend und vergleichend, sprach
er dann zu sich selbst: Ach! warum ward doch meiner Seele
so enge mitten unter so vieler Veranlassung zu großen Ge=
danken? Warum ward mir da doch der schöne heitere Winter
so trübe? Warum hatte ich da so viele lange Weile, so viele
Unlust, so vielen Gram, da ich doch jetzt nichts empfinde als
Liebe und Ruhe und alle schiefen Urtheile verzeihe und alles
erlittene Unrecht vergesse? Warum ist dieses kleine, hier zu
meinen Füßen zusammengepreßte Häuflein Menschen so un=
ruhig? Warum lebt da manche gute Seele so verscheucht?
Warum ist da der Eine so stolz und der Andere so demüthig
und zerschlagen? Warum ist da so viel Streit und Neid,
da doch jeder Vogel in der Luft neben dem andern Platz hat?
Dann stieg er, noch vergnügt und friedsam, von seinem Berge
herab, machte den Regenten seiner Vaterstadt tiefe Reverenzen,
gab jedem seiner Mitbürger die Hand und behielt diese selige
Stimmung, bis er" — nun bis er den nächsten Verdruß hatte
und dieser den alten Aerger wieder aufweckte.

Endlich machte sich Zimmermann von Brugg los. Dorer
nennt es scherzend ein „Heimweh eigener Art", was den Stadt=
arzt aus seinem Vaterstädtchen vertrieb und zitirt dazu eine
Stelle aus dem Buche „Ueber die Einsamkeit":

„Eine Traurigkeit aus der vergeblichen Begierde seine
Leute wiederzusehen zeugt eine Krankheit, die zuweilen, nach
einer kurzen Schwermuth, dem Tode überliefert. Die Schweizer
sind aus Ueberzeugung von den Vortheilen ihres Vaterlandes
gewohnt, diese Melancholie sich allein zuzueignen, da doch
andere Völker ebensoviel Recht dazu haben. Aber jeder
Schweizer fühlt endlich, wie ich, das Heimweh unter einem
andern Namen mitten auf dem Feuerheerde seiner Hausgötter,

wenn er glaubt, er lebte vergnügter in einer andern Stadt oder in einem andern Lande.“

Der treue Tiſſot bemühte ſich nach Kräften, Zimmer=mann einen größern Wirkungskreis zu verſchaffen. Dieſem aber erſchwerte dieſelbe Gemüths= und Nervenſtimmung, welche ihn nach einer Veränderung begierig machte, es zu einer entſcheidenden Wahl und einem mannhaften Entſchluſſe zu bringen. Es iſt wahr: die Anträge und Möglichkeiten — denn Zimmermann beſaß einen europäiſchen Ruf — verviel=fältigten ſich auf eine verwirrende und faſt beunruhigende Weiſe. Nach und mit einander tauchten auf und kamen in Vorſchlag: ein akademiſcher Stuhl in Göttingen; eine durch Subſcription zu ermöglichende begünſtigte Stellung in Bern; ein Ruf des Grafen Stadion nach ſeinem Tusculum Wart=hauſen, wo Zimmermann, als Arzt und Geſellſchafter, eine edle Muße genoſſen hätte; ein Ruf nach Orbe, zwar auch einer kleinen Stadt, aber in Verhältniſſe, welche „die Weis=heit der dortigen Behörden zu höchſt ehrenvollen machte“; ein Bibliothekariat bei dem Könige von Polen; eine Berufung als Stadt= oder oberſter Staatsarzt nach Solothurn, wo Zimmermann die althergebrachte hübſche Geſelligkeit und läß=liche Lebensauffaſſung anmuthete; die Stelle eines Leibarztes bei dem oben erwähnten König von Polen; endlich dieſelbe, durch den Tod Werlhofs erledigte Stelle in Hannover mit einem Gehalte von 1200 Thalern, welche Zimmermann dann auch annahm. Er wurde königlich britiſcher Hofarzt, um es bis an ſein Lebensende zu bleiben.

Nun kamen die gehetzten, unruhigen Stunden des Räu=mens und Packens. Drei Monate waren ihm zur Ordnung ſeiner Geſchäfte gegeben. Ein Inventar wurde aufgenommen, Schwiegermutter und Frau wollten überall dabei ſein und es gab ſtürmiſche Szenen. „Ich wäre der glücklichſte Mann“, ſchreibt der Scheidende an Tiſſot, „wenn ich mit gutem Ge=wiſſen fünfzehn Tage nach Lauſanne durchgehen könnte, aber, in der gegenwärtigen Lage der Dinge, gliche ich, mein Haus verlaſſend, einem Arzte der ſeine Stadt, wo die Peſt herrſcht, im Stiche ließe, um ſich mit fernen Freunden zu beluſtigen.“

Zum Glücke stand der ruhige Rathsherr Schmid, der Freund und Verwandte der Familie, den Aufgeregten beschwichtigend bei und übernahm es auch, Zimmermanns ökonomische Angelegenheiten nach seiner Entfernung von Brugg zu besorgen; denn dieser gab seltsamer Weise den Gedanken nicht auf, einmal wieder in das ihm so gründlich verleidete Vaterstädtchen zurückzukehren.

Hatte sich seine Stimmung geändert? Verließ er nicht ohne ein Gefühl der Wehmuth, wo nicht die Gassen, doch das Bild seines Städtchens, die rauschende Aare und den Burgfrieden seiner Wohnung?

Zimmermann besaß in Brugg ein sehr schönes Haus mit bequemen Räumen und tausend Erinnerungen.

Da war das Fenster, an welchem er einst mit Lavater gestanden, einem militärischen Zuge zusehend, welcher sich durch die Gassen von Brugg bewegte. Lavater wurde trotz seines in die Ferne kurzen Auges von der Gasse herauf durch einen Kopf dergestalt frappirt, daß er sich bewogen fühlte ein sehr entscheidendes Urtheil über denselben abzugeben, übrigens ohne die mindeste Ueberlegung, ohne den mindesten Gedanken daß er etwas Merkwürdiges sage. Zimmermann fragte ihn mit einigem Erstaunen, worauf sich sein Urtheil gründe, und Hans Kaspar erwiderte: ich las es aus dem Halse. Dies war die Geburtsstunde der Physiognomik.

Dort hinten hinaus lag das stille Schlafgemach, wo ein Traum geträumt worden war, welcher dem Zürcher den Anlaß zu seinem ersten Buche gab und so mittelbar den Grund zu seinem literarischen Namen legte. Das war so gekommen. Zimmermann hatte träumend eine Vision seiner Frau als einer Seligen gehabt, obwohl dieselbe ruhig an seiner Seite schlummerte. Das Traumbild hatte sich über die Zustände einer Abgeschiedenen würdig, ich hätte fast gesagt verständig geäußert und Zimmermann seinen Traum sofort an Lavater geschrieben. Die Einbildungskraft des Zürchers fing Feuer und es entstanden: „Die Aussichten in die Ewigkeit", deren Behauptungen und Kombinationen man nicht einmal gewagt und abenteuerlich nennen kann, weil sie überhaupt jenseits

des Erkennbaren, außerhalb der Grenzen von Erfahrung und
Vernunft liegen und ins Besondere dem Geistlichen, wie mir
scheint, durch die Definition des Glaubens im Hebräerbriefe
widerrathen waren. Diese „Aussichten in die Ewigkeit" er=
schienen dann als „Briefe", welche der noch unbekannte fünf=
undzwanzigjährige Lavater an den siebenunddreißigjährigen
schon berühmten Zimmermann richten durfte. Sie fanden
Verbreitung und trugen Hans Kaspar von orthodoxer Seite
das Attribut eines Ketzers, von rationalistischer dasjenige
eines „Lappi" ein, als Gegenwerthe aber ein hübsch einge=
schränktes öffentliches Lob von Herder und ein paar bibelfeste,
herrliche Zeilen von Göthe, welcher bekanntlich seinen Un=
glauben an die mögliche Vernichtung des Individuums durch
alle Entfaltungen seines Lebens fest und sich konsequent für
einen Unsterblichen gehalten hat.

Da war vor allem, weit über die Häuser weg in's
Freie blickend, die hoch und still gelegene Dachstube, welche
Zimmermann zu seinem Museum erwählt hatte, eine luftige
Klause, wo ihm nur etwa ein Vogel auf dem Sims des
offenstehenden Fensters herumhüpfend, Gesellschaft leistete.
Hier lebte der halb freiwillige Eremit mit seinen Büchern und
seiner Feder; hier schrieb er, neben manchem kleineren Ver=
suche, das Leben seines Meisters Haller und die drei Werke
(vom dritten wenigstens den ersten Entwurf), welche seinen
Namen — Zimmermann war ohne Vergleich der am meisten
übersetzte Deutsche seiner Zeit — von dieser Dachkammer aus
über die Welt verbreiteten. Ich bin überzeugt, daß seine
Bücher, das „vom Nationalstolz," das von Göthe in Wahr=
heit und Dichtung charakterisirte „von der Erfahrung in
der Arzneikunst" und das bekannteste „über die Einsam=
keit" heute noch in der kleinen Bibliothek manches französi=
schen oder italienischen Pfarrers und Landarztes an dem
Ehrenplatze stehen, mit Erbauung gelesen und als unbedingt
klassisch betrachtet werden.

Sie entstanden in dem „reizlosen und alle Flammen des
Geistes auslöschenden Orte," wie Zimmermann öffentlich in
einem seiner Werke — und das war entschieden zu viel —

sein Vaterstädtchen nannte. „Wäre ich in Brugg nicht ver=
achtet und verfolgt gewesen", erklärt er uns, „ich hätte keine
Bücher geschrieben und wäre nicht berühmt geworden". Der=
gestalt legt uns Zimmermann selber das Geständniß ab, daß
er seinen Ruhm nicht zum wenigsten seiner Vaterstadt schuldet.
Wäre ich ein Brugger, etwa der Urenkel eines Schultheißen,
ich würde den Antrag stellen, das Eigenthumsrecht des Städt=
chens auf seinen undankbaren großen Mann geltend zu machen
und dem Andenken des weiland Stadtarztes an einem ehren=
vollen öffentlichen Orte oder lieber noch an einem kühlen
Schattenplatze wider seinen Willen eine Büste zu weihen!

Auch wäre der Beweis leicht zu führen, daß sowohl
das Buch „vom Nationalstolze" als das über die „Einsam=
keit" den Brugger Verhältnissen seinen Ursprung verdankt.
Denn Zimmermann war eigentlich ein Gelegenheitsschrift=
steller, der ein Motiv leidenschaftlich aufgriff, in seinem von
allen Windstößen der Zeit durchbrausten Kopfe hin und her
warf, und dann stimmungsvoll und rhapsodisch behandelte.
Erst in der folgenden Auflage vergrößerte er den Rahmen,
durchdachte und vertiefte das Thema, legte die Gewichte von
Wahrheit und Gegenwahrheit, beseitigte die Paradoxen und
die Widersprüche, strich die Invektiven oder richtete sie an
eine andere Adresse und fügte, nach französischem und engli=
schem Muster, den illustrirenden historischen Zug, die witzige
Anekdote bei.

Und alles was er schrieb, wurde ihm zur persönlichen
Sache. So wenig als Lavater, hatte er den Begriff des
uneigennützigen Denkens oder des selbständigen Kunstwerkes.
Das lag nicht in seiner Zeit. Beides, Denken und Kunst,
sollten, ächt republikanisch, bessern, belehren und sich un=
mittelbar praktisch verwerthen lassen. Er geberdete sich, wie
Rousseau und Lavater, als öffentlicher Lehrer, als Refor=
mator und drängte der Welt die Willkür und Schrankenlosig=
keit seiner Person auf. Das gab ihm Gewalt über die Seelen,
so oft und so lange er mit einem revolutionären Elemente
oder mit einer gerechten Forderung der Zeit von ungefähr
zusammenging, erklärt aber auch die Heftigkeit der persönlichen

Angriffe, denen er fich bloßstellte, und die Verkennung, welche er erfuhr, als er dem Zeitgeiste zu widersprechen begann.

Sein Buch „vom Nationalstolze" ist eigentlich oder war wenigstens ursprünglich — es hat sich bei jeder neuen Auflage verwandelt — gegen den Nationalstolz gerichtet. Das beweisen schon die Vignetten, welche Zimmermann den verschiedenen Auflagen voransetzen ließ. Vor der ersten: ein Tartar-Chan, der Milch und Pferdefleisch genießt und durch einen Herold verkündigen läßt: allen Herren dieser Erde erlaube ich nun auch zu essen! Vor der zweiten: die Buckligen, einen gerade Gewachsenen als Mißgestalt anstarrend und bedauernd. (So pflegte Zimmermann im Verkehr mit seinen Freunden das Verhältniß zu seinen Mitbürgern mit Vorliebe zu allegorisiren.) Die dritte Auflage war ein Wiener Nachdruck. Die vierte bringt zwei Vignetten: ein auf einem Pfau reitender Affe setzt Vertretern verschiedener Nationalitäten Brillen auf die Nasen und: ein auf einem Stücke Holz thronender schwarzer König frägt: wie spricht man in Paris von mir?

Ueberdies findet sich in der ersten Auflage eine bedenkliche Stelle, die dann in den folgenden verschwunden ist. Nachdem Zimmermann den falschen Nationalstolz aus humanen Gründen verworfen hat, lobt er den ächten, welchen er der Vaterlandsliebe gleichsetzt und zugleich die heimische republikanische Staatsform*), schließt dann aber mit folgender seltsamen und gespreizten Wendung: „Ich gehe zu weit. Ich habe eine Satire schreiben wollen und bin ein Lobredner geworden. So sehr muß ich zum Loben geneigt sein, daß ich auch lobe, wo ich nur zu schelten hätte."

So dreht sich die Klinge in seiner Hand und sticht wieder gegen die Brugger.

Das Buch „über die Einsamkeit" hat, aus wenigen Blättern zu vier starken Bänden anwachsend, Zimmermann durch sein ganzes Dasein begleitet. So ziemlich alles, was er über Leben, Religion, Politik gedacht hat, ist darin gesammelt

---

*) In einer spätern Auflage läßt er in einem neu hinzugekommenen Kapitel auch dem Nationalstolz in monarchischen Staaten Gerechtigkeit widerfahren.

an dem dünnen Faden, ich hätte fast gesagt unter dem Vor=
wande folgenden Gedankenganges: Tugend macht selbständig
und befreit von der Welt= und Menschenfurcht. Der Cha=
rakter und das Gemüth aber reinigt und befestigt sich durch
einen gewissenhaften Gebrauch der Einsamkeit.

Zimmermann begann sein Werk, wie er ausdrücklich sagt,
um seinen Hang zur Einsamkeit gegen seine Mitbürger zu
vertheidigen, welche, unterhaltsam und gesellig wie sie waren,
ihm denselben verdachten und zum Vorwurfe machten.

Es ist, objektiv gesprochen, ein, trotz manchem Sophis=
mus, gutes, jedenfalls ein geistreiches Buch; als „Selbst=
bekenntniß" betrachtet, kennzeichnet es den Menschen und die
Epoche.

„Der Autor hat jedes Blatt dieses Buches gelebt", sagt
uns Edmund Dorer.

Zimmermann war ein Kenner der Einsamkeit. Er nennt
sie seine erste Liebe und suchte sie schon als Knabe. Er suchte
sie als Jüngling an den Ufern des Leman und empfand sie
als eine Süßigkeit des Daseins. Er suchte sie als Mann in
seiner Dachstube und sie gab ihm den Ruhm. Er suchte sie noch
in der Agonie und endete mit den Worten: „ich sterbe, lasset
mich allein!"

Da war auch im zweiten Stockwerk das nette Sälchen,
wo Zimmermann bei einem Glase Wein mit seinem Gaste,
dem kaum einige Jahre jüngeren Wieland, sich so lustig ge=
zankt und ein ander Mal mit seinem Zürcher Freunde Hans
Kaspar Hirzel so ausgiebig geweint hatte.

Sicherlich ging es lebhaft zu, wann Zimmermann und
Wieland sich zusammen gütlich thaten. Da rückte der Schwabe
dem Brugger seinen impetuosen Geist vor, „der ihm einen
Possen um den andern spiele". Der Stadtarzt aber ant=
wortete mit derben Spässen über das aus dem Seraphiker
unvermuthet herausgewachsene Weltkind, welches jetzt „den
Horaz dem Plato, den Tokaier dem Nektar, eine rundliche
Phyllis einer ätherischen Panthea vorziehe." Dabei machte
der kräftig Gebaute den angehenden Epikuräer spöttelnd auf
seine dünnen Beine aufmerksam. Wieland gab seine Waden=

lofigfeit zu, wollte aber in der epifuräifchen Schule durchaus
nicht fo weit vorgefchritten fein, wie Zimmermann ihm zu=
fchob, ja er leugnete überhaupt, im engern Sinne zu der
Heerde Epifurs zu gehören. Um Rache zu üben, fprach er
dann dem Brugger, welcher feinen Vers, freilich einen fehr
formlofen, dichtete wie ein anderer, jedes tiefere Verftändniß
für Poefie ab*), womit es ihm aber, zu feinem Erftaunen,
nicht gelang, den fonft fo reizbaren Stadtarzt aufzubringen.
Dann ftritten fie über den Werth der Metaphyfik, die Berech=
tigung der Anachoreten und Myftifer und über andere inter=
effante Gegenftände, ihre Meinungen wechfelnd, wie die Fechter
im „Hamlet" ihre Rappiere.

Da mochte Zimmermann dem jugendlichen Dichter wohl
auch feine Bruggerleiden vorflagen und diefer, fo leichtblütig
er war, aus Gefälligfeit mit ihm fympathifiren. Wann fich
dann aber der leidenfchaftliche Hauswirt von feiner Beredfam=
feit und feiner Galle hinreißen ließ, von einer fyftematifchen
Verfolgung zu fprechen, deren Opfer er hier fei, fchüttelte ge=
wiß der fluge Schwabe den Kopf dazu und dachte an Rouffeau,
welcher fich aus ein paar widerwärtigen Vorfällen, Anfein=
dungen und Verfolgungen mit verderblicher Logif eine gegen
ihn gezettelte allgemeine Verfchwörung zufammengefonnen
hatte. Und, um dem Gefpräche eine vergnüglichere Wendung
zu geben, forderte er dann wohl den Hypochonder auf, ihm
einige der vorzüglichften und aufdringlichften Brugger Stadt=
farifaturen mimifch vorzuführen. Das ließ fich Zimmer=
mann nicht zweimal fagen und, fich felbft als den Natur=
forfcher und Arzt Demofrit, feine Mitbürger aber als die
Abderiten in Szene fetzend, legte er ihnen Worte in den
Mund, ungefähr wie folgende: „Unfer Stadtarzt wird me=
lancholifch. Man muß ihn vom Morgen bis in die Nacht

---

*) Ich glaube, daß Wieland nicht ganz Unrecht hatte. Zimmer=
mann, welcher die englifchen Dichter im Originale lefen fonnte, fpricht
in einem Jugendbriefe von Shafefpeare's „Strohfeuer". Aber freilich
aus einem hingeworfenen finnlofen Worte läßt fich nichts fchließen und
fpäter befreundete fich Zimmermann, wie immer den Impulfen der Zeit
folgend, mit den Werfen des größten Dichters.

besuchen; er muß mit uns Kegel schieben und in die Scheibe schießen". Solche Worte mögen von den satirischen Lippen Zimmermanns als Saatkörner in die empfängliche Phantasie Wielands gefallen sein, dort sich entwickelnd, bis die eigene Erfahrung einer Kleinstadt, des Reichsstädtchens Biberach, den lustigen Roman der Abderiten zeitigte.

Die Beiden blieben noch lange in freundlichem Verkehre, bis sie das Schicksal weit auseinander führte, beide in günstige äußere Verhältnisse, aber den Poeten in ein zufriedenes Dasein, den Arzt in immer dunklere Tage.

Doch ich wollte noch erzählen, wie zwei erwachsene und stattliche Männer in diesem Sälchen anläßlich eines Excerptenheftes sich umarmt und reichliche Zähren vergossen haben. Mit aller Ehrerbietung für die Thränen unserer literarisch gebildeten Urgroßväter sei es gesagt: ich kann mich des Argwohns nicht erwehren, daß ein wenig Mode, ein bischen unschuldiges Schauspiel dabei war.

Zimmermann saß mit seinem Gaste Hans Kaspar Hirzel zusammen, welcher ein Arzt und ein patriotischer Schriftsteller und ein Poet war wie er, und überdies der Entdecker des „philosophischen Bauers" Kleinjogg.

Da begab sich Folgendes:

Zimmermann wies seinem Züricher Freunde die Excerpten seiner Lektüre, welche er sich nach Hallerscher Methode in bequemer Ordnung angelegt hatte. „Hirzel besah die Hefte sehr aufmerksam (wir zitieren wörtlich), unterhielt sich mit Zimmermann darüber, war sehr lustig und lachte oft. Endlich fing er auf einmal an stille und trübselig zu werden. Zuletzt brach er in Thränen aus.

Die Szene bestürzte Zimmermann. Er fragte mit Rührung nach der Ursache der Thränen. Hirzel blieb sprachlos. Zimmermann bat und beschwor ihn, daß er doch sprechen möge, daß er ihm die Ursache seiner Traurigkeit entdecke.

Endlich sagte Hirzel: „ich weine aus Neid!"

Da fiel ihm Zimmermann um den Hals, drückte ihn an seine Brust und vergoß selbst tausend Thränen."

Hirzel hinterließ als Gastgeschenk seinem Freunde ein

Blatt Hexameter, worin er die Frau seines Wirthes besang, wie er denn Zimmermanns ganzes Leben bis zu dessen Abreise von Brugg mit seinen ausdauernden Hexametern begleitet hat.*)

Einen kurzweiligeren Gesellen fand Zimmermann in Salomon Geßner, welcher auch in seinem Hause in Brugg erschien und den er dann nach Schinznach, dem Versammlungsorte der helvetischen Gesellschaft, begleitete. Sie verkehrten viel mit einander und eines Tages, zwischen Habsburg und der Aare sich ergehend, theilte Geßner seinem Freunde mit, er beschäftige sich mit dem Gedanken, „amerikanische Idyllen" zu schreiben, offenbar um für seine idealen Hirten einen unberührten Boden zu gewinnen. Aber es kam nicht dazu, Geßner blieb seiner heimatlichen Schäferei getreu. Daneben war er aber ein lustiger Schelm, wie ihn Kleist, der Verfasser des Frühlings, nennt und dem Idyllendichter kommt das Verdienst zu, Zimmermann zu dem ausgelassensten Gelächter seines Lebens gebracht zu haben. Geßner, in Schinznach von einer heftigen Kolik befallen, ließ ihn zu sich rufen. Zimmermann eilte mit beklommenem Herzen hin, aber kaum hatte er mit dem Kranken ein paar Worte gewechselt, als dieser den Ausdruck seines Leidens mit verzweifelten Sprüngen und sprechenden Geberden so toll karikirte, daß der Arzt und der Patient nicht aus dem Lachen kamen.

Alles dieses haftete an Zimmermanns Brugger Hause und der aus seiner Dachkammer überblickbaren Landschaft. So mag er es ungerne verlassen und, als den 12. Juli 1768 sein Reisewagen aus dem Thore des Vaterstädtchens rollte, auch für dieses, wo nicht einen freundlichen Abschiedsblick, doch einen versöhnlichen Abschiedsgedanken gehabt haben.

Aber Jugendeindrücke sind unvertilglich und treten oft, bei Beginn des Alters, mit verschärfter Deutlichkeit hervor.

---

*) Auch Wieland schwärmte für die Frau Zimmermanns: „Ein Brief von deiner Frau", schreibt er noch in seiner ersten Manier, „lehrt mich besser, was das Gute und Schöne ist, als Plato und Aristoteles, und, wenn sie mir entrissen würde, würde ich ihr in die Welt der Engel nachfolgen." Das hatte gute Weile.

Zimmermann fand in Hannover, mit Göthe zu reden: „äußeres Ansehen, Ruhm, Ehre, Rang und Vermögen", aber er fand auch die Dämonen wieder, welche ihn in der Kleinstadt gequält hatten.

In der großen Ausgabe des Buches „über die Einsamkeit" fällt er mit verdoppelten Keulenschlägen über die Kleinstädter her, mit welchen man am Ende beinahe Mitleiden empfindet, und im Norden von Deutschland, nach zwanzig verflossenen Jahren, kann der königlich britische Leibarzt die alten Fratzen nicht los werden. Das Thema ist: Hartnäckige Einsamkeit als das einzige Rettungsmittel in einer Kleinstadt. Trotz der sorgfältig gebauten Perioden einer sogenannten klassischen Prosa widerstrebt es uns, diese äußerlich gedrechselten und innerlich so wild menschenfeindlichen Sätze zu wiederholen; wir beschränken uns auf ein anderwärts niedergelegtes zusammenfassendes Wort, das noch bitter genug lautet:

„Ich kenne kein unglücklicheres Schicksal, als genöthigt zu sein in einer kleinen Stadt zu leben. Gewiß, ganz gewiß werden die Menschen da schlimmer, als sie es insgemein sind. Ob sie gleich nicht stehlen und morden, so macht doch, die braven Leute ausgenommen, einer dem andern das Leben so betrübt als es nur immer möglich ist. Ich war doch in Brugg kein Monstrum, kein Verbrecher, kein Scheusal der menschlichen Gesellschaft und doch haßten mich meine Mitbürger vierzehn lange Jahre." Und nun genug von der Kleinstadt.

Es ist eine bekannte Erscheinung, daß wir, auf Besuch bei einem Freunde, uns unwillkürlich sein Heim, seine Studierstube, die Linden seines Hofes, Licht und Schatten seines Gartens, kurz seine ganze Lebensbühne idealisiren, weil uns eben der fremde Besitz nicht wie der eigene durch den Staub der Gewohnheit und den Verdruß des Alltagslebens entzaubert ist. So erging es unserm Zimmermann, als er seinen Freund Hotze in Richterswyl besuchte. Er entwirft von dem Heime des Zürcher Landarztes, welcher übrigens ein in jeder Hinsicht ausgezeichneter Mensch gewesen sein muß, ein Gemälde, das, wenn die Vergleichung erlaubt ist, ein wenig an die schwungvollen Linien des Poussin erinnert, dessen Werke Zimmermann wohl im Kupferstiche besaß und bewunderte. Das Dorfbild verdient hier einen Platz als Gegenstück der engen Kleinstadt und als eine hundertzwanzig Jahre alte Verherrlichung unseres Zürichsees:

„Die zwei Häuser des Arztes stehen mitten in diesem Dorfe, mit ihren Gärten umringt, so frei und friedlich, wie auf dem weiten Felde. Unter der Kammer meines Freundes läuft am Garten ein murmelnder Bach und an dem Bache die Landstraße, auf der seit Jahrhunderten beinahe täglich eine Menge Pilgrime nach dem Kloster Einsiedeln gehen. Aus Zimmern und Gärten sieht man südwärts vor sich den maje= stätischen Ezelberg. Sein Haupt bedeckt ein schwarzer Wald, sein Fuß ist nur eine Stunde entfernt, an der Mitte des Berges hangt ein Dorf mit einer schönen Kirche und auf dieser Kirche ruht an jedem hellen Abend die Sonne. Vor den Gärten liegt der Zürichsee, in dessen Wasser sich die Ufer spiegeln oder dessen Wellen, durch sanfte Winde bewegt, wie eine Heerde Schafe gaukeln."

„Sieht man da in tiefer Nacht aus den Fenstern oder athmet man einsam im Garten erfrischende Blumendüfte, indeß der Mond hinter den Bergen hervorwandelt und eine feurige Heerstraße über den See zeichnet, so hört man mitten unter dieser Todtenstille doch jenseits am Ufer jeden Schlag der ländlichen Glocken, hört des Nachtwächters Stimme her= überhallen und das Bellen treuer Haushunde, hört von Ferne den Kahn des langsam herbeirudernden Schiffers, sieht wie er in der feurigen Heerstraße fährt und mit den glänzenden Wellen spielt."

„Hier, bei dem großen Arzte, ist alles lieblich, nahe, ver= traulich, freundlich, innig. Man sitzt da auf Stühlen von Stroh. Er schreibt an Tischen von inländischem Holz und speist sich und seine Freunde aus Gefäßen von Erde. Rein= lichkeit und Bequemlichkeit herrschen überall. Eine große Sammlung gemalter und in Kupfer gestochener Menschen= gesichter ist sein einziger Aufwand. Der erste Strahl der

Morgenröthe erheitert die kleine Zelle, wo er schläft, beim Erwachen begrüßt ihn das Girren der Turteltauben und der frühe Morgengesang der Vögel, die im Nebenzimmer mit ihm schliefen. Die erste Morgenstunde und die letzte Abend=stunde sind sein. Alle übrigen widmet er der großen Menge von Traurigen, die ihn besuchen. Kommt das Volk aus den gebirgigen Kantonen der Schweiz und aus den Thälern der Alpen zu ihm, traut es ihm zu, daß er alles sehe und wisse, beantwortet es jede Frage einfältig, treu und offen, behorcht es jedes Wort, faßt es jeden Rath auf, wie Goldkörner, und geht dann von ihm weg, getröstet, voll Hoffnung und guter Entschlüsse, wie von einem Beichtvater in Einsiedeln, o so ist er, am Abend eines solchen Tages, ein glückseliger Mann! Tritt eine treuherzige Bäuerin, die über die Lebensgefahr ihres Gatten weinte, in sein Zimmer, drückt sie ihm die Hand, daß es ihn schmerzt, ruft sie: „Jesus Maria, wie war mein Mann so schlecht, als ich heimkam und nun ist's seit zwei Tagen so viel besser, ach, wie seid Ihr mir so lieb, Herr Exzel=lenz", dann empfindet dieser Menschenfreund, wie es einem Könige zu Muthe sein muß in der Stunde, da er einem ganzen Volke wohlthut!"

Mathilde Escher.
Ein Portrait von Conrad Ferdinand Meyer.
Zürcher Taschenbuch auf d. J. 1883. S. 1—18.

Das Jugendbildnis eines bedeutenden Menschen hat immer eine Anziehungskraft. Wir ergötzen uns, aus den kindlichen Zügen das endgültige Gesicht zu entwickeln und dieses hinwiederum auf seine weichen Anfänge zurückzuführen. Die Erbauerin der St. Anna=Kapelle liebte es nicht, ja es widerstrebte ihr, sich abbilden zu lassen. Aber wäre ihr ein verlegtes Jugendbildchen zufällig wieder vor die Augen ge=kommen, würde sie es doch wohl einen Augenblick betrachtet und dazu gelächelt haben.

Kurze Aufzeichnungen einer Nichte der Seeligen mit eingelegten authentischen Briefstellen ermöglichen es mir, ein lebenswahres Bildnis der jungen Mathilde Escher zu ent=werfen, das durch die Aehnlichkeit und den Kontrast mit jener

31*

Mathilde Eſcher, die — wenigſtens dem Rufe nach — wir Zürcher alle gekannt haben, eines gewiſſen Reizes nicht er= mangelt. Wenn ich den ausgebildeten Kopf dann noch flüchtig daneben ſkizzire, ſo wird es mit wenig Strichen geſchehen, aber nach feſten perſönlichen Erinnerungen. Allenfalls mit= laufendes Beiwerk betrachte der Leſer als Arabeske.

Mathilde Eſcher (geb. den 26. Auguſt 1808) beging, wie ſie ſich im Scherze zu rühmen pflegte, ſchon in den erſten Wochen ihres Daſeins eine Gewaltthat. Sie verdrängte einen heiligen oder profanen Namen aus dem Zürcher Kalender. Seltſamer Weiſe fehlte darin der Name Mathilde, welcher doch derjenige zweier Heiligen iſt, nicht zu reden von der be= rühmten Burgfrau auf Canoſſa. Herr Eſcher beſuchte Herrn Bürkli in der Schipfe, und der nächſte Jahrgang brachte den neuen Namen unter dem 26. Auguſt. So iſt es gekommen, daß Mathilde Eſcher ihr Geburts= und ihr Namensfeſt an demſelben Tage feierte.

Sie ſoll ein kränkliches, reizbares Kind geweſen ſein — ich laſſe die hübſchen Aufzeichnungen faſt wörtlich reden — daß ſich leidenſchaftlich ein Schweſterchen wünſchte, welcher Wunſch einige Jahre ſpäter in Erfüllung ging. Sie hing dann — und bis zuletzt — mit ganzer Seele an ihrer Schweſter Anna. Ihren erſten Unterricht empfing ſie mit einem wenig älteren Bruder, der an Talent dem Vater kaum nachſtand.

Dieſer, Hans Caſpar Eſcher, war ein genialer, unter= nehmender, feuriger Mann, welcher neben einer großen kauf= männiſchen und techniſchen Begabung auch viel Kunſtſinn, beſonders ein ausgebildetes Gefühl für Architektur beſaß und, im Winter in ſeiner ſtädtiſchen Wohnung zum Felſenhof, im Sommer auf ſeinem am Seeufer gelegenen Landſitze, der ſchönen Schipf, eine weite Gaſtfreundſchaft übte.

Es iſt eine Tradition der „Schipf“, daß zu Ende des letzten Jahrhunderts der faſt fünfzigjährige Goethe[1]) ihr Gaſt geweſen ſei. Den Saal des obern Hauſes betretend und einen weiten Raum mit einer Orgel erblickend, habe er nach dem

---

[1]) S. S. 214.

Ausrufe: „Hier muß man tanzen!" den ganzen Saal wie ein reigenführender Apollo im Tanzschritte durchmessen.

Ein anderes Goethe-Geschichtchen will ich doch auch hier verzeichnen, obwohl es die deutschen Freunde, benen ich es erzählte, nicht sonderlich angesprochen hat; immerhin, so unbedeutend es sein mag, ist es ein authentisches Goethe-Geschichtchen. Der greise Herr Escher selber hat es mir mit einem gewissen Behagen erzählt, und ich gebe es mit seinen eigenen, mir vollkommen erinnerlichen Worten wieder.

Goethe sei mit Escher und zwei jungen Leuten, Deutschen von Abel, wie dieser meinte, von Zürich auf die mehr als zwei Stunden entfernte Albishöhe gewandert. Der eine der Jünglinge, den er mit dem Fernrohr betraut, habe es im Albiswirthshause liegen lassen und Goethe bann erst wieder vor den Thoren der Stadt danach gefragt, um den Lässigen ohne Weiteres auf den Berg zurückzuschicken. „Es liegt auf dem Tischchen unter dem Spiegel", so habe er ihm den Ort genau bezeichnet. Ich warf ein, Goethe selbst hätte sich wohl erst auf den Ort besinnen müssen. „Keineswegs," versetzte der alte Escher eifrig, „sondern er wollte dem jungen Menschen eine Lehre geben. Ich fand die Lehre etwas hart," schloß er, auf den Stockzähnen lächelnd.

Und noch ein Drittes sei erwähnt. Professor Mousson, der das Leben Escher's sehr hübsch erzählt hat, frägt sich, ob dieser, der nicht lang nach dem Besuche Goethes in der Schipf durch die der helvetischen Revolution folgende Geschäftslosigkeit vorübergehend nach Deutschland getrieben wurde, Goethe seinen Besuch in Weimar zurückgegeben habe? Allerdings. Ich erinnere mich noch der Stelle — es war das in den See vorspringende Gartenstück der Schipf, und Herr Escher wurde eben von dem Kapitän eines vorüberfahrenden, in seinen Werkstätten gebauten Bootes begrüßt — wo er es mir bejaht hat: Goethe habe ihm schöne Kunstsachen gewiesen und sie hätten dann zu Dreien gespeist, sie Beide mit einem Frauenzimmer, das die Wirthin gemacht, der er aber nicht vorgestellt und aus welcher er nicht klug geworden sei. (Christiane Vulpius.)

Dieser Wechsel von Stadt und Land bot viel für die
geistige und körperliche Entwicklung der Kinder. Der Um=
gang aber mit mannigfaltigen Menschengesichtern und zahl=
reichen Gästen war für sie eine Schule sichern Betragens und
bildete ihre Zunge. So sprach denn auch Mathilde Escher
immerdar klar und bündig, ohne je den Ausdruck zu suchen
oder sich in demselben zu vergreifen.

Ein großer Verstand scheint sich frühe bei dem jungen
Mädchen entwickelt zu haben neben einer gewissen Strenge,
dergestalt, daß sie von ihren jüngern Vettern und Basen (wie
später von ihren Gespielen) ein bischen gefürchtet wurde.
Darüber sind die Zeugnisse einstimmig. Wahrscheinlich be=
saß sie schon damals jenen großen Zug und Schnitt, jenes
strenge Wesen, das sie zu einer unter uns ungewöhnlichen
Erscheinung machte, sich aber anfangs nicht immer ohne Härte,
nicht immer ganz liebenswürdig geäußert haben mag. Ein
nichtiges Geschichtchen bezeichnet das am besten. Das junge
Mädchen erzählte einmal seinen Gespielen: In einen Kauf=
laden ohne Geld eingetreten, hätte sie eben einfach gesagt:
„Ich bin die Jungfer Escher im Felsenhof" und damit sei es
gut gewesen. Nun, nicht diese natürliche Rede, sondern der
Ton derselben ist einer überlebenden Gespielin durchaus un=
vergeßlich geblieben. Und dieselbe Mathilde Escher wurde
dann so herzlich demüthig! Wenn nicht, daß dieses von einem
starken Naturell, wie mir scheint, unzertrennliche Selbst=
bewußtsein zuweilen unwillkürlich hervortrat, freilich in sehr
gemilderter Form.

„Mathilde" — berichtet unser Msc. — „wurde von
einem Herrn Pfarrer Wirz konfirmirt, einem trockenen
Rationalisten. Auf den sittlich fein angelegten Charakter
des Mädchens machte dieser Unterricht doch einen gewissen
Eindruck und sie hing mit aufrichtiger Liebe und Verehrung
an ihrem Lehrer. Die Gebildeten huldigten damals dem
Rationalismus der Zeit in seinen verschiedenen Färbungen.
Nur auf dem Lande fand man noch einfachen Bibelglauben.
So erzählte Tante, daß in ihrer Jugendzeit die Lehns=
leute in der Schipf den Sonntag still mit Bibellesen zu=

brachten, was man ganz natürlich, wenn auch nicht nach=
ahmenswert fand."

Da der Vater und der Bruder fast jedes Jahr große Ge=
schäftsreisen unternahmen, und die Weltbreite offen vor ihnen
lag, entwickelte sich auch in dem Mädchen, dem es keineswegs
an Unternehmungsgeist fehlte, eine frühe Wanderlust, die
Sehnsucht nach einem Blick über die Wälle Zürichs hinweg in
die weite Welt hinaus.

Dieser Mädchenwunsch fand seine Erfüllung. Mit zwan=
zig Jahren sah sich Mathilde Wien und Prag an. Mit zwei=
undzwanzigen hielt sie sich länger als ein Jahr in Frankreich
auf und kehrte über Paris heim. Die Fünfundzwanzigjährige
folgt dann einer Einladung nach England, wo sie fast heimisch
wird und sich mit der englischen Sprache auch etwas von der
englischen Sitte aneignet. Über alle diese Wanderfahrten sind
Tagebücher und aus den zwei letztern Briefe vorhanden, die
uns die Thatkraft und Frische dieser Natur vor das Auge
stellen und auch die Anfänge einer religiösen Entwicklung
vergegenwärtigen.

Die erste Fahrt war eine Badereise nach Karlsbad mit
Vater und Mutter. Man fuhr in eigenem Wagen. Nachdem
das Mädchen in München 4 Tage lang das Weiträumige und
die Kunstschätze der ersten „großen Stadt", die sie sah, „Mund
und Augen aufsperrend" — so scherzt sie selbst — bestaunt
hatte, langte man am zehnten Tage in Karlsbad an. Ma=
thilde schreibt: „Ohne die Gunst einer Empfehlung würde ich
von hier weggehen und hätte keinen Menschen kennen gelernt,
dessen Andenken nur einen kleinen Winkel in meiner Er=
innerung behauptete, oder dessen weitern Schicksalen ich auch
nur ein Fünkchen Theilnahme schenken möchte. Das habe
ich nicht erwartet. Das ist mir sehr unangenehm. Mich an
Menschen anzuschließen, ist mir Bedürfniß. Wie aber soll
ich das?"

Die glückliche Empfehlung lautete an die damals sechs=
undsiebenzigjährige Elise von der Recke, welche in jener Zeit
mit ihrem nur um ein Jahr jüngern treuen Begleiter Tiedge
ihre Sommer abwechselnd in Karlsbad und Teplitz zubrachte.

„Die feine gesuchte Frau, die sonst ziemlich exklusiv war,
hatte Freude an den schlichten Schweizern und sah sie gerne
bei sich. Gegen Tante war sie sehr liebenswürdig und diese
brachte ihr eine schwärmerische Verehrung entgegen." Auch
die Schwiegertochter Goethe's, die heitere Ottilie fand sie
in Karlsbad. Hätte sie nur auch ihn dort gefunden! Das
Bildnis des Dichters der Urania, des „Canonicus von Tiedge,"
hing dann als Karlsbader Erinnerung bis an ihr Lebensende
in ihrem Zimmer in der Schipf.

Darauf ging es nach dem schönen Prag und nach Wien,
wo Mathilde mit den Eltern einen Besuch bei Karoline Pichler,
der Verfasserin des „Agathokles" und der „Frauenwürde"
machte. „Wie Tante dazu kam", schreibt die Nichte „ist mir
rätselhaft. Ging ihr doch in späteren Jahren der Sinn für
das Romantische so sehr ab, daß wir — wohl mit Unrecht —
uns einbildeten, sie habe dergleichen nie gekannt." Es ist
nicht leicht anzunehmen, daß Herr Escher ein Bewunderer
der Frau Pichler gewesen sei, welche übrigens damals in
Zürich wie anderwärts für eine große Schriftstellerin galt,
und ich glaube, daß der Gedanke dieses Besuches in Mathildens
Kopf gekeimt hat.

Ernsterer Natur war der Aufenthalt in Frankreich, wel=
cher vierzehn Monate dauerte. Es handelte sich darum, für ein
„zunehmendes Schiefwerden" Heilung zu suchen in einer ortho=
pädischen Anstalt, Morlay bei Ligny (Département de la
Meuse), wo Mathilde Escher mit ihrer gewohnten Tapferkeit
und Ausdauer sich einem mühsamen und langwierigen Heil=
verfahren unterzog, ohne das Uebel völlig los zu werden,
„wie sie so sehr gewünscht hatte."

Man sagt mir, daß diese körperliche Benachtheiligung
„früher wenig auffiel," aber auch in späteren Jahren war
dieselbe weit entfernt, den Eindruck einer Mißbildung zu
machen. Sie wurde verwischt durch den bedeutenden Kopf,
die edle Haltung, und, einfach und stylvoll, wie Mathilde
Escher sich kleidete, mußte man sie schon darauf ansehen um
den Fehler zu bemerken. Daß er aber der jungen Dame zu
schaffen machte, versteht sich von selbst.

Zu Morlay, auf fremdem Boden, unter unbekannten Menschen, lebte Mathilde in einer „katholischen, zum Teil frivolen" Umgebung. Drei jüngere Mädchen, Schweizerinnen, waren ihrer Obhut anvertraut. „Sie ergreift diese Aufgabe mit dem ganzen Ernst ihres Wesens". Daneben ist sie fröhlich mit den Fröhlichen· „Les trois glorieuses", die Julitage 1830, fallen dazwischen. Es geht die Sage, Mathilde Escher habe damals einen Freiheitsbaum umtanzt, und wenn ich mich in meine Erinnerungen vertiefe, will mir scheinen, sie selbst habe mir einmal mit großem Gaudium etwas dergleichen erzählt. Dem sei wie ihm wolle, geschichtlich ist, daß unter ihren Jugendreliquien dreifarbige Bänder sich gefunden haben.

Dann aber kommt eine schwere Zeit. Das Nervenfieber bricht in der Anstalt aus und der Tod hält Einkehr. Eine ihrer Schutzbefohlenen erkrankt und sie hilft dieselbe pflegen. Die Mutter der Darniederliegenden langt an, erkrankt gleichfalls und Mathilde sitzt auch an diesem Krankenlager „alle Sorge für die eigene Gesundheit und für das Ergebnis ihrer Kur hintansetzend". „Ihre Ruhe und Geistesgegenwart verlassen sie keinen Augenblick." Auch die erste englische Bekanntschaft wird hier gemacht. Mathilde Escher wohnt zum erstenmal in ihrem Leben einer Hausandacht bei. Das Niederknieen befremdet die Zürcherin, die anglikanische Liturgie dauert ihr zu lange, macht aber Eindruck und das „God bless you" des Abschiedes ergreift sie.

Ein freudiges Nachspiel dieser strengen und charakterbildenden Tage erwartet sie in Paris, wo sie nach langer Trennung die nahenden Schritte ihres Vaters vernimmt und sich ihm in die Arme wirft. Obenan in ihren Pariser-Erinnerungen steht eine Sitzung der Deputirten-Kammer. Sie hört „einen gewissen Thiers" vor einer lautlos lauschenden Versammlung für die Erblichkeit der Pairie[1]) sprechen, „mit

---

[1]) M. Escher hat einer geschichtlich bedeutenden Sitzung der Deputirten-Kammer beigewohnt, vielleicht der interessantesten während der ganzen Zeit des Juli-Königthums. Den 20. September 1831 legte der sonst so charaktervolle Minister Louis Philipps, Casimir Périer, gegen

Geſchicklichkeit, Schönheit und Richtigkeit." „Kein Bühnen=
ſpiel, das ſchönſte nicht, nähme ich für dieſen Nachmittag."

Das dritte Wanderjahr, der Aufenthalt bei ihren eng=
liſchen Freunden, war offenbar das glücklichſte ihrer Jugend.
Das britiſche Weſen iſt durch ſeine Ganzheit dem ihrigen con=
genial. Nach einem längeren Aufenthalt in Mancheſter und
einem kurzen im Norden von Yorkſhire reiſt ſie mit Be=
kannten nach London und läßt ſich unterwegs nichts entgehen,
die Fabriken ſo wenig als die berühmten adeligen Landſitze.
In Newſtead=Abbey ſchwärmt ſie förmlich: „Wie ich das
alterthümliche Gebäude erblickte, hob meine noch nicht ver=
roſtete Phantaſie ſich kräftig. Ich konnte wieder wachend
träumen. Immer wäre dieſer Ort ein feſſelnder Reſt alter
Zeit. Aber den größten Reiz giebt ihm der Gedanke, daß
Byron hier gelebt und gedichtet hat. Hier liebte er das erſte
Mal mit noch unverdorbenem Herzen! Ich hätte gerne ge=
weint, gerne auch mit Worten geſchwärmt, aber unverzeihlich
wurden dieſe von den trockenen Mancheſterſeelen verhöhnt!"
Sie meint dann mit einem ſchönen Mädchenirrthum: „Hätte
Byron's erſte Liebe Erwiderung gefunden, er wäre nie ſo
tief geſunken," ſchließt aber ganz determinirt: „Doch iſt es
beinahe undenkbar, daß ein ſolcher Geiſt je auf ebener Bahn
hätte wandeln können. Je ſtärker das Licht, je ſchwärzer der
Schatten."

In London bewegte ſich Mathilde Eſcher während der
Saiſon (Frühjahr 1834) nach engliſcher Weiſe ganz frei.
Mit ihrer „wenig ſympathiſchen" Reiſegefährtin miethet ſie
eine beſcheidene Wohnung im Mittelpunkte des Weltverkehrs.
Dann wandert ſie zu Fuß, zu Wagen, im Boot, ſelbſt zu
Eſel, mit ihrer Begleiterin, mit andern Bekannten, oft allein,
auch mit einem „Hüpen" fabrizirenden jungen Schweizer,
für deſſen Backwerk ſie gelegentlich Propaganda macht. „Sie

ſeine perſönliche Überzeugung der öffentlichen Meinung nachgebend, der
Kammer ein Geſetz über die Aufhebung der Erblichkeit der Pairie vor.
Vier erlauchte Bürgerliche ſprachen dagegen: Berryer, Guizot, Thiers,
Royer=Collard. Thiers ſprach ausgezeichnet, aber die Palme des Tages
blieb dem greiſen Royer=Collard.

sieht, was nur immer zu sehen ist: Sammlungen, Parlaments=
häuser, Spitäler, Schulen, Tower, Docks, die Münze, das
Volkstreiben, und schildert es in ihren Briefen genau und
lebendig. „Ich bin so weit herumgekommen", schreibt sie, „als
wäre die Welt seit meinem letzten Briefe um einige Schritte
gerückt." Sie schließt dann das Schreiben an ihre Eltern mit
der lustigen Unterschrift: „Eure Euch liebende, glückliche, un=
ruhige, kaltblütige, schwindelköpfige Mathilde."

Bei einem Herrn Knolys sieht sie eine Sammlung von
Gemälden Heinrich Füßli's, des sog. Londoner Füßli, darunter
auch ein Selbstbildnis. „Ich bemerkte sogleich ein sehr feu=
riges Auge," sagt sie, und Herr Knolys betheuert, ihr be=
rühmter Landsmann habe die schönsten, feurigsten, blauen
Augen gehabt, die man sehen konnte. Auch Mathilde Escher
hatte von ihrem Vater schöne ausdrucksvolle Augen geerbt.

Ein Wiedersehen mit einer in Morlay gemachten Be=
kanntschaft, Miß Shireff, läßt sie einen Blick in Londons
High Life thun. Dann macht sie die Entdeckung, daß „auch
diese Gute, Herrliche nicht glücklich ist."

Nach Manchester, ihrem Standort, zurückgekehrt, unter=
nimmt sie noch eine sehr fröhliche Fahrt mit einer jungen
Freundin und deren Bruder, einem Studenten, nach dem
„grünen Erin." „Das eigenthümliche Völkchen der Jren mit
seinen witzigen Einfällen und seinem malerischen Schmutze
macht ihr viel Spaß, und sie tröstet sich leicht über die Müh=
sale der Reise in schlechtem Wagen auf noch schlechteren Wegen."
Man sieht: sie hat keine Ahnung von den diesem unglück=
lichen Volke bevorstehenden Prüfungen.

Über Schottland kehrt sie zurück und nimmt Abschied.
„Sorge Dich nicht", schreibt sie den letzten Brief an ihre
Mutter, „daß es mir bei Euch nicht mehr gefalle! Ich freue
mich auf unsern häuslichen Herd und meine Freundinnen.
Auf die Gesellschaft aber keineswegs. Große Gesellschaft war
mir auch in England unsympathisch und ich tauge nicht dafür.
Ich nehme und gebe Alles auf Treu und Glauben und werde
mich nie an eine gewisse Tändelei gewöhnen, ohne welche
man in der großen Welt den Menschen Langeweile macht und

hinwiederum von ihnen zum Gähnen gebracht wird." Der
Charakter beginnt sich zu zeichnen.

Eine Posse schloß diese dritte Wanderfahrt. Die Rei-
seude langte mit dem Postwagen um drei Uhr Nachts in
Ligny an, fand im Gasthause das vorausbestellte Nachtlager
von dem nach Paris reisenden türkischen Gesandten oder einem
Türken aus seinem Gefolge usurpirt und setzte sich in der
Küche an ein flackerndes Kaminfeuer mit vier Moslim, die
ihren Mokka aus Miniaturtäßchen schlürften, während Mathilde den ihrigen aus einer Schale von ungeheurem Umfang trauk. Mimisch gaben ihr die Orientalen zu verstehen,
daß dieser Größenkontrast auch sie belustige.

Für die nächsten Jahre fehlen die Aufzeichnungen. Dann
(1836) beginnt ein Tagebuch, das durch zehn Jahre geführt
wird.

Zugleich aber beginnt auch jene konsequente Entwicklung, die uns die Stifterin von St. Anna gegeben hat und
die wir hier nur in kurzen Zügen skizziren, denn das Beste
davou entzieht sich der Beobachtung und jedenfalls dem
Rahmen dieses Portraits.

Von der Sinnesänderung Mathildens läßt sich mit Gewißheit sagen, daß dieselbe eine allmälige war, ohne einen
schroffen Bruch mit der Vergangenheit, ohne jene scharfe
Wendung, welche Alexander Vinet mit dem rechten Winkel des
Rheines bei Basel vergleicht.

Diese Sinnesänderung selbst aber vollzog sich innerhalb
des Kirchenglaubens, wie denn Mathilden Escher jede kri-
tische oder spekulative Ader fehlte. Was in ihr vorging, war
eine Vertiefung ihrer ethischen Natur. Sie that einen Blick
in das Elend der Endlichkeit, und da wußte ihr rationalistischer
Optimismus keinen Rath — wahrhaftig, indem ich dieses
schreibe, dünkt mich, sie stehe neben mir und sage: Wozu das
Alles? Schreiben Sie einfach: In diesen Jahren fand Mathilde Escher ihren Heiland.

Es ist rührend und ergötzlich zugleich, wie sich die Zürcherin noch in ihren Briefen aus England gegen diesen tieferen
Menschen sträubt. Zuerst geht sie mit Unitariern um; das

kounte sie zu Hause auch haben. Dann hört und spricht sie einen Geistlichen der Independentenkirche, der sie „auf die Bibel, nur auf die Bibel" verweist. Sie möchte um keinen Preis „in ein schwärmerisches Christenthum gerathen." Sie beunruhigt sich, wie „Herr Fäsi" in den wesentlichen Punkten denke und wird nicht völlig klug daraus. Die Bigotterie erscheint ihr „wie immer gleich abgeschmackt und bedauerns= würdig"; ja, als sie nach Zürich zurückgekehrt und, schon halb gewonnen, zum ersten Mal im Hause des Antistes Geßner mit den „Frommen" in Berührung kommt, die dort „in großer Abgeschlossenheit und Verborgenheit" einen festen Kern bildeten, wird sie „mit etwas Mißtrauen" auf= genommen und schreibt dann ganz unbefangen: „Lächeln mußte ich über die Begriffe, welche sich diese Leutchen von uns Weltkindern machen."

Zwei neue Bekanntschaften wirkten dann entscheidend: die mit einem Buch und die mit einem Menschen.

Wir dürfen annehmen, daß Mathilde Escher die Bibel nicht kannte. Irgend eine Sittenlehre, gewiß eine vorzüg= liche, hatte wohl „Herr Wirz" mit Bibelsprüchen belegt, oder wenn sie ein Buch, einen Brief der heiligen Schrift im Zu= sammenhange las, wurde ihr diese wohl voraus durch irgend eine doktrinäre Einleitung, einen schalen Kommentar, wie dergleichen damals in allgemeinem Gebrauche war, in ein unwahres oder wenigstens mattes Licht gerückt. Folgte aber Mathilde dem Rathe des Doktor M.'All (so hieß ihr Be= kannter, der Geistliche der Independent Church) und vertiefte sich voraussetzungslos z. B. in den Römerbrief, als ob ihn der Apostel gerade aus seiner Tasche verloren und sie ihn aufgehoben hätte, so war sie mit ihrer großen Natur und ihrer exacten Einbildungskraft die Person dazu, den Apostel sich lebenswahr vor das Auge zu stellen.

Ferner lernte Mathilde Escher die Quäkerin Elisabeth Fry kennen, welche auf einer Reise durch den Kontinent Pro= paganda machte für ihren Lebensgedanken: die sittliche Pflege der Sträflinge. Der Aufenthalt der Quäkerin in Zürich — schon vorher war ihr Mathilde im Beneroberlande flüchtig begegnet — wirkte entscheidend: er gab der Zürcherin ein Beispiel und eine Bahn. Diese findet keine Worte zu sagen, welchen Eindruck „die hehre Gestalt, die herrliche Frau" auf sie gemacht habe. Das mit weicher Stimme gesprochene „I am pleased to see thee" blieb ihr in unverlöschlichem Andenken.

Mit jener ernsten Tapferkeit, welche der Grundzug ihres Wesens war, entschloß sie sich dann, nach langem innern Kampfe, in die verehrten Stapfen zu treten. Sie war dabei, als sich in Zürich ein Verein für sittliche Pflege der Sträflinge bildete. Ein unerhörtes Unternehmen, eine damals unter uns höchst ungewöhnliche Sache: ein Heraustreten der Frau aus den Schranken des Hauses! Ja, die Zürcherin ging sogar darüber hinweg, daß „Herr Fäsi" sich mit ihr nicht völlig einverstanden erklären konnte.

Nun gab es kein Stillestehen. Über diesen Rest oder diesen Anfang ihres Lebens trete ich, wie es sich gebührt, der Nichte das Wort ab. „Je tiefer Tante in das Elend des Lebens hineinblickte, desto größer wurde ihr Drang, es zu mildern. Schritt um Schritt zog sie sich von den Weltfreuden zurück, um jedes Theilchen ihrer Kraft in den Dienst der Barmherzigkeit zu stellen. Ihr klarer Verstand und ihre Leichtigkeit im Umgang (sagen wir ihr ererbtes Organisationstalent) befähigte sie, rings Arbeitskräfte zu sammeln und zu verwerten. So entstand 1842 ganz in der Stille der Amalienverein in Nachahmung des in Hamburg von Amalie Sieveking gestifteten weiblichen Armenvereins. Sie half die erste Suppenanstalt gründen und noch manches Andere. Am liebsten half sie im Stillen. Mit der Arbeit wuchsen die Kräfte. Gesundheit und Zeiteinteilung ließen sie Vieles bewältigen. Darüber versäumte Tante nie die Ihrigen. Da war ihre erste Lebensaufgabe. Sie mußte Alles wegzuräumen, was sie daran hätte hindern können. Mit großer Liebe pflegte sie ihre Eltern bis in ein hohes Alter.

Strenge gegen sich selbst, war sie es auch gegen die Andern. Es galt mit dem Alten zu brechen. Manche Schroffheit lief mit unter. Mit jedem Lebensjahre aber wurde sie milder und weicher.

Nur selten gönnte sie sich eine Rast. Aber wie fröhlich war sie im Familienkreis und unter den Kleinen! Sah man sie da, die heiterste von Allen, so vergaß man, ein wie ernstes und strenges Leben sie führte.

Mitten in der Arbeit überraschte sie ihre letzte Erkran= kung. Gerne hätte sie noch gelebt, aber „wie Gott will!" Ruhig konnte sie Alles weglegen."

Sie starb den 29. Mai 1875, siebenundsechzig Jahre alt.

Wir dürfen aber nicht bei dem Tode einer Persönlichkeit, die über den Tod hinausglaubte, stehen bleiben. Wir wollen sie uns doch noch einmal recht heiter und lebendig vorstellen, die etwa Fünfzigjährige, mit dem Hintergrunde der schönen Schipf.

Mathilde Escher war eine angenehme edle Erscheinung mit dunklen Haaren, lichtgrauen, geistvollen Augen, schmaler Kopfbildung, fadenschmaler weißer Scheitel und energischer Linie des Profils. Ich sehe sie vor mir, wie sie auf der Veranda ihrem aus der Stadt heimgekehrten Vater den wohl= verdienten Thee bereitet, während der Greis ganz patriar= chalisch für das Kätzchen Brot in eine Schale Milch brockt und das sich Zierende mit den Worten vermahnt: „Nimm oder ich gebe es den Hühnchen."

Dieser Greis war aber noch heftigen Fühlens fähig. Ich erinnere mich, daß mir mein Oheim (Stadtseckelmeister Wilhelm Meyer) erzählt hat, ihrer Drei oder Vier, Militärs oder Militärfreunde, hätten sie einst bei dem neunzigjährigen General Ziegler mit Escher zusammengesessen, die Möglich= keit eines Krieges zwischen Preußen und der Schweiz (wegen Neuenburg) etwas prahlerisch nach Soldatenart besprechend, vielleicht auch, um den großen Fabrikherrn ein Bischen zu pikiren. Da sei dieser in jugendlichem Feuer aufgeflammt: „Wie, Herren? Mit einem so sträflichen Leichtsinn sprecht ihr von einer Möglichkeit, die tausende brodlos macht?" Es war immer noch viel Glut unter der Asche. Dabei war der Mann eine hübsche Mischung von großer Klugheit und großer Herzensgüte. Wann er in seinem schnellen Wagen zur Stadt fuhr, hieß er wohl eine mit Körben oder Seidenwuppern belastete Frau, die ebenfalls nach der Stadt pilgerte, neben sich sitzen. Jedermann grüßte ihn, und auch er kannte die Meisten mit dem in seinen volksreichen Werkstätten an die Unter= scheidung von Menschengesichtern gewöhnten Auge.[1])

Die strenge Mathilde Escher konnte sich an einem Sommer= abende in der Schipf ganz gemüthlich gehen lassen. Sie besaß in hohem Grade, was der Franzose „de la bonne gaîté" nennt. Sie wußte die drolligsten Geschichten, z. B. aus ihrer Jugend, wie sie und die Schwester dem Grafen Erich (dem Jüngern ihres Landhausnachbars Graf Benzel=Sternau) jeden ferneren Umgang mit ihnen untersagt hätten, bevor er in den Besitz eines Taschentuches gelange. Der Graf sei dann fortgerannt, u., nach einer guten Weile wieder erschei= nend, habe er einen baumwollenen rothen Fetzen, welchen er sich bei der Köchin erobert, im Triumph aus der Tasche gezogen.

Was mochte wohl Mathilde Escher von dem alten Benzel denken? Gewiß, wenn er ihr eine Schale Thee bot mit einem seiner Wortspiele wie z. B. „Sind Sie eine Theïstin, Gnädige?" klassifizirte ihn die Gnädige sofort, aber nicht unter die Weisen. Dieser Graf, — sein Hausmeister war ein Thurgauer und hieß ebenfalls „Herr Graf" — ist trotz seines Geistes einer der vergessensten Schriftsteller, weil es ihm unmöglich war, irgend etwas einfach und natürlich auszudrücken. Wer liest heute noch die „Märchen am Kamin," das „goldene Kalb," den „steinernen Gast" etc.? Doch behalten einige seiner Schriften kulturgeschichtlichen Werth. Nirgends sonst, meines Wissens, ist die Wirthschaft eines geistlichen Kurstaates — der Graf war ein Kurmainzer — mit solchem Humor und solcher Sachkenntniß geschildert.

Dem Umgange mit diesem übergeistreichen Manne zog

---

[1]) M. Escher hat mir ein Beispiel von der Geistesgegenwart ihres greisen Vaters erzählt. Er glitt eines Tages in der „Neumühle" etwas in sein Taschenbuch notirend, von einem niederen Gerüste in das Wasser der Limmat, kam aber auf den Flußboden aufrecht zu stehen. Alles eilte herbei, ihn emporzuheben. Er bot dem Nächsten seinen Bleistift. „Nehmen Sie zuerst das!" sagte er, „es ist ein ächter Faber."

Mathilde Escher weit denjenigen ihrer schwäbischen Geistlichen vor, welche schlichtere Leute und zuweilen eben so originelle Köpfe waren.

Ein Mathilden aus ihrer Jugend gebliebener Zug war ihr Sinn für landschaftliche Schönheit. Und es brauchte eben nichts Außerordentliches zu sein. Eine Waldgegend, wie sie oberhalb der Schipf liegen, mit einem Durchblick auf die Seebläue und ihre Segel genügte. Doch war es das Groß=artig=Einsame der Alpen, was sie vor Allem anzog. Sie mochte dabei an ihren Gott denken. Sie hat mir erzählt, daß sie einmal bei einem Aufenthalt in Tirol, mit ihrer er=krankten Mutter allein, von einer Gebirgslandschaft bis zu strömenden Thränen ergriffen wurde, womit sie wahrlich nicht freigebig war.

Auch für Kunst, wenigstens für die große Kunst, mangelte ihr der Sinn keineswegs. Als sie von ihrer letzten längern Reise (nach Dresden) zurückkam, war sie voller Bewunde=rung — „sie schwärmte förmlich" — für die beiden Ma=donnen der Galerie und für die sixtinische insbesondere.

Im Genuß von Speise und Trank war sie sehr mäßig, ohne im Geringsten ein Ascetin zu sein. Einmal nach einem Familienessen, scherzte sie: „Heute habe ich ein Glas alten Rheinweins geleert. Er hat mir gemundet und mich gestärkt. Meine Mittel würden mir täglich diese Labung erlauben, aber ich erlaube sie mir nicht."

Das Prompte und Entschlossene ihrer Natur trat zu=weilen, besonders fackelnden und säumigen Menschen gegen=über, in komischer Weise hervor. Ich erinnere mich einer Fahrt auf das Land, wo Mathilde in einem Dorf mit dem Pfarrer eine Armensache zu bereden hatte. Der Mann wurde aus seiner „Unterweisung" weggerufen. Mathilde machte das Geschäft kurz und deutlich ab. Als dann der Geistliche nicht fertig werden konnte, unterbrach sie ihn mehrmals mit dem Zuruf: „Herr Pfarrer, die Kinder warten", und schickte ihn, der des Scharwenzens kein Ende fand, schließlich einfach in seine Pfarre zurück.

Oft bediente sie sich drastischer Wendungen, die sie wohl

mit einer nachdrücklichen Handgeberde begleitete. Unter Hun=
derten will ich auf Gerathewohl ein paar erwähnen, wie sie
mir gerade im Gedächtnisse obenauf liegen.

Da sie einmal in den Fall kam, sich statt der Pferde
ihres Vaters einer Droschke zu bedienen, um in die Schipf
zu fahren, trabte der lebensmüde Gaul im langsamsten Tempo
auf der Seestraße. „Jeden Augenblick“, erzählte Mathilde
Escher ihre Fahrt, „hatte ich Lust, hinauszuspringen und
Droschke, Kutscher und Gaul selber zu ziehen.“

Eines Tages von Bittstellern bis auf das Blut geplagt,
meinte sie abends: „Wie will ich lachen, wann ich im Sarge
liege, und ausrufen: Da, Leute, nehmt den Mammon!“

Als der Schreiber dieser Zeilen einst ein Bischen vor
Mathilde philosophirte, sagte sie, mit ihren blendend weißen
Zähnen lachend: „Diese Theoreme gleichen einem Netze mit
großen Maschen, zwischen welchen die Thatsachen wie Fischlein
lustig durchschwimmen.“

Ein anderes Mal war von der Lüge und ihrer weiten
Herrschaft die Rede. Jemand behauptete, der Beste komme
zuweilen, wo nicht für sich selbst, doch für Andere, die ihm
nahe stehen, in den Fall einer Verheimlichung oder eines
Verschweigens. Mathilde, die gerade einen kleinen Zweig
gebrochen und spielend geschält hatte, bog denselben. „In
diesem Falle“, sagte sie, „kehrt ein lauterer Sinn, so bald
der Zwang weicht“ — und sie ließ die Gerte schnellen. —
„von selbst in seine natürliche Lage, d. h. in die Wahrheit
zurück.“

Entschlossen, wie gesagt, war sie in einem hohen Grade,
und wo sie mitzureden hatte, gab sie zuweilen Räthe, die
nahe an das „Biegen oder Brechen“, an das „Lieber handeln
und bereuen, als nicht handeln und bereuen“ grenzten. Sie
beklagte sich dann wohl über die „Halbheit der Männer“.

Ob sie die Menschen kannte? Den Menschen kannte sie
gründlich, d. h. in seinen allgemeinen Zügen. Ihr fehlte
das Gefühl der Nüance. Sie urtheilte nach dem Maßstabe
ihrer eigenen Natur und sah Gute und Böse, wo die Kraft zum
Guten und zum Bösen mangelte. So wußte sie auch unter den

weiblichen Sträflingen, welche sie zurechtzubringen suchte, mit
den sentimentalen Naturen nichts anzufangen. Diese „lang=
weilten" sie und sie sagte wohl, „auf dem Schlamme sei nicht
Fuß zu fassen", während eine rohe, wildwüchsige Kindsmör=
derin sie beschäftigen und interessiren konnte.

Wo sie aber einmal eine Zuneigung gefaßt hatte oder
eine Zuneigung zu ihr gefaßt worden war, blieb sie unver=
brüchlich treu. Man hatte in ihrer Nähe das Gefühl des
Stetigen, ich hätte fast gesagt des Ewigen.

Was mir diese Sommer und Herbste, in welchen meine
Schwester und ich die treue Freundin unserer seeligen Mutter
in der Schipf besuchen durften, so reizend erscheinen läßt, ist
wohl die zeitweilige Muße, zu der das Landleben von selbst
nöthigt. Später, nach dem Tode ihres Vaters, da sie ihren
bleibenden Sitz im Felsenhof hatte, war sie immer ein Bischen
gejagt, trat stürmisch ein und schied viel zu früh. Sie selbst
freilich hat sich je älter, je glücklicher und in ihren letzten
Jahren am glücklichsten gefühlt. Das ist eine Thatsache, sei
es weil sie Manches erreicht hatte und das Alter überhaupt
ein entschiedenerer Zustand ist, als die späteren Mitteljahre,
sei es weil das von ihr geglaubte Jenseits ihr seinen ersten
Schimmer entgegenwarf.

In jenen Schipf=Jahren litt sie sogar an einem wunder=
lichen Konflikt, über den sie sich einmal mit der ihr eigen=
thümlichen Offenheit äußerte, und welcher mir wegen seiner
ethischen Berechtigung fest im Gedächtnisse geblieben ist.

Sie hatte ihren Vater so lieb, daß sie gewiß ihr Leben
für ihn geopfert hätte. So pflegte sie sein Alter mit der
vollsten Hingebung. Auf der andern Seite zerrannen ihr
ihre besten Jahre sozusagen zwischen den Fingern. Längst
trug sie sich mit dem im Lanfe der Zeit wachsenden und
drängenden, ja ängstigenden Wunsch, etwas zu „stiften" eine
Privatkapelle (bei den damaligen Zerwürfnissen in der Landes=
kirche), ein Asyl, was weiß ich. Das gestaltete sich in ihrem
regen Kopfe bald so, bald anders. Sie wollte doch auch auf
ihre Weise das Leben genießen und ihre soziale Stellung.
Dazu bedenke man die vom Vater ererbte Unternehmungslust.

Bei Lebzeiten desselben war die Sache in ihrem ganzen Umfange nicht wohl zu verwirklichen. Und wenu Mathilde inzwischen selbst starb, so ging sie hinweg unverrichteter Dinge.

Das war eine quälende Lage. Mathilde fühlte das so sehr, daß sie nach dem Hinschiede ihres Vaters den Bau ihres Asyls noch eine geraume Weile hinausschob, um sich nicht in unkindlicher Weise, auf die Erfüllung ihres Wunsches zu stürzen und an dem Andenken ihres Vaters sich zu versündigen.

Die Einweihung des Stiftes von St. Anna war bann ihr Ehrentag, wo sie überlegte, wie unerklärlich bevorzugt diejenigen sind, denen es gelingt, etwas Ganzes zu gründen und kein Stückwerk zu hinterlassen, wo so mancher Tüchtige auf halbem Wege verschwindet.

Gottfried Kinkel in der Schweiz.
Das Magazin für die Literatur des In- und Auslandes.
3. März 1883 (No. 9).

Der 29. Juni 1849 brachte den Namen Gottfried Kinkels in die Schweiz. Man las, daß ein drei Jahre früher mit einer hübschen Dichtung „Otto der Schütz" hervorgetretener rheinländischer Poet im badisch-pfälzischen Aufstande verwundet und gefangen genommen worden sei und daß er seinem Todesurteil entgegensehe. Von strenggläubigen Eltern erzogen, sei er Theologe geworden, habe an der Universität von Bonn gelesen, daneben auch gepredigt und selbst einen Band Predigten veröffentlicht. Dann aber, nach seiner Verheiratung mit einer geliebten Frau, welche er aus den Fluten des Rheines gezogen, habe er mit der Theologie gebrochen und sich 1848 leidenschaftlich in den Wirbel der politischen Ereignisse gestürzt. Die Augsburger Allgemeine Zeitung brachte uns ein paar aus dem unmittelbarsten Leben und den verhängnisvollsten Momenten entstandene Gedichte des dem Tode ins Auge Blickenden und des zu lebenslänglichem Zuchthause Begnadigten. Eine abenteuerliche Flucht aus dem Gefängnisse vollendete bann die ergreifende Geschichte, und in

dieser legendären Gestalt blieb Gottfried Kinkel in unserm
Gedächtnis, bis er 1866, als Professor der Kunstgeschichte an
das Polytechnikum in Zürich berufen, als ein Wesen von
Fleisch und Blut unter uns trat, nicht ohne durch seine
blühende Kraft und seine Lebenslust diejenigen ein bischen
zu überraschen, welche sich ihn als einen blassen Schwärmer
gedacht hatten.

Seine reifsten Jahre verlebte er in unsrer Mitte, von
allen Gebildeten und, wenigstens in seiner letzten Zeit, als
ein schneeweißer Bart den Ausdruck seines schönen Kopfes
vollendete, auch vom Volke gekannt, welches den stattlichen
Mann in öffentlichen Versammlungen hatte auftreten sehen
und seine warme Behandlung populärer Fragen nebst seiner
mächtigen Geberde bewunderte.

In der Gemeinde, wo er sich ein Haus gekauft hatte,
war er ein sehr beliebter und hoch geachteter Mann. Sein
schönes Familienleben, seine Arbeitsamkeit, seine Lust an geselliger Unterhaltung (Tages Arbeit! Abends Gäste! Saure
Wochen! Frohe Feste!), seine Beredsamkeit, seine Geistesgegenwart, die überall das rasche schlagende Wort fand,
seine Gemeinnützigkeit, die es nicht verschmähte in der Auf-
sichtsbehörde einer Elementarschule zu sitzen, das waren gerade die Eigenschaften, die in den Angen des Schweizers
den richtigen Mann und Bürger machen.

Noch unlängst wurde es ihm hoch angerechnet, daß der
persönlich außerhalb der Kirche Stehende seinen Beitrag zu
einem von der Gemeinde projektirten Kirchenbau nicht ver-
weigerte.

Eine sich nie verleugnende Humanität war eben der
Grundzug seines Wesens. Selbst mit seiner Zeit war der
Ueberbeschäftigte freigebig. Manchen Anfänger auf seinem
eigensten Gebiete, der Literatur, hat er ermutigt, freilich
nicht immer nach strenger Wahl, sei es aus Herzensgüte,
oder weil er in einer Demokratie das literarische Niveau
etwas tiefer setzte.

Seine politische Haltung, welche schließlich in einen
kosmopolitischen Republikanismus, in eine prophetische oder

chimärische Begeisterung für die vereinigten Freistaaten Euro=
pas verlief, bin ich zu beurteilen nicht kompetent, als ruhiger
Beobachter von Zuständen und Ereignissen, weche das deutsche
Gemüt aufs tiefste erschüttert haben, am wenigsten einem
Mann gegenüber, der für seine Ueberzeugung im eigentlichsten
Wortverstand das Leben eingesetzt hat. Das will immerhin
etwas heißen. Und noch aus einem andern Grunde. Der
Schreiber dieser Zeilen hat in seinem Urteil über deutsche
Dinge nie variirt. Ein anderer deutscher Poet, wenn ich hier
ein persönliches Erlebnis erzählen darf, hatte dem fünfzehn=
jährigen Knaben seine politische Ueberzeugung gleichsam ok=
troyirt. Das war der meinen Eltern befreundete, von Hein=
rich Heine mit der Präpotenz des Genies schmählich verun=
glimpfte Gustav Pfizer, einer der bravsten Männer, die ich
kenne. Pfizer sagte mir in seiner trocknen und etwas dogma=
tischen Weise: „Man muß im politischen Leben das Notwen=
dige vom Zufälligen unterscheiden. Der deutsche Staatsge=
danke", lehrt er, „hat sich seit Jahrhunderten, vom großen
Kurfürsten an bis auf die Befreiungskriege, in Preußen aus=
gebildet. Nur dieser Staat kann Deutschland die Einheit
geben, freilich: sic vos non vobis, wie es in der Geschichte
meistens geschieht. Das ‚wann' ist zufällig, von den Um=
ständen und den Personen, den Dingen und Menschen ab=
hangend." Ich machte dann das kindliche Argument: wenn
ein Schwabe, der ein starkes und trotziges Stammesgefühl
besitzt, so denkt und empfindet, muß es schon die Wahrheit
sein. Und in der That, die Geschichte hat das Dogma ratifizirt.
Kinkel war der bessere Lyriker und der schlechtere Politiker.
So warm und aufrichtig er sein Vaterland liebte, fehlte doch
dem Kurkölner jede politische Tradition. Er pflegte wol zu
scherzen: „Ich bin als Franzose gezeugt, als Deutscher ge=
boren", und die Daten stimmen. Dann darf man nicht ver=
gessen, daß sein zahlreiches internationales Auditorium in
Zürich notwendig auf den Lehrer abfärbte. Nur daß er selbst
1871 nach vollendeter Thatsache in einem starren Gegensatze
zu dem neuen Reiche stehen blieb, ist unbegreiflich. Warum
hat er mit demselben nicht seinen Frieden gemacht, versteht

sich als Poet durch ein herzliches Gedicht? Das wurde ihm damals von seinen Landsleuten schwer angerechnet, wenn auch der Verdruß über sein Schweigen in jenem Jahre vor seiner Liebenswürdigkeit und seiner im Grunde naiven Erscheinung nicht lange Stand hielt.

Seltsamerweise wurde es von dem nicht einen entgegen- kommenden Schritt Thuenden bitter empfunden, wenn er es auch nicht Wort haben wollte, daß er nicht in die Heimat, etwa auf den Lehrstuhl einer Hochschule, förmlich zurückbe- rufen wurde. In diesem friedlichen und harmlosen Sinne verstehe wenigstens ich folgende schöne Strophe seiner letzten Dichtung „Tanagra"*):

> „Und du, o Mann, versagst du dich der Welt,
> In der du stehst in Reih' und Glied gestellt?
> Zu viel von Leid schon, das du niederwarfst,
> Als daß du heut dich feig erweisen darfst!
> Du bist zu stark, auf Glück schon zu verzichten
> Und selbst den Leichenstein dir aufzurichten;
> Zu voll durchpulst dich Liebe noch und Zorn,
> Um zu verbluten an dem einen Dorn!
> Und ward dir auch verwühlt der Freude Garten,
> Ein großes Schicksal bleibt dir zu erwarten —
> So brich nicht, Herz, weil der Vergeltung Tag
> Noch kommen mag!"

Kinkels Umgang war, wie gesagt, liebenswürdig, geist- reich, versöhnlich und von gewinnender Fröhlichkeit. Er war eine gastliche Natur, die Widerspruch und Scherz — wenige Noli-me-tangere ausgenommen — ganz wol ertrug. Es ist hier der Ort, ihn von einem Vorwurfe, der ihm zuweilen ge- macht wurde, freizusprechen. Ein preußischer Offizier, der unlängst in der „Deutschen Rundschau" den pfälzisch-badischen Feldzug von 1849, übrigens sehr hübsch, erzählt hat und bei Kinkels Gefangennehmung zugegen war, berichtet, ein ge- wisser theatralischer Zug habe den günstigen Eindruck beein- trächtigt, welchen die männliche Haltung des Verwundeten selbst auf seine Gegner gemacht habe. Aber diese Geberde, dieses pathetische Reden war mit Kinkel verwachsen. Es war

---

¹) Stuttgart 1883, Göschen.

ſeine Natur ſelbſt, durch Kanzel und Katheder ausgebildet.
Dieſe Gebärde verließ ihn im unbedeutendſten Zwiegeſpräch
und, wie mir geſagt wurde, ſelbſt auf dem Sterbebette nicht:
ſie war ihm ein geiſtiges und körperliches Bedürfnis.

Gottfried Kinkels literariſches Gepäck, ſeine kunſthiſtori=
ſchen Arbeiten ungerechnet, geht enge zuſammen, aber es iſt
gute Waare: zwei Gedichtſammlungen, drei poetiſche Erzäh=
lungen, zwei Trauerſpiele. Unter ſeinen Lyrika ſind er=
greifende, unmittelbar aus dem Herzen gekommene Sachen,
wenn auch ein endgiltiges Urteil manches Bekannte hinter
unbekannter Gebliebenes zurückſtellen dürfte. Einige geradezu
„erbauliche‟ Jugendgedichte werden ſich die Frommen nicht
entreißen laſſen. Von ſeinen drei poetiſchen Erzählungen
wird die erſte als die feurigſte und friſcheſte auch den erſten
Platz behaupten: über „Otto der Schütz‟ iſt kein Wort zu
verlieren, er iſt Gemeingut des deutſches Volkes geworden.
Die dritte, das in ſeiner Buchausgabe poſthume „Tanagra‟,
ein ſüßes Idyll von einfachſter Kompoſition, erhält ſeinen
eigentümlichen Reiz von der aus dem Schmerz über den
Verluſt eines Lieblingskindes und der unzerſtörbaren Lebens=
luſt des Sechzigers gemiſchten Doppelſtimmung, welche die
kräftigen Verſe abwechſelnd verſchattet und erleuchtet. Die
zwei Trauerſpiele „König Lothar‟ und der vor einigen Jahren
in Leipzig zur Aufführung gekommene „Nimrod‟ ſind eher
Gemälde als Dramen. Es war nicht Kinkels Sache, den
Stoß einer Handlung unbarmherzig zu führen. Ich erinnere
mich, in einer Aufführung der „Maria Magdalena‟ von
Hebbel neben ihm geſeſſen zu haben; die harte Figur des
bürgerlich beſchränkten Alten erregte ſeinen entſchiedenen Un=
willen, ja ſeinen Abſcheu.

Kinkel war ein Geiſt aus der Familie des Arioſt. Seine
Freude an einem bald gelaſſen ſchlendernden, bald beſchleu=
nigten epiſchen Wanderſchritt, der Wechſel von Pathos und
flottem Fabuliren, die heitere Sinnlichkeit, die Verwandt=
ſchaft mit dem bildenden Künſtler, das nicht empfundene
Bedürfnis tiefern Charakteriſirens, der durchſichtige, weder
magere noch überladene, in ſeiner Art untadelige Vortrag,

sogar die betrachtende Einleitung jedes einzelnen Gesanges erinnern — versteht sich, mit dem Unterschiede der deutschen und der welschen Natur und der Energie der Begabung — an den großen Ferraresen.

Kinkel schied von uns in seiner Vollkraft. Es liegen mir ein paar von ihm an einen jungen Freund gerichtete Briefe vor. Der erstere, vom 2. September 1882, berichtet über einen Spätsommeraufenthalt in Unterwalden, der letztere, vom 10. Oktober, über eine Herbstreise nach Norditalien. Sie sind sichtbar flüchtig auf das Papier geworfen, aber in jedem Zuge charakteristisch. Ich versage mir das Vergnügen nicht, Gottfried Kinkel sich selbst schildern zu lassen, wie er war wenige Wochen vor seinem Tode.

„. . . Ich lebte dort (in Sachseln am Sarnersee) nahe der Einsiedelei des Nikolaus von der Flüe unter einer katholischen und sehr liebenswürdigen Bevölkerung: einfache und ganz friedliche Leute, nach altem Kirchenrecht ihre Geistlichen sich selbst wählend, und sehr unabhängig vom Papst. Ich habe tiefe Blicke in diesen von Fanatismus ganz freien Katholizismus getan und werde damit für ein erzählendes Werk etwas anzufangen wissen. Diese vier Wochen habe ich grundsätzlich ausgeruht: Morgens alle Tage Bad im See, oft recht kalt, Gang auf eine Bank mit Prachtblick auf den Pilatus, dort gelesen, meist aus Béranger, und Fabulosa im Kopfe gesponnen. Nachmittags etwa Besteigung eines Aussichtspunktes, oder eine Ruderfahrt auf dem Sarnersee, einmal auch zu Wagen auf die Höhe des Brünigpasses, wo die Aussicht ins Berner Oberland sich aufreißt. Im ganzen gründliche Faulheit. Und so war es mein Wunsch . . .

. . . Aber warum liegt Ihnen etwas daran, daß ein Editor ein Gedicht von mir unter die Gedichte seines verstorbenen Freundes setzt? Das kann bona fide geschehen sein, wenn z. B. der arme junge Mensch sich eine Sammlung Rheingedichte zusammengestellt hat, die hernach der Editor wegen der Handschrift seinem Freunde zuschrieb. Wenn es aber auch mala fide geschehen wäre, was schadet's mir? Liebster, Sie sollten sich in literarischen Dingen die Hitzig-

keit abgewöhnen, in eigenen Sachen und in Sachen Ihrer
Freunde erſt recht. Bricht einer einen Apfel von unſerm Baum,
ſo wiſſen wir ja, daß eine zweite Ernte mit noch beſſern
Aepfeln kommt ...

   ... Es geht aufs Semeſter los und da iſt es beſſer,
heute noch Ihren lieben Brief zu beantworten. Ich komme
eben aus Italien, ſpeziell von Venedig und Mantua zurück.
Habe wie eine Maus im Käfig zwiſchen zerbrochenen Eiſen=
bahnbrücken geſteckt, ohne vorwärts noch zurück zu können,
und ſo z. B. in Vicenza, das ich gar nicht beſuchen wollte,
vier volle Tage zugebracht. Alles dort (und doch noch Sachen
ausgelaſſen!) mit Muße und Freude beſehen. Sieben volle
Tage in Venedig! So nach Verona, Padua und Giulio
Romano in ſeiner ganzen Größe in Mantua geſehen. Mit
einer tüchtigen Erkältung, aber geiſtig unendlich bereichert,
kehre ich heim und zeichne jetzt nachgenießend meine Notizen
und Erinnerungen auf ...

   ... Wenn ich mir ſage, wie viel dieſe drei Wochen in
dem fremden und doch uns Deutſchen ſo ſympathiſchen Lande,
mit dem Zwang eine fremde Sprache zu ſprechen und alle
Faulheit abzuſchütteln, mir geiſtig eingetragen haben, ſo muß
ich auf Sie und Ihren Gedanken die Erinnerung richten, däß
Sie den Winter nach * gehen wollen. Um Himmels willeu,
was kann eine deutſche Hauptſtadt Ihnen jetzt nützen, wo
Sie zweimal in der Woche eine Bierbank mit Genies durch=
ſitzen und ſonſt zu Hauſe hocken! Ein fremdes Leben mit
Kampf um Sprache und Verſtändniß, ohne Rat zu holen bei
irgend jemand, das brauchen Sie. Und ſo ſtürzen Sie ſich
friſch, ohne nur Italieniſch zu können, ins kalte Bad, wenu
Sie meinem Rat folgen. Am beſten direkt nach Rom und
dort wenigſtens acht Wochen! Am Ende hab' ichs 1836 auch
nicht anders gemacht und mußte den Teufel von Kunſtgeſchichte.
Die ſechs Monate in Italien haben damals die Grundlage zu
allem gelegt, was ich heute bin, obwol ich ſchon Doctor legens
der Theologie war! Schleppen Sie ſich doch nicht wieder in
Ländern und Geſellſchaftsformen herum, die Sie ſchon kennen
und aus denen Sie keinen friſchen Lebensſaft mehr ziehen

können! Werfen Sie die lange alte Cigarrenſpitze, welche
Philiſter macht, einmal weg und rauchen das Kraut friſch
mit der Lippe. Sehr wahr, mich ſetzt Venedig und Giulio's
Zimmer der Pſyche in Mantua noch immer in einen fröhlichen
Rauſch. Je ſtiller, einſamer, ruhig betrachtender Sie Kunſt
und Natur gegenüber ſein werden, ohne nach anderer Urteil
penibel umzublicken, deſto eher machen Sie etwas, das Sie
ſelbſt ſind . . . Genug von dieſem Winterkohl! Ich komme
ja aus dem ewigen Frühling! . . ."

Kilchberg bei Zürich.

Conrad Ferdinand Meyer.

Autobiographiſche Skizze.

Aus Anton Reitler, „Conrad Ferdinand Meyer. Eine literariſche Skizze zu des Dichters
60. Geburtstage". Leipzig, Haeſſel 1885, S. 6—8.

„Geboren bin ich in Zürich, den 12. October 1825. Mein
Geſchlecht iſt ſeit mehr als zwei Jahrhunderten hier ein=
heimiſch. Im Jahre 1802, als Zürich von den Truppen der
helvetiſchen Regierung bombardirt wurde, befehligte mein
Großvater, Oberſt Meyer, die Vertheidigung der Stadt, wäh=
rend mein anderer Großvater, Statthalter Ulrich, der Stell=
vertreter der helvetiſchen Regierung, ſich hatte flüchten müſſen.
Dem Zuſammenfließen des Blutes zweier ſich ſchroff ent=
gegenſtehender politiſcher Gegner, eines Föderaliſten und
eines Unitariers ſchreibe ich meine Unparteilichkeit in poli=
tiſchen Dingen zu. Mein Vater, Regierungsrath Ferdinand
Meyer, war ein Zwilling von ſehr zartem Körper, ohne
Leidenſchaft, ein unglaublich gewiſſenhafter Arbeiter und ein
bedeutendes organiſatoriſches Talent. Von durchaus makel=
loſem Charakter war er ein überzeugter Verfechter der reprä=
ſentativen Republik und ein entſchiedener Gegner der abſo=
luten Demokratie, deren tumultariſches Weſen ihn ſozuſagen
körperlich verletzte. Meine Mutter, Betty Ulrich, war nach
dem Urtheile Aller, die ſie gekannt haben, eine Frau von
großer Liebenswürdigkeit und originellem, aber feinem Weſen,

nicht ohne einen Anflug von Melancholie, „heiterer Geist und
trauriges Herz", wie sie sich selbst charakterisirte. Bluntschli
hat in seinem Buche „Denkwürdigkeiten aus meinem Leben"
(I. Th. p. 56) die Bildnisse meines Vaters und besonders
meiner Mutter mit Meisterhand entworfen; ich hätte kein
Wort dazu und keines davon zu thun. Meinen Vater verlor
ich früh (1839), kurz nach dem durch die Berufung von David
Strauß an die Zürcher Hochschule verursachten kantonalen
Aufruhr. Dieses öffentliche Ereigniß ist auch meine bedeu=
tendste Jugenderinnerung. Ich besinne mich, wie den Knaben
ein antistraußisches Pamphlet mit dem biblischen Motto:
„Jagt den Strauß in die Wüste zurück!" zu der Frage ver=
anlaßte: „In der Bibel ist doch der Vogel Strauß gemeint?
Ist diese Anwendung der Bibel nicht ein Volksbetrug?" und
ich sehe noch, wie der Vater dazu lächelte und seufzte. Nachdem
ich das Unter= und das Obergymnasium durchlaufen, wo ich
mir nichts erwarb als eine gründliche Kenntniß der klassischen
Sprachen, die mir geblieben ist, zog ich zu einem längeren
Aufenthalte nach Lausanne und Genf. Meine Mutter war
mit einer Genfer Familie eng befreundet, und mein Vater,
der sich eingehend mit Geschichte beschäftigt und ein von Ranke
rühmlich erwähntes Buch: „Die evangelische Gemeinde in
Locarno" (1836) geschrieben, hatte mir in dem waadtlän=
dischen Historiker Ludwig Vulliemin einen intimen Freund
hinterlassen. So war mir die französische Schweiz von jeher
eine zweite Heimat, wohin ich mich mehr als einmal ge=
flüchtet habe, wenn es mir zu Hause nicht nach Wunsch
ging, und immer mit gutem Erfolge. Bei diesem ersten Aufent=
halt gab ich mich widerstandslos den neuen Eindrücken der
französischen Litteratur hin und ließ Klassiker und Zeitgenossen
auf mich wirken, die klassische Komik Molière's nicht weniger
als den lyrischen Taumelbecher Alfred de Musset's. So wurde
mir von jung auf die französische Sprache vertraut und ich
schreibe sie leidlich. Ungern von Lausanne nach Zürich zurück=
gekehrt, machte ich das Maturitätsexamen und immatriku=
lirte mich bei der juridischen Facultät. Aber dieses Studium
konnte mir nicht munden, obwohl Bluntschli mit viel Güte

mich für dasselbe zu stimmen suchte. Ich zog mich bald aus den Collegien zurück und begann ein einsames Leben, kein unthätiges, aber ein zersplittertes und willkürliches. Ich habe damals unendlich viel gelesen, mich leidenschaftlich aber ohne Ziel und Methode in historische Studien vertieft, manche Chronik durchstöbert und mich mit dem Geiste der verschiedenen Jahrhunderte aus den Quellen bekannt gemacht. Auch davon ist mir etwas geblieben: der historische Boden und die mäßig angewendete Localfarbe, die ich später allen meinen Dichtungen habe geben können, ohne ein Buch nachzuschlagen. Dieses zurückgezogene Leben habe ich, Jahrzehnte lang weitergeführt, da meine gute Mutter mir volle Freiheit ließ und nach ihrem Tode eine liebe Schwester mit mir Haus hielt. Wir zeichneten Beide, und in jenen langen Jahren habe ich die bildenden Künste liebgewonnen. Immerhin war diese fortgesetzte, nur durch einige treue Freundschaften belebte Einsamkeit nicht geeignet, mir wohl zu thun, wenn ich ihr auch durch körperliche Uebungen, Schwimmen, Fechten und Wanderungen im Hochgebirge das Gleichgewicht zu halten suchte. Einmal hat mich die Ziellosigkeit meines Daseins fast zur Verzweiflung gebracht, und nur eine schnelle Flucht in die französische Schweiz hat mich gerettet. Was mich dann wieder neu belebt, waren wiederholte Reisen in das Ausland. Längere Zeit habe ich in Paris zugebracht und Italien mehrmals besucht (Paris 1857, Rom 1858). In Zürich fast ein Fremdling geworden, hatte ich inzwischen meinen Haushalt aus der Stadt an den See verlegt. Der Reihe nach bewohnte ich Landhäuser in Küsnach, Meilen und wieder Küsnach. Nach meiner Verehelichung mit einer Tochter des Obersten Eduard Ziegler (1875) erwarb ich schließlich den kleinen Landsitz in Kilchberg, wo ich jetzt mit Weib und Kind lebe.

Die Geschichte meiner litterarischen Laufbahn ist folgende: 1868 beklagte sich einer meiner Genfer Bekannten, Ernst Naville, der jetzt Mitglied des Institut de France ist und damals in Genf populär-wissenschaftliche Vorlesungen hielt, welche in vielen Sprachen übersetzt wurden, über die Mangelhaftigkeit der deutschen Ausgabe der ersten dieser

„Reden" und erſuchte meine Schweſter, die nächſte unter meiner Führung zu überſetzen. Das Büchlein erſchien bei H. Haeſſel in Leipzig. Im folgenden Jahre beſuchte mich dieſer und wir wurden Freunde. Er verlangte von mir etwas Selbſtſtändiges zum Druck. Schon 1864 waren bei Metzler in Stuttgart durch Verwendung Guſtav Pfizers „Zwanzig Balladen" erſchienen. Ich gab Haeſſel ein neues Bändchen, das er unter dem Titel „Romanzen und Bilder" 1870 gedruckt hat. 1870 war für mich das kritiſche Jahr. Der große Krieg, der bei uns in der Schweiz die Gemüther zwieſpältig aufgeregt, entſchied auch einen Krieg in meiner Seele. Von einem unmerklich gereiften Stammesgefühl jetzt mächtig er= griffen, that ich bei dieſem weltgeſchichtlichen Anlaſſe das franzöſiſche Weſen ab, und innerlich genöthigt, dieſer Sinnes= änderung Ausdruck zu geben, dichtete ich „Huttens letzte Tage". Ein zweites Moment dieſer Dichtung war meine Vereinſamung in der eigenen Heimat. Die Inſel Uſenau lag mir ſehr nahe und ebenſo nahe lag es meinem Gemüthe, den dort einſam geſtorbenen Hutten als meinen Helden zu wählen. „Huttens letzte Tage" erſchienen 1871 (5. Aufl. 1884) und fanden ein Publikum. 1872 folgte „Engelberg", ein ſchon früher ent= ſtandenes und liegen gebliebenes Idyll. Längſt hatte mich eine hiſtoriſche Geſtalt, die größte der Bündnergeſchichte, ge= feſſelt. Bünden war mir durch wiederholte und lange Sommer= friſchen ſozuſagen Schritt um Schritt bekannt und in ſeinen Chroniken war ich ſo heimiſch als möglich. Nachdem ich mich lange ſpielend mit dem Stoffe beſchäftigt hatte, ſchrieb ich unter den Kaſtanienbäumen meiner Wohnung in Meilen den Roman „Jürg Jenatſch" (1. Aufl. 1876, 7. Aufl. 1885). Mit dem franzöſiſchen Hiſtoriker Auguſtin Thierry hatte ich mich ſchon in Lauſanne viel beſchäftigt und die „Récits des temps mérovingiens" ins Dentſche überſetzt (Elberfeld, Friedrichs). Aus der Histoire de la conquête de l'Angleterre war mir die räthſelhafte Figur des Thomas Becket entgegengetreten, und ich habe ſo lange an ihr herumgebildet, bis ſie mir faſt quälend vor den Augen ſtand. Ich entledigte mich dieſes Phantomes durch den „Heiligen". Die Novelle erſchien 1880

(4. Aufl. 1884). 1882 brachte die „Gedichte", wo die meisten Balladen und Romanzen sich umgeschmolzen wiederfinden. Vier „Kleine Novellen" (Das Amulet, Der Schuß von der Kanzel, Plautus im Nonnenkloster, Gustav Adolf's Page) erschienen 1883. Meine neuesten Werke sind: „Das Leiden eines Knaben" (1883) und die „Hochzeit des Mönchs" (1884). 1880 hat mir die Universität meiner Vaterstadt den Doctor honoris causa gegeben."

Graf Ladislas Plater (Nekrolog).
Neue Zürcher Zeitung 22. April 1889.

Kilchberg, 22. April. Soeben verschied, mit 80 Jahren, Graf Ladislas Plater auf seinem Gute Broelberg, das er seit mehreren Jahrzehnten bewohnte. Von fester Gesundheit und immerwährend thätig, begann er erst in letzter Zeit das Alter zu fühlen. Den 16. früh erlitt er einen Schlaganfall, der ihm die ganze rechte Seite lähmte und dann das Ende herbeiführte.

Graf Plater nimmt eine ehrenvolle Stelle ein in der Geschichte seines polnischen Vaterlandes, dem er während eines langen Lebens theilungslos gedient und an dessen Wiederherstellung er unerschütterlich geglaubt hat, auf die Stunde harrend, wo die politische Gelegenheit mit der Gerechtigkeit zusammentrifft.

Ausgewandert nach dem unglücklichen Ausgange der Erhebung von 1830—1831 — Plater war das jüngste Mitglied der Landbotenkammer — nahm er im Exil das Interesse Polens unermüdlich wahr, unterstützte und förderte seine Landsleute auf jegliche Weise und war, durch das Mittel der Presse, auch auf geistigem Gebiete tätig. So verdanken wir ihm z. B. die Veröffentlichung der Vorlesungen über slavische Litteratur von Mickiewicz, eines höchst merkwürdigen Buches, das eine jetzt überwundene schwärmerische Richtung des polnischen Gedankens kennzeichnet.

Nach einem langen Aufenthalte in Paris, wo sich der

Graf mit Montalembert, dem Haupte des liberalen Katholi=
zismus, eng befreundete, kam er dann in die Schweiz und
verwirklichte hier, auf demſelben Wege beharrend, den fried=
lichen und fruchtbaren Gedanken, vorerſt das nationale Leben
Polens in Kunſt und Wiſſenſchaft, ſeine geſchichtlichen Ur=
kunden und Denkmäler zuſammenzuhalten und aufzubewahren.
So wurde das polniſche Muſeum in Rapperswyl gegründet,
deſſen Ausbau dem Grafen bis zuletzt viel Mühe und noch
mehr Freude bereitet hat.

Jetzt iſt die fleißige, ſtets weit über Mitternacht brennende
Studirlampe in der Südecke von Broelberg erloſchen, aber
nicht allein in den Herzen ſeiner Landsleute, auch unter uns
iſt Platers Andenken geſichert, ſchon durch das Jedem offen=
ſtehende werthvolle Muſeum in Rapperswyl. Dort wird er
ſeine Ruhe halten in einem ſtillen Hofe des Schloſſes, in der
Gruft, die er ſich ſelbſt erbaute, neben der ihm dorthin voran=
gegangenen Gattin.

C. F. M.

Erinnerungen an Gottfried Keller.
Deutſche Dichtung. IX. Band, 1. Heft. Oktober 1890.

Die „Deutſche Dichtung" erſucht mich um einige Auf=
zeichnungen über Keller in der natürlichen Vorausſetzung,
daß wir uns als Landsleute nahe ſtanden. Das war nun
nicht der Fall, doch haben wir uns immerhin gekannt und
es fand zwiſchen uns ein freundliches Verhältnis ſtatt. Er
zeigte ſich mir immer — oder faſt immer — liebenswürdig
und geiſtreich unterhaltend, womit ich mich gerne zufrieden
gab. Meinerſeits begegnete ich ihm ſtets mit Ehrerbietung
und hielt dieſen Ton feſt, wenu er auch gelegentlich darüber
ſpottete und einmal einen „in Ehrerbietung" unterzeichneten
Brief mit „in Ehrfurcht" erwidert hat.

Obwohl, oder gerade weil nun unſere Begegnungen ſelten
waren, haben ſie ſich meinem Gedächtniſſe mit der größten
Treue eingegraben, und wenn ich, den Wunſch der „Deutſchen
Dichtung" erfüllend, etwas thue, das mich reizt, das ich aber

unaufgefordert sicherlich unterlassen hätte, werde ich mich nur
vor dem Zuviel und vor der Anekdote zu hüten haben; denn nur
Wesentliches und Charakteristisches will ich berichten. Hätte
ich mehr Zeit und schriebe ich nicht im Lärm eines Kurhauses,
würde ich meine Persönlichkeit mehr zurücktreten lassen, als
es bei einer momentanen Niederschrift möglich ist.

Ich sage, daß ich für Keller Ehrerbietung empfand, und
zwar durchaus keine konventionelle, sondern eine wahre und
tiefe und nicht nur vor seiner unvergleichlichen Begabung,
sondern nicht weniger vor seinem Herzen und seinem Charakter,
dessen ethisches Gewicht mir schon bei unserm ersten Zusammen=
sein auffiel. Es kam da die Rede auf eine Persönlichkeit, von
der er sagte: „es ist ein notorischer Lügner", und er sprach
das mit einem solchen Nachdruck, ernst wie ein Gerichtshof,
daß man sich unwillkürlich selbst prüfte. Und von einer andern
Persönlichkeit sagte er noch bei meinem letzten Besuche: „er
hat kein Herz!" in einem so seltsamen Tone, daß man die Ent=
rüstung durchfühlte. Auch derjenige der Wehmut war ihm
durchaus nicht fremd und ich höre ihn noch, wie er eines
Tages klagte, auf seine Habseligkeiten weisend: „Das wird
in gleichgültige Hände kommen."

Am meisten aber und gewaltig imponierte mir seine
Stellung zur Heimat, welche in der That der eines Schutz=
geistes glich: er sorgte, lehrte, predigte, warnte, schmollte,
strafte väterlich und sah überall zu dem, was er für recht hielt.

Gern und eingehend und völlig unbefangen plauderte er
von seinen Arbeiten, selbst solange sie noch auf dem Webstuhl
waren. „Zwei Jahre lang", scherzte er, „habe ich von ‚Sa=
lander' gesprochen und ein Jahr daran geschrieben". Doch
begann er stets, mit einer Herzenshöflichkeit, die ihn in seinen
guten Stunden und Jahren nie verließ, zuerst von den Inter=
essen seines Besuches zu sprechen, bis dieser selbst ablenkte und
ihn auf die seinigen brachte.

Ästhetischen Betrachtungen war er abhold, nicht minder
landläufigen Stichwörtern wie Realismus, Pessimismus u.s.w.
Gerne dagegen besah und untersuchte er den einzelnen Fall,
das besondere Motiv, und sprach stets zur Sache. Gemäß

ſeiner bekannten Definition des Schönen als der „mit Fülle
vorgetragenen Wahrheit" nannte er die Kürze gerne Schroff=
heit und das Schlanke dünn und mager.

Er ſprach auch von der Geneſis ſeiner Sachen. Zu den
„gerechten Kammmachern" z. B. habe der Ausſpruch von
Peter Bayle in ſeinem Diktionär den Anſtoß gegeben: ein
Staat von lauter Gerechten könnte nicht beſtehen, und den
Stoff zu den „Verlocken" im Sinngedicht habe er in der litte=
rariſchen Korreſpondenz des Barons Grimm, des Freundes
von Diderot, gefunden und verſucht, ob ſich das Hiſtörchen
vertiefen laſſe.

Im übrigen ſuchte er und oft peinlich das Reale, lange
„bevor er Zola las". Wie häufig hörte man ihn ſagen, auch
bei Behauptungen des gewöhnlichen Lebens: „Das iſt! Ich
habe es geſehen! Ich habe es ſelbſt erfahren!" So that
er ſich etwas darauf zu gut, daß das Menſchenbild, das er
in der zweiten Braut ſeines portugieſiſchen Seehelden Don
Corréa ſchildert, eine ethnographiſche Möglichkeit wäre. „Ich
habe Rohlfs (oder einen andern gelehrten Reiſenden) darüber
beraten", ſagte er wichtig, um dann freilich ein ander Mal
dieſen ſeinen Realismus nach ſeiner Art ſelbſt zu belächeln,
indem er luſtig fabelte, er ſei expreß nach Kappel gereiſt, um
ſich durch den Augenſchein davon zu überzeugen, daß die
Viſion der ſeligen Helden in ſeiner Zwingli=Novelle zwiſchen
Rigi und Pilatus bequemen Raum habe.

Gegen geſchichtliche Stoffe verhielt er ſich merkwürdig
ſpröde und verredete ſie einmal ganz und gar. „Der Wir=
kung einer weiland geſchehenen und überlieferten Sache bin
ich bei weitem nicht ſo ſicher, als der Wirkung einer von mir
ſelbſt angeſchauten," pflegte er zu ſagen und führte dafür ein
Beiſpiel aus derſelben Zwingli=Novelle an: Die verrückten
Wiedertäufer, die ſich, um das Himmelreich zu erben, wie
Kinder geberden, mit Puppen ſpielen u. ſ. w. „Iſt es nicht
zum Weinen," ſagte er, „wenn Erwachſene die Kinder nach=
äffen? Das that dann aber gar keine Wirkung, weil das einſt
Mögliche dem heutigen Leſer zu kraß und als unmöglich er=
ſchien. In einer hiſtoriſchen Erzählung bin ich wie mit

Hunden gehetzt, weil ich nie weiß, ob ich in der Wahr=
heit stehe."

Unter der Fülle seiner Werke werden die Legenden als
Kunstwerke, als psychologisches Meisterstück dagegen die Zürcher
Novellen den ersten Platz behaupten, schon durch die Einheit
und Einfachheit des Grundgedankens und seine eindringliche,
vielfach variierte Predigt: sich zu bescheiden und immer sich
selbst zu sein. Da ist die unvergleichliche Tochter des Pro=
selytenschreibers, deren Bescheidenheit zur Unbescheidenheit wird
und der ironische Schluß in der römischen Waschküche. Da ist
vor allem die ins Große getriebene groteske Maske des Narren
auf der Manegg, die mit den genialen, halb weinenden, halb
grinzenden Masken Leonardo da Vincis wetteifert. Beiläufig,
Keller liebte es nicht verglichen zu werden, natürlich nicht mit
Kleinern als er, aber auch nicht mit den Großen. Wie ich
ihm einmal sagte, eine Novelle von Cervantes, die ich eben
gelesen, habe mich an eine der seinigen erinnert, murrte er:
„Weder Shakespeare noch Cervantes", worauf ich scherzend
erwiderte: „Also Michelangelo". „Wie so?" fragte er miß=
trauisch und ich antwortete: „Nun, weil Sie wider Wissen
eines seiner Motive wiederholt haben." „Welches denn?"
„Das überfallene, badende Heer, das, aus dem Wasser steigend,
sich schleunig bewaffnet und dem Feinde entgegenstürzt. Das
ist der plötzliche Übergang aus einem Zustande der Abspan=
nung in den der höchsten Energie. Nicht anders Ihr beim
Weine schwelgender, und von einer ausbrechenden Feuers=
brunst überraschter, bürgerlicher Mummenschanz, der mitten
aus dem Fest zu den Leitern und Eimern stürzt." Das ließ
er sich gefallen.

Da ich einmal äußerte: religiöse Fragen hätten mir viel
zu thun gegeben, rief er: „Und mir erst!" „Die ewigen Dinge
sind uns doch wohl unzugänglich," meinte ich. Er gab es nicht
zu, noch verneinte er es. „Ich hätte einen Wunsch," fuhr ich
fort, „wenn ich es sagen soll. Nichts ist inniger und verlocken=
der, als Ihre Vergänglichkeitslieder: sie verzichten aus Be=
scheidenheit auf ein Jenseits. Das ist aber wohl doch eher ein
Gefühl, ein Instinkt, als ein erwiesener Satz. Und da liegt

33*

es mir nun nicht recht, daß Sie, bei Ihrem ungeheuern Ein=
fluß, statt die Geister nach Ihrer Gewohnheit frei zu lassen,
Ihre Sterblichkeitslieder wie zu einem Glaubensbekenntnis
zusammenstellen. Es wäre leicht zu helfen. Sie dürften nur
diese süßen Stimmen als ebenso viel Stimmungen durch die
ganze Sammlung verteilen . . ." Da brach ich ab, denn er
machte ein mißmutiges Gesicht.

Aber wie anmutig konnte er lächeln, wenn seine Seele
heiter war. Dies eigentümliche Lächeln entstand langsam in
den Mundwinkeln und verbreitete sich wie ein wanderndes
Licht über das ganze Gesicht. Auch die Schwester besaß es.

Zwei Begegnungen mit ihm bleiben mir unvergeßlich,
die erste, da ich ihm — wie lange mag es sein? — vor un=
gefähr zehn Jahren — einen namhaften deutschen Schrift=
steller brachte, und die andere in diesem Frühjahr, da er sich
schon gelegt hatte.

Ich wollte meinen deutschen Freund nach Verabredung
zu Kinkel führen, mit dem ich befreundet war. Da, schon
fast vor dessen Schwelle, erklärte er mir, daß wir lieber zu
Keller gehen wollten, von dem „jetzt alle Welt rede". Mir
war dabei nicht heimlich zu Mute, da mir schien, ich könnte
leicht zwischen den Zweien zu viel sein. Aber wir fanden
Keller in der hellsten Morgenstimmung, und ich war nicht
überflüssig; denn die Beiden betrachteten sich eine Weile schwei=
gend und wer weiß wie lange das gedauert hätte, wenn ich
nicht ein Gespräch in Gang brachte. Dann wurde es sehr
interessant, und da wir uns nach einer halben Stunde schieden,
blieb Keller im Vorzimmer vor einer an der Wand hängenden
großen Photographie der raphaelischen Tapete: Ananias und
Saphira stehen und hielt nun eine allerliebste kleine Rede
über die Vorzüge des Bildes, das, wie er sagte, die dramatische
Spitze der Handlung fixiere. Davon ging er auf das Drama
über und sprach sehr kluge Dinge, wie ich meine, die ich aber
nicht vernahm, da ich plötzlich damit mich zu beschäftigen be=
gann, ob dieser seltene Mann die höchste Form der Kunst,
von welcher er jetzt mit einer gewissen Inbrunst sprach, viel=
leicht selbst einmal in's Auge gefaßt habe. Und nun lese ich

in den öffentlichen Blättern, daß dem so war und Bruchstücke
von Dramen sich in seinem Nachlaß befinden.

Als in diesem Frühjahr von seiner Gesundheit Schlimmes
berichtet wurde, drängte es mich, ihn noch einmal zu sehen.
Ich fand ihn auf seinem Lager, völlig hellen Geistes. Er emp=
fing mich sehr freundlich und sprach viel, aber kaum hörbar.
Es war ein Spinnen und Weben der Phantasie, von dem
sich nicht leicht ein Begriff geben läßt. Ich weiß nicht, wie
es kam, daß ich ihn an den Besuch jenes deutschen Freundes
erinnerte und ihm erzählte, jener hätte mich hernach gefragt,
was es eigentlich für eine Bewandtnis habe mit Ananias und
Saphira. Er lächelte. „So sind viele von uns“, sagte er.
„Man hat uns in der Jugend die Bibel verleidet und doch
stehen so schöne Sachen darin, gerade in der Apostelgeschichte.
Sehen Sie zum Beispiel den jungen Eutychus auf seinem ge=
fährlichen Sitz im Fenster, während der langen nächtlichen
Predigt des Paulus: er nickt ein, überwiegt und stürzt hinab
auf die Gasse. Paulus aber nimmt ihn in die Arme und
sagt: Klaget nicht! Seine Seele ist noch in ihm. Wie hübsch
ließe sich das wenden. Denken Sie sich die Szene in England
während der Bürgerkriege. Ein Wachtposten, ein junger Roya=
list, entschlummert in einer hohen Schanze. Die Puritaner
kriechen nächtlicher Weile heran, ein bibelfester Alter packt
den Jüngling und schleudert ihn in den Abgrund mit den
Worten: Fahre wohl, Eutychus!“ Auch von einem zweiten
Teil des „Salander“ phantasierte er und einer Überschwem=
mung, die ihn schließen sollte. Inzwischen drehte er unauf=
hörlich die Karte, durch die ich mich gemeldet hatte, bis ich
sie ihm sachte aus den Fingern zog. „Ich meinte nur,“
sagte er, „in den schönen weißen Raum ließe sich ein Vers
schreiben.“ „Welcher denn?“ fragte ich. „Nun, zum Bei=
spiel,“ sagte er:

> „Ich dulde,
> Ich schulde ..“

womit er wohl den Tod meinte, welchen wir alle der Natur
schuldig sind.

Stunden vergingen ſo und es wurde Zeit zu ſcheiden. „Wir wollen vom Sommer Heil erhoffen," ſagte ich. „Ja," ſcherzte er, „und ein Landhaus am Zürichberg mieten." Es war ein Jammer. Ich glaubte nicht an ſeine Geneſung und er wohl auch nicht. Die Thränen traten mir in die Augen und raſch nahm ich Abſchied.

Rigiſcheidegg, im Auguſt 1890.

Mein Erſtling „Huttens letzte Tage".
„Deutſche Dichtung", 1. Januar 1891.

„Huttens letzte Tage", meine erſte größere Dichtung, erſchien zum erſtenmale im Jahre 1871. Sie iſt aus drei Elementen geboren: aus einer jahrzehntelang genährten, individuellen Lebensſtimmung; dem Eindrucke der heimatlichen, mir ſeelenverwandten Landſchaft und der Gewalt großer Zeitereigniſſe. Alle drei gewannen ganz von ſelber Geſtalt in meinem Helden.

Ich hatte früher zwei Bändchen Gedichte ausgehen laſſen, Reiſebilder und Balladen, ohne hervortretende individuelle Züge, wenn nicht den einer aus innern Jugendkämpfen hervorgewachſenen, Einſamkeit liebenden Reſignation, und den andern eines in langen und ſoliden geſchichtlichen Studien erſtarkten Gerechtigkeitsſinnes, welcher ſchon im väterlichen Blute lag. Dieſe Gedichte bezeichnen und ſchließen eine Lebensepoche äſthetiſcher Beſchaulichkeit, mannigfaltigſter, vielſprachiger Lektüre, verſchiedener Intereſſen, ohne die Glut einer erwärmenden Parteinahme des Herzens, und vieler nachhaltiger Reiſeeindrücke, deren ſtärkſter, neben der unwiderſtehlichen Anziehung meiner heimiſchen Schneeberge, die alte Kunſtgröße und der ſüße Himmel Italiens war. So hatte ich mich, ohne öffentliche Thätigkeit, in eine Phantaſiewelt eingeſponnen, und es konnte nicht ausbleiben, daß bei meiner übrigens kräftigen Natur, dieſes Traumleben ein Ende nehmen mußte, und ich zu einer ſcharfen Wendung bereit war, etwa wie ſie der Rhein zu Baſel nimmt.

Ich bin zu jener Zeit ein wanderlustiger Mensch und
ein froher Ruderer und Schwimmer gewesen. So blieb mir
kein Fleck unseres Seespiegels und seiner schönen Ufer un=
bekannt, am wenigsten das unweit meines damaligen Wohn=
sitzes gelegene Eiland der Ufenau, welches den doppelten Reiz
lieblichen Stille und einer großen Erinnerung besitzt. Oft
bin ich bei den zwei Kirchlein gestanden, die auf dem nörd=
lichen Wiesengrate über einem das Ufer einfassenden Kranze
von Eichen und der grünen, die Insel bildenden Mulde den
Höhepunkt der Ufenau bezeichnen. Zwischen den beiden
Kirchen steht das verstümmelte Steinkreuz, welches dem
Fremden als das Grabzeichen Huttens gewiesen wird. Nicht
das wahre. Auf meine geäußerten Zweifel an der Echtheit
der Grabstätte erwiderte mir einst der mich begleitende Knecht
des Pächters mit ruhiger Sicherheit, der Stein stehe da, um
den fragenden Besuchern einen „Anhaltspunkt" zu geben.
Ein Bube aber, der dabei war, zeigte mit dem Finger in die
Tiefe auf eine sumpfige Stelle und lachte: „Ich weiß wo er
steckt! Dort unten."

Die Ufenau ist, wie zu Huttens Zeit, Klostergut und
wird von Konventualen besucht, die in dem gegenüberliegen=
den Uferlandhaus Seiner Gnaden von Einsiedeln ihre Ferien
genießen. Auch der Abt selbst betritt zuweilen das Inselchen
und ich erinnere mich mit Schrecken, eines Abends, gerade da
man seinen Besuch auf morgen zur Besichtigung einer Baute
erwartete, von der Ufenau heimgekehrt, beim Ablegen meines
Rockes eine ungewöhnliche Schwere der Tasche gespürt und
einen altertümlichen, ungeheuern Schlüssel daraus hervorge=
zogen zu haben. Es war der mir von den Inselleuten an=
vertraute, zu dem aussichtsreichen äbtlichen Pavillon der Süd=
seite, welchen ich zurückzugeben vergessen hatte. So wurde ich
auf der Insel heimisch und geschah es, daß Hutten, dessen
Leben ich genau kannte, nicht als der ideale Freiheitskämpfer,
der Hutten, welcher durch die damalige deutsche Lyrik ging,
sondern als ein Stiller und Sterbender in den sanften Abend=
schatten seiner Insel meinem Gefühle nahe trat und meine
Liebe gewann.

Unter meinen poetischen Entwürfen lag eine Skizze, wo der kranke Ritter ins verglimmende Abendrot schaut, während ein Holbeinischer Tod von der Rebe am Bogenfenster eine Goldtraube schneidet. Sie bedeutete: „Reif sein ist Alles."

Das ist der Kern, aus dem mein Hutten entsprungen ist. Ich nahm das Gedicht in meine Sammlungen nicht auf mit dem dunkeln Gefühle, den vollen Hutten gebe es nicht.

So blieb es liegen jahrelang.

Inzwischen vergrößerten sich die Zeitereignisse. Zwei Aufgaben des Jahrhunderts, die Einigung Italiens und Deutschlands, schritten ihrer Erfüllung entgegen. Beide verfolgte ich mit persönlichem Interesse.

Im Jahre 1849 hatte sich der Baron Bettino Ricasoli längere Zeit in der Schweiz aufgehalten. In Zürich befreundete er sich mit unserer Familie, und ich lernte einen Mann kennen, dessen starke Seele der eine Gedanke der Freiheit und Einigung Italiens erfüllte. Dafür war er zu jedem Opfer bereit.

Damals erschien er mir als ein starrer Idealist, dessen eisernem persönlichem Willen sich die politische Wirklichkeit niemals fügen werde.

Anders war es, als ich ihn 1858, ein Jahr vor dem Ausbruch des italienischen Krieges, in seinem heimatlichen Toskana wiedersah. An einem Maiabend auf einem seiner Landgüter im Valdarno riß er mich hin durch die freudige Sicherheit, womit er mir seine Ziele, die jetzt greifbar vor ihm standen, bezeichnete. Damals und später, als er mit diktatorischer Gewißheit sein Toskana dem Könige von Italien zuführte, wurde mir beschämend klar, was ein Charakter im Leben einer Nation zu bedeuten hat.

Das glückliche Fortschreiten der italienischen Einigung ließ die baldige Gründung auch einer deutschen Einheit ahnen, wenn auch in jener Zeit gerade in Zürich Großdeutsche und Kleindeutsche schärfer als je auseinander traten. Der Sieg von Sadowa entschied diese Frage durch das Schwert. Für mich war es seit lange keine mehr gewesen. Schon der Sechszehnjährige hatte darüber eine Weisung erhalten, von der

mich nur wundert, wie tief und unwiderleglich sie mir eingeprägt blieb. Ich verkehrte damals mit Gustav Pfizer, dessen
redebegabte Frau mit meiner Mutter befreundet war, und der
mich wohl leiden mochte. Der schweigsame Stoiker, den Heine
so gewissenlos mißhandelt hat, wurde nicht müde, mir zu
wiederholen, daß geschichtliche Bildungen und Entwickelungen,
wie eben der Beruf Preußens zur deutschen Vormacht, zwar
durch ungeeignete Persönlichkeiten — er meinte den geist-
reichen Friedrich Wilhelm IV. — verspätet, aber nur solange
aufgehalten werden können, bis die günstige Stunde ihren
Mann findet.

Dieser wundersame Glaube an das Preußen zustehende
Amt blieb für mich die langen Jahre hindurch ein nicht zu
bezweifelnder Satz, den ich übrigens für mich behielt, bis ich,
bei herannahender Entscheidung, in François Wille, meinem
lieben Freunde und Nachbarn in Meilen, einen feurigeren
Glaubensgenossen fand.

Dr. Wille, der, die Welt und die bedeutenden seiner Zeitgenossen wohl kennend, eine sichere Schätzung der politischen
Werte der Gegenwart besaß, hat mir erzählt, wie Heinrich
Heine, das noch ungedruckte Wintermärchen in Hamburg ihm
mitteilend, einen ärgerlichen Vers vortrug, worin er die
preußischen Junker „davonlaufen" ließ. Da habe er ihm
gesagt: „Lieber Heine, schimpfen Sie auf die preußischen
Junker so viel Sie wollen! Aber das muß fort! ‚Davonlaufen' war ihre Sache nie." So waren wir einig bei Wille
unter den Bäumen von Mariafeld, wie es kommen müsse,
aber alle doch sehr getröstet und gehoben, als es so kam.

Alle — bis auf einen einzigen Gast, Gottfried Kinkel,
der als ein abgeirrter Achtundvierziger eifersüchtig grollte.

Gerade zwischen 1866 und 1870 sah ich Wille sehr häufig
und sein temperamentvolles Wesen ermutigte meine dich-
terischen Kräfte. Sicherlich erzählte ich ihm oft von Hutten,
dessen Waghalsigkeit er liebte, nicht davon zu reden, daß er,
als gewesener Journalist, eine Zärtlichkeit für den Ritter
hatte, von dem er behauptete, er sei der Aelteste der Jour-
nalistenzunft.

Hutten fing an in mir zu leben. Er war in den Vorder=
grund meiner Seele getreten.

Aufs tiefſte ergriff mich jetzt der ungeheure Kontraſt
zwiſchen der in den Weltlauf eingreifenden Thatenfülle ſeiner
Kampfjahre und der traumartigen Stille ſeiner letzten Zu=
fluchtſtätte. Mich rührte ſein einſames Erlöſchen, während
ohne ihn die Reformation weiterkämpfte. Wieder erfüllten
ſich große Geſchicke in Deutſchland und der ohne Grab und
Denkmal Ruhende hätte ſeine Luſt daran gehabt, denn auch
er hatte von der Einheit und Macht des Reiches geträumt.

Ritter Hutten, den ich hier auf ſeinem Eiland bisher
entſagend ſterben ſah, erhob ſich vor meinem Blicke, um es
ungedulbig zu umſchreiten, hinaushorchend nach dem Kanonen=
donner an der Grenze, den man in der Winterſtille auf den
Höhenzügen ſeines Sees vernehmen konnte.

Ich getraute mir, Huttens verwegenes Leben in den
Rahmen ſeiner letzten Tage zuſammenzuziehen, dieſe füllend
mit klaren Erinnerungen und Ereigniſſen, geiſterhaft und
ſymboliſch, wie ſie ſich um einen Sterbenden begeben, mit
einer ganzen Skala von Stimmungen: Hoffnung und Schwer=
mut, Liebe und Ironie, heiliger Zorn und Todesgewißheit,
— kein Zug dieſer tapfern Geſtalt ſollte fehlen, jeder Gegen=
ſatz dieſer leidenſchaftlichen Seele hervortreten.

So belebte ſich mir die Ufenau. Ignatius Loyola wird,
nach Jeruſalem pilgernd und unterwegs den nahen Heilsort
Einſiedeln aufſuchend, nach der kleinen Inſel verſchlagen und
von Hutten beherbergt. Der abenteuerliche Paracelſus kommt
von ſeinem Wohnſitz am nahen Etzel herüber, um dem Kranken
als Arzt den Puls zu befühlen. Der in Zürich hauſende Herzog
Ulrich, Hans Huttens Mörder, erſcheint und wird dem Ster=
benden zum letzten Aergernis. Mit dieſen Geſtalten des ſech=
zehnten Jahrhunderts ſchreiten auf der Inſel die Geiſter der
Gegenwart.

In jenem Winter von 1870 auf 1871 entſtanden die
kurzen Stimmungsbilder meiner Dichtung Schlag auf Schlag.
Jeder Tag brachte ein neues, und jede Woche las ich ſie in
Mariafeld vor. Daneben ſtob mancher andere Funke aus dem

Amboß. „Der deutsche Schmied" wurde gedruckt und ge=
sungen. Ich sehe, er ist nun zum Volksliede geworden und
hat meinen Namen verloren, wie es auch recht ist. Es war
eine glückliche Zeit. —

Ich war damals dermaßen in deutschen Eifer geraten,
daß ich, ganz gegen die angeborne Abgeschlossenheit meines
Wesens, mich eines Tages an Gottfried Kinkel wagte und ihn
bringend beschwor, durch ein schönes patriotisches Gedicht mit
Deutschland Frieden zu schließen und in das erstandene Reich
heimzukehren. Dieser Angriff des Schweizers verblüffte den
liebenswürdigen Dichter dergestalt, daß einen Augenblick der
unmögliche Gedanke in ihm aufstieg, ich strebe nach seiner
Professur in Zürich und wünsche ihn weg. Ich erschrak und
lachte innerlich und ließ ab.

Hässel in Leipzig druckte mir den Hutten mit Freuden.
Das Büchlein erlebte bald neue Auflagen. Bei kühlerm Blute
und fortgesetzten geschichtlichen Studien setzte ich später noch
manchen realistischen Zug in das Bild des Ritters, um ihm
Porträtähnlichkeit zu geben.

Während mein Hutten zum erstenmal unter der Presse
war, im Sommer 1871, eilte ich auf meine Berge und erwog
dort, während Wochen, die mir lange schienen, zwischen Bangen
und Hoffen sein Los. Nachricht fand ich erst bei meiner
Heimkehr: es war ein sympathisches, öffentliches Urteil von
Johannes Scherr, ein erster freudiger Zuruf, dem aus der
Heimat und aus Deutschland wachsender Beifall und dann
volle Zustimmung folgte. Dies ist die Entstehungsgeschichte
von „Huttens letzte Tage".

Register.

Druck von Hallberg & Büchting, Leipzig.

H. Haessel Verlag in Leipzig

Conrad Ferdinand Meyer

Sämtliche Schriften — 9 Bände in elegantem Karton
M. 33.—, in Leinwand geb. M. 42.—, in Halbfranz geb. M. 50.—

Einzel=Ausgaben:

Das Amulet . . . . M. 2.—, gebunden M. 3.—

Angela Borgia . . . . . . „ 4:—, „ „ 5.—

Engelberg . . . . „ 2.—, „ „ 3.—

Gedichte . . . . „ 4.—, „ „ 5.—

Der Heilige . . . . „ 4.—, „ „ 5.—

Die Hochzeit des Mönchs „ 2.—, „ „ 3.—

Huttens letzte Tage . . . . „ 3.—, „ „ 4.—

Von der 1882 erschienenen Prachtausgabe in Quart auf Kupferdruck-
papier sind noch einige broschierte Exemplare vorrätig, die, solange
der Vorrat reicht, zum ermäßigten Preise von 8 M. (statt 16 M.)
abgegeben werden.

Jürg Jenatsch . . . . . . M. 4.—, gebunden M. 5.—

Das Leiden eines Knaben „ 2.—, „ „ 3.—

Novellen Zwei Bände. Jeder Band „ 4.—, „ „ 5.—

Inhalt: I. Das Amulet. — Der Schuß von der Kanzel. — Plautus
im Nonnenkloster. — Gustav Adolfs Page. — II. Die Hochzeit des
Mönchs. — Das Leiden eines Knaben. — Die Richterin.

Zwei Novellen . . . . . . M. 2.—, gebunden M. 3.—

(Plautus im Nonnenkloster. — Gustav Adolfs Page.)

Die Richterin . . . . . . „ 2.—, „ „ 3.—

Der Schuß von der Kanzel „ 2.—, „ „ 3.—

Die Versuchung des Pescara „ 4.—, „ „ 5.—

Durch alle Buchhandlungen zu beziehen.

Bücher von Adolf Frey

Conrad Ferdinand Meyer. Sein Leben und seine Werke. Stuttgart 1900, J. G. Cotta'sche Buchhandlung Nachf. M. 6.—, gebunden M. 7.—.

Erinnerungen an Gottfried Keller. Zweite erweiterte Auflage. Mit G. Kellers Bild und zwei faksimilierten Kompositionen Baumgartners. Leipzig 1893, Verlag von H. Haessel. M. 3.—, gebunden M. 4.—.

Arnold Böcklin. Nach den Erinnerungen seiner Zürcher Freunde. Mit 1 Bildnis. Stuttgart 1903, J. G. Cotta'sche Buchhandlung Nachf. M. 4.50, gebunden M. 5.50.

J. V. v. Scheffels Briefe an Schweizer Freunde. Herausgegeben von Adolf Frey. Zürich 1898, Schulthess & Co.   - M. 2.40.

ALBRECHT VON HALLER U. SEINE BEDEUTUNG FÜR DIE DEUTSCHE LITERATUR. VON DER UNIVERSITÄT BERN GEKRÖNTE PREIS-SCHRIFT. LEIPZIG 1879, VERLAG VON H. HAESSEL   M. 3.—.

J. Gaudenz v. Salis-Seewis. Mit Porträt und 1 Ansicht. Frauenfeld 1889, Huber   M. 5.—, gebunden M. 6.—.

Die helvetische Armee und ihr Generalstabschef J. G. v. Salis-Seewis im Jahre 1799. Zürich 1888, F. Schulthess.   M. 1.80

Jakob Frey. Lebensbild. Mit 1 Bildnis. Aarau 1897, H. R. Sauerländer & Co.   M. 1.80, gebunden M. 2.60.

Der Tiermaler Rudolf Koller 1828—1905. Mit 13 Heliogravüren u. 2 Orig.-Radierungen. Lex. 8°. Stuttgart 1906, J. G. Cotta'sche Buchhandlung Nachf.   Gebunden in Leinen M. 8.—, Vorzugs-Ausgabe in Leder M. 20.—.

Die Kunstform des Lessingschen Laokoon, mit Beiträgen zu einem Laokoon-kommentar. Stuttgart 1905, J. G. Cotta'sche Buchhandlung Nachf. M. 3.—, gebunden M. 4.—.

Festspiele zur Bundesfeier 1891. Dritte Auflage. Aarau 1891, H. R. Sauerländer & Co.   M. —.80

Erni Winkelried. Historisches Trauerspiel. Frauenfeld 1893, J. Huber's Verlag   M. 2.—.

Duß und underm Nase. Füfzg Schwizerliedli. Zweite Auflage. Frauenfeld 1899, J. Huber   Gebunden M. 1.60.

Zürcher Festspiel 1901. Zur Erinnerung an Zürichs Eintritt in den Schweizerbund (I. V. 1351). Mit Abbildungen. Zürich 1901, A. Müller's Verlag   Gebunden M. 7.—.

Gedichte. Zweite vermehrte Auflage. Leipzig 1908, H. Haessel Verlag. M. 5.—, elegant gebunden M. 6.—.

<small>60 vom Autor eigenhändig signierte und numerierte Exemplare wurden auf Imitiert-Bütten abgezogen und in Ganzleder gebunden. Der Preis eines solchen Exemplars ist M. 15.—.</small>

Durch alle Buchhandlungen zu beziehen.

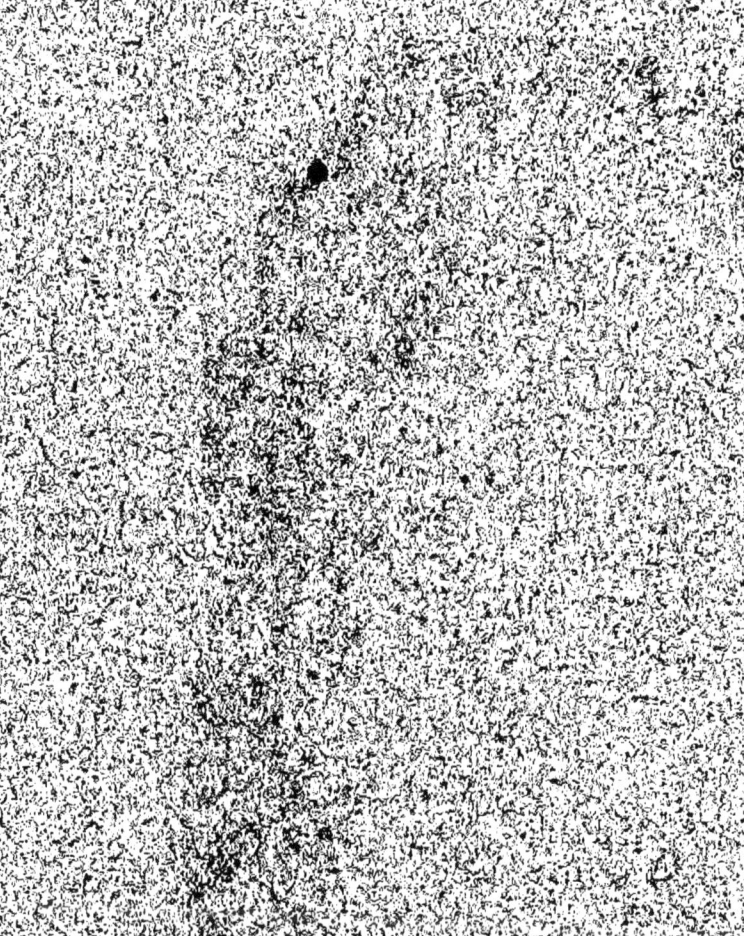

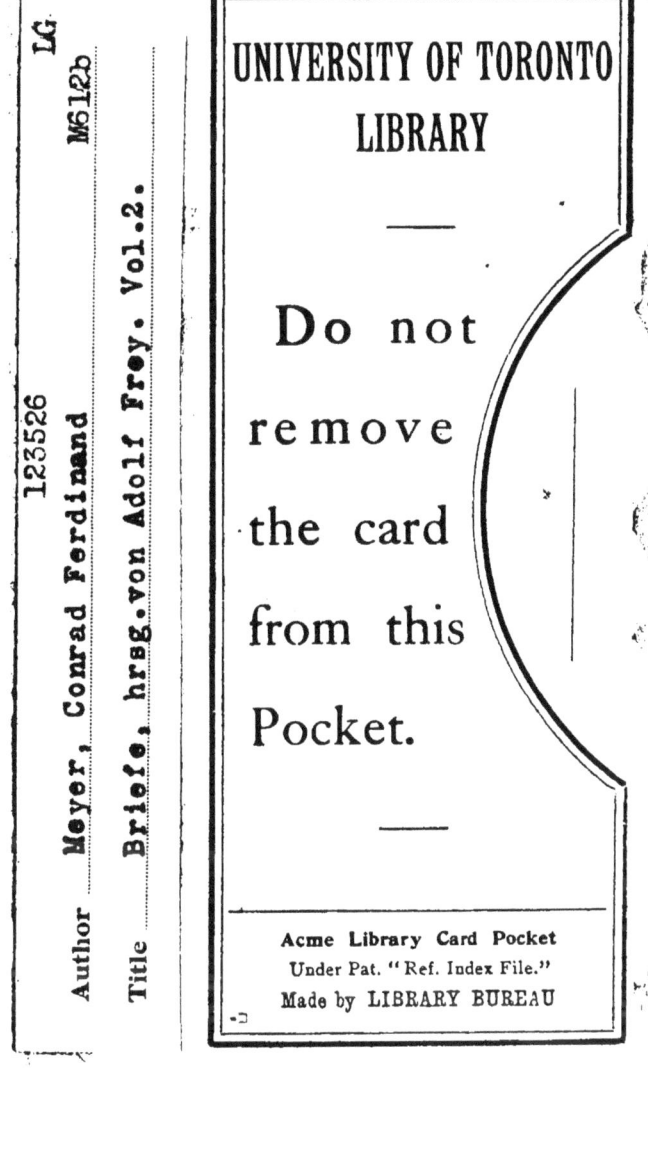